Über die allmähliche Veränderung
der Nachricht beim Redigieren

SPRACHE
IN DER GESELLSCHAFT

BEITRÄGE ZUR SPRACHWISSENSCHAFT

Herausgegeben von Jörg Hennig, Erich Straßner
und Rainer Rath

Band 27

PETER LANG

Frankfurt am Main · Berlin · Bern · Bruxelles · New York · Oxford · Wien

Clarissa Blomqvist

Über die allmähliche Veränderung der Nachricht beim Redigieren

Eine linguistische Analyse der Nachrichtenbearbeitung bei der Deutschen Presse-Agentur (dpa) und verschiedenen deutschen Tageszeitungen

PETER LANG

Europäischer Verlag der Wissenschaften

Die Deutsche Bibliothek - CIP-Einheitsaufnahme

Blomqvist, Clarissa:

Über die allmähliche Veränderung der Nachricht beim
Redigieren : eine linguistische Analyse der
Nachrichtenbearbeitung bei der Deutschen Presse-Agentur
(dpa) und verschiedenen deutschen Tageszeitungen / Clarissa
Blomqvist. - Frankfurt am Main ; Berlin ; Bern ; Bruxelles ; New
York ; Oxford ; Wien : Lang, 2002
    (Sprache in der Gesellschaft ; Bd. 27)
    ISBN 3-631-39704-6

Gedruckt auf alterungsbeständigem,
säurefreiem Papier.

D 18
ISSN 0721-4081
ISBN 3-631-39704-6
© Peter Lang GmbH
Europäischer Verlag der Wissenschaften
Frankfurt am Main 2002
Alle Rechte vorbehalten.

Printed in Germany 1 2 3 4 5   7

www.peterlang.de

Vorwort

Die vorliegende Arbeit wurde im November 2001 vom Fachbereich Sprach-, Literatur- und Medienwissenschaft der Universität Hamburg als Dissertation angenommen. Angeregt und betreut wurde die Arbeit von Jörg Hennig, dem ich an dieser Stelle ganz herzlich für seine sogar über Ländergrenzen hinweg stets intensive, verlässliche und ermutigende Beratung danken möchte. Dass mit dem Stichwort ‚Problem' versehene E-Mails umgehend als ‚Kein Problem' zurückkommen, ist sicher keine Selbstverständlichkeit. Dem Zweitgutachter, Dieter Roß, danke ich für sein großes Interesse und seine wertvollen Anregungen.

Nicht unmittelbar für die Veröffentlichung bestimmtes Textmaterial wird von den Medien im Allgemeinen nur ungern zur Einsichtnahme, geschweige denn für eine genauere Untersuchung zur Verfügung gestellt, und selbst bereits veröffentlichte Nachrichtentexte sind im Nachhinein nur noch schwer zu bekommen. So bin ich all jenen zu Dank verpflichtet, die mir bei der Beschaffung meines Untersuchungsmaterials behilflich waren: Die Deutsche Presse-Agentur (dpa) hat mir freundlicherweise Einblick in ihr Unternehmen gewährt und ihr Textmaterial zur Analyse und zum Abdruck zur Verfügung gestellt. Mein besonderer Dank gilt Edgar Denter, dem ehemaligen Leiter des Londoner Büros, der mich mit den Arbeitsabläufen im Auslandsbüro vertraut gemacht und mir bei der Materialsammlung geholfen hat. Allen Freunden und Verwandten, die sich als fleißige Zeitungssammler betätigt haben, möchte ich ebenfalls herzlich danken.

Ferner danke ich der Fazit-Stiftung, die durch ein Promotionsstipendium finanziell zum Entstehen der Arbeit beigetragen hat. Mein herzlichster Dank aber gilt meinen Eltern und meinem Mann für ihre Unterstützung.

London und Hamburg, im März 2002   Clarissa Blomqvist

Inhaltsverzeichnis

9

1 Einleitung

Ob sie Korrespondentenberichte oder Agenturnachrichten, Pressemitteilungen oder wissenschaftliche Aufsätze redigieren: Nachrichtenredakteure[1] bearbeiten häufiger fremde Texte als eigene zu schreiben. Nicht nur die Vorstellung vom eigenständig recherchierenden und formulierenden Journalisten,[2] sondern auch die vom journalistischen Text als geistigem Eigentum eines Autors entspricht in den seltensten Fällen der Realität der Textproduktion in den Massenmedien. Die Bearbeitung von Texten ist fester Bestandteil des journalistischen Textproduktionsprozesses: Bevor ein Text veröffentlicht wird, ist er an verschiedenen Stellen im Nachrichtenfluss redigiert und dabei allmählich in Form und Inhalt verändert worden. Die Analyse der im Laufe solcher redaktionellen Bearbeitungen an journalistischen Texten vorgenommenen Veränderungen ist eine vorrangige Aufgabe der sich immer intensiver und systematischer mit der Sprache der Medien beschäftigenden Linguistik und Gegenstand der vorliegenden Arbeit.

Einen besonders interessanten Untersuchungsgegenstand stellen die in deutschen Tageszeitungen zu findenden Auslandsnachrichten[3] dar, weil sie auf ihrem langen Weg vom Ort des Geschehens im Ausland bis zum deutschen Publikum gleich mehrere Bearbeitungsstationen durchlaufen. Die meisten der in deutschen Tageszeitungen veröffentlichten Auslandsnachrichten stammen von den großen Nachrichtenagenturen,[4] vor allem von der Deutschen Presse-Agentur (dpa), der Marktführerin unter den Nachrichtenagenturen bei den deutschen Tageszeitungen. Insbesondere die kleinen Zeitungen, die sich keine eigenen Auslandskorrespondenten leisten können, sind von der Nachrichtenagentur abhängig; doch selbst die großen Zeitungen mit eigenen Auslandskorrespondenten verwenden zur Ergänzung ihrer eigenen Berichterstattung und für die Gestaltung der ‚bunten‘ Seite, die unterhaltsame Nachrichten aus aller Welt enthält, Texte aus dem Agenturangebot. Die Auslandsnachrichten der Deutschen Presse-Agentur – und um die soll es im Folgenden gehen – stammen wiederum von den Korrespondenten in den Auslandsbüros, welche die dpa in allen Teilen der Welt unterhält. Auf der Grundlage von Informationen, die sie teils selbst recherchieren, teils den Medien des Gastlandes entnehmen, schreiben die dpa-Auslandskorrespondenten dort die ersten Versionen der Nachrichten, die später in den deutschen Medien veröffentlicht

---

[1] In dieser Arbeit wird aus Rücksicht auf die Lesbarkeit bei Personenbezeichnungen auf die getrennte Nennung femininer und maskuliner Formen verzichtet. Personenbezeichnungen wie zum Beispiel ‚Journalist‘, ‚Redakteur‘, ‚Bearbeiter‘ stehen für beide Geschlechter.

[2] Vgl. Nissen/Menningen (1977), S. 168.

[3] Wie in der Journalistik üblich, verwende ich das Wort ‚Nachricht‘ für eine bestimmte journalistische Darstellungsform, und zwar als „Oberbegriff für knapp und möglichst unparteiisch formulierte Informationen der Massenmedien“ (Schmidt/Weischenberg (1994), S. 233). Je nach Umfang der Nachricht unterscheide ich zwischen den Darstellungsformen Meldung und Bericht (siehe Anm. 156).

[4] Vgl. Meier/Schanne (1979), S. 215.

werden. Doch noch bevor die Auslandsnachrichten das deutsche Publikum erreichen, werden sie mehrmals redigiert und dabei verändert: Die von den dpa-
Auslandskorrespondenten geschriebenen Nachrichten werden zunächst in der
Agenturzentrale in Hamburg von mindestens einem Redakteur bearbeitet, bevor
sie im so genannten Basisdienst, dem Hauptnachrichtendienst der dpa mit internationalen und nationalen Nachrichten für alle Ressorts, an die Kunden weitergeleitet werden. In den Redaktionen der verschiedenen Medien werden die von
der Agentur verbreiteten Nachrichten dann ebenfalls noch mindestens einmal redigiert, bevor sie schließlich veröffentlicht werden. Sowohl die Redakteure in der
Nachrichtenagentur als auch die bei den Endmedien haben also Gelegenheit, die
Form und den Inhalt der ursprünglichen Textversion zu verändern.

Ziel der vorliegenden Arbeit ist es nun, den journalistischen Textproduktionsprozess am Beispiel von Auslandsnachrichten der Deutschen Presse-Agentur
aus London nachzuverfolgen und die Veränderungen, die im Laufe der Nachrichtenbearbeitung[5] bei der Deutschen Presse-Agentur in Hamburg und anschließend
bei 14 deutschen Tageszeitungen an Auslandsnachrichten vorgenommen werden,
linguistisch zu beschreiben. Zu diesem Zweck werden im ersten Schritt die im
Londoner dpa-Büro produzierten und die entsprechenden im dpa-Basisdienst verbreiteten Nachrichten miteinander verglichen. Im zweiten Schritt werden dann
den dpa-Basisdiensttexten die auf ihrer Grundlage bei 14 deutschen Tageszeitungen entstandenen Artikel gegenübergestellt. Mit Hilfe eines speziell für diesen
Untersuchungsgegenstand zu entwickelnden Kategoriensystems sollen die von
den Agentur- und den Zeitungsredakteuren vorgenommenen Veränderungen so
genau wie möglich charakterisiert und kontrastiert werden. Insbesondere sollen
die verschiedenen im Korpus vorkommenden Arten von Veränderungen beschrieben und die Auswirkungen der Veränderungen auf den gesamten Text, auf seine
Struktur, seinen Informationsgehalt, seine Qualität, bestimmt werden. In diesem
Zusammenhang soll unter anderem beantwortet werden, ob Redakteure die Texte
ihrer Kollegen unverändert weiterreichen oder grundlegend verändern, ob sie sie
oberflächlich modifizieren oder tief greifend umstrukturieren, ob sie sie nur kos-
metisch korrigieren oder inhaltlich akzentuieren.

In der vorliegenden Arbeit wird erstmals die Entwicklung von Nachrichtentexten über zwei verschiedene Bearbeitungsstationen verfolgt und unter linguistischen Fragestellungen betrachtet: die Bearbeitung von nicht öffentlichem Textmaterial innerhalb eines Mediums und die Bearbeitung von veröffentlichten Texten am Übergang von einem Medium zum anderen. Eine solche systematische
sprachwissenschaftliche Analyse der an mehreren Stationen vorgenommenen
Veränderungen liegt bisher nicht vor. Bislang hat sich die Forschung, und zwar

---

[5] Ich verwende die Termini ‚redaktionelle Bearbeitung' und ‚Nachrichtenbearbeitung' nicht
synonym, sondern verstehe redaktionelle Bearbeitung als Oberbegriff von Nachrichtenbearbeitung (siehe Anm. 3).

vor allem die kommunikationswissenschaftliche Forschung, bei der Untersuchung des Nachrichtenflusses vorwiegend für die Selektion von Nachrichten aus dem Informationsangebot interessiert. Den folgenden Schritt, die Bearbeitung des ausgewählten Materials, hat sie hingegen vernachlässigt. Wurden redaktionelle Bearbeitungen untersucht, dann meist am Beispiel einer einzigen Bearbeitungsstation, und zwar insbesondere der Bearbeitung von Pressemitteilungen oder Agenturnachrichten durch Tageszeitungen.

Angesichts dieses Forschungsdefizits ist die vorliegende Arbeit sowohl für die Linguistik als auch für die Kommunikationswissenschaft und die journalistische Praxis von hoher Relevanz. Für die Linguistik ist die Analyse von Nachrichtenbearbeitungen vor allem insofern von großer Bedeutung, als sie Einblick in die Entstehung von Texten gewährt. Zusätzlich zu dem fertigen Textprodukt können frühere Textversionen in die Analyse einbezogen werden. In dieser Hinsicht will die vorliegende Arbeit auch einen Beitrag zur Schreibforschung leisten, einem Zweig der Linguistik, der sich um die Erhellung von Textproduktionsprozessen bemüht. Innerhalb der Schreibforschung ist der journalistische Textproduktionsprozess ein noch weitgehend unerforschter Bereich, obwohl man sich heute gerade für professionelle Schreibsituationen interessiert, in denen mehrere Personen an der Textproduktion beteiligt sind und das nachträgliche Bearbeiten fremder Texte institutionalisiert ist.

Aus kommunikationswissenschaftlicher Sicht ist die Untersuchung vor allem wegen ihres deskriptiven Ansatzes von Interesse. In journalistischen Handbüchern ist zwar normativ beschrieben, wie Nachrichten formuliert und redigiert werden sollen. Wie sie aber im Arbeitsalltag tatsächlich formuliert und redigiert werden, wird erst die linguistische Analyse zeigen. Gleichzeitig geben die an Nachrichtentexten vorgenommenen Veränderungen Einblick in sprachkritische Bemühungen in deutschen Nachrichtenredaktionen – ein Einblick, der dem außenstehenden Betrachter normalerweise verwehrt bleibt. Des Weiteren füllt die Arbeit insofern eine Forschungslücke innerhalb der Kommunikationswissenschaft, als zwar der Einfluss der Nachrichtenagenturen auf die Medien in ihrer Funktion als Informationsvermittler und Schleusenwärter im Nachrichtenfluss gesehen wurde, bisher aber nicht näher verfolgt worden ist, wie Nachrichtenagenturen die Sprache der Medien prägen. In diesem Zusammenhang ist zu überprüfen, ob und inwiefern sich die Sprache der Agentur von der Sprache der Zeitungen unterscheidet. Was die oftmals kritische Haltung der Zeitungsredakteure gegenüber ‚der‘ Agentursprache angeht, ist zu überprüfen, ob die Zeitungen die von ihnen kritisierten „widerwärtigen sprachlichen ‚Agenturismen‘"[6] beseitigen oder die Agentursprache übernehmen. Der Vergleich des Bearbeitungsverhaltens verschiedener Zeitungen wird zeigen, ob in den Zeitungsredaktionen je nach Zielpublikum

---

[6] Riewerts (1990), S. 34.

unterschiedlich mit dem Agenturmaterial umgegangen und so einer von den Nachrichtenagenturen geprägten Einheitssprache vorgebeugt wird.

Für die journalistische Praxis ist die vorliegende Arbeit insofern relevant, als Nachrichtenredakteuren detailliert vorgeführt wird, auf welche Art und Weise sie Nachrichtentexte redigieren bzw. was mit den von ihnen produzierten Texten im weiteren Verlauf des Nachrichtenflusses geschieht. Journalisten werden die Prinzipien ihres zum großen Teil wohl unbewussten Bearbeitungsverhaltens deutlich gemacht. Gleichzeitig erfahren Redakteure Genaueres über die Ansprüche ihrer Rezipienten: Auslandskorrespondenten lernen etwas über die Anforderungen innerhalb der Agenturzentrale, Agenturredakteure über die Anforderungen ihrer wichtigsten Kunden, der deutschen Tageszeitungen. Die Nachrichtenagentur dpa überprüft zwar täglich, wie viele Zeitungen ihre Texte verwenden, untersucht aber nicht genau, in welcher Form die von ihnen produzierten Texte veröffentlicht werden.

Schließlich nützt der Einblick in den journalistischen Textproduktionsprozess jedem, der im täglichen Leben mit massenmedialen Texten in Berührung kommt. Die wenigsten Rezipienten wissen, wie journalistische Texte produziert werden.[7] Doch erst das Wissen um die Vorformen eines Textes ermöglicht eine angemessene Beurteilung des Endprodukts. Nur wer sich darüber im Klaren ist, dass Nachrichtentexte bis zu ihrer Veröffentlichung einen langen Weg über mehrere Bearbeitungsstationen zurücklegen und sich auf diesem Weg mit jeder Bearbeitung allmählich verändern, kann ihnen mit angemessener Kritik begegnen.

Aus der geschilderten Zielsetzung und Forschungsrelevanz dieser Arbeit ergibt sich folgender Aufbau: Um die Untersuchung innerhalb der aktuellen Forschung positionieren zu können, werden zunächst relevante Ansätze der Kommunikationswissenschaft, die dem Thema der redaktionellen Bearbeitung bisher am meisten Aufmerksamkeit gewidmet hat, und der Linguistik vorgestellt (2). Dabei sollen insbesondere Methoden und Ergebnisse auf ihren Nutzen für diese Arbeit hin diskutiert werden. Im dritten Kapitel (3) wird dann mit Hilfe der Schreibforschung die theoretische Grundlage für die Analyse gelegt: Nachdem die im Laufe von Nachrichtenbearbeitungen vorgenommenen Veränderungen als Revisionen charakterisiert worden sind (3.1), können die in der Forschung Anwendung findenden Methoden zur Beschreibung und Kategorisierung solcher Revisionen vorgestellt und in Bezug auf die eigene Untersuchung evaluiert werden (3.2). In Auseinandersetzung mit den diskutierten Ansätzen wird dann im vierten Kapitel die eigene, auf den speziellen Untersuchungsgegenstand ausgerichtete Vorgehensweise entwickelt (4.1) und das Analysekorpus vorgestellt (4.2). Die Kapitel 5 und 6 gelten der Analyse, die in zwei Teilen erfolgt: Um die bei Nachrichtenbearbeitungen vorgenommenen Veränderungen möglichst detailliert beschreiben zu können, werden die im Korpus zu beobachtenden Revisionen im

---

[7] Vgl. Straßner (2000), S. 10.

ersten Analyseteil (5) im Hinblick auf ihre Art und im zweiten Analyseteil (6) auf ihre Ziele untersucht. Die von den Agentur- und den Zeitungsredakteuren vorgenommenen Veränderungen werden jeweils getrennt voneinander betrachtet, damit die Ergebnisse miteinander verglichen werden können. Zu Beginn jedes Analyseteils (5.1 und 6.1) finden sich genaue Erläuterungen zur Kategorienbildung. Diese näheren Bestimmungen der Analysekategorien sind in den Analyseteil integriert, weil sie über die allgemeinen Bemerkungen zur Vorgehensweise hinausgehen und in unmittelbarem Zusammenhang mit den Analyseergebnissen gesehen werden müssen. Den Abschluss beider Analyseteile bildet jeweils eine Zusammenfassung (5.4 und 6.5), in der insbesondere die Unterschiede und Gemeinsamkeiten im Revisionsverhalten von Agentur- und Zeitungsredakteuren (5.4.1 und 6.5.1) sowie von Redakteuren verschiedener Zeitungen (5.4.2 und 6.5.2) herausgestellt werden sollen. Auch der Zusammenhang zwischen den zuvor unabhängig voneinander untersuchten Veränderungsarten und -zielen wird in einem zusammenfassenden Kapitel verdeutlicht (6.5.3). Innerhalb des zweiten Analyseteils ist ein eigenes Kapitel solchen Revisionen gewidmet, die nicht zu einer Qualitätssteigerung führen und sich darin von den zuvor als Normalfälle beschriebenen Revisionen unterscheiden (6.4). Im Schlusskapitel (7) werden die wichtigsten Erkenntnisse zusammengefasst und Perspektiven für die weitere linguistische Analyse von Textbearbeitungen in den Massenmedien aufgezeigt.

2 Kommunikationswissenschaftliche und linguistische Forschung

Mit der Textproduktion in den Massenmedien beschäftigt sich die Kommunikationswissenschaft und seit einiger Zeit auch die Linguistik. Von diesen beiden Disziplinen ist demnach eine wissenschaftliche Auseinandersetzung mit dem Thema der redaktionellen Bearbeitung zu erwarten. Im Folgenden sollen relevante Untersuchungen der Kommunikationswissenschaft und der Linguistik vorgestellt und auf ihren Nutzen für die vorliegende Arbeit hin überprüft werden.

2.1 Darstellung relevanter Arbeiten

Bei der Untersuchung des Nachrichtenflusses hat sich die Forschung, namentlich die kommunikationswissenschaftliche Forschung, bisher vor allem für die Selektion von Nachrichten aus dem Informationsangebot interessiert. Die Kommunikationswissenschaft beschäftigt sich insbesondere mit den Fragen, welche Faktoren die Nachrichtenselektion beeinflussen, nach welchen Kriterien Journalisten aus der Menge der angebotenen Informationen auswählen und welcher Anteil des Informationsangebots weitergeleitet und veröffentlicht wird. Die 'gate-keeper'-Forschung weist in diesem Zusammenhang dem Journalisten als Schleusenwärter eine besondere Bedeutung zu, weil sie annimmt, dass die Selektion zum größten Teil von seinen Entscheidungen abhängig ist. Die Nachrichtenwert-Forschung betont dagegen, dass die Selektionschancen in erster Linie vom Wert der Nachricht selbst abhängen, also davon, wie viele der von Journalisten für relevant gehaltenen Faktoren im Text enthalten sind.[8]

Das Verhältnis von Nachrichtenangebot und Nachrichtenverwendung wird vor allem am Beispiel der Selektion von Pressemitteilungen durch Zeitungen untersucht, wobei oft der Schritt über die Agentur in die Untersuchung einbezogen wird.[9] Durch Vergleiche von Input und Output wird ermittelt, wie viele der angebotenen Pressemitteilungen – meist werden Pressemitteilungen politischer Parteien als Textgrundlage gewählt – in den Medien verwendet werden. Die Studien kommen übereinstimmend zu dem Ergebnis, dass die Öffentlichkeitsarbeit einen starken Einfluss auf die Informationsleistung der Medien hat. Die Medien stehen – so wird häufig kritisiert – unter politischem bzw. wirtschaftlichem Einfluss der Institutionen. Lang errechnet in seiner sozialwissenschaftlich orientierten Arbeit, dass 71 Prozent der von politischen Parteien herausgegebenen Pressemitteilungen von den Agenturen übernommen werden.[10] 86 Prozent der von den Agenturen verbreiteten Texte würden dann von den Zeitungen verwendet.[11] Baerns kommt in ihrer grundlegenden Arbeit zur Berichterstattung über die nordrhein-westfälische Landespolitik zu dem Ergebnis, dass knapp über 60 Prozent der Beiträge in den

---

[8] Schulz (1990), S. 30.
[9] Z.B. Gazlig (1999), Schweda/Opherden (1995), Fröhlich (1992), König (1989).
[10] Lang (1980), S. 113.
[11] Ebd., S. 131.

Medien Nordrhein-Westfalens auf Öffentlichkeitsarbeit zurückzuführen sind.[12] Den Agenturen wird ein besonders großer Einfluss als Schleusenwärter zugesprochen, weil sie aus der Masse des Angebots für die Presse eine praktische Vorauswahl treffen und das Material für die Veröffentlichung in den Medien zubereiten. Untersuchungen belegen, dass der größte Anteil der auf Öffentlichkeitsarbeit zurückzuführenden Berichterstattung in den Medien von den Nachrichtenagenturen stammt und nicht auf der Grundlage der Pressemitteilung selbst verfasst wurde.[13] Pressemitteilungen, die nicht von den Nachrichtenagenturen weitergeleitet werden, hätten kaum eine Chance, von den Zeitungen bearbeitet zu werden.[14] Offensichtlich ziehen Zeitungsredakteure es also vor, das bereits für ihre Zwecke bearbeitete Sekundärmaterial zu verwenden, anstatt selbst das Primärmaterial zu bearbeiten. Sie ersparen sich Zeit und Mühe, allerdings auf Kosten ihrer journalistischen Eigenleistung.

Den auf die Nachrichtenselektion folgenden Arbeitsschritt, nämlich die Bearbeitung der ausgewählten Texte, hat die Forschung bisher weniger gründlich studiert. Wenn redaktionelle Bearbeitungen untersucht werden, dann meist am Beispiel der Bearbeitung von Pressemitteilungen durch Nachrichtenagenturen oder Zeitungsredaktionen und der Bearbeitung von Agenturnachrichten durch Tageszeitungen.[15] Was die Bearbeitung von Pressemitteilungen betrifft, kommen die primär kommunikationswissenschaftlich orientierten Studien übereinstimmend zu dem Ergebnis, dass das PR-Material meist nur geringfügig verändert wird. Zwar werde nur ein relativ geringer Anteil der Pressemitteilungen vollständig und wörtlich übernommen.[16] Doch werde im Allgemeinen lediglich gekürzt,[17] wobei der Umfang der Kürzungen oft beträchtlich sei.[18] Ergänzungen und Änderungen

---

[12] Baerns (1991), S. 87; vgl. auch Baerns (1982), S. 168.

[13] Rossmann (1993), S. 90.

[14] Knoche/Lindgens (1988), S. 507.

[15] Vereinzelt wurde auch die Bearbeitung von wissenschaftlichen Fachtexten für die Medien analysiert, wobei der Aspekt der Verständlichkeitsoptimierung im Vordergrund stand (Niederhauser (1997), Dubois (1986)). Die Bearbeitung von mündlich geführten Interviews für die schriftliche Druckfassung, ein wegen des Wechsels vom Dialogischen zum Monologischen aus linguistischer Perspektive besonders interessanter Bearbeitungsprozess, ist ebenfalls nur in Ansätzen betrachtet worden (Hennig (1996), Caroli (1977)). Als Reaktion auf dieses Forschungsdefizit sind am Institut für Germanistik I der Universität Hamburg unter der Leitung von Jörg Hennig Magisterarbeiten entstanden zur redaktionellen Bearbeitung von Reportagen, Interviews und Pressemitteilungen für die Printmedien sowie von Agenturnachrichten für den Hörfunk.

[16] Baerns (1991) errechnet auf der Grundlage ihres Textmaterials, dass 88 Prozent der Pressemitteilungen verändert und zwölf Prozent wörtlich und vollständig übernommen werden (S. 70). Bei Bachmann (1997) beträgt das Verhältnis 81 zu 19 Prozent (S. 215f.).

[17] Lang (1980), S. 115; Baerns (1991), S. 89.

[18] Lang (1980), S. 155.

wie etwa Umformulierungen oder Umformungen seien sehr selten.[19] Kritik wird daran geübt, dass deshalb die in den Selbstdarstellungen der Institutionen enthaltenen Wertungen weitgehend unkommentiert übernommen werden.[20]

Auch die kommunikationswissenschaftlich orientierten Studien zur Bearbeitung von Agenturtexten durch die Presse beschränken sich in der Regel darauf, den Anteil der unverändert weitergereichten Nachrichten zu bestimmen und den Umfang der vor allem am Textende vorgenommenen Kürzungen zu messen. Auf die neben den Streichungen vorkommenden Veränderungen gehen sie nicht genauer ein. Unter diesen Voraussetzungen kommen die Arbeiten zu der pauschalen Aussage, dass die Vorlagentexte lediglich vom Ende her gekürzt, ansonsten aber unverändert übernommen werden. Dass Nachrichtentexte nach dem Prinzip der umgekehrten Pyramide aufgebaut sind, so dass die zentrale Information am Anfang steht und nach abnehmender Wichtigkeit spezifizierende Details folgen, ermöglicht solche Kürzungsverfahren.[21] Langs statistische Auswertung ergibt, dass 10,44 Prozent der auf der Grundlage von Agenturtexten veröffentlichten Pressetexte mit dem Wortlaut der Agenturnachricht identisch sind.[22] Den größten Anteil an den Bearbeitungen bildeten die Kürzungen, genau wie bei den Bearbeitungen der Pressemitteilungen.[23] Über die Hälfte der Meldungen werde gekürzt, und zwar meist vom Ende, zuweilen aber auch am Anfang oder in der Mitte.[24] Andere Bearbeitungsarten – Lang nennt neben dem Kürzen noch das Ergänzen und das Umformulieren – seien nur selten zu beobachten.[25] Struk, der mittels einer vergleichenden Inhaltsanalyse von Agenturnachrichten und den entsprechenden Zeitungsartikeln die Redigierpraxis von fünf Tageszeitungen verschiedenen Typs untersucht, kommt zu etwas anderen Ergebnissen.[26] Nach seinen Berechnungen werden Agenturtexte durchschnittlich in nur einem Prozent der Fälle wortgetreu übernommen, in 81 Prozent der Fälle gering und in 18 Prozent der Fälle eingehend bearbeitet.[27] Zwar bestätigt Struk, dass Agenturnachrichten vor allem vom Ende her gekürzt werden.[28] Doch weist er zugleich darauf hin, dass „Kürzungen am Textende zwar die häufigste, bei weitem aber nicht die alleinige Form der Bearbeitung von Agenturnachrichten" sind.[29] Die Redigierpraxis der Zeitungen lasse

[19] Ebd., S. 118; Nissen/Menningen (1977), S. 165.
[20] Z.B. Nissen/Menningen (1977), S. 172f.
[21] Zum Aufbau von Nachrichtentexten siehe z.B. Dovifat (1976), S. 169; Lüger (1995), S. 95; Weischenberg (1990), S. 46ff.
[22] Lang (1980), S. 136.
[23] Ebd., S. 136f.
[24] Ebd., S. 136ff.
[25] Ebd., S. 141f.
[26] Struk (2000).
[27] Ebd., S. 220.
[28] Ebd., S. 214f.
[29] Ebd., S. 235.

sich nicht „als ein bloßer Reduktionsprozeß beschreiben".[30] Bearbeitungen könnten Auswirkungen auf die inhaltliche Tendenz haben, wobei nach Struks Beobachtung der Zeitungsartikel in den meisten Fällen sogar noch sachlicher ist als die vorausgegangene Agenturnachricht.[31]

Die Arbeiten, die zwischen verschiedenen Graden der Bearbeitung unterscheiden, verwenden eher inhaltliche als sprachlich-formale Unterscheidungskriterien. Hättenschwiler, der die Leistungsfähigkeit einer Zeitung inhaltsanalytisch ermittelt, spricht von den Graden Bearbeitung, Verarbeitung, Zusatzinfo und Eigenleistung, je nachdem, ob der Agenturtext unverändert oder lediglich gekürzt übernommen, ob er zusammengefasst, um zusätzliche Informationen ergänzt oder so stark verändert wird, dass die Textgrundlage nicht mehr zu erkennen ist.[32]

Immer wieder wird auf den Zusammenhang zwischen der Art und Weise, wie eine Zeitung eine Agenturnachricht bearbeitet, und dem Zeitungstyp hingewiesen. Mehrere Untersuchungen belegen, dass Zeitungen mit kleiner Auflage Agenturtexte weniger stark verändern als Zeitungen mit großer Auflage. So berichtet Höhne von einer Allensbach-Studie, die belegt,

> „daß Zeitungen mit kleineren Auflagen politische Meldungen beispielsweise, die sie von Agenturen beziehen, seltener selbständig bearbeiten als Blätter mit größeren Auflagen. Von Zeitungen mit weniger als 50 000 Auflage wurden 35 Prozent der Meldungen unredigiert übernommen. Bei Zeitungen mit Auflagen bis zu 200 000 sank der Anteil des unbearbeiteten Materials auf 14 Prozent und betrug in der Gruppe von über 200 000 Auflage nur noch acht Prozent. Nur in drei von hundert Fällen bemühen sich die kleinen Zeitungen Beiträge teilweise oder ganz neu zu formulieren. Zu neun Prozent versuchten es die Blätter der zweiten und zu 14 Prozent die der dritten Kategorie."[33]

Muckenhaupt, der dem Einfluss der Nachrichtenagenturen auf den Sportteil der Tageszeitungen nachgeht, erkennt erhebliche Unterschiede zwischen den Bearbeitungen von Agenturtexten durch regionale und überregionale Zeitungen einerseits und durch lokale Zeitungen[34] andererseits:

> „Die häufigste Bearbeitungsform ist das Kürzen von Agenturtexten und die Neugestaltung von Überschriften. Weitergehende Bearbeitungsformen (Umformulierung, Ergänzung, Kombination von

---

[30] Ebd.
[31] Ebd., S. 221. Die Bearbeitungen, die laut Struk die Sachlichkeit der Nachricht noch steigern, stammen von der *Frankfurter Allgemeinen Zeitung* und der *Süddeutschen Zeitung*.
[32] Hättenschwiler (1992), S. 15f.
[33] Höhne (1984), S. 261f.
[34] Zur Unterscheidung verschiedener Zeitungstypen siehe Anm. 147.

Agenturtexten) finden sich vor allem bei den überregionalen und regionalen Zeitungen, die auch einen geringeren Agenturanteil aufweisen. Demgegenüber halten sich die lokalen Zeitungen mit ihrem extrem hohen Agenturanteil überwiegend an den Wortlaut des Agenturangebots. Im Vergleich zur wörtlichen Übernahme und zur Kürzung hat die weitergehende Bearbeitung und Umgestaltung von Agenturtexten einen geringen Stellenwert. Die Agenturtexte werden zwar gekürzt, aber vorwiegend wörtlich übernommen. Auch die Textsorte wird im Normalfall nicht gewechselt."[35]

Die Unterschiede im Bearbeitungsverhalten der verschiedenen Zeitungstypen werden vor allem mit den unterschiedlichen Abhängigkeitsverhältnissen von den Nachrichtenagenturen erklärt. Während nämlich die auflagenschwachen Zeitungen meist nur eine Agentur, und zwar in der Regel dpa, oder höchstens zwei Agenturen beziehen, leisten sich viele auflagenstarke Zeitungen neben einem eigenen Auslandskorrespondenten den Bezug mehrerer oder sogar aller auf dem deutschen Markt vertretenen Nachrichtenagenturen.[36] Als Komplementäragentur zu dpa dient den meisten Zeitungen die amerikanische Nachrichtenagentur Associated Press (AP). Die drittstärkste Agentur auf dem deutschen Tageszeitungsmarkt ist die britische Agentur Reuters, gefolgt von der französischen Agence France-Presse (AFP) und der aus dem Zusammenschluss des Deutschen Depeschen Dienstes und der DDR-Agentur ADN hervorgegangenen Agentur ddp/ADN.[37]

Die wenigen linguistischen Arbeiten zum Thema ‚redaktionelle Bearbeitungen' befassen sich im Vergleich zu den inhaltsanalytisch vorgehenden kommunikationswissenschaftlichen Studien stärker mit den verschiedenen Arten der im Laufe von Textbearbeitungen vorgenommenen sprachlichen Veränderungen. Sie stellen vergleichsweise häufig methodische Überlegungen zur Analyse von redaktionellen Bearbeitungen und zur Kategorisierung und Beschreibung der beobachteten Veränderungen an. Die wohl gründlichste linguistische Analyse der Bearbeitung von Pressemitteilungen durch eine Agentur und neun Tageszeitungen

---

[35] Muckenhaupt (1990), S. 124.

[36] Resing (1999) zufolge beziehen im Februar 1999 von den 30 Publizistischen Einheiten (zum Begriff der Publizistischen Einheit siehe Anm. 150 der vorliegenden Arbeit) mit einer verkauften Auflage von unter 50.000 Exemplaren 19 Zeitungen nur eine, neun Zeitungen lediglich zwei und nur zwei Zeitungen drei Agenturen. In der Gruppe der 15 Publizistischen Einheiten mit einer Auflage von über 300.000 verkauften Exemplaren beziehen dagegen nur vier Zeitungen lediglich zwei Agenturen. Fünf Zeitungen leisten sich aber drei Agenturen, vier Zeitungen haben vier Agenturen zur Auswahl. Zwei Zeitungen dieser Auflagenklasse erlauben sich sogar alle fünf Agenturen gleichzeitig. Von den Zeitungen mit nur einer Agentur bezieht lediglich die sorbische Zeitung *Serbske Noviny* nicht dpa, sondern ddp/ADN.

[37] Vgl. Resing (1999), S. 270f.

legt Bachmann mit ihrer Dissertation vor.[38] Im Rahmen ihrer theoretischen Vorüberlegungen charakterisiert Bachmann die Beziehung zwischen Pressemitteilungen und Agentur- bzw. Zeitungstexten als intertextuelle Beziehung, die Bearbeitung einer Pressemitteilung bzw. ihre Anpassung an die Bedingungen der neuen
Textsorte als Adaption. Als Bezeichnung für die linguistische Handlung, welche
für die Beziehung zwischen den beiden Texten verantwortlich ist, dient Bachmann der Terminus der Reformulierungshandlung. Bei der Analyse der Adaption
sind nach Bachmann drei Kriterien zu beachten: 1. die Art der Reformulierungshandlung, 2. die Textebene, auf welcher reformuliert wird und 3. die Funktion
oder Wirkung der Adaption.[39] Bachmann unterscheidet vier Arten von Reformulierungshandlungen – Reduktion, Addition, Substitution und Reproduktion – sowie vier Textebenen – die lexikalische, die syntaktische, die inhaltliche und die
strukturelle Ebene.[40] An Funktionen nennt Bachmann zum Beispiel Sinnkonkreti-
sierung, Sinnmodifikation, Wertung, Einstellungsbekundung, Platzeinsparung und
Herstellung von Quellentransparenz.[41] Besondere Aufmerksamkeit widmet
Bachmann inhaltsanalytischen Aspekten wie der journalistischen Eigenleistung,
der Quellentransparenz und der Übernahme von Wertungen.

Auch Biere, der die Bearbeitung einer Pressemitteilung zur Agenturmeldung
und weiter zum Pressetext unter linguistischer Fragestellung verfolgt, untersucht
die vorgenommenen Veränderungen auf ihre Art, ihre Motive sowie ihre Konsequenzen für den Bedeutungsgehalt.[42] Was die verschiedenen Bearbeitungsstrate-
gien betrifft, unterscheidet Biere Substitutionen auf der lexikalischen Ebene,
Komplexitätsreduktionen auf der syntaktischen Ebene sowie Umstellungen und
Kürzungen auf der Textebene. Als Motive ermittelt er neben sprachästhetischen
Motiven die „Anpassung des Textes an andere Adressatengruppen", „Notwendigkeit zur Situierung des Quellentextes in einem anderen Kommunikationszusam-
menhang" sowie die „Selektion und Aufbereitung von Informationen nach anderen (z.B. medienspezifischen) Relevanzkriterien".[43]

Der niederländische Sprachwissenschaftler van Dijk analysiert im Rahmen
seiner Untersuchungen der Weltberichterstattung zur Ermordung des gewählten
libanesischen Präsidenten Gemayel im September 1982 die Bearbeitung eines
Textes der Nachrichtenagentur Reuters durch verschiedene Tageszeitungen.[44] Van
Dijk beobachtet vier verschiedene Transformationen (‚local transformations') –
Eliminationen (‚deletion'), Additionen (‚addition'), Permutationen (‚permutation') und Substitutionen (‚substitution') – und stellt fest, dass Eliminationen am

---

[38] Bachmann (1997).
[39] Ebd., S. 99.
[40] Ebd., S. 71.
[41] Ebd., S. 85.
[42] Biere (1993a).
[43] Ebd., S. 70.
[44] Van Dijk (1988b).

22

häufigsten sind.[45] Insgesamt kommt er zu dem Ergebnis, „that the text from the wires is followed rather closely, often literally. Most changes are slight adaptations, and only some irrelevant passages or sentences are deleted."[46] Was inhaltliche Tendenzen anbetrifft, beobachtet van Dijk bei einem Vergleich von Agentur- und Zeitungstexten über Osteuropa, dass die Zeitungsberichterstattung wesentlich negativer ausfällt als die neutrale Agenturberichterstattung, ein Ergebnis, das dem von Struk widerspricht.[47]

Besonders eingehend hat sich der Neuseeländer Bell mit dem Thema ‚redaktionelle Bearbeitungen‘, im Englischen ‚editing‘ genannt, beschäftigt.[48] Der Journalist und Linguist untersucht die Produktion von Nachrichten im internationalen Informationsfluss und verfolgt insbesondere den Weg von Nachrichten internationaler Nachrichtenagenturen über nationale Agenturen bis hin zu verschiedenen Endmedien. Er analysiert die an den verschiedenen Stationen vorgenommenen redaktionellen Bearbeitungen im Detail, vor allem die Bearbeitungen von Agenturtexten durch Radiosender und Zeitungen, und beschreibt die vorkommenden Veränderungen mit Hilfe allgemeiner linguistischer Grundregeln. Nach Auswertung eines umfangreichen Textkorpus identifiziert Bell drei Arten von Operationen: Eliminationen, lexikalische Substitutionen und syntaktische Veränderungen.[49] Während Bell in seinem älteren Aufsatz die Veränderungen der syntaktischen Struktur als häufigste Veränderungsart nennt, betont er in der jüngeren Monographie das häufige Vorkommen der Eliminationen.[50] Darüber hinaus ermittelt Bell vier Funktionen von redaktionellen Bearbeitungen: das Kürzen, das Verdeutlichen, das Erhöhen des Nachrichtenwertes und das Standardisieren der Sprache.[51] Das Erhöhen des Nachrichtenwertes sieht er als Hauptfunktion an, wobei er allerdings auch dem Kürzen eine besondere Bedeutung zuspricht.[52] Zwar beschäftigt sich Bell intensiv mit der Beschreibung der Veränderungsarten und -funktionen, doch gilt sein Hauptinteresse den inhaltlichen Differenzen zwischen einem Vorlagen- und einem Endtext. Bedeutungserhalt sieht er als notwendige Bedingung für redaktionelle Bearbeitungen an, was auch darin zum Ausdruck kommt, dass er eine redaktionelle Bearbeitung definiert als Umwandlung eines Textes in einen anderen Text mit unterschiedlicher Form, aber gleicher Bedeutung.[53] Bell unter-

---

[45] Ebd., S. 116; vgl. auch van Dijk (1988a), S. 134.
[46] Van Dijk (1988b), S. 116; vgl. auch van Dijk (1988a), S. 132.
[47] Van Dijk (1988a), S. 135. Siehe auch S. 20, Anm. 31 der vorliegenden Arbeit.
[48] Bell (1991), Bell (1984).
[49] Bell (1991), S. 70.
[50] Bell (1984), S. 86; Bell (1991), S. 70.
[51] Bell (1991), S. 76.
[52] Ebd.
[53] Ebd., S. 66: „Editing is the process by which one text is transformed into another text which is different in form but congruent in meaning. 'Congruent' signifies having an equivalent and compatible meaning, although not necessarily containing all the information in the original."

sucht Informationsverfälschungen („inaccuracies") näher und erkennt Zusammenhänge zwischen verschiedenen Arten von Verfälschungen und bestimmten Bearbeitungsarten.[54]

2.2 Diskussion der vorgestellten Arbeiten

Der Blick in die Forschung stützt die bereits in der Einleitung vertretene These, dass eine genaue linguistische Untersuchung von redaktionellen Bearbeitungen, wie sie in der vorliegenden Arbeit angestrebt wird, bisher nicht existiert. Ein wesentliches Defizit der bisherigen Forschung besteht darin, dass das Untersuchungsmaterial recht einseitig gewählt wurde. Obwohl an verschiedenen Stellen im Nachrichtenfluss eine Vielzahl unterschiedlicher journalistischer Textsorten für verschiedene Medien redaktionell bearbeitet wird, hat sich die Forschung auf wenige Formen redaktioneller Bearbeitungen konzentriert. Man hat sich auf die Schnittstellen zwischen den verschiedenen Medien beschränkt, obwohl auch innerhalb eines Mediums Bearbeitungen üblich sind. Redaktionsinterne Bearbeitungsprozesse sind bisher weder angemessen untersucht noch mit Anpassungen an andere Medien kontrastiert worden,[55] was wohl vor allem auf die Schwierigkeiten bei der Materialbeschaffung zurückzuführen ist. Davon abgesehen hat die Forschung bisher meist lediglich einen Bearbeitungsschritt isoliert, obwohl viele journalistische Texte an mehreren Stellen im Nachrichtenfluss bearbeitet werden. Wurden mehrere Bearbeitungsschritte verfolgt, dann sind Bearbeitungen verschiedener Textsorten (Pressemitteilungen und Nachrichtentexte), nicht aber verschiedene Varianten derselben Textsorte (Agentur- und Zeitungsnachrichten) miteinander verglichen worden.[56]

Methodisch sind die vorgestellten Untersuchungen nur bedingt für diese Arbeit von Nutzen. Insbesondere die Beiträge von Seiten der Kommunikationswissenschaft gehen inhaltsanalytisch vor und lassen sich deshalb methodisch nicht nutzbar machen. Ihnen geht es bei der Betrachtung redaktioneller Bearbeitungen

---

[54] Bell (1984), S. 81.

[55] Neumann (1997) beschreibt in ihrem Beitrag zur Zeitungsforschung zwar den wenigstens fünf Kontrollstufen durchlaufenden Bearbeitungsprozess bei der *Seattle Times*, einer der „am gründlichsten redigierten Zeitungen der USA" (S. 178). Doch geht es ihr um die Darstellung des Redaktionsmanagements und nicht um die Beschreibung der im Laufe der Bearbeitungen vorgenommenen sprachlichen Veränderungen. Bei Wilke/Rosenberger (1991), die sich in erster Linie für die Organisationsstruktur einer Nachrichtenagentur interessieren, findet sich über die redaktionelle Bearbeitung innerhalb einer Nachrichtenagentur lediglich die pauschale und nicht weiter ausgeführte Bemerkung: „Die Außenbüros schicken sendefertige Nachrichten in die Zentralredaktion, die im allgemeinen nur noch geringfügig verändert werden." (S. 134)

[56] Biere (1993a) verfolgt zwar den Weg einer Pressemitteilung über die Agentur bis hin zu den Zeitungen, konzentriert sich aber auf den ersten Bearbeitungsschritt. Bei seinem Vergleich des Agenturtextes mit verschiedenen auf dessen Grundlage entstandenen Zeitungstexten beschränkt er sich auf die Bearbeitung der Schlagzeile und gibt nur einzelne Beispiele für die im Haupttext vorgenommenen Veränderungen.

in erster Linie darum, den Grad der inhaltlichen Bearbeitung sowie das Ausmaß eventueller Kürzungen und Ergänzungen zu bestimmen und damit die Eigenleistung der Bearbeiter zu beurteilen. Besondere Aufmerksamkeit wird ferner auf die Quellentransparenz und den Umgang mit Wertungen gerichtet. Da das Hauptinteresse der kommunikationswissenschaftlichen Beiträge auf den inhaltlichen Unterschieden zwischen Vorlagen- und Endtext liegt, sind qualitative Aussagen über die Art der vorgenommenen sprachlich-formalen Veränderungen selten und bleiben, wenn sie vorkommen, pauschal und wenig belegt.[57] Selbst einige linguistische Untersuchungen interessieren sich eher für die inhaltlichen als die sprachlich-formalen Unterschiede zwischen dem Vorlagen- und dem Endtext. Und sogar die Arbeiten, welche die im Laufe von Bearbeitungen vorgenommenen sprachlichen Veränderungen genauer zu beschreiben versuchen, sind methodisch nur bedingt von Nutzen. Zwar erscheint es sinnvoll, sich in der Vorgehensweise anzulehnen und Veränderungen nach ihrer Art, der involvierten Sprachebene, der Funktion bzw. Motivation sowie der Auswirkungen auf den Bedeutungsgehalt zu beschreiben. Doch sind die Kategorien innerhalb dieser verschiedenen Beschreibungsebenen nicht uneingeschränkt zur Übernahme geeignet, weil sie nicht genau definiert und voneinander abgegrenzt werden, weil sie Überschneidungen zulassen oder weil verschiedene Beschreibungsebenen miteinander vermischt werden. So trennt Biere, der Kürzungen, Umstellungen, Substitutionen und Komplexitätsreduktionen unterscheidet, nicht sauber zwischen Arten von Veränderungen und ihren Auswirkungen. Bachmanns Kategorien, die nicht genau definiert und voneinander abgegrenzt werden, sind problematisch, weil sie sich nicht gegenseitig ausschließen. Dies wird von Bachmann zwar wahrgenommen, aber nicht als Problem erkannt.[58] Überschneidungen ergeben sich in ihrem System vor allem zwischen den verschiedenen linguistischen Ebenen, insbesondere zwischen der lexikalischen und der inhaltlichen Ebene, denn auch lexikalische Veränderungen können inhaltliche Veränderungen sein.

Die von Bachmann erarbeitete theoretische Grundlage lässt sich auch aus anderen Gründen nicht für die vorliegende Arbeit nutzbar machen. Der von

---

[57] Dies kritisiert auch Bachmann (1997), S. 33: „Die Untersuchungen [zur Bearbeitung von Pressemitteilungen durch Tageszeitungen] liefern publizistikwissenschaftlich interessante Daten über den Einfluß der PR auf die Medien, gehen jedoch nicht im Detail darauf ein, wie die Primärquellen redigiert werden. Kategorien wie ‚vollständig‘ oder ‚gekürzt‘ (Baerns) oder ‚ähnlich‘ bis ‚nicht eindeutig‘ (Lang) geben zwar grobe Anhaltspunkte zur Verarbeitung von Pressemitteilungen, sind aber aus sprachwissenschaftlicher Perspektive wenig aufschlussreich."

[58] Ebd., S. 72: „Eine Zusatzinformation würde demnach als Addition auf der inhaltlichen Ebene bezeichnet, ein Moduswechsel als Substitution auf der syntaktischen Ebene und das Weglassen eines wertenden Adjektives als Reduktion auf der lexikalischen Ebene. Die Adaption einer Pressemitteilung an eine Nachricht kann sehr komplex sein, weshalb die genannten Kategorien häufig als Mischformen auftreten. Eine Zitierung kann sowohl Substitution auf syntaktischer Ebene als auch Addition und Reduktion auf lexikalischer oder inhaltlicher Ebene bedeuten."

Bachmann verwendete, aus der Literaturwissenschaft stammende Begriff der Intertextualität[59] eignet sich zwar für die Charakterisierung der Beziehung zwischen Pressemitteilungen und Zeitungstexten, nicht aber für die zwischen einander entsprechenden Agentur- und Zeitungsnachrichten. Während es nämlich bei der Beschreibung der Bearbeitung von Pressemitteilungen darum geht, die mal mehr, mal weniger deutlichen Rückverweise auf den Vorlagentext herauszustellen, also die Gemeinsamkeiten zwischen den Exemplaren zweier grundsätzlich verschiedenartiger Textsorten deutlich zu machen, soll die Beschreibung der Bearbeitung von Agenturnachrichten innerhalb der Agentur bzw. in den Zeitungsredaktionen die Unterschiede zwischen verschiedenen Versionen desselben Textes zum Vorschein bringen. Die Verwendung des Intertextualitätsbegriffs ist dann sinnvoll, wenn zum Ausdruck gebracht werden soll, dass Zeitungstexte zwar auf Pressemitteilungen zurückverweisen können, diese aber nicht lediglich reproduzieren dürfen. Bei den in der vorliegenden Arbeit untersuchten Bearbeitungsprozessen ist es dagegen von vornherein vorgesehen, dass der Vorlagentext die Grundlage für eine neue Textversion darstellt und eventuell sogar wörtlich übernommen wird. Aus den gleichen Gründen ist der ebenfalls von Bachmann verwendete Begriff der Reformulierungshandlung[60] nicht für die vorliegende Arbeit nutzbar zu machen. Der ursprünglich aus der Gesprächsanalyse stammende Terminus bezeichnet im Zusammenhang mit schriftlichen Texten vor allem erkennbare Verweise in einem Text auf andere Textelemente und eignet sich deshalb genau wie der Begriff der Intertextualität für die in Nachrichtentexten zu findenden Wiederaufnahmen von Pressemitteilungen, nicht aber für die Beziehung zwischen einem Text und seiner Vorlage, die er vollständig ersetzt.

Die Ergebnisse der vorgestellten Arbeiten sind eng mit den jeweils unterschiedlichen Untersuchungsgegenständen, Forschungsinteressen und Vorgehensweisen verknüpft und deshalb für diese Arbeit nur bedingt relevant. So lassen sich die Ergebnisse zur Bearbeitung von Pressemitteilungen nicht auf diese Arbeit übertragen, weil sich die Bearbeitung von Pressemitteilungen grundsätzlich von der von Agenturnachrichten unterscheidet.[61] Ähnliches gilt für die Ergebnisse von Untersuchungen zur Bearbeitung von Agenturtexten für das Fernsehen oder den Hörfunk, auf die deshalb nicht eingegangen wurde, weil für diese Medien ganz andere Bedingungen gelten als für die Printmedien. Zur Verbreitung im Fernsehen oder Hörfunk müssen schriftliche Nachrichtentexte, die zum Lesen vorgesehen sind, an das neue Medium angepasst und von geschriebener in gesprochene

---

[59] Auf die Verwendung des Intertextualitätsbegriffs in der Literaturwissenschaft und Linguistik kann hier nicht näher eingegangen werden. Es sei verwiesen auf Klein/Fix (1997), Holthuis (1993), Broich/Pfister (1985).

[60] Zum Begriff der Reformulierung bzw. Reformulierungshandlung siehe Herzog (1993), Bührig (1996), Steyer (1997).

[61] Pressemitteilungen haben eine andere Textfunktion als Agenturnachrichten und sind nicht unbedingt in Form einer Nachricht formuliert.

Sprache transformiert werden.[62] Selbst die Ergebnisse zur Bearbeitung von Agenturnachrichten durch Tageszeitungen sind oft nicht auf Situationen außerhalb des speziellen Untersuchungskontextes zu übertragen. Die Tatsache, dass verschiedene Arbeiten höchst unterschiedliche quantitative Aussagen zum Verhältnis wörtlicher Übernahmen, geringer und umfassender Bearbeitungen oder zum Ausmaß von Kürzungen machen, zeigt, dass verschiedene Autoren jeweils andere Kategoriensysteme und Zählungsmethoden anwenden. Vor allem darüber, was als ,unverändert' bzw. ,mit dem Wortlaut identisch' zu verstehen ist, scheinen unterschiedliche Meinungen zu existieren.[63] Doch auch wenn die quantitativen Aussagen keine große Aussagekraft haben, sind die von den vorgestellten Arbeiten erkannten Tendenzen wichtige Richtlinien für die vorliegende Arbeit. Die bisher ermittelten Ergebnisse zum Bearbeitungsverhalten von Zeitungsredakteuren sollen überprüft und gegebenenfalls revidiert werden. Dabei wird insbesondere dem von der kommunikationswissenschaftlichen Forschung beobachteten Zusammenhang zwischen dem Bearbeitungsverhalten und dem Zeitungstyp genauer nachgegangen werden.

Die Kommunikationswissenschaft und die Linguistik haben sich zwar in Ansätzen – dies hat der Forschungsüberblick deutlich gemacht – mit dem Thema der redaktionellen Bearbeitung beschäftigt. Eine theoretische Grundlage für die Beschreibung der im Laufe der Nachrichtenbearbeitung von Agentur- und Zeitungsredakteuren vorgenommenen sprachlichen Veränderungen liefern sie allerdings nicht. Um den Untersuchungsgegenstand dieser Arbeit genauer charakterisieren und eine geeignete Methode zur Analyse und Beschreibung solcher Veränderungen entwickeln zu können, soll deshalb im folgenden Kapitel die Schreibforschung auf brauchbare Ansätze hin untersucht werden. Die Schreibforschung – in den 70er-Jahren aus didaktischen Bemühungen zur Verbesserung der Schreibfertigkeiten von Schülern und Studenten hervorgegangen – stellt heute eine eigenständige Forschungsrichtung dar, die eine Schnittmenge zwischen verschiedenen Disziplinen bildet, vor allem der Linguistik, der Psychologie, der Erziehungswissenschaft und der Didaktik.[64] Da sie sich um die Erhellung von Schreibprozessen bemüht und sich zunehmend für das Schreiben im Beruf interessiert, sind von ihr wertvolle Anregungen zu erwarten.

---

[62] Vgl. Straßner (1982), S. 155.

[63] Straßner (1994) zum Beispiel kategorisiert eine Bearbeitung eines Agenturtextes durch eine Zeitung als wörtliche Übernahme, obwohl zahlreiche Veränderungen vorkommen, wie zum Beispiel Streichungen von Sätzen, Teilsätzen und Wortgruppen, lexikalische Substitutionen, Umformungen der Satzstruktur etc. (S. 29). Eine solche Bearbeitung könnte in anderen Studien als eingehende Bearbeitung klassifiziert werden.

[64] Vgl. Antos (2000), S. 105f.

3 Schreibforschung

Ausgehend von der Überlegung, dass es sich bei der Nachrichtenbearbeitung um eine Phase im journalistischen Textproduktionsprozess handelt, soll mit Hilfe der Schreibforschung, welche sich um die Erhellung von Textproduktionsprozessen im Allgemeinen bemüht, die Grundlage für die Analyse gelegt werden.[65] Besondere Aufmerksamkeit wird der Revisionsforschung gelten, dem Zweig der Schreibforschung, der sich mit den während der Textproduktion vorgenommenen Veränderungen beschäftigt und deshalb für die Analyse der Nachrichtenbearbeitung im journalistischen Textproduktionsprozess besonders relevant ist.[66] Mit Ansätzen der Schreibforschung als Grundlage wird es möglich sein, den Untersuchungsgegenstand dieser Arbeit zu definieren, den konkreten journalistischen Textproduktionsprozess zu beschreiben und die im Laufe von Nachrichtenbearbeitungen vorgenommenen sprachlichen Veränderungen zu charakterisieren.

3.1 Revisionen im Textproduktionsprozess

Die den Untersuchungsgegenstand dieser Arbeit darstellenden sprachlichen Modifikationen sind nachträgliche Veränderungen an einem schriftlichen Text. Solche Veränderungen bezeichnet die Schreibforschung als Revisionen. Wie der Revisionsbegriff im Detail definiert wird, hängt von der jeweiligen Konzeption des Schreibprozesses ab. In der älteren Schreibforschung wird der Schreibprozess in einem linearen Modell als Abfolge separater Aktivitäten dargestellt. Man stellt sich vor, dass während der Textproduktion nacheinander drei Phasen durchlaufen werden: die Planungs-, die Formulierungs- und die Überarbeitungsphase.[67] Am Ende jeder Phase steht ein Produkt, weshalb dieses Modell auch als der produktorientierte Ansatz bekannt ist: Das Produkt der ersten Phase ist ein mentaler Plan, das der zweiten eine erste Textfassung und das der dritten der fertige Text. Nach Auffassung der älteren Schreibforschung ist die Überarbeitung oder Revision – wie diese Phase auch genannt wird – die letzte Phase im Schreibprozess, die erst dann einsetzt, wenn die Formulierung abgeschlossen ist. Revisionen sind nach dieser traditionellen Auffassung also nachträgliche Veränderungen an manifesten Texten, Retranskriptionen[68] vorhandenen Textes.

Seit Mitte der 70er-Jahre wird das Schreiben nicht mehr als linearer Ablauf separater Phasen, sondern als Kreislauf verstanden. In dem grundlegenden Modell des Schreibprozesses von Hayes und Flower, das als rekursives Modell bezeichnet

---

[65] Da es in dieser Arbeit ausschließlich um schriftliche Texte geht, werden die Ausdrücke ‚Schreibprozess‘ und ‚Textproduktionsprozess‘ bzw. ‚Schreibforschung‘ und ‚Textproduktionsforschung‘ synonym gebraucht, obwohl ein feiner terminologischer Unterschied besteht (Antos (2000), S. 106).

[66] Vgl. Dulisch (1998), S. 146.

[67] Rohman (1965) nennt die drei Phasen ‚prewriting‘, ‚writing‘ und ‚rewriting‘. Murray (1978) spricht später von ‚prevision‘, ‚vision‘ und ‚revision‘.

[68] Zum Begriff der Retranskription siehe Wrobel (1995), S. 88.

wird, können sich die drei Subprozesse Planung, Formulierung und Überarbeitung ständig wiederholen.[69] Die Überarbeitung ist nicht mehr die letzte Phase im Textproduktionsprozess, denn sie kann den Anlass geben für neue Planungs- und Formulierungsphasen.[70] Außerdem können die verschiedenen Subprozesse ineinander eingebettet sein und sich gegenseitig unterbrechen. Entsprechend wird angenommen, dass Revisionen auch während der Planung und während der Formulierung vorkommen können. Die Konsequenz dieser Annahme ist, dass sich Revisionen nicht nur auf bereits vollständig Niedergeschriebenes, sondern auch auf im Entstehen begriffene Formulierungen[71] und sogar auf mentale Pläne, so genannte Prätexte[72], beziehen können. Der Begriff der Revision umfasst heute also neben Veränderungen an manifesten Texten, den so genannten Textrevisionen, auch „Modifikationen an Formulierungen in prätextueller oder mentaler Form"[73], so genannte Prätextrevisionen.

Sowohl das lineare als auch das rekursive Schreibmodell wurden für individuelles Schreiben entwickelt und gründen auf der Vorstellung vom einzelnen Autor. Die jüngere, vorwiegend angloamerikanische Schreibforschung berücksichtigt nun zunehmend den sozialen Kontext des Schreibens und revidiert das personengebundene zugunsten eines kooperativen Schreibmodells.[74] Ausgehend von der Beobachtung, dass das Schreiben häufiger als angenommen zumindest eine interaktive Tätigkeit, bei der ein Autor und mit ihm auch sein Text von der Außenwelt beeinflusst wird,[75] und meist sogar eine kooperative Tätigkeit ist, bei der mehrere Personen an der Produktion eines Textes beteiligt sind,[76] dekonstruiert sie die Vorstellung vom Schreiben als individueller Tätigkeit und vom Text als geistigem Eigentum eines Individuums: „The concept of individual authorship, which strikes most people as not only commonsensical but also somehow inevitable, is actually a cultural construct, and a recent one at that."[77] Insbesondere in professionellen Schreibsituationen, etwa in der Wissenschaft, der Wirtschaft oder den Medien, entstehen nicht-fiktionale Texte heute mit Hilfe von elektronischen Kommunikationsmitteln wie Telefon, E-Mail, Fax etc. vielfach in kooperativen Schreibprozessen. Kooperation ist zum charakteristischen Merkmal

---

[69] Bei Hayes/Flower (1980) heißen die drei Subprozesse ‚planning', ‚translation' und ‚reviewing'.

[70] Vgl. Sharples (1999), S. 110.

[71] Nold (1981).

[72] Der Begriff des Prätextes geht auf Witte (1987) zurück.

[73] Rau (1992), S. 303.

[74] Zur Unterscheidung von personengebundenen und kooperativen Schreibprozessen siehe Baurmann/Weingarten (1995), S. 15f.

[75] Sharples (1993), S. 2.

[76] Williams (1991), S. 171; Plowman (1993), S. 149.

[77] Ede/Lunsford (1990), 76f.; vgl. auch Stillinger (1991).

des Schreibens am Arbeitsplatz geworden,[78] eine Entwicklung, der die Schreib-forschung zunehmend Rechnung trägt.[79]

Eine Kooperation bei der Textproduktion kann ganz verschieden organisiert sein. Je nachdem, wie die Zusammenarbeit koordiniert ist, spricht man von paralleler (‚parallel‘), reziproker (‚reciprocal‘) oder sequentieller (‚sequential‘) Zu-sammenarbeit.[80] Während bei der parallelen Kooperation mehrere Personen unab-hängig voneinander jeweils an einer Teilaufgabe des Projekts arbeiten und bei der reziproken Kooperation die Mitarbeiter interagieren und gemeinschaftlich ein Textprodukt erarbeiten, wird in einer sequentiellen Schreibsituation die Arbeit so verteilt, dass mehrere Personen nacheinander an demselben Text arbeiten.[81] Jeder Mitarbeiter übernimmt eine genau festgelegte Aufgabe und reicht das Ergebnis seiner Arbeit an den nächsten weiter. Auf diese Weise können die Aktivitäten der Textproduktion – die Planung, die Formulierung und die Revision – auf mehrere Personen verteilt werden.[82]

Der Sinn einer Kooperation beim Schreiben besteht darin, die Qualität des Textproduktes zu verbessern. Da jeder der an der Kooperation Beteiligten seine persönlichen Kenntnisse und Fähigkeiten einbringt und dadurch eventuelle Defi-zite der anderen ausgleicht, ist die Qualität eines von mehreren Personen produ-zierten Textes im Allgemeinen höher als die eines von einer Einzelperson produ-zierten Textes.[83] Der Vorteil einer sequentiell organisierten Kooperation besteht vor allem darin, dass ein Bearbeiter eine größere Distanz zum Text hat als der Textproduzent und deshalb bestimmte Textprobleme leichter erkennt.[84] Eine Ko-operation beim Schreiben kann sich aber auch negativ auf die Qualität des Textes

---

[78] Vgl. Couture/Rymer (1989).

[79] Für kooperative Schreibprozesse interessieren sich unter anderen auch die Psychologie, die die soziale Interaktion bei Teamarbeit untersucht, die Pädagogik, die das Lernen durch Gruppen-arbeit fördern möchte, und die Informatik, der es darum geht, die technischen Voraussetzungen für kooperatives Arbeiten weiterzuentwickeln.

[80] Diese Unterscheidung geht zurück auf Sharples (Sharples u.a. (1993), Sharples (1996), Sharples (1999)).

[81] Sharples (1996), S. 108f.: „Parallel working divides the writing into sub-tasks, corresponding either to parts of the document, or to jobs that can be accomplished in parallel, such as check-ing spelling along with tidying references. The collaborators all work simultaneously and send their products to each other. These stages may be repeated in an iterative manner a number of times to produce successive drafts. Sequential working is where the collaborators divide up the task among the partners so that the output from one stage is passed to the next writer in line. In reciprocal working the partners work together to create a common product, mutually adjusting their activities to take account of each other's contributions."

[82] Vgl. Sharples (1999), S. 170.

[83] Williams (1991), S. 175: „Most authors lack skills or knowledge in some areas of writing, and possibly also their subject area. Sharing the burden can ensure that the strengths of several authors are combined and the weaknesses removed." Vgl. auch Farkas (1991), S. 17.

[84] Bartlett (1982) weist zum Beispiel nach, dass es schwieriger ist, syntaktische Fehler und refe-rentielle Ambiguitäten in den eigenen Texten als in denen anderer zu finden (S. 352).

auswirken. Beispielsweise können Unterschiede im persönlichen Stil von Textproduzent und Textbearbeiter zur Beeinträchtigung der stilistischen Kohärenz führen.[85] Nimmt der Bearbeiter Veränderungen vor, ohne das erforderliche Wissen zu besitzen oder mit dem Verfasser der Textvorlage Rücksprache gehalten zu haben, können sprachliche oder sachliche Fehler entstehen.[86]

Auf der Grundlage der Ergebnisse der Schreibforschung lassen sich die sprachlichen Veränderungen, die von Agentur- und Zeitungsredakteuren an Auslandsnachrichten vorgenommen werden, nun als Revisionen in einem sequentiell organisierten kooperativen Textproduktionsprozess charakterisieren. Es handelt sich um Revisionen, die eine Person während einer separaten Überarbeitungsphase nachträglich an dem von einer anderen Person geschriebenen und vollständig vorliegenden Text vornimmt.[87] Mehrere Personen arbeiten also nacheinander an demselben Text. Der in dieser Arbeit verfolgte kooperative Textproduktionsprozess verläuft im Einzelnen wie folgt: Der Agenturjournalist im Londoner dpa-Büro produziert eine erste Textfassung. Die Produktion dieses Textes muss man sich als rekursiven Prozess mit den Subprozessen Planung, Formulierung und Überarbeitung vorstellen. Das Produkt dieses Schreibprozesses, ein fertiger Text, wird dann weitergereicht und dient einem Redakteur in der Hamburger dpa-Zentrale, der als Bearbeiter fungiert, als Textvorlage.[88] Die von diesem Bearbeiter vorgenommenen Veränderungen sind nachträgliche Revisionen an einem manifesten Text. Das Ausmaß dieser nachträglichen Revisionen ist unter anderem davon abhängig, wie gründlich der Verfasser der Textvorlage schon während der Planbildung und der Formulierung revidiert hat.[89] Der aus der Bearbeitung hervorgehende und im dpa-Basisdienst an die Medien übermittelte Text ist das Produkt der Kooperation von Auslandskorrespondent und Agenturredakteur. Dieser Endtext des agenturinternen Textproduktionsprozesses wird nun wiederum zum

---

[85] Vgl. Glover/Hirst (1996), S. 147.

[86] Zu den Vor- und Nachteilen einer Kooperation beim Schreiben siehe auch Farkas (1991), Ede/Lunsford (1990), S. 60ff. und Sharples (1999).

[87] Der Begriff der Revision wird im Folgenden ausschließlich für solche, an manifesten Texten vorgenommenen Veränderungen verwendet. Weder umfasst er Veränderungen an mentalen Plänen oder vorläufigen Formulierungen, noch wird er als Bezeichnung für die gesamte Bearbeitungsphase gebraucht, wie dies in einigen Beiträgen der Schreibforschung üblich ist.

[88] Zu den Arbeitsabläufen in der Zentralredaktion der Deutschen Presse-Agentur siehe Harseim/ Wilke (2000).

[89] Witte (1985) legt den Schluss nahe, dass umso weniger Textrevisionen nötig sind, je genauer Planbildung und Prätextrevisionen waren (S. 277). Dieser Zusammenhang wird bei der Bewertung der Analyseergebnisse zu berücksichtigen sein. Wenn ein Text wenig bearbeitet wird, muss dies also nicht am Bearbeiter liegen, sondern kann auch für die Qualität des Vorlagentextes sprechen.

Vorlagentext[90] für einen Zeitungsredakteur. Dieser nimmt nachträglich Revisionen am Agenturtext vor, wobei auch das Ausmaß dieser Revisionen von den während der vorausgegangenen Bearbeitungsphase vorgenommenen Revisionen abhängt.[91] Das Resultat der Bearbeitung durch den Zeitungsredakteur, die in den Zeitungen veröffentlichte Nachricht, kann dann als das Produkt der Kooperation von Agenturjournalisten und Zeitungsredakteur betrachtet werden.

Während die Zusammenarbeit zwischen Auslandskorrespondenten und Agenturredakteuren innerhalb derselben Institution stattfindet, geht die Kooperation zwischen Agenturjournalisten und Zeitungsredakteuren über institutionelle Grenzen hinweg. Die Zusammenarbeit beim Schreiben innerhalb derselben Institution zeichnet sich dadurch aus, dass die kooperierenden Personen dasselbe Ziel verfolgen, dasselbe Publikum adressieren und ähnliche Vorstellungen davon haben, wie das Ziel und das Publikum zu erreichen sind. Dass in diesen wesentlichen Punkten von vornherein ein Konsens besteht, gewährleistet im Allgemeinen eine relativ konfliktfreie Kooperation. Sollte es dennoch zu unterschiedlichen Auffassungen kommen, ist die Kommunikation zwischen den kooperierenden Personen möglich. Die Zusammenarbeit zwischen Vertretern unterschiedlicher Institutionen kann demgegenüber bedeuten, dass Ansichten über das mit dem Text verfolgte Ziel, die Rezipienten und die Art der Textgestaltung divergieren.[92] Bei der Zusammenarbeit zwischen Agentur- und Zeitungsredakteuren führen diese Divergenzen nur deshalb nicht ständig zum Konflikt, weil von vornherein abgemacht ist, dass die Presse mit dem angebotenen Agenturtext relativ frei umgehen kann, solange sie nicht den Sinn entstellt.[93] Die Kooperation beschränkt sich weitgehend darauf, dass die Agentur die Textvorlagen liefert und die Zeitungen diese zur Veröffentlichung bringen, in welcher Form auch immer.

Die an der Produktion der miteinander zu vergleichenden Agentur- und Zeitungsnachrichten beteiligten Journalisten lassen sich wie folgt charakterisieren: Der Auslandskorrespondent in London ist der Produzent der Textvorlage, der Agenturredakteur in der Hamburger Zentrale der Textbearbeiter. Beide sind demnach Produzenten des dpa-Basisdiensttextes. Der Zeitungsredakteur ist wiederum der Bearbeiter des Agenturtextes, gleichzeitig aber zusammen mit den Agentur-

---

[90] Als ‚Endtexte' bezeichne ich die jeweils aus Bearbeitungsprozessen hervorgehenden Textversionen, auch wenn sie in einem späteren Stadium nochmals bearbeitet werden. ‚Vorlagentexte' und ‚Textvorlagen' verwende ich synonym.

[91] Sowohl in der Agenturzentrale als auch in den Zeitungsredaktionen kann es vorkommen, dass ein Vorlagentext nicht nur von einem, sondern von mehreren Redakteuren nacheinander bearbeitet wird. Dies ist zu bedenken, wenn im Folgenden abstrahierend von ‚dem' Agenturredakteur und ‚dem' Zeitungsredakteur die Rede ist.

[92] Vgl. Sharples (1999), S. 174.

[93] Vgl. Steffens (1969), S. 98.

journalisten auch Textproduzent des Zeitungsartikels.[94] Obwohl alle drei an der Kooperation beteiligten Personen eine institutionell festgelegte Aufgabe im journalistischen Textproduktionsprozess erfüllen, ist es aus mehreren Gründen nicht sinnvoll, jeden einzelnen als Autor und alle drei als Koautoren zu bezeichnen. Zum einen deshalb, weil die drei jeweils unterschiedliche Aufgaben im Textproduktionsprozess übernehmen. Während der Auslandskorrespondent einen eigenen Text vorlegt, nehmen die Agentur- und Zeitungsredakteure die ihnen gegebene Möglichkeit zur Bearbeitung des Textes nicht unbedingt wahr und geben den Vorlagentext unter Umständen unverändert weiter. Zwar ist in gewisser Weise auch die Entscheidung für eine unveränderte Weitergabe eine redaktionelle Entscheidung. Doch wenn es eine Bedingung für Autorschaft ist, einen expliziten und im Endtext nachweisbaren Beitrag zur Textform zu leisten,[95] dann kann der Verfasser der ersten Textversion, nicht aber vorbehaltlos auch jeder Bearbeiter als Autor bezeichnet werden. Eine Koautorschaft im Sinne einer gleichmäßigen Arbeitsverteilung besteht jedenfalls nicht unbedingt.[96] Zum anderen ist der Begriff des Autors bzw. Koautors ungeeignet, weil er den Gedanken des geistigen Eigentums vermittelt. Letztlich verantwortlich für die Nachrichtentexte – sieht man von den wenigen namentlich gekennzeichneten Beiträgen ab – sind weder die Verfasser der ersten Textvorlage noch die Bearbeiter, sondern die die Texte veröffentlichenden Institutionen,[97] in diesem Fall die Nachrichtenagentur dpa bzw. die deutschen Tageszeitungen. Gerade deshalb ist die Kontrolle der einzelnen Journalisten innerhalb dieser Medien auch institutionalisiert.

3.2 Methoden zur Analyse von Revisionen

Nachdem sich mit Hilfe der Schreibforschung der Untersuchungsgegenstand dieser Arbeit genauer charakterisieren und eine während der Nachrichtenbearbeitung vorgenommene Veränderung als Revision im sequentiell organisierten kooperativen Textproduktionsprozess definieren ließ, ist nun zu prüfen, ob sich die von der Forschung vorgeschlagenen Methoden als Grundlage für diese Arbeit eignen. Im Folgenden werden Methoden zur Kategorisierung und Beschreibung

---

[94] Als Textproduktion kann man zum einen die Verfertigung des Auslandstextes, zum zweiten die Fertigstellung des Basisdiensttextes und zum dritten die Fertigstellung des Zeitungsartikels bezeichnen. In den gesamten Textproduktionsprozess sind also mehrere Textproduktionsprozesse integriert.

[95] Sharples (1999) definiert ‚Koautorschaft' wie folgt: „Co-authorship is where one or more collaborators make an explicit, identifiable contribution, by planning, drafting or revising a text." (S. 170)

[96] Auch Bell (1991) kommt zu diesem Befund und spricht deshalb von dem Verfasser der Vorlage als ‚Autor' und von dem Bearbeiter als ‚Redakteur': „Not all 'authors' play the same part. Most multiple-producer language is drafted in the first place by a single individual, who stands in a different relation to the text than those who modify this original draft. I therefore reserve 'author' for originators of a draft, and call those who modify it 'editors'." (S. 37)

[97] Vgl. Shirk (1991) S. 256f.

34

von Revisionen vorgestellt und im Hinblick auf ihren Nutzwert für die Kategorisierung und Beschreibung der in dieser Arbeit zu untersuchenden Revisionen diskutiert. Relevant sind innerhalb der Revisionsforschung insbesondere die Ansätze, die auf produktorientierten Schreibmodellen basieren und Revisionen als Retranskriptionen von manifestem Text untersuchen.

3.2.1 Darstellung relevanter Ansätze

Die Revisionsforschung hat erkannt, dass den einzelnen, in einem Korpus vorkommenden Revisionen allgemeine Prinzipien zugrunde liegen. Auf der Grundlage der festgestellten Gemeinsamkeiten und Unterschiede reduziert sie eine unüberschaubare Anzahl von Einzelrevisionen auf eine überschau- und beschreibbare Anzahl von Revisionstypen. Das Korpus lässt sich dann statistisch auswerten: Aussagen zur Häufigkeit bestimmter Erscheinungsformen werden möglich. Je nach forschungsleitendem Interesse haben verschiedene Revisionsforscher verschiedene Unterscheidungskriterien in den Vordergrund gestellt und jeweils unterschiedliche Revisionstaxonomien entwickelt.

Die meisten Taxonomien unterscheiden Revisionen nach der wirkenden linguistischen Operation und der involvierten linguistischen Ebene. Sommers unterscheidet in ihrer Studie zum Revisionsverhalten von erfahrenen und unerfahrenen Schreibern vier Revisionsoperationen – die Elimination (‚deletion‘), die Addition (‚addition‘), die Substitution (‚substitution‘) und die Permutation (‚reordering‘) – sowie vier Ebenen – die Wort- (‚word‘), die Phrasen- (‚phrase‘), die Satz- (‚sentence‘) und die Themenebene (‚theme‘).[98]

Noch detaillierter als die Taxonomie von Sommers ist die von Bridwell, die den Anspruch erhebt, ein vollständiges und eindeutiges Klassifizierungsschema darzustellen.[99] Bridwell kategorisiert Revisionen auf der Grundlage von sechs linguistischen Ebenen (‚surface level‘, ‚lexical level‘, ‚phrase level‘, ‚clause level‘, ‚sentence level‘, ‚multi-sentence level‘). Bridwell ergänzt Sommers' Taxonomie am unteren Ende der Skala um eine Oberflächenebene, auf der sie zum Beispiel Veränderungen der Orthographie, der Interpunktion und der Morphologie anordnet. Außerdem ergänzt sie unterhalb der Satzebene eine weitere Kategorie – eine Entscheidung, die sie allerdings später wieder rückgängig macht[100] – und fügt oberhalb der Satzebene die Mehrsatzebene hinzu. Auf allen Ebenen außer der Oberflächenebene wirken nach Bridwell die Operationen Addition (‚addition‘), Elimination (‚deletion‘), Substitution (‚substitution‘) und Permutation (‚order shift‘) sowie Expansion (‚expansion‘) (etwa eines Wortes zu einer Wortgruppe) und Reduktion (‚reduction‘) (etwa einer Wortgruppe zu einem Wort). Zusätzlich

---

[98] Sommers (1980).
[99] Bridwell (1980), S. 203: „One of the major purposes of the study was to develop an exhaustive and mutually exclusive scheme for classifying revisions."
[100] Bridwell u.a. (1985).

35

nennt Bridwell die Operation der Transformation („transformation'), die sie ausschließlich auf der Satzebene anordnet.

Raus Kategorisierung von Revisionen ist für eine prozessorientierte Analyse von Prätextrevisionen und Textrevisionen entworfen und deshalb für diese Arbeit nicht relevant.[101] Auf die Analyse von Revisionen, die während einer separaten Überarbeitungsphase vorgenommen werden, lässt sich lediglich ihre Unterscheidung von drei Revisionsaktivitäten übertragen: Additionen, Deletionen und Substitutionen.[102] Um den Umfang des von einer Revision betroffenen Elements angeben zu können, differenziert Rau darüber hinaus relativ grob zwischen Einzelelementen (einzelne Wörter, Satzzeichen oder Elemente unterhalb der Wortebene) und Textsegmenten (Wortfolgen, Teilsätze oder komplexe Sätze).

In der bisher wohl differenziertesten Taxonomie, der von Faigley und Witte, ist nicht die linguistische Operation und Ebene, sondern die Auswirkung auf den Bedeutungsgehalt des Textes das ausschlaggebende Differenzierungskriterium.[103] Faigley und Witte unterscheiden zwischen Oberflächenrevisionen („surface changes'), die keine bedeutungsverändernde Wirkung haben, und Tiefenrevisionen („meaning changes' oder „text-base changes'), welche die Bedeutung verändern.[104] Ausschlaggebend für die Zuordnung ist, ob der vor der Veränderung explizit vorhandene Inhalt nach dem Eingriff noch über Inferenzen („inferences') erschlossen werden kann bzw. ob der nach der Veränderung explizite Inhalt auch vorher schon implizit vorhanden war.[105] Oberflächenrevisionen und Tiefenrevisionen werden jeweils noch einmal untergliedert. So gehören zu den Oberflächenrevisionen zum einen formale Veränderungen („formal changes') wie Veränderungen der Schreibweise, der Interpunktion sowie grammatische Veränderungen von Tempus, Numerus und Modus. Zum anderen werden auch Operationen auf höherer Ebene zu den Oberflächenrevisionen gerechnet, solange sie die Bedeutung erhalten („meaning-preserving changes').[106] Bei den Tiefenrevisionen unterscheiden Faigley und Witte, die sich in diesem Punkt an Kintsch und van Dijk[107] anlehnen, zwischen Veränderungen der Mikrostruktur („microstructure changes') und Veränderungen der Makrostruktur („macrostructure changes'). Mit Hilfe dieser beiden Kategorien soll zwischen bedeutungsverändernden Revisionen mit

---

[101] Rau (1994). Im Unterschied zu den produktorientierten Ansätzen, die auf dem linearen Schreibmodell basieren, interessieren sich die prozessorientierten Ansätze stärker für die beim Schreiben involvierten Prozesse, und zwar für die während des Schreibprozesses ablaufenden kognitiven Vorgänge. Zum Unterschied zwischen dem produkt- und dem prozessorientierten Ansatz siehe Luczynski (1994), S. 19; Wrobel (1992), S. 362.

[102] Rau (1994), S. 77.

[103] Faigley/Witte (1981), S. 401.

[104] Ebd.

[105] Ebd., S. 402.

[106] Ebd., S. 403.

[107] Kintsch/van Dijk (1978).

lediglich begrenzter Relevanz und solchen mit Auswirkungen auf den thematischen Kern des Textes unterschieden werden können.[108]

Über die semantische Differenzierung hinaus unterscheiden Faigley und Witte sechs Revisionsoperationen, die auf allen Ebenen oberhalb der formalen Ebene wirken: Additionen (‚additions‘), Eliminationen (‚deletions‘), Substitutionen (‚substitutions‘), Permutationen (‚permutations‘) sowie das Verteilen (‚distribution‘) von Informationen aus einer syntaktischen Einheit auf mehrere und das Integrieren (‚consolidation‘) von Informationen aus mehreren Einheiten in eine.[109] In Faigleys und Wittes Taxonomie werden Revisionen also zuerst nach ihrer Auswirkung auf den Bedeutungsgehalt und erst dann nach der Art der wirkenden Operation kategorisiert.

Baurmann und Ludwig klassifizieren in einem der wenigen deutschsprachigen Beiträge zur Revisionsforschung Revisionen nach ihrer Tiefe:

> „Eine Revision ist [...] umso tiefer, je weiter entfernt im Modell des Schreibprozesses sie zu der Aktivität steht, auf die sie sich bezieht. Revisionen, die sich auf die im Schreibmodell unmittelbar vorausgehenden Ausführungshandlungen beziehen, bewegen sich noch [...] auf der Oberfläche, weisen also wenig Tiefe auf. Revisionen, die etwa an der Planbildung vorgenommen werden, sind tief zu lokalisieren, da die Planbildung im Verlauf des Schreibens relativ früh vorgenommen wird. Man kann annehmen, daß mit der Tiefe auch die Bedeutung einer Revision wächst. Die tiefsten Revisionen werden den Textentwurf auch am stärksten verändern.“[110]

Je nachdem, auf welches Stadium der Textproduktion sich die Revision zurückbezieht, ob auf die Planung oder auf die Formulierung, unterscheiden Baurmann und Ludwig Nachträge, Korrekturen, Verbesserungen (Emendationen) – damit sind stilistische Veränderungen am Textentwurf gemeint –, Umsetzungen (Redigierungen) – hierunter verstehen die Autoren Veränderungen an der Organisation des Textentwurfs – und Reformulierungen. Die Art der involvierten Operation bleibt bei Baurmann und Ludwig unberücksichtigt.

Den Grad der Abweichung von der Vorlage machen Hayes und Flower in ihrem überarbeiteten Modell des Revisionsprozesses zum Unterscheidungskriterium für Bearbeitungsarten.[111] Je nachdem, wie eng sich der Bearbeiter an die Vorlage hält, unterscheiden die Autoren zwei Strategien der Textmodifizierung,

---

[108] Faigley/Witte (1981), S. 403f.
[109] Ebd., S. 403.
[110] Baurmann/Ludwig (1985), S. 259.
[111] Hayes u.a. (1987).

‚revising' und ‚rewriting', die sie als Endpunkte eines Kontinuums begreifen.[112] Mit der Strategie der ‚revision' – hier bezeichnet der Terminus eine besondere Revisionsstrategie und nicht allgemein eine Veränderung im Text – wird ein Textproblem mit Hilfe eines entsprechenden Reparaturprozesses gelöst, wobei die ursprüngliche Textversion so weit wie möglich beibehalten wird.[113] Beim Umformulieren, dem ‚rewriting', wird dagegen ein Textstück oder sogar der gesamte Text unter Erhalt der Kernaussage umformuliert.[114]

3.2.2 Diskussion der vorgestellten Ansätze

Der Blick in die Schreibforschung hat deutlich gemacht, dass Revisionen auf ganz unterschiedliche Weisen beschrieben werden können. Je nach Forschungsinteresse werden unterschiedliche Beschreibungskriterien in den Vordergrund gestellt und verschiedene Aspekte zum Unterscheidungsmerkmal von Revisionstaxonomien erhoben. Bisher haben hauptsächlich die Fragen ‚Wie wird revidiert?' und ‚Welche Auswirkungen haben Revisionen?' die Analysen bestimmt. Entsprechend werden Revisionen zum einen hinsichtlich der Art der in Kraft tretenden linguistischen Operation und der involvierten linguistischen Ebene und zum anderen hinsichtlich ihrer Auswirkungen auf den Bedeutungsgehalt und die Textstruktur kategorisiert. Die Arbeiten konzentrieren sich in der Regel auf eine dieser Beschreibungsebenen. Untersuchungen, die mehrere Analyseebenen gleichzeitig berücksichtigen und einen Zusammenhang herzustellen versuchen zwischen verschiedenen Revisionsarten und ihren Auswirkungen, sind selten.

Was die Methode zur Beschreibung von Revisionsarten angeht, enthalten die vorgestellten Beiträge zur Revisionsforschung zwar wertvolle Anregungen. Doch bietet keine Studie ein Kategoriensystem, das sich ohne Einschränkungen als methodisches Vorbild für die in dieser Arbeit unternommene Analyse eignete. Dies liegt vor allem daran, dass die Arbeiten wesentliche methodische Fragen unbeantwortet lassen. So werden Revisionstaxonomien vorgestellt, ohne dass die zugrunde liegenden Kategorisierungsprinzipien ausreichend expliziert werden. Die Kategorien, zwischen denen unterschieden wird, werden nicht exakt definiert und nicht klar voneinander abgegrenzt.[115] Das Fehlen von Definitionen und der Mangel an verdeutlichenden Beispielen führen dazu, dass die genaue Bedeutung von nur vermeintlich selbstverständlichen Termini wie ‚Elimination', ‚Addition', ‚Substitution' oder ‚Permutation' unklar bleibt. Zu noch größeren Verständnisschwierigkeiten kommt es bei den Termini, die nur in einigen Arbeiten verwendet werden (‚Transformation', ‚Distribution', ‚Integration', ‚Expansion', ‚Reduk-

---

[112] Ebd., S. 188.
[113] Ebd.
[114] Ebd., S. 187; vgl. auch Flower u.a. (1986), S. 26.
[115] Nur Collier (1983) gesteht sich allerdings diese Ungenauigkeit ein und spricht von „a certain degree of arbitrariness when it comes to defining these domains and their boundaries" (S. 155, Anm. 5).

tion'). Ob sich die unterschiedenen Kategorien wirklich gegenseitig ausschließen, eine Grundvoraussetzung für ein Kategoriensystem, lässt sich nicht mehr überprüfen.

Ebenfalls nicht mehr nachzuvollziehen ist, wie die Unterschiede zwischen den verschiedenen Arbeiten zustande kommen. So ist zum Beispiel nicht zu erklären, warum die verschiedenen Arbeiten auf eine unterschiedliche Anzahl von Revisionsarten kommen. Rau unterscheidet drei Revisionsoperationen, Sommers vier, Faigley und Witte sechs, Bridwell sogar sieben. Während in allen Untersuchungen die Operationen Elimination, Addition und Substitution unterschieden werden und in den meisten auch Permutationen vorkommen, finden syntaktische Umformungen nur in Faigleys und Wittes und Bridwells Systemen Beachtung. Unklar bleibt, ob in unterschiedlichen Analysekorpora unterschiedliche Revisionsoperationen vorkommen, ob also die von Rau beobachteten Verfasser von Wegbeschreibungen und Geschäftsbriefen tatsächlich keine Umstellungen vornehmen oder ob die Schüler in Sommers' Untersuchungsgruppe beim Durchsehen ihrer Aufsätze keine syntaktischen Konstruktionen umformen. Wahrscheinlicher ist, dass ein und dasselbe Phänomen in verschiedenen Arbeiten unterschiedlichen Kategorien zugeordnet wird, dass dieselben Termini in den verschiedenen Arbeiten in jeweils unterschiedlichen Bedeutungen verwendet werden. Offensichtlich wird eine Revision in einer Studie als Permutation, in einer anderen als Substitution gewertet. In wieder einer anderen Arbeit gilt als Transformation, was in einer anderen Studie als Substitution kategorisiert wird.[116]

Auch was die Kategorisierung gemäß verschiedener linguistischer Ebenen betrifft, geben die vorgestellten Untersuchungen keine eindeutigen Antworten. Welche Vorteile es hat, gerade vier Ebenen so wie Sommers, gerade sechs so wie Bridwell oder fünf wie in der überarbeiteten Version von Bridwells System zu unterscheiden, wird nicht einsichtig. Obwohl die Abgrenzung der verschiedenen Ebenen problematisch ist, werden Kategorisierungsschwierigkeiten im Allgemeinen nicht diskutiert. Zwar ist der revidierten Fassung von Bridwells Taxonomie zu entnehmen, dass eine zu starke Differenzierung unterhalb der Satzebene problematisch ist,[117] doch wird auch hier nicht erläutert, wie etwa die Grenze zwischen der Wort- und der Innersatzebene einerseits und zwischen der Innersatz- und der Satzebene andererseits gezogen wird. Was die Anordnung der Opera-

---

[116] Selbst bei den relativ selbstverständlichen Kategorien der Elimination, Addition und Substitution sind unterschiedliche Kategorisierungsmethoden möglich. So stufen Faigley und Witte (1981) ein Phänomen als Addition ein, das in einer anderen Arbeit als expandierende Substitution kategorisiert werden könnte: „you pay two dollars > you pay a two dollar entrance fee" (S. 403).

[117] Bridwell u.a. (1985), S. 179: „To do this coding, we adapted Bridwell's (1980) revision classification scheme. The primary change we made was based on her view that 'phrase level' and 'clause level' changes were sometimes difficult to code accurately, so we collapsed these categories into an 'intrasentence level'."

tionen auf den verschiedenen Ebenen angeht, bleibt bei Bridwell darüber hinaus unklar, warum Transformationen ausschließlich auf der Satzebene angesiedelt werden. Sollen unter dem Begriff der Transformation syntaktische Umformungen verstanden werden, dann ist nicht einsichtig, wie beispielsweise Umformungen von Wortgruppen innerhalb eines Satzes oder die Satzgrenze durchbrechende Umformungen zu kategorisieren sind. Sommers' Taxonomie empfiehlt sich deshalb nicht als methodische Grundlage, weil sich die unterschiedenen Kategorien nicht gegenseitig ausschließen. Die Themenebene, die definiert wird als „the extended statement of one idea"[118], ist im Unterschied zu den drei anderen Ebenen (Wort, Phrase, Satz) eine semantische Kategorie, was zu Überschneidungen bei der Zuordnung führen kann.[119] Solche Überschneidungen der Kategorien, die bei Revisionstaxonomien leider immer wieder zu beobachten sind, sind nicht etwa unumgänglich und mit der „Realität von Revisionen"[120] zu entschuldigen, sondern führen zu Ungenauigkeiten, die im Interesse akkurater Ergebnisse unbedingt vermieden werden müssen.

Schließlich lassen die vorgestellten Revisionsstudien offen, wie die Autoren zu ihren quantitativen Angaben zur Vorkommenshäufigkeit der verschiedenen Revisionsarten in ihrem Korpus kommen. Die Ergebnisse der verschiedenen Arbeiten lassen sich nicht nachprüfen, geschweige denn miteinander vergleichen, weil die Zählmethoden nicht expliziert werden. Die in diesem Zusammenhang grundlegende Frage, was genau ‚eine' Revision ist, wird in den vorgestellten Arbeiten nicht gestellt. Das Problem, wann eine komplexe Veränderung als eine Revision, wann als mehrere Einzelrevisionen zu werten ist, wird nicht diskutiert.

Die Arbeiten, die Revisionen hauptsächlich auf ihre Auswirkungen auf den Bedeutungsgehalt und die Textstruktur sowie auf Abweichungen von der ursprünglichen Textgestalt untersuchen, machen deutlich, welche wichtigen Fragen von Revisionsanalysen beantwortet werden müssen, eignen sich aber eher als Ergänzungen denn als vollständige Analysemodelle. Indem sie nämlich die bei Revisionen wirkenden linguistischen Operationen und involvierten linguistischen Ebenen außer Acht lassen, vernachlässigen sie Analysekriterien, die für eine linguistische Beschreibung von Revisionen wesentlich sind. Die Frage, inwiefern sich Revisionen auf Bedeutungsgehalt und Textgestalt auswirken, ist zwar wichtig, greift aber bereits so tief, dass sie bei einer Beschreibung von Revisionen nicht an erster Stelle stehen, sondern erst auf die Beschreibung der verschiedenen Revisionsarten folgen sollte.

---

[118] Sommers (1980), S. 380.
[119] Dies kritisiert auch Bridwell (1980): „Further, Sommers' 'thema level' [...] is a semantic rather than a structural level, and could overlap with sentence levels (five and six) in the present study." (S. 203)
[120] Edelmann (1995), S. 60.

Zusammenfassend lässt sich festhalten, dass die vorgestellten Beiträge zur Revisionsforschung zwar wichtige Anregungen in methodischen Fragen liefern, aber keine Methodik entwickeln, die sich ohne Einschränkungen dieser Arbeit zugrunde legen ließe. Die vorgestellten Arbeiten lassen viele wichtige methodische Fragen, die sich bei der Analyse von Revisionen stellen, unbeantwortet. Für die Untersuchung der im Laufe von Nachrichtenbearbeitungen vorgenommenen Revisionen muss deshalb eine eigene Analysemethode entwickelt werden.

4 Vorgehensweise und Analysekorpus

Nachdem in den vergangenen Kapiteln die Forschung auf brauchbare Ansätze zur Analyse von Nachrichtenbearbeitungen und den in ihrem Verlauf vorgenommenen Revisionen überprüft worden ist, soll nun der eigene Ansatz zur Beschreibung der von Agentur- und Zeitungsredakteuren an Nachrichtentexten vorgenommenen sprachlichen Veränderungen dargestellt werden. An die Erläuterungen zur Vorgehensweise in den folgenden Analyseteilen schließt sich eine Beschreibung des Analysekorpus an.

4.1 Beschreibung der Vorgehensweise

Den Gegenstand der Analyse bilden die Unterschiede, die beim Vergleich von einander entsprechenden Texten aus drei verschiedenen Textgruppen festgestellt wurden. Miteinander verglichen wurden zum einen die in einem bestimmten Zeitraum von einem Mitarbeiter des Londoner dpa-Büros produzierten Nachrichtentexte (im Folgenden: ‚Londoner Texte') und die entsprechenden in der Auslandsredaktion der Hamburger dpa-Zentrale in den Basisdienst gegebenen Agenturnachrichten (im Folgenden: ‚Basisdiensttexte'). Zum anderen wurden diese Basisdiensttexte verglichen mit den auf ihrer Grundlage bei 14 Zeitungen entstandenen Artikeln (im Folgenden: ‚Zeitungs-' oder ‚Pressetexte'). Die Unterschiede zwischen den Londoner Texten und den Basisdiensttexten sind die Folgen der von den Agenturredakteuren vorgenommenen Revisionen (im Folgenden: ‚Agenturrevisionen'); die Unterschiede zwischen den Basisdiensttexten und den Zeitungstexten sind die Folgen der von den Zeitungsredakteuren vorgenommenen Revisionen (im Folgenden: ‚Zeitungsrevisionen'). Das Ziel der Analyse ist es, diese Unterschiede zwischen den verschiedenen Versionen desselben Textes so genau wie möglich zu charakterisieren. Deshalb liegt der Schwerpunkt eher auf der Analyse einzelner Revisionen als auf der von Gesamtbearbeitungen. Die Analyse konzentriert sich auf die im Haupttext der Nachricht vorgenommenen sprachlichen Veränderungen; doch gilt besondere Aufmerksamkeit auch den an den Überschriften und am Lead der Nachrichten vorgenommenen Revisionen.[121] Da Überschrift und Lead besonders wichtige Bestandteile von Nachrichten sind – von ihrer Qualität hängt es ab, ob Zeitungsredakteure eine Agenturnachricht selektieren bzw. ob Zeitungsleser einen Artikel lesen –,[122] dürften Redakteure auf ihre

---

[121] Die Überschrift ist Bestandteil einer Nachricht, wenn auch kein konstitutiver. Der Terminus ‚Nachrichtentext' bezeichnet die Gesamtheit von Überschrift und dem sich anschließenden Textstück. Den eigentlichen Nachrichtentext, der auch als ‚Ko-Text' bezeichnet wird (Hellwig (1984)), nenne ich ‚Haupttext'. Der ‚Lead' einer Nachricht – das Genus des aus dem Englischen übernommenen Substantivs ‚lead' schwankt im Deutschen, ich entscheide mich für das Maskulinum (wie übrigens auch von La Roche (1995), Lüger (1995), Kniffka (1980)) – enthält die Kernaussage des Textes. Der Lead kann aus einem einzigen Satz bestehen, dem ‚Lead-Satz', kann sich aber auch über mehrere Sätze erstrecken und einen ‚Lead-Absatz' bilden.

[122] Vgl. Struk (2000), S. 207.

Bearbeitung besondere Sorgfalt verwenden. Aspekte der Layoutgestaltung wie zum Beispiel der Einsatz von Fotos und Zwischenüberschriften bleiben angesichts der linguistischen Zielsetzung dieser Arbeit unberücksichtigt.

Die im Laufe der Bearbeitungen durch Agentur- und Zeitungsredakteure vorgenommenen Revisionen werden unter zwei Gesichtspunkten untersucht: Im ersten Analyseteil sollen die Agentur- und Zeitungsrevisionen im Hinblick auf ihre Art und im zweiten Analyseteil auf ihre Ziele analysiert und beschrieben werden. Die Analyse ist in zwei separate Teile gegliedert, weil Voruntersuchungen darauf hindeuten, dass zwischen Revisionsarten und Revisionszielen zwar Zusammenhänge, aber keine Eins-zu-Eins-Beziehungen bestehen. So ist anzunehmen, dass viele, aber nicht alle Revisionen derselben Art dasselbe Ziel erreichen und dass umgekehrt ein Revisionsziel mit Revisionen verschiedener Arten erreicht werden kann. Damit die Zusammenhänge zwischen den Revisionsarten und Revisionszielen deutlich werden, sollen die im ersten Analyseteil angeführten Beispiele so häufig wie möglich im zweiten Analyseteil wieder aufgenommen werden. Nach der separaten Beschreibung soll dann in der Zusammenfassung der Ergebnisse der Zusammenhang zwischen Revisionsarten und Revisionszielen hergestellt werden.

Um Willkürlichkeiten und Ergebnisverzerrungen zu vermeiden, wird bewusst davon abgesehen, die Anzahl der in einem Text vorgenommenen Revisionen zu bestimmen und die Häufigkeit der verschiedenen Revisionsarten und der erreichten Ziele mit absoluten Zahlen zu belegen. Die Voraussetzungen für ein solches Verfahren, nämlich dass sich Revisionen eindeutig voneinander abgrenzen lassen und sich die Anzahl der in einem Text vorgenommenen Revisionen eindeutig bestimmen lässt, sind schließlich keineswegs erfüllt. Das Abgrenzen und Zählen von im Laufe von Nachrichtenbearbeitungen vorgenommenen Revisionen ist problematisch, weil sich oft nicht eindeutig bestimmen lässt, was als ‚eine' Revision zu gelten hat. Zu Abgrenzungsschwierigkeiten kommt es vor allem dann, wenn mehrere Veränderungen gleichzeitig vorgenommen werden und sich nur schwer entscheiden lässt, ob sie sich gegenseitig bedingen oder nicht, ob es sich also um eine Revision oder um mehrere Revisionen handelt. Vor allem in sehr tief greifend bearbeiteten Texten stehen die einzelnen Veränderungen oft in einem engen Zusammenhang. Zählt man nur die Veränderungen als Revisionen, die von anderen Veränderungen unabhängig sind, kann es zu verzerrenden Zahlenangaben kommen. Denn dann müsste ein Text mit vielen eindeutig voneinander unabhängigen Revisionen als stärker bearbeitet eingestuft werden als ein Text, in dessen Struktur so tief eingegriffen wird, dass eine Revision eine Unzahl von Folgeveränderungen auslöst, die aber nicht als selbstständige Revisionen gezählt werden. Aufgrund der Schwierigkeiten, die mit der Zählung von Revisionen verbunden sind, wird die Häufigkeit der Revisionsarten und Revisionsziele mit relativen Aussagen und nicht mit absoluten Zahlen beschrieben.

Die zur Unterscheidung und Beschreibung von Revisionsarten und Revisionszielen aufgestellten Kategorien sind so gewählt, dass alle unter den Agentur- und Zeitungsrevisionen zu beobachtenden Fälle erfasst werden und sich jede Revision genau einer Revisionsart und einem Revisionsziel zuordnen lässt. Trotzdem soll die Anzahl der Kategorien möglichst überschaubar bleiben, damit Unterschiede zwischen den Agentur- und den Zeitungsrevisionen sowie zwischen den Revisionen der verschiedenen Zeitungen deutlich werden. Im Einzelnen wird in den beiden Analyseteilen wie folgt vorgegangen:

Im ersten Analyseteil wird die Art einer Revision – wie es sich in der Revisionsforschung bewährt hat – mit Hilfe von zwei Komponenten bestimmt: 1. der involvierten linguistischen Ebene und 2. der die Veränderung herbeiführenden linguistischen Operation. Es werden drei linguistische Ebenen unterschieden, und zwar die Oberflächenebene, die Innersatzebene (auch: ‚interphrastische Ebene') und die Übersatzebene (auch: ‚transphrastische Ebene'). Als Revisionen der Oberflächenebene gelten formale Revisionen wie Veränderungen der Interpunktion, der Graphie, Typographie und Morphologie sowie der Absatzeinteilung.[123] Der Innersatzebene werden Revisionen zugeordnet, die sprachliche Ausdrücke innerhalb eines Satzes betreffen; als Phänomene der Übersatzebene gelten solche Revisionen, die vollständige Sätze betreffen oder Satzgrenzen überschreiten.[124] Von einer stärkeren Differenzierung innerhalb der Innersatzebene mit der Unterscheidung etwa zwischen einer Wort-, Wortgruppen- und Teilsatzebene, wie sie in einigen Revisionstaxonomien vorkommt, wird bewusst abgesehen. Eine solche weiter gehende Kategorisierung jeder der innerhalb eines Satzes zu beobachtenden Revisionen wäre problematisch und in hohem Maße willkürlich. Zum einen lassen sich die Grenzen zwischen diesen Ebenen nur schwer ziehen, zumal es sich bei den von Revisionen betroffenen Elementen nicht immer um isolierbare linguistische Einheiten handelt.[125] Zum anderen lässt sich nicht jede Revision einer dieser Ebenen zuordnen, weil bestimmte Operationen mehrere Ebenen gleichzeitig involvieren. So werden beispielsweise einzelne Wörter durch Wortgruppen ersetzt oder Teilsätze in Wortgruppen umgeformt.

---

[123] Demnach entspricht der Begriff der Oberflächenebene nicht dem von Faigley/Witte (1981), sondern dem von Bridwell (1980) (siehe 3.2.1 der vorliegenden Arbeit).

[124] In dieser Arbeit ist es sinnvoll, einen auf der Interpunktion gründenden Satzbegriff zu verwenden und den Satz als eine durch die Satzzeichen Punkt, Ausrufezeichen, Fragezeichen und Doppelpunkt abgeschlossene Einheit mit anschließender Großschreibung zu definieren. Zu den verschiedenen in der Linguistik diskutierten Satzdefinitionen siehe Brinker (2001), S. 22ff.

[125] Schwierigkeiten würden zum Beispiel Kombinationen aus Wörtern bereiten, die keine Wortgruppe im eigentlichen Sinne darstellen, wie etwa die im Folgenden unterstrichenen: 3182LDN: *der britische Premierminister Tony Blair*; 692LDN: *ganz in schwarz [sic] und Lederjacke bzw. Mantel*; 3185BDT: *wie im vergangenen Jahr*; 3914HVZ: *vor und in der historischen „Cathedral City"*; 698HVZ: *sensationell und besonders kontrovers* (zur Bedeutung der Siglen siehe 4.2, S. 56f.).

Die Revisionen der Inner- und der Übersatzebene werden darüber hinaus als Erscheinung einer von fünf Operationen charakterisiert:[126] als Elimination, Addition, Substitution, Permutation oder Transformation. Die fünf Kategorien erlauben eine übersichtliche und zugleich vollständige Beschreibung der im Korpus vorkommenden Phänomene, denn jede zu beobachtende Revision lässt sich auf eine dieser Grundoperationen zurückführen. Bei den fünf Kategorien handelt es sich um grundlegende linguistische Operationen.[127] Dennoch sind in den meisten der vorgestellten Arbeiten zur Revisionsforschung nur die ersten vier Kategorien in Erscheinung getreten. Die Kategorie der Transformation hat bisher weder unter diesem noch unter einem anderen Namen eine wichtige Rolle gespielt, ist aber, wie die Analyse zeigen wird, eine für die Beschreibung von Revisionen unverzichtbare Kategorie. Da die Bezeichnungen für die linguistischen Operationen von verschiedenen Autoren in unterschiedlicher Bedeutung benutzt werden, soll in 5.1, in unmittelbarem Zusammenhang mit der Präsentation der Analyseergebnisse, genau definiert werden, was in dieser Arbeit unter Eliminationen, Additionen, Substitutionen, Permutationen und Transformationen verstanden wird.

Um die Besonderheiten der in ihren Erscheinungsformen höchst unterschiedlichen Revisionen erfassen zu können, soll bei der Beschreibung der Revisionsarten auch auf die Wortart[128] sowie auf die syntaktische Funktion und Position der von den Revisionen betroffenen sprachlichen Ausdrücke geachtet werden, auf wichtige Aspekte also, die in den vorgestellten Revisionsanalysen unberücksichtigt geblieben sind. Besondere Aufmerksamkeit wird bei allen Revisionsarten auf die Folgen der vorgenommenen Veränderungen für die Satz- und Textstruktur gerichtet werden. Insbesondere Veränderungen, die nach anderen Revisionen zur Wiederherstellung der Grammatikalität oder Textualität notwendig sind, sollen genauer untersucht werden. Solche, durch andere Revisionen ausgelösten Veränderungen, die bisher von der Forschung vernachlässigt wurden, sollen ‚Sekundärrevisionen' heißen.[129] Revisionen, die nicht von ihren obligatorischen Sekundärrevisionen begleitet werden und deshalb zu Fehlern führen, wird in einem eigenen Kapitel (6.4) nachgegangen werden.

---

[126] Die Revisionen der Oberflächenebene hinsichtlich der involvierten linguistischen Operation zu beschreiben, ist nicht sinnvoll. Zwar ist es grundsätzlich möglich, Veränderung der Graphie als Elimination, Addition, Substitution oder Permutation eines Graphems zu beschreiben. Den Wechsel zwischen Groß- und Kleinschreibung als Substitution eines Graphems oder den Wechsel zwischen Getrennt- und Zusammenschreibung als Addition bzw. Elimination eines Leerzeichens zu beschreiben, hieße allerdings, das Merkmal der linguistischen Operation überzustrapazieren.

[127] Vgl. z.B. Lewandowski (1990), „Operationen".

[128] Bei der Einteilung der Wortarten folge ich Helbig/Buscha (1998).

[129] Sekundärrevisionen sind nicht eigenmotiviert und werden deshalb nicht als eigenständige Revisionen kategorisiert und besprochen. Hierin unterscheide ich mich von Bell (1984), der zum Beispiel syntaktische Veränderungen, die als Folge anderer Revisionen zur Wiederherstellung der Grammatikalität notwendig sind, den eigenmotivierten Revisionen gleichsetzt.

Bevor die im Laufe einer Bearbeitung vorgenommenen Revisionen ihrer Art nach einzeln bestimmt werden, sollen grobe Angaben zum Grad der Bearbeitungen als Ganzes gemacht werden. Zu diesem Zwecke werden die Bearbeitungen der Agenturredakteure und die der Zeitungsredakteure mit Hilfe des Unterscheidungskriteriums der linguistischen Ebene eingestuft. Je nachdem, bis zu welcher linguistischen Ebene die im Text vorgenommenen Revisionen reichen, wird jede Bearbeitung einer von vier Gruppen zugeordnet:

Gruppe 1: Keine Revisionen
Gruppe 2: Revisionen bis zur Oberflächenebene
Gruppe 3: Revisionen bis zur Innersatzebene
Gruppe 4: Revisionen bis zur Übersatzebene

Mit Hilfe dieser Unterteilung der beiden Teilkorpora in vier Gruppen lässt sich quantitativ belegen, wie häufig Agentur- und Zeitungsredakteure Vorlagentexte unverändert weiterreichen, wie häufig sie lediglich Oberflächenrevisionen vornehmen, wie häufig sie mit ihren Revisionen auf der Innersatzebene verbleiben und wie häufig sie Satzgrenzen überschreiten. Zu berücksichtigen ist bei diesem System, dass von der Größe einer Gruppe nicht auf die Anzahl der insgesamt im Korpus vorkommenden Revisionen desselben Grades geschlossen werden kann. So ist die Anzahl der Bearbeitungen, die der Gruppe II zugeordnet werden, nicht identisch mit der Anzahl der insgesamt im Korpus vorkommenden Oberflächenrevisionen. Außerdem ist zu berücksichtigen, dass die involvierte sprachliche Ebene allein kein ausreichender Indikator für den Grad der Gesamtbearbeitung eines Textes ist. So sind nicht alle Bearbeitungen der Gruppe 4 grundsätzlich tiefer greifend als die der Gruppe 3 zugeordneten Bearbeitungen. Mit Hilfe einer zusätzlichen Untergliederung der Gruppe 4 (Gruppe 4a: Transphrastische Revisionen sind Eliminationen; Gruppe 4b: Transphrastische Revisionen sind auch Additionen, Substitutionen, Permutationen und Transformationen) kann darüber hinaus angegeben werden, wie häufig transphrastische Eliminationen, also Streichungen von vollständigen Sätzen, als einzige Revisionen der Übersatzebene vorgenommen werden, eine Frage, die insbesondere im Zusammenhang mit dem Revisionsverhalten der Zeitungsredakteure von besonderem Interesse ist.

Im zweiten Analyseteil wird dann den Zielen der Agentur- und Zeitungsrevisionen nachgegangen. Angesichts der deskriptiven Ausrichtung dieser Arbeit soll ‚Ziel‘ definiert werden als Resultat einer Handlung und nicht als Motiv für eine Handlung. Da der außenstehende Beobachter zwar die Auswirkungen der Handlungen eines Textbearbeiters objektiv beschreiben kann, aber die Beweggründe, die ihn zum Revidieren veranlasst haben, allein auf der Grundlage eines Textvergleichs nicht zweifelsfrei bestimmen kann, geht es im Folgenden um die Ziele, die von den Revisionen erreicht werden, und nicht um die Ziele, welche die Redakteure verfolgen. Spekulationen über mutmaßliche Intentionen und die

Unterstellung falscher Absichten sollen mit dieser Vorgehensweise bewusst vermieden werden. Doch obwohl nicht auszuschließen ist, dass die bearbeitenden Redakteure mit ihren Revisionen Ziele verfolgen, die nicht mit den von der Verfasserin als dominante Revisionsziele festgestellten übereinstimmen, dürften im Idealfall, ja vermutlich sogar in den meisten Fällen, die objektiv ermittelten Auswirkungen den Intentionen der Redakteure entsprechen. Deshalb werden in der Zusammenfassung der Ergebnisse dann auch Schlüsse gewagt von den mit den Revisionen erreichten Zielen auf die von den Redakteuren verfolgten Ziele.

Die Kategorien zur Beschreibung der Revisionsziele werden von den für Texte im Allgemeinen und für Nachrichtentexte im Besonderen geltenden Qualitätsmerkmalen hergeleitet. Abgesehen von den Sonderfällen, in denen sie misslingen (siehe 6.4), steigern Revisionen nämlich die Qualität des Vorlagentextes, zumindest aus der Sicht des Bearbeiters.[130] Dass ein Bearbeiter einen Text bewusst verschlechtert oder nur verändert, um seinen linguistischen Fingerabdruck zu hinterlassen, ist psychologisch zwar nicht auszuschließen, doch sicherlich nicht der Normalfall und wird deshalb hier nicht weiter berücksichtigt. Zwar ist Qualität in gewissem Maße eine subjektive Kategorie, doch lassen sich für Texte im Allgemeinen und für Nachrichtentexte im Besonderen objektive Qualitätskriterien aufstellen. Fasst man die wissenschaftliche Literatur zur Textoptimierung, die journalistische Ratgeberliteratur und Äußerungen von Journalisten zusammen,[131] kristallisieren sich die folgenden sieben Qualitätsmerkmale als potentielle Revisionsziele heraus: sprachliche Richtigkeit, sachliche Richtigkeit, sachliche Genauigkeit, Verständlichkeit, stilistische Angemessenheit, Kürze und Nachrichtenwert. Wie die sieben Revisionsziele im Einzelnen hergeleitet wurden und in dieser Arbeit definiert sind, soll zu Beginn des zweiten Analyseteils (6.1), also im engen Zusammenhang mit den Analyseergebnissen, genauer ausgeführt werden. Die sich unmittelbar anschließende Analyse wird dann zeigen, ob es sich bei den sieben potentiellen auch um tatsächliche Revisionsziele handelt.

Im zweiten Analyseteil werden die Revisionen nach dem dominanten Ziel beschrieben, das sie erreichen. Doch wird stets auch darauf geachtet werden, ob sich die von den Agentur- und den Zeitungsredakteuren vorgenommenen Revisionen nicht in mehrfacher Hinsicht auswirken, indem sie ein Revisionsziel erreichen und gleichzeitig mit einem anderen kollidieren, also zur Beeinträchtigung eines anderen wichtigen Qualitätskriteriums führen. Da Revisionen, die ein Ziel erreichen und dabei gleichzeitig mit einem anderen kollidieren, Indizien dafür sind, wie die einzelnen Revisionsziele gewichtet werden, kann in der abschließenden Zusammenfassung eine Hierarchie der Revisionsziele aufgestellt werden. Im

---

[130] Vgl. Hayes/Flower (1980), S. 12; Dulisch (1998), S. 145, Anm. 125.

[131] Z.B.: Biere (1993b), Deutsche Presse-Agentur (1998), Hagen/Evers (1994), Hagen (1995), Heijnk (1997), von La Roche (1995), Schneider (1986) und (1994); Sellheim (2000), Projektteam Lokaljournalisten (1990), Zschunke (1994).

Rahmen der Analyse der Revisionsziele wird darüber hinaus auf die Folgen der Revisionen für den Bedeutungsgehalt geachtet werden. Signifikante Beispiele für Inhaltsverlust, Inhaltsverschiebungen und -verfälschungen werden genau betrachtet. Besondere Aufmerksamkeit gilt auch den Auswirkungen der von den Redakteuren vorgenommenen Revisionen auf die thematische Gestaltung des Textes. In diesem Zusammenhang wird vor allem darauf zu achten sein, ob die Revisionen das Verhältnis zwischen Haupt- und Teil- bzw. Nebenthemen des Textes verändern. [132]

Um die Gemeinsamkeiten und Unterschiede im Revisionsverhalten von Agentur- und Zeitungsredakteuren herausarbeiten zu können, werden die Agentur- und die Zeitungsrevisionen in jedem der beiden Analyseteile jeweils getrennt voneinander, aber nach derselben Methode untersucht. Die Beschreibung der Agenturrevisionen wird ausführlicher ausfallen, weil bei der Beschreibung der Zeitungsrevisionen auf Wiederholungen verzichtet und hauptsächlich auf die Phänomene eingegangen werden soll, in denen sich die Zeitungsrevisionen von den beschriebenen Agenturrevisionen unterscheiden.

Beim Vergleich der Agentur- und Zeitungsrevisionen sind die verschiedenen Faktoren zu berücksichtigen, die das Revisionsverhalten von Redakteuren beeinflussen. Wie bei der Beschreibung des journalistischen Textproduktionsprozesses bereits angedeutet, [133] hängt das Ausmaß der Revisionen in erster Linie von der Qualität des Vorlagentextes ab. Je höher die Qualität des Vorlagentextes ist, desto weniger Revisionen sind notwendig. Deshalb kann eine geringe Anzahl von Revisionen für die hohe Qualität des Vorlagentextes sprechen, eine hohe Anzahl nachträglicher Revisionen dagegen ein Zeichen für einen Vorlagentext von geringer Qualität sein. Die Qualität des Vorlagentextes hängt wiederum davon ab, wie genau die Planbildung für die erste Textfassung war und wie häufig und genau der Text zuvor bereits bearbeitet wurde. Beim Vergleich der Agentur- und Zeitungsrevisionen ist in diesem Zusammenhang zu bedenken, dass die Agenturredakteure die ersten sind, die nach dem Produzenten der Textvorlage Hand an den Nachrichtentext legen, während die Zeitungsredakteure Texte revidieren, die mindestens einmal zuvor redigiert worden sind. Dieser Unterschied könnte sich auf die Häufigkeit der verschiedenen Revisionsarten, vor allem aber auf die erreichten Revisionsziele auswirken. So dürften bestimmte Revisionsziele bei den Zeitungsrevisionen eine geringere Bedeutung haben als bei den Agenturrevisionen, weil sie bereits nach der ersten Bearbeitung durch die Agenturredakteure erreicht sind.

---

[132] Bei der Analyse des thematischen Aufbaus folge ich Brinker (2001) und unterscheide zum einen zwischen dem Hauptthema und den Nebenthemen eines Textes und zum anderen zwischen dem Haupt- bzw. Nebenthema und dessen Teilthemen (S. 57). Bei der Bestimmung des Hauptthemas orientiere ich mich an der Überschrift und am Lead der Nachricht (vgl. Brinker (2001), S. 56f.).

[133] Vgl. 3.1, S. 32.

Neben der Qualität des Vorlagentextes wirkt sich auch die Erfahrung des Bearbeiters auf dessen Revisionsverhalten aus. Die Revisionsforschung, die sich aus lernpsychologischem Interesse eingehend mit diesem Zusammenhang beschäftigt, hat nachgewiesen, dass sich erfahrene Schreiber wie Schriftsteller, Journalisten oder Lehrer und unerfahrene Schreiber wie Schüler und junge Studenten darin unterscheiden, welche Bedeutung sie Revisionen beimessen, wie viele Revisionen sie vornehmen und welcher Art ihre Veränderungen sind.[134] Einige Studien legen den Schluss nahe, dass erfahrene Schreiber im Durchschnitt mehr Veränderungen an einem Vorlagetext vornehmen als unerfahrene.[135] Diese Beobachtung wird vor allem darauf zurückgeführt, dass erfahrene Schreiber im Allgemeinen eine positive Einstellung zum Revidieren haben und um den Nutzen des Revidierens für die Textqualität wissen. Andererseits ist die Häufigkeit von Revisionen kein zuverlässiges Indiz für die Qualität eines Textes, denn umfassend revidierte Texte sind nicht immer die besten Texte. So zeigt sich an Bridwells Korpus, dass sich unter den am meisten revidierten Texten sowohl einige der besten als auch einige der schlechtesten Texte finden.[136] Dies liegt daran, dass unerfahrene und jüngere Schreiber mit ihren Revisionen nicht immer die Qualität ihrer Texte steigern. Die Erfahrung eines Bearbeiters äußert sich aber nicht nur in der Häufigkeit seiner Revisionen, sondern vor allem in der Art und Weise, wie er revidiert. Sommers weist nach, dass erfahrene Schreiber im Unterschied zu unerfahrenen Schreibern alle Revisionsmöglichkeiten ausschöpfen und unterschiedliche Revisionsarten aller möglichen Ebenen nutzen.[137] Hayes, Flower und andere belegen, dass unerfahrene Probanden selten über Satzgrenzen hinaus revidieren und weniger tief greifende Fehler und Textprobleme entdecken als erfahrene Schreiber.[138] Faigley und Witte erkennen einen Zusammenhang zwischen der Erfahrung der Bearbeiter und den Auswirkungen ihrer Revisionen auf den Bedeutungsgehalt des Textes: 34 Prozent der Revisionen professioneller Schreiber führen eine Bedeutungsveränderung herbei, im Vergleich zu 24 Prozent bei erfahrenen Schreibern und nur zwölf Prozent bei unerfahrenen Schreibern.[139]

Neben der Schreibkompetenz dürfte sich auch der Schreibstil eines Bearbeiters in seinen Revisionen niederschlagen. Auch seine persönliche Disposition sowie sein Verhältnis zum Produzenten des Vorlagentextes spielen sicherlich eine Rolle. Was das Schreibmedium angeht, besteht kein Zweifel daran, dass das Bearbeiten am Computerbildschirm das Revisionsverhalten beeinflusst, auch wenn

---

[134] Nold (1981), Hayes u.a. (1987).
[135] Z.B. Faigley/Witte (1981).
[136] Bridwell (1980).
[137] Sommers (1980), S. 386.
[138] Hayes u.a. (1987), S. 230, S. 210.
[139] Faigley/Witte (1981), S. 407.

noch unklar ist, inwiefern genau.[140] Der situationelle Faktor, der das Revisionsverhalten der Redakteure aber wohl am meisten beeinflussen dürfte, ist der in den Redaktionen herrschende Zeitdruck. Ein Vorlagentext kann umso gründlicher und sorgfältiger revidiert werden, je mehr Zeit dem Redakteur zur Bearbeitung zur Verfügung steht. Im Arbeitsalltag müssen die Redakteure allerdings mit Rücksicht auf das Aktualitätsgebot die Nachrichtentexte so schnell wie möglich weiterreichen. In der Nachrichtenagentur ist der Zeitdruck besonders hoch, weil nicht nur einmal am Tag, sondern gewissermaßen sekündlich Redaktionsschluss ist.[141] Zwar betonen Nachrichtenredakteure, ihnen gehe Korrektheit vor Aktualität,[142] doch dürften unter Zeitdruck eher Fehler unterlaufen als zu weniger turbulenten Zeiten. Alle diese situationellen Faktoren beeinflussen das Revisionsverhalten von Textbearbeitern und sind deshalb bei der folgenden Analyse und anschließenden Beurteilung des Revisionsverhaltens von Agentur- und Zeitungsredakteuren stets zu berücksichtigen.

4.2 Beschreibung des Analysekorpus und der Kriterien seiner Zusammenstellung

Das Textkorpus dieser Arbeit wurde der Fragestellung entsprechend unter bestimmten Kriterien zusammengestellt, die im Folgenden erläutert werden sollen. Bei den Londoner Texten handelt es sich um Nachrichten, die im Zeitraum von Montag, dem 31. August 1998 bis einschließlich Sonntag, dem 6. September 1998 von einem Mitarbeiter des Londoner dpa-Büros produziert und von mindestens einem Redakteur in der Hamburger Auslandsredaktion für den dpa-Basisdienst bearbeitet wurden. Um auf jeden Fall die Bearbeitung der Auslandstexte für den dpa-Basisdienst untersuchen zu können, wurden weder die von London direkt in den Basisdienst eingegebenen Texte[143] noch die später nicht in den Basisdienst eingegangenen Nachrichten[144] in das Textkorpus aufgenommen. Da es in dieser Arbeit um die Bearbeitung von Texten und nicht um die Verarbeitung von Infor-

---

[140] Die Ergebnisse der Arbeiten, die den Einfluss des Gebrauchs des Computers auf das Schreib- und Revisionsverhalten untersuchen, sind nicht eindeutig. Bell (1991) stellt die These auf, dass bei der Arbeit am Computer die Bereitschaft zum radikalen Umstellen ganzer Textpassagen steigt (S. 74f.). Laut Fitzgerald (1987) hat die Forschung bisher gezeigt, dass sich der Gebrauch des Computers insofern auf das Revisionsverhalten auswirkt, als mehr Oberflächenrevisionen, aber weniger umfassendere Veränderungen vorgenommen werden als per Hand (S. 496). Ob der Einsatz des Computers die Anzahl der vorgenommenen Revisionen beeinflusst, sei noch unklar. Vgl. auch Bridwell u.a. (1985), Shipley/Gentry (1981).

[141] Vgl. Zschunke (1994), S. 141ff.

[142] Hagen/Evers (1994), S. 16.

[143] Zum Beispiel werden die allmorgendlich im Londoner Büro formulierten Pressestimmen nicht in Hamburg bearbeitet, sondern direkt in den Basisdienst gegeben.

[144] Einige der in London produzierten Nachrichten gehen nicht in den Basisdienst ein, sondern in einen anderen dpa-Dienst, zum Beispiel einen Auslands- oder Sonderdienst. Andere werden aufgrund der aktuellen Nachrichtenlage ganz verworfen.

mationen zu Texten geht – zwei grundverschiedene Arbeitsprozesse –, wurden darüber hinaus nur bereits vollständige Nachrichten in das Korpus aufgenommen. Auf Anfrage gelieferte Einzelinformationen oder Meldungsfragmente, die erst in Hamburg oder in einem anderen dpa-Büro zu einer Meldung verarbeitet wurden, sind nicht in die Untersuchung eingegangen. Auch Zusammenfassungen wurden nur dann berücksichtigt, wenn sie bereits im Londoner Büro produziert und dann in Hamburg bearbeitet wurden.[145] Da nur die Bearbeitung vollständiger Nachrichten analysiert wird, kommen unter den untersuchten Agenturrevisionen keine Textkompilationen vor, was beim Vergleich der Agentur- und der Zeitungsrevisionen zu berücksichtigen sein wird.

Weiterhin wurden all diejenigen Nachrichten in das Textkorpus aufgenommen, die in demselben einwöchigen Zeitraum im dpa-Basisdienst veröffentlicht wurden und einen der ausgewählten Londoner Texte als Grundlage haben. Diese Nachrichten sind meist mit der Ortszeile ‚London‘, zuweilen aber auch mit Namen anderer Orte wie zum Beispiel ‚Belfast‘, ‚Dublin‘ oder ‚Farnborough‘ gekennzeichnet, weil die Korrespondenten in London auch über Geschehen an anderen Schauplätzen in Großbritannien berichten, ohne notwendigerweise dort gewesen zu sein. Doch selbst die mit einer solchen Ortszeile versehenen Nachrichten stammen nicht unbedingt aus dem Londoner dpa-Büro. Auch einige in anderen dpa-Redaktionen in Deutschland oder im Ausland produzierte Nachrichten können nämlich eine solche Ortskennung erhalten, wenn das Ereignis, über das berichtet wird, mit diesem Schauplatz zu tun hat. So tragen zum Beispiel die Wissenschaftsnachrichten, die auf Aufsätzen der in London herausgegebenen Fachzeitschriften *Nature* und *New Scientist* beruhen, die Ortszeile ‚London‘, obwohl sie in der Hamburger Zentrale geschrieben werden.

Bei den untersuchten Zeitungstexten schließlich handelt es sich um Artikel aus 14 deutschen Tageszeitungen, erschienen im Zeitraum von Dienstag, dem 1. September bis einschließlich Montag, dem 7. September 1998, die entweder vollständig oder zumindest in Teilen erkennbar auf einem oder mehreren der ins Korpus aufgenommenen Basisdiensttexte beruhen. Die Zeitungstexte mussten mit Hilfe von Textvergleichen identifiziert werden, denn die Quellenangaben und Ortskennungen sind nicht zuverlässig: Oftmals geben die Zeitungen die Quelle und die Herkunft der Nachricht gar nicht, nicht vollständig oder falsch an.[146]

Um die Einheitlichkeit des Untersuchungsgegenstandes zu gewährleisten, wurden aus der Menge der deutschen Publikationen ausschließlich im Abonnement vertriebene Tageszeitungen für das Textkorpus ausgewählt.[147] Boulevard-

---

[145] In Hamburg produzierte Zusammenfassungen gehen nicht in die Untersuchung ein, auch dann nicht, wenn sie aus Textstücken zusammengesetzt sind, die aus London stammen.

[146] Zur fehlenden oder falschen Kennzeichnung des übernommenen Agenturmaterials in Zeitungen siehe Muckenhaupt (1990), S. 121f.

[147] Zeitungen werden nach ihrer Erscheinungsweise, ihrem Verbreitungsgebiet und ihrer Vertriebsform unterschieden (vgl. Brand/Schulze (1982), S. 35). Man muss also differenzieren

zeitungen, Wochen- und Sonntagszeitungen sowie thematisch spezialisierte Periodika bleiben unberücksichtigt, weil sie jeweils andere Anforderungen an die Bearbeitung von Agenturtexten stellen als die Abonnement- und Tageszeitungen. So ist beispielsweise davon auszugehen, dass die Boulevardzeitungen ganz anders mit den Agenturtexten umgehen als Abonnementzeitungen, weil ihre Artikel erstens anders aufgebaut sind[148] und zweitens nicht nur eine Informations-, sondern auch eine Unterhaltungsfunktion erfüllen[149].

Bei der Auswahl der Tageszeitungen wurde darauf geachtet, dass die Vielfalt der deutschen Presselandschaft angemessen wiedergegeben wird. Um Doppelungen zu vermeiden, wurde jeweils nur ein Exemplar pro Publizistischer Einheit[150] ausgewählt. Um eventuelle Unterschiede im Bearbeitungsverhalten zwischen Zeitungen verschiedenen Typs erfassen zu können, wurden Zeitungen mit verschieden hoher Auflagenzahl und unterschiedlich weitem Verbreitungsgebiet ausgewählt. Was die verschiedenen Auflagenklassen betrifft, hat die Hälfte der 14 ausgewählten Tageszeitungen eine verkaufte Auflage von unter, die andere Hälfte von über 100.000 Exemplaren.[151] Die relativ kleine Gruppe der Auflagenklasse unter 50.000 ist mit drei Zeitungen repräsentiert: der *Honnefer Volkszeitung* aus Bad Honnef – Deutschlands kleinster Zeitung mit eigener Vollredaktion[152] –, dem *Volksblatt* aus Würzburg und dem *Holsteinischen Courier* aus Neumünster. Aus der Gruppe der Publizistischen Einheiten mit einer verkauften Auflage zwischen 50.001 und 100.000 wurden vier Zeitungen ausgewählt: *die tageszeitung* aus Berlin, *Die Glocke* aus Oelde, das *Neue Deutschland* aus Berlin und der *Fränkische Tag* aus Bamberg. Die Gruppe mit einer verkauften Auflage zwischen 100.001 und 200.000 ist mit dem *Tagesspiegel* aus Berlin, der *Westdeutschen Zeitung* aus Düsseldorf und der *Frankfurter Rundschau* vertreten. Die heute in Berlin produzierte *Welt* repräsentiert die Auflagenklasse zwischen 201.000 und 300.000. Die

---

zwischen Tages-, Wochen- und Sonntagszeitungen, zwischen Lokal-, Regional- und überregionalen Zeitungen und zwischen Abonnement- und Boulevardzeitungen.

[148] Vgl. Burger (2000), S. 622.

[149] Zur Unterhaltungsfunktion in Texten der Boulevardpresse siehe Lauterbach (1997).

[150] Zu einer ‚Publizistischen Einheit' werden „alle Zeitungen zusammengefasst, die im Mantel, also ihrem allgemeinen aktuellen und politischen Teil, vollständig oder weitgehend übereinstimmen, auch wenn sie im lokalen Text- und Anzeigenteil differieren" (Schütz (1991), S. 148). Zum Zeitpunkt der Untersuchung 1998 gab es in Deutschland 135 Publizistische Einheiten, von denen 128 auf die Abonnementzeitungen und sieben auf die Boulevardzeitungen entfielen (Schütz (2000a), S. 21).

[151] Die Auflagenzahlen sind Ergebnisse der fünften gesamtdeutschen Zeitungsstatistik, der dem Untersuchungszeitraum zeitlich am nächsten liegenden Erhebung, und beziehen sich auf die verkaufte Auflage im ersten Quartal 1999 (Schütz (2000b), S. 30ff.).

[152] Die Zeitung *Serbske Nowiny* aus Bautzen ist mit einer Auflage von 1500 zwar noch kleiner als die *Honnefer Volkszeitung*, nimmt aber als Zeitung für die sorbische Minderheit eine Sonderstellung ein. Sie wird nicht in die Untersuchung einbezogen, weil sie nicht den dpa-Dienst bezieht.

Gruppe der auflagenstärksten deutschen Tageszeitungen mit einer verkauften Auflage von über 300.000 Exemplaren wird vertreten durch die *Frankfurter Allgemeine*, die *Freie Presse* aus Chemnitz, die zweitgrößte Regionalzeitung Deutschlands, und die *Süddeutsche Zeitung* aus München.

Neben einer Vielfalt von lokalen und regionalen Zeitungen sind alle überregionalen Tageszeitungen vertreten, die das gesamte politische und weltanschauliche Spektrum der deutschen Tagespresse abdecken: die *Süddeutsche Zeitung*, die *Frankfurter Allgemeine Zeitung*, *Die Welt*, die *Frankfurter Rundschau*, die *tageszeitung* sowie das *Neue Deutschland*.[153] Die ausgewählten Zeitungen stammen aus sechs verschiedenen Bundesländern, wobei Berlin mit vier und die zeitungsreichsten Bundesländer Bayern und Nordrhein-Westfalen mit jeweils drei Zeitungen besonders häufig repräsentiert sind. Mit der *Freien Presse* ist eine Regionalzeitung aus den neuen Bundesländern vertreten. Die Tabelle zeigt die ausgewählten Tageszeitungen mit ihrem Standort, ihren im Untersuchungszeitraum aktuellen Auflagenzahlen sowie der Anzahl der untersuchten Bearbeitungen im Überblick. Sie identifiziert auch die für die Tageszeitungen verwendeten Abkürzungen:

Zeitung	Standort	Verk. Aufl. im I. Quartal 1999 in Tsd. Stück	Anzahl der untersuchten Bearbeitungen
Verkaufte Auflage von über 300.000 Exemplaren			
Süddeutsche Zeitung (SZ)	München	(423,9)	6
Freie Presse (FP)	Chemnitz	(419,2)	3
Frankfurter Allgemeine Zeitung (FAZ)	Frankfurt/Main	(416,5)	6
Verkaufte Auflage zwischen 201.000 und 300.000 Exemplaren			
Die Welt (W)	Berlin	(223,3)	6
Verkaufte Auflage zwischen 100.001 und 200.000 Exemplaren			
Frankfurter Rundschau (FR)	Frankfurt/Main	(191,1)	7
WZ Westdeutsche Zeitung (WZ)	Düsseldorf	(169,4)	13
Der Tagesspiegel (TS)	Berlin	(133,5)	7
Verkaufte Auflage zwischen 50.001 und 100.000 Exemplaren			
Fränkischer Tag (FT)	Bamberg	(74,8)	8
Neues Deutschland (ND)	Berlin	(65,5)	7
Die Glocke (GL)	Oelde	(64,5)	8
die tageszeitung (taz)	Berlin	(58,8)	4
Verkaufte Auflage unter 50.000 Exemplaren			
Holsteinischer Courier (HOC)	Neumünster	(18,1)	10
Volksblatt (VB)	Würzburg	(11,4)	9
Honnefer Volkszeitung (HVZ)	Bad Honnef	(4,9)	3

---

[153] Zur Unterscheidung zwischen Lokal-, Regional- und überregionalen Zeitungen siehe Brand/ Schulze (1982), S. 35f. *Die Junge Welt* gilt zwar ebenfalls als überregionale Zeitung, wird aber nicht ins Korpus aufgenommen, weil sie nicht dpa bezieht.

Die drei das Analysekorpus bildenden Textgruppen sind unterschiedlich groß: Die Gruppe der Londoner Texte enthält 76, die der Basisdiensttexte 77 und die der Zeitungstexte 97 Nachrichten. Dass die zweite Textgruppe um einen Text größer ist als die erste, liegt daran, dass ein Londoner Text im Untersuchungszeitraum zu zwei unterschiedlichen Basisdiensttexten bearbeitet wird (499LDN > 499aBDT und 499bBDT). Die zweite und die dritte Textgruppe sind unterschiedlich groß, weil einige Basisdiensttexte gar nicht, andere dagegen von mehreren Zeitungen ausgewählt und bearbeitet werden. So werden im Untersuchungszeitraum 45 Prozent der Basisdiensttexte von keiner einzigen der 14 ausgewählten Zeitungen selektiert. 25 Prozent der Basisdiensttexte werden dagegen von einer Zeitung, zehn Prozent von zwei und fünf Prozent von drei Zeitungen ausgewählt und bearbeitet. Für sechs Prozent der Agenturtexte entscheiden sich vier Zeitungen unabhängig voneinander, für acht Prozent sogar fünf verschiedene Zeitungen. Keiner der Agenturtexte wird im Untersuchungszeitraum jedoch von mehr als fünf der 14 Zeitungen ausgewählt und bearbeitet.[154] Bei den von vier oder sogar fünf verschiedenen Zeitungen verwendeten Agenturtexten handelt es sich verhältnismäßig häufig um Tages- oder Wochenendzusammenfassungen, in denen das Wichtigste der Berichterstattung zu einem Thema noch einmal in konzentrierter Form dargeboten wird.

Um die Kontinuität der Berichterstattung, eine Vielfalt an Themen und die Repräsentativität der Ergebnisse zu garantieren, wurde der höchst aktive und für die deutschen Medien besonders interessante Auslandsstandort London ausgewählt und der Untersuchungszeitraum auf eine Woche im September terminiert. Der Untersuchungszeitraum fällt in eine ereignisreiche und für den Standort London nicht untypische Nachrichtenlage. Die im Londoner dpa-Büro produzierten Nachrichtentexte behandeln so unterschiedliche Ereignisse wie den dreitägigen Besuch von US-Präsident Bill Clinton in Nordirland und Irland, den ersten Todestag von Prinzessin Diana sowie die Eröffnung der internationalen Luftfahrtmesse in Farnborough. Von den untersuchten Agenturnachrichten fallen 49 Prozent in die Rubrik Politik, 27 Prozent in die Rubrik Vermischtes, 13 Prozent in die Rubrik Wirtschaft, neun Prozent in die Rubrik Sport und ein Prozent in die Rubrik Kultur. Dies entspricht in etwa der Themenverteilung im Basisdienst insgesamt,[155] wobei allerdings die vermischten Nachrichten im Verhältnis einen etwas größeren und die Sport- und Kultur-Nachrichten einen etwas geringeren Anteil am Londoner Dienst haben.

Die Londoner Texte stammen von sieben verschiedenen Textproduzenten, und zwar den fest angestellten Redakteuren im Londoner Büro, einigen freien Mitarbeitern und einem aus Hamburg speziell für einen bestimmten Termin

---

[154] Aufgrund der notwendigen Rundungen beträgt die Summe der Prozentangaben nicht immer 100, sondern 99 Prozent.
[155] Wilke (1997), S. 44.

entsandten Korrespondenten. Die Nachrichten aus London wurden in der Hamburger dpa-Zentrale von 20 verschiedenen Agenturredakteuren bearbeitet. Die Anzahl der Zeitungsredakteure, die im Untersuchungszeitraum die Agenturtexte bearbeitet haben, lässt sich nicht feststellen.

Bei den in der Nachrichtenagentur produzierten Texten handelt es sich ausschließlich um die informationsbetonten Darstellungsformen Meldung und Bericht.[156] Von den 76 im Londoner dpa-Auslandsbüro produzierten Texten sind 30 Prozent Meldungen mit einer Länge zwischen sieben und 15 Agenturzeilen, 45 Prozent Berichte mit einer Länge zwischen 16 und 30 und 25 Prozent Berichte von einer Länge zwischen 31 und 64 Zeilen.

Abschließend noch einige Anmerkungen zur Zitierweise: Zitate aus dem Textkorpus werden durch Kursivdruck gekennzeichnet. Die zitierten Beispiele sind in der Regel nur eine Auswahl aus der Menge der als Belege für ein bestimmtes Phänomen zur Verfügung stehenden Fälle. Die Anzahl der Beispiele sagt also nichts aus über die Anzahl der insgesamt im Korpus vorkommenden Phänomene einer Art. Eine Zahlen- und Buchstabenkombination, die sich mit Hilfe des Quellenverzeichnisses (8.1) entschlüsseln lässt, identifiziert die Herkunft des Nachrichtentextes. Dabei sind Londoner Texte mit der Sigle ‚LDN‘, Basisdiensttexte mit ‚BDT‘ und Zeitungstexte mit der jeweiligen Zeitungsabkürzung gekennzeichnet. Die Zahlenkombination gibt Aufschluss über das Datum, an dem die Auslandsnachricht entstand (z.B. ‚491‘: der erste Text vom 4.9.1998). Revisionen der Agenturredakteure werden allein durch die Kennzahl (z.B. ‚4911‘), Revisionen von Zeitungsredakteuren zusätzlich durch die Abkürzung des Zeitungsnamens (z.B. ‚4911FR‘) gekennzeichnet. Im Allgemeinen wird sowohl die ursprüngliche als auch die revidierte Version zitiert, wobei diese rechts und jene links von einem Pfeilzeichen ‚>‘ steht. Zur Verdeutlichung der Revision und zur eventuellen Abgrenzung von anderen, gleichzeitig im zitierten Textausschnitt vorkommenden Veränderungen werden die im aktuellen Zusammenhang im Vordergrund des Interesses stehenden Formen durch Unterstreichungen hervorgehoben. Bei einfachen Revisionen wird aus Platzgründen nicht sowohl die ursprüngliche als auch die bearbeitete Version angegeben, sondern abgesehen von

---

[156] Das Hauptunterscheidungsmerkmal zwischen den beiden Nachrichtendarstellungsformen Meldung und Bericht ist die Länge, wobei die Grenzen zwischen den beiden Darstellungsformen fließend sind (vgl. Schmidt/Weischenberg (1994), S. 234). Die dpa spricht bei Texten von bis zu 15 Zeilen Länge von Meldungen, bei Texten ab 15 Zeilen von Berichten (Deutsche Presse-Agentur (1998), S. 131ff.). Da eine Zeitungszeile kürzer ist als eine Agenturzeile, verwenden die Tageszeitungen das Wort ‚Meldung‘ entsprechend für einspaltige „Kurz-Nachrichten mit einer Länge von gewöhnlich nicht mehr als 25 Druckzeilen" (Schmidt/Weischenberg (1994), S. 234). Berichte sind längere Nachrichten, die sich über mehrere Spalten erstrecken. Zur Unterscheidung von Meldung und Bericht siehe auch Schneider/Raue (1998), S. 58f. und von informations- und meinungsbetonten bzw. informierenden und meinungsäußernden Darstellungsformen siehe Lüger (1995) und von La Roche (1995).

der jeweils im Mittelpunkt stehenden Revision ausschließlich aus der revidierten Fassung zitiert. In solchen Fällen wird bei einfachen Eliminationen der von der Elimination betroffene Ausdruck durchgestrichen und entsprechend bei einfachen Additionen der addierte Ausdruck punktiert unterstrichen. Um die Übersichtlichkeit zu gewährleisten, werden die in den zitierten Vorlagenversionen enthaltenen Fehler nicht mit ‚[sic]‘ gekennzeichnet, sofern jedenfalls aus dem Zusammenhang eindeutig hervorgeht, dass die Fehler mit der Bearbeitung behoben werden. Typographische Besonderheiten der Zeitungsartikel, wie zum Beispiel Hervorhebungen einzelner Wörter durch Fettdruck, werden nicht angegeben, weil sie für die Analyse irrelevant sind.

5 Erster Analyseteil: Die Analyse der Revisionsarten

5.1 Die Analysekategorien

Bevor die Analyseergebnisse präsentiert werden können, bedürfen die zur Beschreibung der Revisionsarten unterschiedenen Kategorien genauerer Erläuterungen. Erklärungsbedürftig ist, wie die fünf Kategorien definiert sind und worauf bei der Beschreibung der verschiedenen Revisionsarten jeweils besonders geachtet werden soll.

5.1.1 Eliminationen

Als Eliminationen gelten in dieser Arbeit all diejenigen Revisionen, bei denen ein sprachlicher Ausdruck aus dem Vorlagentext gestrichen wird. Die von Redakteuren eliminierten Ausdrücke unterscheiden sich in ihrem Umfang, ihrer syntaktischen Funktion und Position sowie ihren Auswirkungen auf die syntaktische bzw. textuelle Struktur. Was den Umfang von Eliminationen angeht, ist zwischen interphrastischen Eliminationen, also Eliminationen innerhalb eines Satzes, und transphrastischen Eliminationen, Eliminationen eines ganzen Satzes oder mehrerer Sätze, zu unterscheiden. Bei den interphrastischen Eliminationen lässt sich darüber hinaus differenzieren zwischen Eliminationen von einzelnen Wörtern, von Wortgruppen und von Teilsätzen.[157] Je nach ihren Auswirkungen auf die syntaktische Struktur kann man drei Typen von interphrastischen Eliminationen unterscheiden: 1. Eliminationen von fakultativen Konstituenten, welche die Satzstruktur unverändert lassen und keine Reparaturen nach sich ziehen, 2. Eliminationen von obligatorischen Konstituenten, bei denen die Satzstruktur verändert wird, ohne dass Reparaturen nötig werden und 3. Eliminationen von obligatorischen Konstituenten, die einen ungrammatischen Satz hinterlassen, so dass Sekundärrevisionen zur Reparatur vorgenommen werden müssen.[158] Während die ersten beiden Eliminationstypen schnell und ohne großen Aufwand vorgenommen werden können, sind Eliminationen mit notwendigen Sekundärrevisionen arbeitsintensiv, kompliziert und riskant, weil sie leicht misslingen können (siehe 6.4). Auch nach transphrastischen Eliminationen können Sekundärrevisionen zur Wiederherstellung der Textualität notwendig sein. Denn so wie sich der Verlust eines Ausdrucks auf die Syntax auswirkt, kann der Verlust eines Satzes oder mehrerer Sätze Konsequenzen für die Textualität haben. Da die Sätze in einem Text vielfältig miteinander verwoben sind, können einzelne Sätze oft nicht einfach eliminiert werden.

---

[157] Trotz der in 4.1 beschriebenen Schwierigkeiten ist bei den meisten interphrastischen Eliminationen und Additionen eine Differenzierung unterhalb der Satzebene möglich.

[158] Vgl. Bell (1991), S. 71f. und Bell (1984), S. 83f.

5.1.2 Additionen

Eine Addition ist eine Revisionsart, bei der eine linguistische Einheit in den Text eingefügt wird. Additionen sind Gegenoperationen der Eliminationen. Das heißt, dass jedes Element, das eliminiert auch addiert werden kann. Deshalb lassen sich Additionen auch nach denselben Kriterien beschreiben wie Eliminationen. Additionen von Elementen innerhalb eines Satzes werden als Additionen der Innersatzebene oder als interphrastische Additionen bezeichnet. Additionen von einem oder mehreren vollständigen Sätzen gelten als Additionen der Übersatzebene oder als transphrastische Additionen.

Je nach Auswirkungen auf die Satzstruktur ist zu unterscheiden zwischen Additionen von fakultativen Elementen, welche die Satzstruktur nicht verändern, Additionen von Elementen, welche die Satzstruktur verändern, aber keine Sekundärrevisionen erfordern sowie Additionen, welche die Satzstruktur verändern und Sekundärrevisionen notwendig machen. Transphrastische Additionen sind ebenso wie transphrastische Eliminationen auf eventuell zur Verbesserung bzw. Wiederherstellung der Textkohärenz notwendige Sekundärrevisionen hin zu untersuchen. Insbesondere Vereinigungen mehrerer Texte zu einem Text, so genannte Textkompilationen, dürften eine Vielzahl von Sekundärrevisionen erforderlich machen, weil in diesen Fällen „stärker als bei der Einzelbearbeitung auf die formale und inhaltliche Kohärenz des neu entstehenden Gesamttextes zu achten ist"[159]. Besondere Aufmerksamkeit wird deshalb bei solchen Revisionen auf die Frage gerichtet werden müssen, wie die Redakteure die ursprünglich unabhängigen Textstücke zu einem kohärenten Text vereinigen.[160]

5.1.3 Substitutionen

Als Substitution wird in dieser Arbeit eine Revision bezeichnet, bei der eine sprachliche Einheit durch eine andere ersetzt wird. Insofern ist eine Substitution eine Kombination aus einer Elimination und einer Addition.[161] Im Unterschied zu Fällen, in denen eine Elimination und eine Addition gleichzeitig vorgenommen werden, aber voneinander unabhängig sind, stehen die Elimination und die Addition bei Substitutionen in einem erkennbaren Zusammenhang.[162]

---

[159] Biere (1993a), S. 76.

[160] Struk (2000) beobachtet, dass Textvorlagen bei Textkompilationen intensiver bearbeitet werden als bei Einzelbearbeitungen: „Denn es ist kaum möglich, einen Zeitungstext aus mehreren Agenturtexten aufzubauen, indem diese beispielsweise lediglich von hinten gekürzt werden. Da Redundanzen vermieden werden müssen, wenn verschiedene Meldungen logisch miteinander verknüpft werden, ist eine ‚eingehende Bearbeitung mit Kürzungen an verschiedenen Stellen' wahrscheinlich häufiger festzustellen als bei Texten, die nur auf *einer* Agenturmeldung beruhen." [Hervorhebung im Original] (S. 225).

[161] Vgl. van Dijk (1980), S. 115.

[162] Die Entscheidung, ob es sich um zwei voneinander unabhängige Eliminationen und Additionen oder um eine Substitution handelt, ist nicht immer leicht zu treffen, insbesondere auf trans-

Das ersetzte Element wird als Substituendum, das ersetzende Element als Substituens bezeichnet.[163] Das Substitut und das Substituendum bilden ein Paradigma, das heißt, sie besetzen dieselbe Position im Satz.[164] Sie sind im konkreten Textzusammenhang, wenn auch nicht unbedingt in jedem linguistischen Kontext, distributionell äquivalent. Substitutionen von Elementen innerhalb eines Satzes gelten als interphrastische Substitutionen, unabhängig davon, ob lediglich ein einzelnes Wort ersetzt wird oder ob alle Elemente im Satz verändert werden und syntaktische Veränderungen die Folge sind. Substitutionen, bei denen die Satzgrenzen durchbrochen werden, gelten als transphrastische Substitutionen. Substitutionen, bei denen das Substituendum und das Substitut in Form und Umfang identisch sind, etwa wenn ein einzelnes Substantiv durch ein anderes ersetzt wird, sollen als symmetrische Substitutionen bezeichnet werden. Unterscheiden sich das Substitut und das Substituendum in Form oder Umfang – schließlich kann eine Position im Satz bzw. im Text auf ganz unterschiedliche Art und Weise besetzt werden –, soll von asymmetrischen Substitutionen gesprochen werden. In Fällen, in denen das Substituendum umfangreicher ist als das Substitut, wird von Expansionen, in Fällen, in denen es kürzer ist, von Reduktionen die Rede sein.[165]

Da sprachliche Ausdrücke bestimmte grammatische Anforderungen an ihre Umgebung stellen, können auch nach Substitutionen Sekundärrevisionen notwendig sein. So müssen nach der Ersetzung eines einzelnen Ausdrucks im Satz eventuell die von ihm abhängigen Ausdrücke angepasst werden. Nach transphrastischen Substitutionen können wie nach transphrastischen Eliminationen oder Additionen Sekundärrevisionen zur Wiederherstellung der Textualität nötig sein.

5.1.4 Permutationen

Mit dem Terminus der Permutation werden solche Revisionen bezeichnet, bei denen ein sprachlicher Ausdruck an eine andere Position im Satz oder im Text verschoben wird. Wie die Substitution ist die Permutation eine Kombination aus einer Elimination und einer Addition. Im Unterschied zu Substitutionen erfolgen allerdings bei Permutationen die Elimination und die Addition an unterschiedlichen Stellen. Außerdem sind der eliminierte und der addierte Ausdruck, abgesehen von einigen Sonderfällen, identisch.

---

phrastischer Ebene. Es ist unvermeidlich, dass in Zweifelsfällen das Kriterium der inhaltlichen Beziehung zwischen dem eliminierten und dem addierten Ausdruck die Entscheidung beeinflusst.

[163] Vgl. Harweg (1979), S. 20.

[164] Der Ausdruck der Substitution wird in dieser Arbeit ausschließlich für paradigmatische Substitutionen und nicht für syntagmatische Substitutionen im Sinne Harwegs (1979), also für die Wiederaufnahme eines sprachlichen Ausdrucks durch einen anderen an anderer Stelle im Text, verwendet.

[165] Zu den Begriffen ‚Reduktion' und ‚Expansion' siehe Bußmann (1990), „Substitution".

Je nachdem, welchen Umfangs das verschobene Element ist, welche syntaktische Funktion es erfüllt und welche Auswirkungen auf die syntaktische und textuelle Struktur zu beobachten sind, lassen sich verschiedene Typen von Permutationen unterscheiden. Permutationen innerhalb eines Satzes sollen als Permutationen der Innersatzebene oder als interphrastische Permutationen bezeichnet werden. Verschiebungen über Satzgrenzen hinaus und Verschiebungen eines vollständigen Satzes oder mehrerer vollständiger Sätze an andere Stellen im Text sind Permutationen der Übersatzebene oder transphrastische Permutationen. Aufgrund der komplexen Verwebung der Sätze im Text ist zu erwarten, dass Sekundärrevisionen vor allem nach Permutationen von vollständigen Sätzen an andere Textstellen nötig sind.

5.1.5 Transformationen

Der Terminus der Transformation bezeichnet in dieser Arbeit Umformungen jeder Art, die gegenüber anderen, gleichzeitig vorkommenden Veränderungen unabhängig und dominant sind. In diesem Punkt unterscheidet er sich von dem traditionellen, in der Linguistik gebrauchten Transformationsbegriff sowie von dem Transformationsbegriff der generativen Transformationsgrammatik, die ihn geprägt hat.[166] Zwar umfasst der Begriff der Transformation auch in dieser Arbeit Umformungen von einer syntaktischen Konstruktion in eine andere, syntaktisch synonyme Konstruktion.[167] Doch sind die Erhaltung des lexikalischen Bestandes und der Bedeutung keine notwendigen Voraussetzungen dafür, dass eine Revision als Transformation bezeichnet wird. Die Ausweitung des Transformationsbegriffs ist notwendig, um mit dem Kategoriensystem auch solche Umformungen zu erfassen, die von lexikalischen Veränderungen begleitet werden und zu Bedeutungsveränderungen führen.[168] Der in dieser Arbeit geltende Transformations-

---

[166] Der Begriff der Transformation wurde von Zellig S. Harris (1952, 1957) geprägt und von Noam Chomsky (z.B. 1965) weiterentwickelt.

[167] Syntaktisch synonym oder äquivalent sind zwei Konstruktionen dann, wenn sie „einen gleichen lexikalischen Bestand aufweisen und sich nur durch ihre Struktur, d.h. die Mittel zum Ausdruck der syntaktischen Beziehungen unterscheiden", ansonsten aber bedeutungsgleich bzw. bedeutungsähnlich sind (Szoboszlai (1991), S. 123). Dabei ist zu berücksichtigen, „daß es vollkommen synonyme syntaktische Konstruktionen nicht gibt" (von Weiss (1953), S. 451). Deshalb darf syntaktische Äquivalenz „nicht als absolute Synonymie, als Bedeutungsgleichheit verstanden werden" (Starke (1969), S. 64). Synonyme syntaktische Konstruktionen können sich zum Beispiel stilistisch unterscheiden. Zu den Funktionen konkurrierender syntaktischer Konstruktionen siehe Starke (1970), S. 588.

[168] Viele im Korpus vorkommende Revisionen involvieren sowohl syntaktische als auch lexikalische Veränderungen, was die Abgrenzung zwischen Substitutionen und Transformationen erschwert. Sofern die lexikalischen und syntaktischen Veränderungen nicht voneinander unabhängig und als zwei verschiedene Revisionen zu interpretieren sind, werden solche Revisionen den Substitutionen zugeordnet, wenn die lexikalische Veränderung dominant ist, und den Transformationen zugeordnet, wenn die syntaktische Veränderung dominant ist.

begriff unterscheidet sich auch insofern von dem in anderen linguistischen Arbeiten gebrauchten, als er eine ganz bestimmte linguistische Operation bezeichnet, die sich von anderen linguistischen Operationen wie der Elimination, der Addition, der Substitution und der Permutation unterscheidet. In der generativen Transformationsgrammatik beispielsweise wird er dagegen als Synonym für eine linguistische Operation und damit als Oberbegriff für Eliminationen, Additionen, Substitutionen und Permutationen gebraucht.[169]

Umformungen, die sich innerhalb der Satzgrenzen bewegen, gelten im Folgenden als interphrastische Transformationen. Transphrastische Transformationen sind demgegenüber Umformungen, bei denen die Satzgrenze überschritten wird. Tempuswechsel, Moduswechsel und Wechsel zwischen Aktiv- und Passivkonstruktionen werden ebenfalls den Transformationen, und zwar den interphrastischen Transformationen, zugeordnet. Für eine solche Zuordnung spricht, dass es sich um Umformungen der Verbform handelt, die nicht nur morphologischer Art sind, sondern den ganzen Satz betreffen.

---

[169] Lewandowski (1990), „Transformation".

5.2 Die Arten der Agenturrevisionen

Betrachtet man zunächst die 77 Bearbeitungen der Agenturredakteure als Ganzes, stellt man fest, dass der Grad der Bearbeitungen stark variiert: Unter den Bearbeitungen der Agenturredakteure finden sich sowohl absolute Übernahmen als auch leichte Veränderungen sowie intensive und tief greifende Bearbeitungen, wenn auch in unterschiedlichem Verhältnis. Beim Vergleich der Überschriften der Londoner und der Basisdiensttexte ist zu erkennen, dass die Überschriften der von den Auslandskorrespondenten angebotenen Texte meist, und zwar in 62 Prozent der Fälle, unverändert übernommen werden. Wenn die Agenturredakteure die Überschrift der Vorlage verändern, was in 38 Prozent der Fälle vorkommt, nehmen sie im Allgemeinen lediglich Revisionen an einzelnen Ausdrücken vor, so dass die Überschrift des Basisdiensttextes und die der Vorlage weitgehend übereinstimmen. Nur in Ausnahmefällen verwerfen die Agenturredakteure die von den Auslandskorrespondenten angebotene Überschrift zum größten Teil oder sogar ganz und formulieren eine neue Überschrift, die kaum eine bzw. keinerlei Ähnlichkeit mehr mit der Vorlage hat.

Im Unterschied zu den Überschriften werden die Hauptnachrichtentexte selten unverändert an die Medien weitergeleitet. In nur fünf Prozent der Fälle nehmen die Agenturredakteure keine einzige Veränderung an ihrem Vorlagentext vor. Die Londoner Texte und die Basisdiensttexte sind also nur selten identisch. Bei den unverändert übernommen Texten handelt es sich um Nachrichten von normaler Priorität, deren Bearbeitung also noch nicht einmal übermäßige Eile erfordert.[170] Die vier unverändert übernommenen Texte sind Meldungen und Berichte (7, 11, 21 und 28 Agenturzeilen), von denen drei in die Rubrik Politik und einer in die Rubrik Vermischtes fallen.

In acht Prozent der Fälle verändern die Agenturredakteure ihre Vorlagentexte ausschließlich auf der Oberflächenebene, also auf der Ebene der Interpunktion, der Graphie, der Typographie, der Morphologie oder der Absatzeinteilung. Bei den nur auf der Oberflächenebene bearbeiteten Texten handelt es sich interessanterweise keineswegs nur um kurze Texte. Mehrere Texte sind Berichte von etwa 30 Zeilen Länge. Die längste Nachricht, in dem lediglich Oberflächenrevisionen vorgenommen werden, ist 42 Zeilen lang. Der Grad der Bearbeitung ist also unabhängig vom Umfang des Vorlagentextes. Die meisten Bearbeitungen der Agenturredakteure gehen über die Oberflächenebene hinaus. In 43 Prozent aller Bearbeitungen erfolgen Revisionen, die bis zur Innersatzebene reichen, aber unterhalb der Übersatzebene liegen. In 44 Prozent der Bearbeitungen kommen Revisionen der Übersatzebene vor. Bei lediglich 32 Prozent dieser Fälle handelt es sich bei den transphrastischen Revisionen ausschließlich um Eliminationen. Dass

---

[170] Bei der Deutschen Presse-Agentur sind alle Nachrichten mit einer Prioritäten-Kennzahl von 1 (Blitz) bis 6 (niedrige Dringlichkeit) gekennzeichnet. Die vier unverändert übernommenen Texte tragen die Priorität 4 (hohe Dringlichkeit).

die transphrastische Elimination die einzige Revision ist, die an dem Text vorgenommen wird, kommt nicht vor. In 68 Prozent der Bearbeitungen mit Revisionen der Übersatzebene, also in 30 Prozent aller Bearbeitungen, sind unter den Revisionen auch transphrastische Additionen, Substitutionen, Transformationen oder Permutationen zu beobachten. Wenn die Agenturredakteure mit ihren Revisionen über Satzgrenzen hinausgehen, beschränken sie sich somit in den meisten Fällen nicht auf Eliminationen, sondern nutzen auch die anderen vier Revisionsarten.

Die folgenden Graphiken sollen verdeutlichen, wie sich die 77 Bearbeitungen der Agenturredakteure auf die vier Bearbeitungsgruppen verteilen und wie die Gruppe 4 mit den bis zur Übersatzebene reichenden Revisionen untergliedert ist:

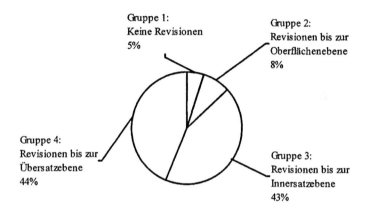

Gruppe 1:
Keine Revisionen
5%

Gruppe 2:
Revisionen bis zur
Oberflächenebene
8%

Gruppe 4:
Revisionen bis zur
Übersatzebene
44%

Gruppe 3:
Revisionen bis zur
Innersatzebene
43%

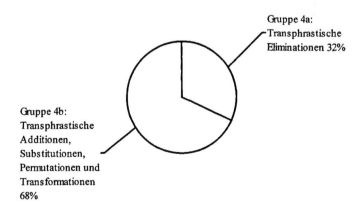

Gruppe 4a:
Transphrastische
Eliminationen 32%

Gruppe 4b:
Transphrastische
Additionen,
Substitutionen,
Permutationen und
Transformationen
68%

Ein differenzierteres Bild der Arten der Agenturrevisionen ergibt sich, wenn man die an den Londoner Texten vorgenommenen Revisionen einzeln betrachtet, und zwar geordnet nach den involvierten linguistischen Ebenen und vollzogenen Operationen.

5.2.1 Revisionen der Oberflächenebene

Revisionen der Oberflächenebene kommen unter allen Bearbeitungen der Agenturredakteure im Vergleich zu Revisionen der Innersatzebene und der Übersatzebene selten vor. An den Oberflächenrevisionen haben die Revisionen der Interpunktion, der Graphie und der Morphologie etwa den gleichen Anteil. Von den Revisionen der Interpunktion entfallen die größten Anteile auf Veränderungen der Setzung von Kommata (292: *in [...] Portugal Schweden und den USA* > *in [...] Portugal, Schweden und den USA*) und von Anführungszeichen (695: *die Bee Gees* > *die „Bee Gees"*). Auf der graphemischen Ebene kommen neben zahlreichen Veränderungen einzelner Grapheme (497: *Los Angelese* > *Los Angeles*; 3183: *schwindlig* > *schwindelig*; 296: *Flasfiber* > *Glasfiber*; 3913: *schüttlend* > *schüttelnd*) Wechsel zwischen Groß- und Kleinschreibung (192: *mitte* > *Mitte*), zwischen Abkürzungen und Ausschreibungen von Wörtern (4911: *WM* > *Weltmeisterschaft*), zwischen ausgeschriebenen Wörtern und den entsprechenden symbolischen Darstellungen (397: *12 Prozent* > *zwölf Prozent*) sowie zwischen Getrennt- und Zusammenschreibungen von Wörtern (2910: *zuende* > *zu Ende*), insbesondere von Nominalkomposita (499b: *Fußballwettbewerb* > *Fußball-Wettbewerb*), vor. Bei den Revisionen der Morphologie handelt es sich um Veränderungen der Flexionsmorpheme, und zwar vielfach um Wechsel zwischen konkurrierenden Formen (3912: *des Konflikts* > *des Konfliktes*).

Die Agenturredakteure nehmen auch Veränderungen an der Typographie und der Absatzeinteilung vor. Sie tilgen überflüssige Leerzeichen zwischen Buchstaben und Wörtern sowie überflüssige Leerzeilen mitten in Sätzen (395, 4914, 697). Darüber hinaus fügen sie am Satzende häufig zusätzliche Absätze ein, so dass aus einem Absatz zwei Absätze werden (194, 298, 4912). Insbesondere Absätze von mehr als zehn Zeilen Länge werden auf diese Weise aufgeteilt. Dass Absätze angehängt und damit zwei Absätze zu einem vereinigt werden, kommt demgegenüber nur in Ausnahmefällen vor (192). Selten ist auch, dass Absätze an andere Stellen verschoben werden (499b, 6910).

5.2.2 Revisionen der Innersatzebene und der Übersatzebene

Untersucht man die zahlreicheren Revisionen der Inner- und Übersatzebene näher, stellt man fest, dass die Agenturredakteure am häufigsten Eliminationen vornehmen, gefolgt von Substitutionen und Transformationen. Additionen sind weniger häufig. Am seltensten sind Permutationen. Das Vorkommen jeder der fünf Revisionsarten lässt sich noch genauer beschreiben:

5.2.2.1 Eliminationen

Die meisten der von Agenturredakteuren vorgenommenen Eliminationen sind interphrastische Eliminationen, und zwar vor allem Eliminationen einzelner Wörter und Wortgruppen. Teilsätze werden nur sehr selten eliminiert.

Was die Funktion der innerhalb von Sätzen eliminierten Ausdrücke betrifft, ist zu erkennen, dass Attribute, genauer gesagt Attribute von Substantiven, am häufigsten von Eliminationen betroffen sind. Einer der größten Anteile der interphrastischen Eliminationen entfällt auf adjektivische Attribute (397: *angesichts [...] des ~~brutalen~~ Wettbewerbs*). Neben Adjektiven werden sehr häufig auch nachgestellte Präpositionalattribute (3182: *am Tor ~~vor dem Palast~~*) und Genitivattribute (397: *Die Vereinbarung ~~der beiden Ölriesen~~*) eliminiert. Außerdem sind Appositionen[171] des Öfteren von Eliminationen betroffen, insbesondere lockere, durch runde Klammern abgetrennte Appositionen (192: *Das Werk „Kopf eines alten Mannes" ~~(Head of an Old Man)~~*). Auch die meisten der eliminierten Teilsätze sind Attribute (591: *[...] Mel B~~, die nach Angaben der Zeitung drei Monate schwanger ist,~~ will [...]*). Seltener als Eliminationen von Elementen aus Gliedteilposition sind Eliminationen von Elementen aus Satzgliedposition. Zuweilen werden auch Präpositionalgruppen in der Funktion fakultativer Ergänzungen (495: *Clinton wollte sich ~~von dem irischen Regierungschef~~ erläutern lassen*) sowie Adverbien oder Präpositionalgruppen in der Funktion freier Adverbialangaben eliminiert (6912: *Im Mittelpunkt der Leistungsschau stehen [...] ~~in diesem Jahr~~ [...]*; 392: *Beide [...] sind ~~nun~~ Schlüsselfiguren*).[172]

Schließlich tilgen die Agenturredakteure sehr häufig Partikeln aus den Vorlagentexten, und zwar meist Gradpartikeln (4916: *auch*; 597: *ausgesprochen*). Von den Funktionswörtern[173] sind ansonsten auch Konjunktionen (594, 597: *denn*) und Konjunktionaladverbien (499a, 499b: *nämlich*) von Eliminationen betroffen. Nur selten werden Präpositionen (3185: *für*) und Modalwörter (695: *leider*) eliminiert.

Ohne dass der Satz ungrammatisch wird, werden sogar Substantive eliminiert, und zwar die Bestimmungswörter aus Nominalkomposita (395: *Bauprojekt > Projekt*)[174] oder Glieder aus Wortreihen (395: *Hilfen für ~~Training und~~ Ausbildung*).

---

[171] Auch die Apposition ist eine Art Attribut (siehe Helbig/Buscha (1998), S. 606).

[172] Zur Unterscheidung von obligatorischen und fakultativen Ergänzungen und freien Angaben siehe Helbig/Schenkel (1991), S. 33ff.

[173] Funktionswörter sind Wörter, die „zwar eine Bedeutung haben, aber nicht begriffstragend sind" (Schippan (1992), S. 152) und „im Gegensatz zu sog. *Vollwörtern* keine (oder eine nur sehr schwer erfaßbare) lexikalische Bedeutung tragen, sondern rein strukturelle Funktionen erfüllen, indem sie syntagmatische, syntaktische und textuale Beziehungen herstellen" (Lewandowski (1990), S. 330 [Hervorhebung im Original]).

[174] Veränderungen an lexikalischen Morphemen werden nicht der morphologischen und damit der Oberflächenebene, sondern der Innersatzebene zugeordnet. Es ist nicht sinnvoll, sie auf

Auffällig ist, dass die meisten der von Agenturredakteuren vorgenommenen interphrastischen Eliminationen einfache Eliminationen sind, bei denen syntaktisch verzichtbare Konstituenten wegfallen und sich weder die Satzstruktur verändert noch Reparaturen zur Wiederherstellung der Grammatikalität nötig werden. Viel seltener als solche einfachen Eliminationen sind unter den Agenturrevisionen Eliminationen von regierenden Konstituenten, welche die syntaktische Struktur zwar verändern, aber nicht verletzen und deshalb keine Reparaturen erforderlich machen. Gelegentlich eliminieren Agenturredakteure die Bezugswörter von Attributen, so dass die Attribute ihre syntaktische Funktion verändern und die Position des eliminierten Bezugswortes einnehmen (694: *Ein Paar Plateaustiefel des Sängers Elton John*). Steht das Attribut in demselben Kasus wie das eliminierte Bezugswort, bleibt der Satz grammatisch, und es sind keine Sekundärrevisionen notwendig (595: *ein Treffen führender Finanzexperten der Gruppe der G7-Staaten*). Werden lockere Appositionen an die Stelle ihrer Bezugswörter gerückt, müssen höchstens die abgrenzenden Zeichen gestrichen werden (693: *Zwei Männer, ein Brite und ein Ire, wurden festgenommen.* > *Ein Brite und ein Ire wurden festgenommen.* 694: *rund 1 000 Pfund (2 900 Mark)* > *rund 2 900 Mark*). Sogar Verbalausdrücke werden von den Agenturredakteuren eliminiert, ohne dass Reparaturen der Syntax erforderlich werden. Allerdings wirken sich solche Eliminationen wesentlich auf die syntaktische Struktur aus:

Obwohl der Jahrestag auf den traditionellen Bankenfeiertag [sic] im Spätsommer fiel [...], war der Ansturm von Trauernden geringer als nach dem massiven Ausbruch des Trauers [sic] zum Tod Dianas 1997 <u>erwartet worden [sic]</u>. >
Obwohl der Jahrestag auf den traditionellen Bankfeiertag im Spätsommer fiel [...], war der Ansturm von Trauernden geringer als nach den massiven Trauerbekundungen beim Tode Dianas im vergangenen Jahr. (3185)

Welche Fehler dies waren, sagte er nicht. (195)[175]

Oft eliminieren die Agenturredakteure aber auch mit der Konsequenz, dass Sätze ungrammatisch werden und mit zusätzlichen Revisionen repariert werden müssen. Beispielsweise eliminieren sie Bezugswörter aus Nominalgruppen, auch wenn diese nicht in demselben Kasus stehen wie die abhängigen Attribute, und passen als Sekundärrevisionen die Flexionsformen der übrig gebliebenen Aus-

---

derselben Ebene anzuordnen wie Veränderungen an grammatischen Morphemen, weil sie sich von diesen wesentlich unterscheiden und vielmehr große Ähnlichkeiten mit Revisionen an Lexemen haben.

[175] Die Elimination des Substantivs ist von der Elimination des Verbalausdrucks unabhängig.

drücke grammatisch an (391: *auf dem Rollfeld des Militärflughafens Aldergrove >* *auf dem Militärflughafen Aldergrove*; 497: *eine Reihe persönlicher Probleme >* *persönliche Probleme*). Innerhalb von Präpositionalgruppen streichen sie die substantivischen Bezugswörter und substituieren daraufhin als Sekundärrevisionen die Präpositionen (396: *Hilfe auf den Feldern von > bei Bildung und Erziehung*; 6912: *auf dem Sektor der > in der Zivilluftfahrt*). Und sie verändern die Satzgliedstellung[176], nachdem sie das im Vorfeld des Satzes stehende Satzglied eliminiert haben:

> *Während in zahlreichen Clubs wie jeden Sonnabend Hunderte in Plateau-Schuhen, Polyester-Hemden und Federboas zu 70er Jahre Disco-Hymnen tanzten, versetzten die legendären „Bee Gees" rund 50 000 Besucher [...] in ein „Saturday Night Fever". >*
> *Die legendäre Band versetzte rund 50 000 Zuhörer [...] in ein „Saturday Night Fever".* (695)

Im Vergleich zu den zahlreichen interphrastischen Eliminationen ist die Anzahl der transphrastischen Eliminationen unter den Agenturrevisionen relativ gering. In nur 32 Prozent der Bearbeitungen mit Revisionen, die bis zur Übersatzebene reichen, sind transphrastische Eliminationen die einzigen transphrastischen Revisionen. Bei der Hälfte dieser Fälle[177] wird lediglich an einer Stelle im Text ein einzelner Satz eliminiert. Bei der anderen Hälfte der Fälle werden insgesamt mehrere Sätze eliminiert. Entweder werden an einer Textstelle mehrere Sätze auf einmal gestrichen, oder es werden mehrmals an verschiedenen Stellen einzelne Sätze eliminiert. Was die Position der eliminierten Sätze im Text angeht, ist festzustellen, dass Agenturredakteure vor allem im Textendbereich eliminieren. In etwa der Hälfte aller Fälle betrifft die Elimination den letzten Satz oder die letzten Sätze des Textes (395, 591, 693). In den anderen Fällen handelt es sich meist um den letzten Satz oder die letzten Sätze eines Absatzes. Selten werden Sätze mitten aus Absätzen gestrichen.

Auffällig ist, dass die in der Agenturzentrale vorgenommenen transphrastischen Eliminationen keine signifikanten Sekundärrevisionen nach sich ziehen. Nicht nur die zahlreichen Eliminationen am Textende bleiben ohne Folgen. Auch am Ende von Absätzen werden einzelne Sätze ohne Konsequenzen für den Gesamttext eliminiert. Selbst die Elimination eines Satzes aus der Mitte eines Absatzes bleibt ohne Konsequenzen (398), weil sich im folgenden Text keine

---

[176] Zum Unterschied zwischen ‚Wortstellung' und ‚Satzgliedstellung' siehe Bußmann (1990), „Wort- und Satzgliedstellung".

[177] Die quantitativen Aussagen zu transphrastischen Eliminationen beziehen sich auf die Textgruppe 4a. Die vergleichende Untersuchung der Textgruppe 4b hat bestätigt, dass die Ergebnisse repräsentativ sind.

Rückbezüge auf diesen Satz finden. Sogar ein Verweisausdruck im folgenden Satz (*Blair*) kann beibehalten werden, weil mit dem vorausgehenden Satz lediglich ein anderer Verweisausdruck derselben Referenzkette (*der Premier*), nicht aber der Bezugsausdruck (*Premierminister Tony Blair*) weggefallen ist:[178]

> *Premierminister Tony Blair rief alle Seiten auf, mit „Weitblick, Mut und Engagement" auf den Frieden hinzuarbeiten. Auch er zog eine positive Bilanz des Friedensprozesses, der ungeachtet des „barbarischen und bösen" Bombenanschlags vor knapp drei Wochen in seine nächste Phase treten werde. Er erinnerte aber an die im Friedenspakt verankerte Pflicht, terroristische Waffenarsenale aufzulösen. ~~Der Premier zeichnete eine Zukunft, „in der niemand sich um Religion oder Herkunft schere, Terrorwaffen keine Rolle mehr spielen, und keine Soldaten mehr die Straßen patrouillieren".~~ Nach erreichten positiven Veränderungen, [sic] „könnten wir den Opfern von Omagh kein besseres Denkmal setzen, als den Frieden zum Erfolg zu machen", sagte Blair. (398)*

Als einzige Folge von Eliminationen ganzer Sätze sind die Neuordnungen der Absätze zu nennen. Wenn ein Absatz nach der Elimination eines Satzes zu kurz ist, nur noch aus einem oder zwei Sätzen besteht, wird er an den vorausgehenden Absatz angehängt (591, 693, 694, 695).

5.2.2.2 Additionen

Von den wenigen unter den Agenturrevisionen vorkommenden Additionen sind die meisten interphrastische Additionen. Innerhalb von Sätzen werden hauptsächlich einzelne Wörter und Wortgruppen eingefügt. Der Anteil addierter Teilsätze ist ausgesprochen gering. Lediglich zweimal wird ein Teilsatz zu einem Hauptsatz hinzugefügt (3914, 4914: *sagte Clinton*), so dass eine aus einem Hauptsatz und einem von diesem abhängigen Hauptsatz zusammengesetzte Konstruktion entsteht.[179]

Was die syntaktische Position und Funktion der addierten Elemente angeht, ist festzustellen, dass die Additionen von Präpositionalattributen zum Substantiv eine der größten Gruppen bilden (492: *das iranische Konsulat in Mazar-i-Sharif in Nordafghanistan*; 499b: *die Pläne [...] zur Schaffung einer lukrativen Europa-*

---

[178] Zur Bedeutung der Begriffe ‚Bezugsausdruck' und ‚Verweisausdruck' siehe Langer (1995), S. 88. Der Terminus ‚Bezugsausdruck', der den ersten Referenzausdruck innerhalb einer Referenzkette bezeichnet, ist nicht zu verwechseln mit dem Terminus ‚Bezugswort', dem Kern einer Wortgruppe.

[179] Dass die übergeordneten Hauptsätze fehlen können, spricht dafür, dass die abhängigen Teilsätze nicht als uneingeleitete Nebensätze, sondern als abhängige Hauptsätze zu interpretieren sind. Siehe dazu Hentschel/Weydt (1994), S. 381 und Auer (1998).

liga). Etliche Male werden auch Adverbien in der Funktion nachgestellter Attribute (499a, 499b: *am Donnerstag abend*), adjektivische Attribute (492: *die internationale Menschenrechtsorganisation Amnesty International (AI)*) sowie erweiterte Partizipialattribute addiert (492: *die zur sunnitischen Richtung des Islam gehörenden Taliban-Milizen*). Insgesamt wird häufiger im Vorfeld als im Nachfeld von Substantiven ergänzt.

Bei den wenigen Additionen von Elementen in Satzgliedposition handelt es sich ausschließlich um freie Angaben (497: *Der homosexuelle Star, der vor einigen Monaten wegen unzüchtigen Verhaltens [...] festgenommen worden war, [...]*. 4910: *Der Torhüter [...] schnappte sich [...] einen Dieb, der zuvor seinen Mercedes gestohlen hatte.*). Belege für Additionen von Verbergänzungen gibt es nicht.

Einen relativ hohen Anteil an den in der Agentur vorgenommenen Additionen haben die Additionen von Funktionswörtern. Besonders häufig werden Partikeln, insbesondere Gradpartikeln (6910: *auch*; 6910: *noch*) und Präpositionen addiert (695: *von Rhythm-and-Blues und vom Soul inspirierte Musik*). Additionen von Konjunktionen (6910: *denn*), Konjunktionaladverbien und Modalwörtern sind dagegen selten bzw. gar nicht zu beobachten. Additionen eines Wortes zu einem anderen Wort, den Vorgang, den man in der Wortbildung als Komposition bezeichnet (4917: *im Wert von > mit einem Schwarzmarktwert von*), sind ebenfalls selten.

Über die Auswirkungen der Additionen auf die Satzstruktur ist zu sagen, dass es sich bei den meisten der in der Agentur vorgenommenen Additionen um einfache Additionen handelt, bei denen die syntaktische Struktur unverändert bleibt. Wie an den bereits besprochenen Beispielen zu erkennen ist, können Agenturredakteure Attribute, fakultative Verbergänzungen, freie Adverbialangaben sowie bestimmte Funktionswörter einfügen, ohne die Satzstruktur verändern zu müssen. Vereinzelt kommt es aber auch vor, dass eine Addition eine Veränderung der syntaktischen Struktur bewirkt. Die Einschübe verdrängen Ausdrücke in andere Positionen im Satz, was in einigen Fällen ohne grammatische Angleichungen möglich ist. So werden Substantivwörter oder Substantivgruppen eingefügt und daraufhin ehemals selbstständige Ausdrücke in die Attributposition gedrängt (3185: *viele Menschen*; 4914: *in der irischen Hauptstadt Dublin*).

Selten muss nach einer Addition mit Hilfe einer Sekundärrevision die Grammatikalität wiederhergestellt werden, etwa der Kasus des zum Attribut gewordenen Substantivwortes verändert (396: *nach Steinberg > nach Steinbergs Meinung*) oder der unbestimmte durch den bestimmten Artikel ausgetauscht werden (492: *nach der Eroberung eines Stützpunkts oppositioneller Gruppen > nach der Eroberung des wichtigsten Stützpunkts oppositioneller Gruppen, Mazar-i-Sharif, [...]*).

Transphrastische Additionen kommen unter den Agenturrevisionen nur gelegentlich vor. Bei nur etwa sechs Prozent aller Bearbeitungen ergänzen die Agenturredakteure die Texte ihrer Londoner Kollegen um vollständige Sätze. Der

Umfang des hinzugefügten Textes ist gering. Maximal ergänzen die Agentur-redakteure drei neue Sätze. Ergänzt wird am Textende (195, 292), mitten im Text (3183, 397) und hin und wieder sogar am Textanfang (494). Die meisten der in der Agentur vorgenommenen transphrastischen Additionen bleiben ohne Sekundärrevisionen. Nicht nur die Addition einzelner Sätze am Textende, sondern auch die Addition mehrerer Sätze mitten im Text (397) sind möglich, ohne dass an anderen Textstellen kohärenzstiftende Maßnahmen vorgenommen werden müssen. Nur in wenigen Fällen folgen auf transphrastische Additionen Sekundärrevisionen. So verlangt die Addition eines neuen ersten Satzes eine Veränderung der Bezeichnung für den Hauptreferenzträger und einen Tempuswechsel im ehemaligen ersten, nun zweiten Satz:

Der japanische Elektronikkonzern Fujitsu hat am Freitag die Schließung seiner Microchips-Fabrik in der nordenglischen Stadt Durham angekündigt. >
Nach Siemens gibt auch Fujitsu die Produktion von Mikrochips in Nordengland auf. Der japanische Elektronikkonzern teilte am Freitag mit, die Fertigung in Durham werde sofort eingestellt. (494)

In einem Fußballbericht wird nach dem Einschub einiger Sätze über die Verletzung eines deutschen Spielers im folgenden Satz die Anknüpfung an den Spielbericht verdeutlicht:

[...] und damit blieb Karl-Heinz Riedle der einzige Deutsche, der am Spiel der dritten Runde der Premier League [...] beteiligt war. >
Nach Hamanns Mißgeschick blieb Karlheinz Riedle [...] der einzige Deutsche, der am dritten Spieltag der englischen Premier League beteiligt war. (3183)

5.2.2.3 Substitutionen

Eine der größten Gruppen unter den zahlreichen interphrastischen Substitutionen der Agenturredakteure bilden die Substitutionen von Substantivwörtern. In den meisten Fällen wird ein Substantiv durch ein anderes ersetzt (299: *Stationen > Gremien*). Seltener sind asymmetrische Substitutionen an dieser Position, bei denen ein Substantiv durch ein attribuiertes Substantiv oder ein attribuiertes Substantiv durch ein einzelnes Substantiv ersetzt wird oder zwischen einem Pronomen und einem Substantiv gewechselt wird (493: *Trend zur Magerkeit > Trend zu mageren Models*; 3185: *Das britische Königshaus [...] gedachte ihres ehemaligen Mitglieds > der Toten*; 4916: *Clinton > er*). Häufig wird einer der Bestandteile eines Nominalkompositums substituiert, meist das Grundwort (3186: *Farbstriche > Farbtupfer*; 6910: *Verteidigungsfehler > Abwehrfehler*).

Neben den Ersetzungen von Substantivwörtern haben auch die Ersetzungen von Verben und Verbalgruppen einen besonders großen Anteil an den interphrastischen Substitutionen. Die Agenturredakteure tauschen meist ein Verb durch ein anderes aus, das dieselben Fügungspotenzen eröffnet, so dass der „Konstruktionsrahmen"[180] nicht verändert werden muss (291: *war [...] ins Krankenhaus eingeliefert > gebracht worden*; 394: *unterstrich > betonte*). Oftmals sind die Substitutionen an der Prädikatsposition aber auch asymmetrisch. So kann das Substituendum ein reflexives Verb sein, das ein Pronominaladverb und ein Verb im Infinitiv als Mitspieler hat, während das Substitut lediglich von einem Verb im Infinitiv begleitet wird (393: *haben sich darauf verständigt, [...] zusammenzulegen > wollen zusammenlegen*). Zuweilen substituieren die Agenturredakteure nicht nur das Verb, sondern auch dessen Ergänzungen (3185: *wo das Auto [...] in den Tod gerast war > in einem Tunnel zerschellt war*; 595: *umgehende Hilfe anzubieten > sofort unter die Arme zu greifen*).

Eine ebenfalls sehr große Gruppe bilden die Substitutionen von attributiven Adjektiven. Die meisten dieser Substitutionen sind symmetrisch (591: *an einem geheimen > ungenannten Ort*). Asymmetrische Substitutionen von Adjektiven durch attribuierte Adjektive (3186: *mit gestärkter > stark gestylter Frisur*) sind relativ selten. Einen großen Anteil an den agenturspezifischen Substitutionen haben auch die Substitutionen von Artikelwörtern. Meist wird entweder der bestimmte oder der unbestimmte Artikel durch den Nullartikel (395: *Suche nach ~~dem~~ Frieden*) oder umgekehrt der Nullartikel durch den bestimmten oder den unbestimmten Artikel ersetzt (594: *Der US-Präsident Bill Clinton*). Etwas seltener ist der Wechsel zwischen dem unbestimmten und dem bestimmten Artikel (192: *der Leiter eines > des Rembrandt-Forschungsprojekts*; 698: *die > eine große Mehrheit*), wobei keine Revisionsrichtung als eindeutig häufiger zu identifizieren ist. Schließlich bilden auch die Substitutionen von Präpositionen (6910: *zu Recht > mit Recht*) eine sehr große Gruppe unter den in der Agentur vorgenommenen Substitutionen.

In den meisten Fällen der unter den Agenturrevisionen vorkommenden interphrastischen Substitutionen wird ein einzelnes Wort durch ein anderes Wort ersetzt. Substitutionen von Wortgruppen (4916: *am Freitag > in Dublin*) oder Teilsätzen (499b: *Wann [...], lautete die Frage. > Sie wollten wissen, wann [...].*) sind hingegen selten.

Da bestimmte Wortarten Valenzen haben und eine bestimmte Anzahl und Art von Mitspielern fordern, müssen die Agenturredakteure nach interphrastischen Substitutionen oft Sekundärrevisionen vornehmen und die abhängigen Mitspieler grammatisch angleichen. Nach Substitutionen von Substantiven ändern sie, wenn nötig, die Art der Attribuierung (191: *die britische Besetzung der > Oberhoheit über die Falkland-Inseln*; 695: *Ausschnitte aus dem > Videos vom*

---

[180] Starke (1969), S. 165.

Privatleben der Brüder) und den Numerus abhängiger Pronomen (499a, 499b: *Der europäische Fußballverband [...] hat [...] in seinen Bemühungen > Die Europäische Fußball-Union [...] hat [...] in ihren Bemühungen*). Nach der Substitution von Verben gleichen sie – sofern Substitut und Substituendum unterschiedliche Valenzen haben – die abhängigen Mitspieler an das neue Verb an: Sie substituieren beispielsweise abhängige Präpositionen (291: *zum Boulevardblatt umstellen > in ein Boulevardblatt umwandeln*) oder passen die Kasus der Aktanten an (698: *Konstitutionelle Veränderungen würden allerdings dem Parlament obliegen. > Für konstitutionelle Veränderungen sei en [sic] allerdings das Parlament zuständig.*).

Transphrastische Substitutionen kommen unter den Agenturrevisionen so gut wie gar nicht vor. Eine Substitution mehrerer Sätze durch einen einzelnen Satz ist die Ausnahme:

Protestantenführer Trimble hatte nach Medienberichten am Vorabend zum ersten Mal überraschend einer persönlichen Begegnung mit dem Präsidenten der irisch-nationalistischen Sinn Fein, Gerry Adams, zugestimmt. Ein erstes Treffen unter vier Augen gilt als wesentliche Voraussetzung dafür, daß die neue Nordirlandversammlung wie geplant im September ihre Arbeit aufnehmen kann.
Der Schritt des Ersten Ministers auf den bisherigen Gegner Sinn Finn [sic] zu wurde auch von den USA als ein Durchbruch im Friedensprozeß gewertet. Das sei die Schlagzeile, die man sich zum Besuchsbeginn von Präsident Bill Clinton in Nordirland und Irland gewünscht habe, sagte der nationale Sicherheitsberater von Bill Clinton, Samuel Berger, in Belfast. Er bejahte die Frage von Journalisten, ob man dieses einen Durchbruch nennen könnte. >
Protestantenführer Trimble hatte nach Medienberichten am Vorabend erstmals überraschend einer persönlichen Begegnung mit dem Präsidenten der irisch-nationalistischen Sinn Fein, Gerry Adams, zugestimmt. Clintons Sicherheitsberater Samuel Berger nannte dies in Belfast einen Durchbruch im Friedensprozeß. Das Treffen gilt als wesentliche Voraussetzung dafür, daß die neue Nordirlandversammlung wie geplant im September ihre Arbeit aufnehmen kann. (392)[181]

---

[181] Die Permutation des substituierten Textstücks an andere Stelle ist von der Substitution unabhängig.

5.2.2.4 Permutationen

Interphrastische Permutationen, die insgesamt nur sehr selten sind, kommen unter den Agenturrevisionen in zwei verschiedenen Arten vor. Zum einen verschieben die Agenturredakteure syntaktisch freie Ausdrücke, etwa bestimmte Funktionswörter oder Satzglieder, an andere Stellen im Satz:[182]

Zugleich aber betonte er [...]. > Zugleich betonte er aber [...]. (195)

Der europäische Fußballverband UEFA hat einen wichtigen Erfolg in seinen Bemühungen gegen eine europäische Superliga erzielt. >
Die Europäische Fußball-Union (Uefa) hat in ihren Bemühungen um die Verhinderung einer europäischen Superliga einen wichtigen Erfolg erzielt. (499b)

Zum anderen verschieben sie regierte Elemente zu anderen Bezugswörtern im Satz. Obwohl Permutationen dieser Art Auswirkungen auf die Satzstruktur haben und die sprachlichen Elemente entweder ihre syntaktische Funktion oder ihre syntaktische Beziehung zu anderen Elementen im Satz ändern, sind syntaktische Angleichungen an die neue syntaktische Funktion bzw. Position nicht unbedingt erforderlich. So können beispielsweise der Kern einer Wortgruppe und dessen Apposition miteinander ihre syntaktische Position und Funktion tauschen, ohne dass Sekundärrevisionen vorgenommen werden müssen (496: *120 Millionen Mark (40 Mio Pfund) > 40 Millionen Pfund (120 Mio DM)*). Es werden sogar Präpositionalgruppen aus der Position freier Adverbialangaben in die von Attributen verschoben, ohne dass formale Veränderungen folgen müssen:

In Farnborough [...] wird [...] die alle zwei Jahre stattfindende [sic]
Ausstellung der internationalen Luft- und Raumfahrtindustrie eröffnet.
>
Die internationale Ausstellung der Luft- und Raumfahrtindustrie in
Farnborough [...] öffnet [...] ihre Tore. (6912)

Unter den Agenturrevisionen sind allerdings auch interphrastische Permutationen mit Sekundärrevisionen. So passen die Agenturredakteure, falls erforderlich, den zu einem anderen Bezugswort verschobenen Ausdruck an die grammatischen Anforderungen des neuen Bezugswortes an:

---

[182] Sommerfeldt/Starke (1998) bezeichnen dieses Phänomen als „Wortstellungstransformation"
(S. 30).

In Farnborough [...] wird [...] die alle zwei Jahre stattfindenede [sic]
Ausstellung der <u>internationalen</u> Luft- und Raumfahrtindustrie eröffnet.
>
Die <u>internationale</u> Ausstellung der Luft- und Raumfahrtindustrie in
Farnborough [...] öffnet [...] ihre Tore. (6912)

Die Agenturredakteure permutieren Ausdrücke nicht nur an andere Stellen im Satz, sondern auch über Satzgrenzen hinweg an andere Stellen im Text. Auffällig ist, dass sich diese transphrastischen Permutationen oft im Bereich des Leads bewegen. Mehrmals verschieben Agenturredakteure einzelne ungebundene sprachliche Einheiten aus einem Satz in einen anderen (3183, 692, 697). Aber auch gebundene syntaktische Elemente werden über Satzgrenzen hinweg zu anderen Bezugswörtern verschoben:

In Farnborough [...] wird [...] die <u>alle zwei Jahre stattfindenede [sic]</u>
Ausstellung der internationalen Luft- und Raumfahrtindustrie eröffnet.
Auf der Messe [...]. >
Die internationale Ausstellung der Luft- und Raumfahrtindustrie in
Farnborough [...] öffnet [...] ihre Tore. Zu der <u>alle zwei Jahre statt-</u>
<u>finden</u> [sic] Messe haben sich 1 200 Unternehmen aus 30 Ländern
eingefunden. (6912)

Nach der Permutation eines Präpositionalattributs zu einem anderen Bezugswort kann es grammatisch notwendig sein, die frei gewordene Stelle neu zu besetzen:

Die Kritik an Clinton richtete sich vor allem darauf, daß er bisher
nicht klar zu dem Verhältnis Stellung bezogen [...] habe. Clinton hatte
im Januar erklärt, er habe keine Beziehung <u>zu der früheren Mitarbei-</u>
<u>terin des Weißen Hauses</u> gehabt [...]. >
Die Kritik an Clinton richtete sich vor allem darauf, daß er bisher
nicht klar zu dem Verhältnis <u>mit der damaligen Praktikantin im</u>
<u>Weißen Haus</u> Stellung bezogen [...] habe. Clinton hatte im Januar er-
klärt, er habe keine Beziehung zu <u>Lewinsky</u> gehabt [...]. (4914)

Nicht nur Einzelwörter und Wortgruppen, sondern auch vollständige Sätze werden an andere Textstellen verschoben. Solche transphrastischen Permutationen vollständiger Sätze sind bei fünf Prozent aller Bearbeitungen zu beobachten. Oftmals tauschen benachbarte Sätze miteinander ihre Position (697). Es kommt aber auch vor, dass einzelne oder zwei benachbarte Sätze an weiter entfernte Textstellen permutiert werden. Vereinzelt ist sogar zu beobachten, dass Sätze vom Textende weiter nach vorn verschoben werden (294).

Angesichts der vielfältigen Verknüpfungen zwischen den Sätzen in Nachrichtentexten ist auffällig, dass transphrastische Permutationen vollständiger Sätze häufig ohne Sekundärrevisionen möglich sind (392, 494, 697). In nur einem einzigen Fall muss nach der Verschiebung eines einzelnen Satzes vom Textende an eine frühere Stelle die Referenzstruktur umorganisiert werden (294): Die ehemaligen Verweisausdrücke im verschobenen Satz werden zu Bezugsausdrücken (*Angehörige des Opfers* > *Hinterbliebene des von ihnen getöteten Peter McBride*), die ehemaligen Erstreferenzen zu Verweisausdrücken (*den damals 18 Jahre alten Peter McBride* > *den 18jährigen*). Ein Akkusativobjekt (*den damals 18 Jahre alten Peter McBride* > *den 18jährigen*) wird dem Prinzip des wachsenden Mitteilungswertes zufolge an eine frühere Stelle im Satz verschoben, weil es nach der Permutation keine neue Information mehr enthält, sondern an bereits Bekanntes anknüpft. Außerdem wird ein Genitivattribut (*der Soldaten*) eliminiert, das nach der Permutation an der neuen Textstelle redundant ist:

Die Soldaten hatten am 4. September 1992 bei einer Straßensperre in Belfast den damals 18 Jahre alten Peter McBride erschossen, als dieser vor ihnen davonlief. [...] Angehörige des Opfers äußerten sich am Mittwoch erschüttert und verbittert über die Freilassung der Soldaten.
>
Hinterbliebene des von ihnen getöteten Peter McBride äußerten sich am Mittwoch erschüttert und verbittert über die Freilassung. Die Soldaten hatten den 18jährigen am 4. September 1992 bei einer Straßensperre in Belfast erschossen, als dieser vor ihnen davonlief. (294)

Neben den Reinformen von Permutationen, die sich als Kombinationen aus einer Elimination und einer Addition beschreiben lassen, kommen unter den Agenturrevisionen auch einige Sonderfälle von Permutationen vor. Beispielsweise ist zu beobachten, dass ein permutierter Ausdruck an der Stelle, an die er verschoben wird, einen anderen Ausdruck verdrängt. Da die Elimination an der einen und die Substitution an der anderen Stelle miteinander in Zusammenhang stehen, sind auch solche Fälle den Permutationen zuzuordnen und nicht als zwei voneinander unabhängige Revisionen zu werten:

Die Demokratie wird nach Ansicht des Reformers und früheren Stellvertretenden Ministerpräsidenten Rußlands, Anatoli Chubais, die derzeitige Krise in seinem Land überstehen. „[...]", sagte er am Dienstag in einem in London auszugsweise vorab veröffentlichten Interview mit der BBC. >
Die Demokratie wird nach Ansicht des Reformers Anatoli Tschubais die derzeitige Krise in seinem Land überstehen. „[...]", sagte der frühere Stellvertretende Ministerpräsident Rußlands am Dienstag in

einem in London auszugsweise vorab veröffentlichten Interview mit der BBC. (195)

Ein weiterer Sonderfall besteht darin, dass der an einer Stelle eliminierte Ausdruck in veränderter Form an anderer Stelle wieder eingesetzt wird. Beispielsweise wird der eliminierte Ausdruck nur zum Teil oder in erweiterter Form und möglicherweise in veränderter syntaktischer Funktion wieder eingefügt:

Die irische Untergrundorganisation IRA [...] fordert die <u>für den Bombenanschlag von Omagh verantwortliche</u> Dissidentengruppe „Wahre IRA" auf, sich aufzulösen. Ihr Bekenntnis <u>zur Bluttat</u> [...] reichten nicht aus, [...]. >
Die irische Untergrundorganisation IRA [...] hat die Dissidentengruppe „Wahre IRA" aufgefordert, sich aufzulösen. Ihr Bekenntnis <u>zum Bombenanschlag von Omagh</u> [...] reichten nicht aus, [...]. (3184)

Drei Wochen nach dem verheerenden Bombenanschlag in der nordirischen Stadt Omagh ~~(Grafschaft Tyrone)~~ hat sich die Zahl der Todesopfer auf 29 erhöht. [...] Bei dem Anschlag [...] waren <u>in dem Ort</u> <u>in der Grafschaft Tyrone</u> [...] 220 Menschen verletzt worden. (593)[183]

5.2.2.5 Transformationen
Viele der unter den Agenturrevisionen vorkommenden Transformationen sind Transformationen im eigentlichen Sinne, also Wechsel zwischen synonymen Konstruktionen. Häufiger noch sind die Umformungen allerdings von lexikalischen Veränderungen begleitet, vor allem wenn sie über Satzgrenzen hinausgehen. Die Umformungen lassen sich zwar als Transformationen beschreiben, doch sind die Konstruktionen in der Vorlage und in der bearbeiteten Fassung nicht unbedingt synonym.

Auf interphrastischer Ebene kommen mehrere Umformungen vor, die sich in Anlehnung an Sommerfeldt und Starke[184] als Wortgruppentransformationen bezeichnen lassen: Nominalkomposita werden in Wortgruppen aus substantivischem Bezugswort und Attribut umgeformt, wobei verschiedene Formen der Attribuierung möglich sind (3184: *des Omagh-Anschlags > des Anschlages von Omagh*; 595: *Rußland-Krise > Krise in Rußland*). Auch der umgekehrte Vorgang, bei dem Wortgruppen in Nominalkomposita umgeformt werden und der im Folgenden als Kompositionstransformation bezeichnet werden soll, kommt unter den Agenturrevisionen vor (395: *die Gegner des Friedens > die Friedensgegner*;

---

[183] Die Addition der Präpositionalgruppe ‚in dem Ort' ist unabhängig von der Permutation, weil sie auch ohne diese möglich wäre.

[184] Sommerfeldt/Starke (1998), S. 37.

3914: *zum Abschluß seines eintägigen Besuchs Nordirlands > Nordirland-Besuches*; 6912: *der zivilen Luftfahrt > der Zivilluftfahrt*). Wortgruppentransformationen und Kompositionstransformationen halten sich unter den Agenturrevisionen in etwa die Waage.

Etliche Male wechseln Agenturredakteure auch zwischen verschiedenen konkurrierenden Attribuierungsformen hin und her. Solche Revisionen sollen als Attributstransformationen bezeichnet werden.[185] Besonders häufig wechseln die Agenturredakteure zwischen dem Genitiv- und dem Präpositionalattribut (396: *nach dem bisher schwersten Bombenanschlag des Nordirlandkonflikts > im Nordirlandkonflikt*; 597: *ein Modell für Stadterneuerung und des irischen Wirtschaftsbooms > für den irischen Wirtschaftsboom*). Alterniert wird auch zwischen den konkurrierenden analytisch und synthetisch gebildeten Genitivattributen (697: *Die Allianz beider > der beiden Luft- und Raumfahrtunternehmen*). Mehrmals formen die Agenturredakteure vorangestellte Genitivattribute in entsprechende adjektivische Attribute um (398: *Amerikas Unterstützung > amerikanische Unterstützung*; 6910: *den Pressesaal in Stockholms Rotunda-Stadion > den Pressesaal des Stockholmer Rasunda-Stadions*). Für die umgekehrte Transformationsart gibt es interessanterweise keine Belege. Außerdem kommt es vor, dass Partizipialattribute in Präpositionalattribute oder relativische Attributsätze umgeformt werden (697: *der von den Airbus-Partner [sic] einzubringenden Anlagen > die Produktionsanlagen, die von den Airbus-Partnern in die Airbus-Gesellschaft eingebracht werden sollen*).

Neben diesen häufigen Transformationstypen sind noch einzelne Beispiele für den Wechsel zwischen dem Flexions- und dem Präpositionalkasus zu beobachten. Bei Temporalangaben wechseln Agenturredakteure sowohl vom Präpositionalkasus in den konkurrierenden Flexionskasus (299: *Am Tag > Einen Tag nach dem schon seit längerem geforderten Gewaltverzicht von Adams*) als auch umgekehrt vom Flexions- in den Präpositionalkasus (4911: *Letzten Sonntag > Am vergangen Sonntag*).[186]

Auch Umformungen von Substantivgruppen in Verbalsätze, die Verbalisierungen genannt werden sollen,[187] kommen unter den Agenturrevisionen sehr häufig vor. In der Regel werden so aus Satzgliedern Teilsätze bzw. aus einfachen Sätzen komplexe Sätze. Der Verbalausdruck wird entweder direkt aus der Substantivgruppe abgeleitet oder sinngemäß konstruiert. Mit der Verbalisierung gehen meist lexikalische Veränderungen einher, so dass die ursprüngliche und die resultierende Konstruktion nicht unbedingt synonym sind:

---

[185] Dieser Transformationstyp ist nicht mit der so genannten Attribuierungstransformation zu verwechseln, bei der ein Satz in Form eines Attributs in einen Matrixsatz eingebettet wird (siehe Weber (1971), S. 35ff.).

[186] Zu dieser Art von Transformation siehe auch Szoboszlai (1991), S. 119.

[187] Sommerfeldt/Starke (1998) bezeichnen diese Transformationsart als „Restitutionstransformation" (S. 36).

Obwohl der Jahrestag auf den traditionellen Bankenfeiertag [...] fiel
und <u>trotz sonnigen Wetters,</u> [...]. >
<u>Obwohl</u> der Jahrestag auf den traditionellen Bankfeiertag [...] fiel und
<u>die Sonne schien,</u> [...]. (3185)

Bigay geht davon aus, daß <u>die Schaffung der neuen Airbus AG</u> mit der
Fertigstellung <u>des parallel erarbeiteten Konzeptes</u> für den [...] Super-
konzern EADC zusammenfällt. >
Bigay erwartet, daß die Airbus AG <u>geschaffen wird,</u> <u>wenn das Konzept</u>
<u>[...] steht.</u> (697)

Michot betonte [...] <u>den Willen allere [sic] Beteiligten,</u> [...] zur Eini-
gung zu kommen. >
<u>Alle Beteiligten seien willens,</u> [...] zur Einigung zu kommen, sagte
Michot.(697)

Der Präsident <u>würdigte</u> die sich mehrenden Signale führender Politi-
ker zum Dialog <u>als hoffnungsvoll.</u> >
Der Präsident <u>nannte es hoffnungsvoll,</u> daß immer mehr führende
Politiker Bereitschaft zum Dialog signalisierten. (398)[188]

Gelegentlich formen die Agenturredakteure unter Hinzufügung eines Verbalausdrucks lockere Appositionen in Relativsätze um (4910: *Pressman, nicht unbe-*
dingt der schlankste Torhüter in England, [...] > Pressman, der nicht unbedingt
zu den schlanken Torhütern in England zählt, [...]; 695: *„Our Love [...]", einem*
Tribut an ihren verstorbenen jüngeren Bruder Andy, [...] > „Our Love [...]", was
ein Tribut an ihren verstorbenen jüngeren Bruder Andy war, [...]).
Der umgekehrte, allgemein als Nominalisierung bekannte Vorgang, bei dem
eine verbale Konstruktion in eine Substantivgruppe umgeformt wird, ist unter den
Agenturrevisionen vergleichsweise selten (3183: *Es dauerte nur zwölf Minuten,*
dann war [...] > Nach nur zwölf Minuten war [...]; 494: *die Anlage, die 600 Ar-*
beitsplätze bot, [...] > das Werk mit 600 Arbeitsplätzen). Offensichtlich ziehen die
Agenturredakteure Verbalkonstruktionen Nominalkonstruktionen vor, eine Beobachtung, die im zweiten Analyseteil weiter verfolgt werden wird.

---

[188] Streng genommen sind die lexikalische Substitution und die Transformation bei den Bearbeitungen 697 und 398 voneinander unabhängig, was dadurch bewiesen wird, dass auch die folgenden Sätze möglich sind: *Michot betonte, alle Beteiligten seien willens, [...] zur Einigung zu*
kommen. Der Präsident nannte die sich mehrenden Signale führender Politiker zum Dialog
hoffnungsvoll. Dennoch besteht ein Zusammenhang zwischen den lexikalischen und den syntaktischen Veränderungen, weshalb die Revisionen als Transformationen charakterisiert werden.

Viele Male wird in der Agentur das Tempus gewechselt, und zwar wird meist zwischen Tempora alterniert, die in bestimmten Zusammenhängen miteinander konkurrieren.[189] So wird vom Präsens ins Perfekt oder Präteritum (3184: *fordert auf* > *hat aufgefordert*) oder umgekehrt vom Perfekt oder Präteritum ins Präsens gewechselt (393: *hieß es* > *heißt es*). Oft wird auch statt des Präteritums das Perfekt gesetzt (4912: *spielten* > *gespielt haben*). Die umgekehrte Transformation, das Setzen des Präteritums anstelle des Perfekts, ist unter den Agenturrevisionen nicht zu beobachten. Ebenfalls sehr häufig setzen die Agenturredakteure statt einer Form der Vergangenheit das Plusquamperfekt (695: *Ihren Bandnamen [...] legten sich die Brüder erst in Australien zu, wohin die Familie 1958 auswanderte* > *ausgewandert war.*) oder umgekehrt statt des Plusquamperfekts eine Form der Vergangenheit (294: *Die Todesschützen [...] hatten vor Gericht erklärt* > *erklärten vor Gericht, [...].*). Nur vereinzelt wird das Futur I statt des Präsens gesetzt (6910: *ob Hoddle [...] antrete* > *antreten werde*).

Relativ häufig verändern die Agenturredakteure auch den Modus in einem Vorlagensatz. Sie setzen sowohl statt des Indikativs den Konjunktiv (591: *[...] Mel B selbst will* > *wolle jedoch auch im weißen Hochzeitskleid auffallen [...].*) als auch statt des Konjunktivs den Indikativ (299: *Blair erinnerte [...] daran, daß die Auflösung [...] Bestandteil des Nordirland-Abkommens sei* > *ist.*), ohne dass eine Dominanz einer dieser beiden Transformationsarten festzustellen wäre.

Vereinzelt kommen unter den Agenturrevisionen auch Wechsel zwischen Aktiv- und Passivkonstruktionen vor. Zwar sind aufgrund der geringen Anzahl an Beispielen keine signifikanten Unterschiede zu erkennen, doch zeigt sich die Tendenz, dass die Agenturredakteure eher vom Passiv in das Aktiv als umgekehrt vom Aktiv in das Passiv wechseln. Da meist gleichzeitig lexikalische Veränderungen erfolgen, handelt es sich bei vielen Aktivierungen und Passivierungen nicht um Transformationen im strengen Wortsinne:

In Farnborough [...] wird [...] die [...] Ausstellung der internationalen Luft- und Raumfahrtindustrie eröffnet. >
Die internationale Ausstellung der Luft- und Raumfahrtindustrie in Farnborough [...] öffnet [...] ihre Tore. (6912)

Für die Siemens-Fabrik [...] ist [...] noch kein Käufer gefunden. >
Bisher hat sich [...] kein Käufer gefunden. (494)

Die Initiative dazu ging von London und Dublin aus, nachdem das Blutbad in Omagh 28 Menschen getötet und 220 verletzt hatte. >
[...], nachdem bei dem Attentat in Omagh 28 Menschen getötet und 220 verletzt worden waren. (398)

---

[189] Zur Konkurrenz im Tempussystem siehe zum Beispiel Agricola (1957), S. 51ff.

Die Agenturredakteure transformieren auch auf der Übersatzebene. Vereinzelt handelt es sich um Transformationen zwischen synonymen Sätzen. Häufiger gehen mit den syntaktischen Veränderungen aber lexikalische einher, so dass die syntaktischen Konstruktionen nicht syntaktisch synonym sind.

Mehrmals teilen die Agenturredakteure einen einzelnen Satz in mehrere Sätze auf, was im Folgenden als Auflösungstransformation bezeichnet werden soll.[190] Beispielsweise lösen sie Satzgefüge in selbstständige Sätze auf:

Für die Siemens-Fabrik, die im Mai 1997 von Königin Elizabeth II.
eröffnet und Ende Juli zum Kauf angeboten worden war, ist nach britischen Angaben noch kein Käufer gefunden. >
Das Siemens-Werk war erst im Mai 1997 von Königin Elizabeth II eröffnet und Ende Juli zum Kauf angeboten worden. Bisher hat sich nach britischen Angaben kein Käufer gefunden. (494)

Häufiger noch machen die Agenturredakteure aus einzelnen Sätzen mehrere Sätze. Sie formen entweder Satzglieder unter Verbalisierung eines Nomens (696) oder unter Addition eines zusätzlichen Verbalausdrucks (4915, 697) in eigenständige Sätze um:

Gemäß Meldungen der englischen Sonntagszeitungen „The Observer"
und „Sunday Telegraph" will der australische Medienzar Rupert
Murdoch über seinen britischen Satellitensender BskyB angeblich für
575 Millionen Pfund (1,67 Milliarden Mark) den englischen Fußball-
verein Manchester United übernehmen. >
Der australische Medienzar Rupert Murdoch will über seinen britischen Satellitensender BskyB angeblich für 575 Millionen Pfund (1,67 Milliarden Mark) den englischen Fußballverein Manchester United übernehmen. Dies melden die als seriös geltenden englischen Sonntagszeitungen „The Observer" und „Sunday Telegraph". (696)

US-Präsident Bill Clinton hat der Opfer des Absturzes der Swissair-
Maschine, darunter überwiegend amerikanische Staatsbürger, [...]
mit einer Schweigeminute gedacht. >

---

[190] Auflösungen von Satzverbindungen in ihre Bestandteile (6910: *Die englische Verteidigung hatte danach ständig Probleme [...], und die Konzeptlosigkeit [...] verschlimmerte sich, nachdem [...]. > Die englische Verteidigung hatte danach ständig Probleme [...]. Und die Konzeptlosigkeit [...].*) werden nicht als transphrastische Transformation, sondern als Revision auf der Interpunktionsebene eingestuft, weil durch die Veränderung des Satzzeichens lediglich zwischen zwei verschiedenen Realisationsformen derselben syntaktischen Struktur gewechselt wird.

US-Präsident Bill Clinton hat der Opfer des Absturzes der Swissair-Maschine [...] mit einer Schweigeminute gedacht. Unter ihnen sind überwiegend amerikanische Staatsbürger. (4915)

*Diese Europäische Luftfahrt- und Rüstungsgesellschaft [...] soll [...] die wichtigsten europäischen Gruppen der Branche vereinen – inklusive der Airbus-Aktivitäten mit dem [sic] Gesellschaftern [...]. >
Die EADC soll [...] die wichtigsten europäischen Gruppen der Branche vereinen. Dazu gehört auch das Airbus-Geschäft der Gesellschafter [...].* (697)

Oder sie teilen Sätze mit einer Reihung so auf, dass zwei selbstständige Sätze entstehen:

*Wie am späten Samstag abend bekannt wurde, wird in der Untersuchung eines renommierten Sozialforschungsinstituts vorgeschlagen, daß künftig britische Monarchen nur noch die Rolle des Staatsoberhauptes erfüllen und von allen politischen und religiösen Funktionen entbunden werden sollen. >
In der neuen Untersuchung des renommierten Instituts Demos wird vorgeschlagen, daß künftig britische Monarchen nur noch die Rolle des Staatsoberhauptes erfüllen. Sie sollen von allen politischen und religiösen Funktionen entbunden werden.* (691)

Unter den Agenturrevisionen finden sich auch Beispiele für den umgekehrten Transformationsvorgang, bei dem mehrere eigenständige Sätze zu einem einzelnen Satz vereinigt werden und der deshalb von nun an als Vereinigungstransformation bezeichnet werden soll.[191] In den meisten Fällen werden benachbarte Sätze zu einem Satzgefüge umgeformt, wobei oft der zweite Satz als attributiver Nebensatz in den ersten Satz eingebettet wird:

*Hufschmied David Simons [...] baue jetzt die Gehhilfen [...]. Mit Silikon soll die Sohle befestigt werden. >
Hufschmied David Simons [...] baue jetzt die Gehhilfen [...], die mit Silikon an den Hufen befestigt werden.* (296)

---

[191] Werden zwei Sätze lediglich durch die Veränderung der Satzzeichen zu einer Satzverbindung vereinigt, wird die Revision auf der Oberflächenebene und nicht als transphrastische Transformation kategorisiert (vgl. Anm190).

*Der erste war die Anwesenheit von UEFA-Generalsekretär Gerhard
Aigner. <u>In den Augen der englischen Clubs unterstrich das die Be-
deutung</u>, welche die UEFA der Premier League beimißt.* >
*Zum einen die Anwesenheit von Uefa-Generalsekretär Gerhard
Aigner<u>, die in den Augen der englischen Klubs die Bedeutung unter-
strich,</u> welche die UEFA [sic] der Premier League beimißt.* (499b)

Sehr häufig werden aber auch zwei benachbarte Sätze zu einem einfachen Satz
vereinigt, indem einer der beiden Sätze zu einem Satzteil verkürzt und dann als
zusätzliches Glied an passender Stelle in den anderen Satz integriert wird. Im ersten der beiden folgenden Beispiele wird die Nominalphrase, im zweiten die
Verbalphrase des zweiten Satzes an die entsprechende Stelle im ersten Satz ge-
reiht:

*Außerdem umschließt die Vereinbarung 13 Schmiermittelfabriken von
Shell und drei von Texaco. <u>Auch 333 Vertriebsterminals von Shell und
34 von Texaco sind betroffen.</u>* >
*Außerdem umschließt die Vereinbarung 13 Schmiermittelwerke von
Shell und drei von Texaco <u>sowie 333 Vertriebsterminals von Shell und
34 von Texaco.</u>* (397)

*Sie alle dankten mit stehenden Ovationen. Auch wenn nicht in
Plateau-Schuhe und Polyester-Hemden gekleidet, <u>so genossen sie
doch sichtlich</u> die größten Hits der Gruppe aus ihrer 30jährigen
Kariere [sic] [...].* >
*Sie dankten mit Ovationen <u>und genossen sichtlich</u> die größten Hits der
Gruppe aus ihrer 30jährigen Kariere [sic] [...].* (692)[192]

---

[192] Die Elimination des Nebensatzes ist von der Transformation unabhängig.

5.3 Die Arten der Zeitungsrevisionen

Schon beim Blick auf die 97 Bearbeitungen der Zeitungsredakteure als Ganzes werden Charakteristika der Zeitungsrevisionen und Unterschiede zu den Agenturrevisionen deutlich. Betrachtet man zunächst nur die Bearbeitungen der Überschriften, fällt auf, dass die Zeitungsredakteure die Agenturüberschriften niemals unverändert übernehmen, sondern stets auf irgendeine Art und Weise verändern.[193] Das Ausmaß dieser Veränderungen ist sehr unterschiedlich und reicht über die bei den Agenturrevisionen beobachteten Phänomene weit hinaus: Zwar nehmen die Zeitungsredakteure wie die Agenturredakteure in einigen Fällen lediglich Revisionen an einzelnen Ausdrücken und in anderen Fällen Umformulierungen der ganzen Überschrift vor. Doch ist darüber hinaus zu beobachten, dass sie Überschriften zum Teil oder sogar vollständig eliminieren, und dass sie die angebotene Überschrift um zusätzliche Überschriftenzeilen ergänzen.

Nicht nur die Überschriften, sondern auch die Haupttexte der Agenturnachrichten gelangen in der Regel nicht unverändert in die Zeitungen. Einen Einzelfall stellt eine der kleinen Zeitungen dar, die einen langen Bericht anlässlich des Todestages von Prinzessin Diana genau so veröffentlicht, wie die Agentur ihn angeboten hat (3185bFT).[194] Bearbeitungen, in denen sich ausschließlich Oberflächenrevisionen finden, kommen nicht vor. In 99 Prozent der Fälle bearbeiten die Zeitungsredakteure die angebotenen Texte mindestens auf der Innersatzebene. Bei nur fünf Prozent aller Bearbeitungen verbleiben die Revisionen allerdings auf der Innersatzebene, wobei die meisten dieser Bearbeitungen von Lokalzeitungen stammen.[195] Bei fast allen Bearbeitungen, und zwar bei 94 Prozent, werden transphrastische Revisionen vorgenommen. Von diesen Bearbeitungen, die bis zur Übersatzebene reichen, entfallen allein 52 Prozent auf die Fälle, in denen die transphrastische Revision eine Elimination ist. Bei 48 Prozent der Bearbeitungen mit Revisionen bis zur Übersatzebene, das sind 45 Prozent aller Bearbeitungen, kommen nicht nur transphrastische Eliminationen, sondern auch transphrastische Additionen, Substitutionen, Permutationen oder Transformationen vor.

Vergleicht man die Bearbeitungen desselben Agenturtextes durch verschiedene Zeitungen miteinander, stellt man fest, dass die Zeitungen den Text auf jeweils unterschiedliche Art und Weise bearbeiten: Eine vermischte Nachricht über die Prinzen William und Harry (2910BDT) wird von den beiden großen Regionalzeitungen *Freie Presse* und *Westdeutsche Zeitung* mit bis zur Übersatzebene

---

[193] In diesem Ergebnis unterscheide ich mich von Struk (2000), der nach Auswertung seines Korpus zum Ergebnis kommt, dass in knapp sechs Prozent der Fälle Zeitungs- und Agenturüberschriften wortgetreu übereinstimmen.

[194] Der Redakteur des *Fränkischen Tages* formuliert lediglich eine Zwischenüberschrift und druckt den ersten Absatz fett, was aber hier nicht als Revision betrachtet wird (siehe 4.1, S. 44).

[195] Die der Gruppe 3 zuzuordnenden Bearbeitungen sind: 2910HVZ, 493VB, 397GL, 499aFAZ und 693FAZ.

reichenden Revisionen bearbeitet. Neben transphrastischen Eliminationen nehmen diese Zeitungen unter anderem auch transphrastische Permutationen vor (Gruppe 4b). Die Revisionen der beiden Lokalzeitungen, die diese Nachricht ebenfalls bearbeiten, gehen nicht ganz so weit. Die Revisionen des *Holsteinischen Couriers* reichen zwar bis zur Übersatzebene, doch handelt es sich bei der transphrastischen Revision um eine Elimination am Textende (Gruppe 4a). Die *Honnefer Volkszeitung* bearbeitet den Text ausschließlich auf der Innersatzebene (Gruppe 3).

Die Graphiken zeigen die Verteilung der 97 Bearbeitungen auf die verschiedenen Bearbeitungsgruppen noch einmal im Überblick:

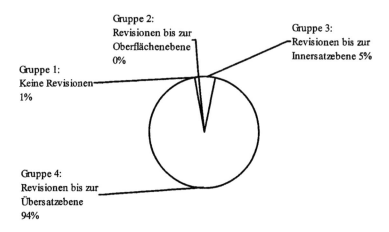

Gruppe 2:
Revisionen bis zur
Oberflächenebene
0%

Gruppe 3:
Revisionen bis zur
Innersatzebene 5%

Gruppe 1:
Keine Revisionen
1%

Gruppe 4:
Revisionen bis zur
Übersatzebene
94%

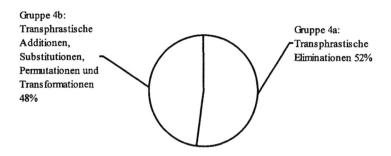

Gruppe 4b:
Transphrastische
Additionen,
Substitutionen,
Permutationen und
Transformationen
48%

Gruppe 4a:
Transphrastische
Eliminationen 52%

Die Analyse der einzelnen Revisionen lässt die Charakteristika der Zeitungsrevisionen noch deutlicher werden. Auf allen drei Ebenen, der Oberflächenebene, der Innersatzebene und der Übersatzebene, zeigen sich viele Gemeinsamkeiten, aber auch wesentliche Unterschiede im Vergleich mit den Agenturrevisionen.

5.3.1 Revisionen der Oberflächenebene

Die Oberflächenrevisionen machen nur einen sehr geringen Teil der Zeitungsrevisionen aus. An den Oberflächenrevisionen der Zeitungsredakteure haben die Veränderungen der Interpunktion und der Graphie den größten Anteil. Revisionen der Morphologie sind dagegen selten. Die größte Gruppe unter den Veränderungen der Interpunktion bilden die Revisionen von Anführungszeichen. Änderungen der Kommasetzung sind dagegen nicht zu beobachten. Als Revisionen der Graphie kommen neben den Veränderungen einzelner Grapheme vor allem Wechsel zwischen der Ausschreibung, Abkürzung und symbolischen Darstellung von Wörtern sowie Wechsel in der Schreibweise zusammengesetzter Wörter verhältnismäßig häufig vor. Auch typographische Veränderung wie der Wechsel zwischen verschiedenen Schrifttypen ist zu beobachten. Morphologische Revisionen sind so selten, dass sich keine Tendenzen abzeichnen.

Was die Absatzeinteilung angeht, ist zu beobachten, dass die Zeitungsredakteure zwar in einigen Fällen die äußere Gliederung der Agenturtexte beibehalten (3185FT, 499bFR, 698FT), meist aber die Gliederung der Texte insofern verändern, als sie entweder Absatzunterteilungen zusätzlich einfügen oder umgekehrt – anders als die Agenturredakteure – Absätze anhängen. Das Verschieben von Absatzunterteilungen an andere Stellen ist nicht zu beobachten. Auffällig ist, dass die Zeitungsredakteure insbesondere die ersten Absätze einer Nachricht zusätzlich untergliedern und oft nach dem ersten Satz (3185VB, 697W, 699FT) oder nach den ersten beiden Sätzen (3186HOC, 597HOC) einen zusätzlichen Absatz bilden. Ihren neuen ersten Absatz heben einige Zeitungsredakteure außerdem durch Fettdruck optisch hervor (3185VB, 3186HOC, 699FT). Dass die Zeitungsredakteure die Absätze der Agenturtexte des Öfteren noch weiter untergliedern, führt sogar dazu, dass einige Absätze nur einen einzigen Satz umfassen (3185VB, 698W). Wenn die Zeitungsredakteure Absätze an die vorherigen anhängen, sind vielfach transphrastische Eliminationen, die die einzelnen Absätze verkürzt haben, vorausgegangen (297TS, 393HOC). Doch verzichten die Zeitungsredakteure selbst dann auf Absatzunterteilungen, wenn keine anderen Veränderungen den Umfang der vorhandenen Absätze verändert haben. Häufig tilgen sie gleich alle Absatzmarkierungen im Text, so dass der Zeitungsartikel aus einem einzigen Absatz besteht. Dies kommt nicht nur bei einspaltigen Meldungen (492SZ), sondern auch bei mehrspaltigen Berichten vor (395ND). Unterschiede zwischen den verschiedenen Zeitungen sind nicht zu beobachten, was auch daran liegt, dass die Zeitungen bei der Setzung von Absätzen selbst kein konsistentes Revisionsverhalten zeigen. Die *Frankfurter Allgemeine Zeitung* beispielsweise behält die vorgegebene Absatzuntergliederung in einigen Texten bei (3183FAZ) und verändert sie in anderen (3184FAZ).

5.3.2 Revisionen der Innersatzebene und der Übersatzebene

Viel häufiger als Revisionen der Oberflächenebene sind Revisionen der Inner- und der Übersatzebene. Auf der Inner- und Übersatzebene ist die Elimination die am häufigsten von den Zeitungsredakteuren angewandte Revisionsart. Ebenfalls weit verbreitet sind Substitutionen. Transformationen und Additionen sind weniger häufig, und Permutationen kommen unter den Zeitungsrevisionen am seltensten vor.

5.3.2.1 Eliminationen

Ein großer Anteil der von Zeitungsredakteuren vorgenommenen Eliminationen entfällt auf interphrastische Eliminationen. Neben Eliminationen von Einzelwörtern und Wortgruppen sind unter den Zeitungsrevisionen zahlreiche Eliminationen von Teilsätzen zu beobachten. Innerhalb eines Satzes werden häufig mehrere interphrastische Eliminationen gleichzeitig vorgenommen, so dass sich die Satzlänge oft erheblich reduziert.

Wie bei den Agenturrevisionen machen auch bei den Zeitungsrevisionen die Eliminationen von Attributen im Umfeld des Substantivs eine der größten Gruppen unter den interphrastischen Eliminationen aus. Einen großen Anteil haben wiederum die Eliminationen von adjektivischen Attributen. Anders als die Agenturredakteure eliminieren die Zeitungsredakteure viele erweiterte Partizipialattribute. Enge und lockere Appositionen werden häufiger eliminiert als in der Agentur. Noch häufiger als die Agenturredakteure eliminieren die Zeitungsredakteure auch Attribute im Nachfeld des Substantivs, insbesondere attributive Präpositionalgruppen. Präpositionalgruppen werden ebenfalls regelmäßig aus der Satzgliedposition eliminiert. Insgesamt bilden Präpositionalgruppen, ob in der Funktion eines Gliedteils oder eines Satzglieds, die größte Gruppe unter den von Zeitungsredakteuren interphrastisch eliminierten Ausdrücken. Ansonsten ist zu erkennen, dass fakultative Verbergänzungen nur sehr selten eliminiert werden. Von den Funktionswörtern sind vor allem Partikeln und Modalwörter von den Eliminationen betroffen. Wie in der Agentur werden auch bei den Zeitungen viele Bestimmungswörter aus Nominalkomposita eliminiert.

Bei den eliminierten Teilsätzen handelt es sich meist um attributive Nebensätze. Besonders häufig streichen die Zeitungsredakteure aber auch den übergeordneten Satz aus den für die Nachrichtensprache so typischen Konstruktionen aus einem Hauptsatz und einem abhängigen Hauptsatz (2910HVZ, 2910FP: *„Sie hoffen sehr stark, daß man jetzt ihre Mutter und die Erinnerung an sie in Frieden ruhen läßt"*, ~~erläuterte die Pressesekretärin ihres Vaters Prinz Charles~~. 4916VB,

4916GL: *Clinton habe mehr für Irland getan als andere US-Präsidenten vor ihm,* ~~*sagte Ahern.*~~).

Wie bei den Agenturrevisionen machen bei den Zeitungsrevisionen die einfachen Eliminationen ohne Auswirkungen auf die syntaktische Struktur den größten Teil der Eliminationen aus. Einen besonders großen Anteil an diesen Eliminationen haben bei den Zeitungsrevisionen die Eliminationen einer von mehreren koordinierten sprachlichen Einheiten. Im Unterschied zu den Agenturredakteuren eliminieren die Zeitungsredakteure aber nicht nur Substantive oder Substantivgruppen, sondern auch Verbalgruppen aus Reihungen:

Clinton, der sich stark für den Friedensprozeß engagiert ~~und zuletzt mit Frau Hillary 1995 in der Unruheprovinz war~~, [...]. (398HOC)

Das Siemens-Werk war im Mai 1997 von Königin Elizabeth II. eröffnet ~~und Ende Juli zum Kauf angeboten~~ worden. (494TS)

US-Präsident Bill Clinton [...] hat [...] zur Fortsetzung der Friedensbemühungen aufgerufen ~~und die Menschen aufgefordert, sich durch politische und terroristische Friedensgegner nicht beirren zu lassen~~. (699GL)

Auch wenn die meisten der von den Zeitungsredakteuren vorgenommenen Eliminationen dem einfachsten Typ angehören, kommen unter den Zeitungsrevisionen häufiger als unter den Agenturrevisionen Eliminationen syntaktisch obligatorischer Konstituenten vor. In den meisten dieser Fälle ändert sich als Folge der Elimination zwar die Struktur, nicht aber die Grammatikalität des Satzes. So streichen die Zeitungsredakteure Präpositionalgruppen als regierende Bezugswörter und stellen die regierten Präpositionalgruppen an deren Stelle (3185BDT > 3186HOC: *An der zum Diana-Mahnmal umgewidmeten Goldenen Flamme ~~über dem Unfallort~~ am Alma-Tunnel*; 3185FP: *geringer als ~~nach den massiven Trauerbekundungen beim Tode Dianas~~ im vergangen Jahr*). Oder sie rücken enge Appositionen an die Stellen der eliminierten Bezugswörter (492SZ: *~~Die internationale Menschenrechtsorganisation~~ Amnesty International ~~(AI)~~*; 4911FR: *dem ~~englischen Premier-League-Klub~~ FC Liverpool*).

Seltener hinterlassen die von den Zeitungsredakteuren vorgenommenen Eliminationen ungrammatische Konstruktionen, so dass grammatische Angleichungen der regierten Elemente als Sekundärrevisionen nötig sind. Zuweilen ist aber zu beobachten, dass Partizipialattribute eliminiert und deren notwendige Attribute stehen gelassen werden, was unter den Agenturrevisionen nicht zu beobachten war (493TS: *Die als Star der Kosmetikfirma Cover Girl bekannte Sarah* > *Der Star der Kosmetikfirma Cover Girl*; 691HOC: *ein als historisch geltendes Treffen* > *ein historisches Treffen*).

Bemerkenswert ist der hohe Anteil transphrastischer Eliminationen an den Eliminationen der Zeitungsredakteure. Wie oben (5.3) bereits gesehen, sind in etwa der Hälfte aller Fälle transphrastische Eliminationen die einzigen Revisionen der Übersatzebene. Und in nur fünf Prozent der in der Gruppe 4b kategorisierten Bearbeitungen kommen gar keine transphrastischen Eliminationen vor (395SZ, 492SZ).

Die Zeitungsredakteure streichen meist gleich mehrere Sätze auf einmal aus den Basisdiensttexten. In nur elf Prozent der in Gruppe 4a kategorisierten Fälle wird im ganzen Text nur ein einziger Satz gestrichen.[196] In der Mehrzahl der Fälle, und zwar bei 89 Prozent, werden insgesamt mehrere Sätze gestrichen, entweder am Stück oder an verschiedenen Stellen im Text. Der Umfang der Streichungen ist beträchtlich, insbesondere im Vergleich zu denen der Agenturredakteure.

Die Zeitungen eliminieren vor allem am Textende. Dies entspricht den Ergebnissen der im Forschungsüberblick vorgestellten Untersuchungen. Nur selten, und zwar in 19 Prozent aller Fälle, werden ausschließlich an anderen Textstellen Sätze entnommen. Bei 81 Prozent der in Gruppe 4a eingeordneten Bearbeitungen wird dagegen am Textende eliminiert. Während die Bearbeiter in 53 Prozent der Fälle ausschließlich am Textende eliminieren, wird in 28 Prozent der Fälle sowohl am Textende als auch an einer anderen Stelle im Text transphrastisch eliminiert. Streichen die Zeitungsredakteure an anderen Textstellen, dann eliminieren sie einen Satz oder mehrere Sätze mitten im Text (591HOC), mitten in Absätzen, ja sogar am Textanfang (496ND, 4911WZ, 695GL). Im Unterschied zu den Agenturredakteuren eliminieren sie nicht nur die letzten Sätze eines Absatzes, sondern häufig auch mitten in Absätzen. Oft verzichten sie sogar auf das Mittelstück eines Textes, so dass der Anfang und das Ende des Textes übrig bleiben (297FR, 499bFT). Vielfach eliminieren die Zeitungsredakteure nicht mehrere Sätze am Stück, sondern entnehmen an verschiedenen Stellen Textstücke (4916FT).

Angesichts der Tatsache, dass die Zeitungsredakteure an allen möglichen Textstellen oft umfangreiche Textelemente eliminieren, ist es erstaunlich, dass die meisten bei den Zeitungen vorgenommenen transphrastischen Eliminationen keine Sekundärrevisionen nach sich ziehen. Nicht nur Eliminationen am Text- und Absatzende und Eliminationen ganzer Absätze, sondern auch Eliminationen des ersten Satzes können ohne Sekundärrevisionen bleiben, wie die Bearbeitung eines Konzertberichts zeigt:

~~Der Zeitpunkt ihres Comebacks hätte nicht besser gewählt sein~~ ~~können:~~ Mit dem ersten England-Konzert der „Bee Gees" nach fast zehn Jahren Bühnenabstinenz erreichte die derzeitige Disco-Nostalgie in London am Samstagabend ihren Höhepunkt. (695GL)

---

[196] Vgl. 5.2.2.1, Anm. 177.

Im Unterschied zu den Agenturredakteuren nehmen die Zeitungsredakteure aber gelegentlich auch transphrastische Eliminationen vor, die Sekundärrevisionen erfordern. Wenn zum Beispiel bei transphrastischen Eliminationen Verweisausdrücke innerhalb einer Referenzkette oder sogar Bezugsausdrücke entfallen, müssen die Verweisausdrücke in den folgenden Sätzen verändert werden. Nach der Elimination des Leadsatzes einer Sportnachricht (4911BDT), der eine Erstreferenz enthält, ersetzen die Zeitungsredakteure des *Neuen Deutschlands* und der *Westdeutschen Zeitung* die als Verweisausdruck mögliche, als Erstreferenz aber missverständliche Bezeichnung ‚Die Römer' durch den Ausdruck ‚Lazio Rom'. Da sich das Substitut und das Substituendum im Numerus unterscheiden, muss daraufhin auch der Numerus des Verbs angeglichen (*sollen > soll*) sowie ein Pronomen (*sie*) verändert werden, was der Bearbeiter des *Neuen Deutschlands* allerdings unterlässt (siehe dazu auch 6.4). Da mit der Elimination des ersten Satzes der Bezugsausdruck für die Apposition ‚dem Verein des 18jährigen englischen Nationalspielers' weggefallen ist, müssen die Redakteure die namentliche Einführung des zweiten Referenzträgers, Michael Owen, in den neuen ersten Satz übernehmen:

Der italienische Fußball-Erstligist <u>Lazio Rom</u> hat auf außergewöhnliche Weise sein Interesse an einer Verpflichtung des englischen „Wunderstürmers" <u>Michael Owen</u> zum Ausdruck gebracht. <u>Die Römer</u> sollen dem englischen Premier-League-Klub FC Liverpool, dem Verein des 18jährigen englischen Nationalspielers, angeblich 1,5 Millionen Pfund (4,35 Millionen Mark) allein dafür geboten haben, daß sie als erste und einzige mit Owen Verhandlungen führen dürfen, falls dieser einen Wechsel ins Auge fassen sollte. (4911BDT) >
<u>Lazio Rom</u> soll dem englischen Premier-League-Klub FC Liverpool, dem Verein des 18jährigen englischen Nationalspielers <u>Owen</u>, angeblich 1,5 Millionen Pfund (4,35 Millionen Mark) allein dafür geboten haben, daß sie als erste und einzige mit <u>Owen</u> Verhandlungen führen dürfen. (4911ND)
<u>Lazio Rom</u> soll dem FC Liverpool rund 4,35 Millionen Mark geboten haben, um als einziger Klub <u>mit dem englischen „Wunderstürmer" Michael Owen</u> verhandeln zu dürfen. (4911WZ)

In einem anderen Fall wählt ein Redakteur des *Fränkischen Tages* nach der Elimination eines Satzes mitten aus dem Text statt der Wiederaufnahme durch eine Proform die Rekurrenz, weil durch den Wegfall des vorausgehenden Satzes der Rückbezug allein durch die Proform nicht eindeutig geleistet werden kann. Während diese Substitution eine zur Wiederherstellung der Textualität notwendige Sekundärrevision darstellt, ist der Verzicht auf das Dativobjekt (*Clinton und Albright*) zwar nicht notwendig, aus stilistischen Gründen aber sinnvoll, damit eine Häufung von Eigennamen in zwei benachbarten Sätzen verhindert werden kann:

> *US-Präsident Bill Clinton schickt seinen Vermittler Dennis Ross wieder in den Nahen Osten [...]. Der israelische Ministerpräsident Netanjahu und Palästinenserpräsident Arafat hätten Clinton und US-Außenministerin Albright gebeten, Ross zu entsenden, teilte der Sprecher des Weißen Hauses, McCurry, am Donnerstag mit. ~~Ross werde Anfang kommender Woche reisen und einige Tage in der Region bleiben.~~ Er wird dann Clinton und Albright berichten, > Ross solle ausloten, ob die Chance besteht, daß sich beide Seiten auf der Basis der amerikanischen Vorschläge einigen.* (3910FT)

Inhaltlich müssen die Redakteure bei transphrastischen Eliminationen darauf achten, dass sie mit bestimmten Informationen auch die Ankündigung dieser Informationen eliminieren. Der Redakteur, der einen von zwei Gründen streicht, muss auch auf die Ankündigung, zwei Gründe zu liefern, sowie auf die Formulierung ‚zum einen und zum anderen' verzichten:[197]

> *~~Als Gründe für die zumindestb [sic] vorläufige Absage an die europäische Superliga waren zwei Faktoren ausschlaggebend. Zum einen die Anwesenheit von Uefa-Generalsekretär Gerhard Aigner [...].~~ Zum anderen die Befürchtung, > Der Hauptgrund für die Ablehnung ist wohl, daß die Pläne von Media Partners das Ende für den englischen FA-Cup, den ältesten Fußball-Wettbewerb der Welt, bedeuten könnten.* (499bW)

5.3.2.2 Additionen

Für interphrastische Additionen gibt es unter den Zeitungsrevisionen nur relativ wenige Belege. Wie die Agenturredakteure addieren auch die Zeitungsredakteure meist Adverbien oder Präpositionalgruppen als freie Adverbialangaben sowie Präpositionalgruppen als Attribute zum Substantiv. Häufig werden auch Substantive als neue Bezugswörter in Substantivgruppen eingefügt, was in der Regel ohne grammatische Angleichungen möglich ist. Additionen von adjektivischen Attributen oder Partizipialattributen kommen vereinzelt ebenfalls vor. An Funktionswörtern werden wiederum hauptsächlich Partikeln und Präpositionen eingefügt. Auch Additionen von Teilsätzen kommen unter den Zeitungsrevisionen vor, wobei es sich meist um Attributsätze handelt. Die meisten der von Zeitungs-

---

[197] Schneider/Raue (1998) raten in diesem Zusammenhang: „Beim Kürzen: Vorsicht vor Fallgruben! [...] Hat der Redner drei Gründe angekündigt, so muß ich ihm entweder alle drei stehenlassen oder seine Ankündigung streichen." (S. 199)

redakteuren vorgenommenen interphrastischen Additionen haben keine Auswirkungen auf die Satzstruktur und erfordern keine Sekundärrevisionen. Anders als die Agenturredakteure fügen die Zeitungsredakteure zusätzliche Glieder zu einer Konstituente in einen Satz ein, so dass sich die Satzstruktur verändert (698HVZ: *Als sensationell und besonders kontrovers gilt [...]*).

Transphrastische Additionen kommen unter den Zeitungsrevisionen verhältnismäßig häufig vor, und zwar bei 22 Prozent aller Bearbeitungen. Die transphrastischen Additionen sind von ganz unterschiedlichem Umfang: Vielfach ergänzen die Zeitungsredakteure lediglich einen oder zwei Sätze (398WZ, 398FP, 492SZ). Mehrmals ergänzen sie aber auch umfangreichere Textstücke von bis zu zehn Sätzen (4916FT, 598TS), so dass Zeitungsartikel sogar doppelt so lang sein können wie die Agenturtexte (492taz, 696SZ). Da aber gleichzeitig mit transphrastischen Additionen oft auch transphrastische Eliminationen erfolgen, müssen die Zeitungsartikel nicht unbedingt länger sein als die Basisdiensttexte.

Meist wird der neue Einzelsatz bzw. die neue Satzgruppe am Ende der übernommenen Vorlage angefügt (398WZ, 492SZ, 499bW) oder dem von dpa übernommenen Text vorangestellt (393FR, 4916FT, 598TS). Es kommt aber auch vor, dass mitten im Text neue Sätze bzw. Textstücke eingesetzt werden (3185FP, 395SZ, 699HOC). Es werden sowohl ganze Textpassagen am Stück als auch einzelne Sätze an mehreren verschiedenen Stellen im Text ergänzt. Bei den eindeutig als Kompilationen mehrerer Londoner dpa-Texte zu einem Zeitungsartikel zu erkennenden Revisionen handelt es sich häufiger um Aneinanderreihungen der verschiedenen Textblöcke als um die abwechselnde Kombination von Textstücken der verschiedenen Texte.[198] Dies ist wohl darauf zurückzuführen, dass die erstgenannte Kompilationsmethode weniger arbeitsintensiv ist.

Die Herkunft der hinzugefügten Elemente ist für den Außenstehenden nicht zuletzt wegen der unzuverlässigen Spitzmarken im Nachhinein nicht immer zweifelsfrei nachzuvollziehen. Die ergänzten Sätze stammen entweder aus der Feder des bearbeitenden Redakteurs – dies ist wohl vor allem bei einzelnen Sätzen der Fall –, aus anderen dpa-Texten oder den Texten anderer Nachrichtenagenturen bzw. eigener Auslandskorrespondenten. Die Grenze zwischen der Ergänzung eines Textes um Elemente eines anderen Textes und der Vereinigung mehrerer Texte zu einem ist fließend.

Was das Vorkommen transphrastischer Additionen angeht, sind bedeutende Unterschiede zwischen den verschiedenen Zeitungstypen zu beobachten. Die Lokal- und Regionalzeitungen mit einer Auflage von unter 100.000 ergänzen den

---

[198] Dieses Ergebnis entspricht der Beobachtung von Struk (2000), dass Zeitungen durchschnittlich in 62 Prozent der Fälle von jeder Agenturmeldung an nur einer Stelle des Zeitungstextes Passagen übernehmen, in 24 Prozent der Fälle Agenturblöcke in wechselnder Abfolge miteinander kombinieren und in nur 14 Prozent der Fälle die Agenturmeldungen so stark bearbeiten, dass keine Agenturblöcke mehr erkennbar sind (S. 223ff.).

Agenturtext nur selten um zusätzliche Sätze. Wenn sie es tun, dann ergänzen sie Elemente aus anderen Londoner dpa-Texten zu verwandten Themen (3186BDT mit Elementen aus 3185BDT und 3182BDT > 3186HOC; 394BDT mit Elementen aus 398BDT > 394HOC; 398BDT mit Elementen aus 3911BDT > 398VB). Kompilationen mit Texten anderer Agenturen, die in der Spitzmarke als solche gekennzeichnet sind, kommen bei diesen kleinen Zeitungen nicht vor, was wohl darauf zurückzuführen ist, dass sich diese Zeitungen nur den Bezug von einer oder von zwei Agenturen leisten.[199] Die auflagenstarken regionalen und die überregionalen Zeitungen ergänzen dagegen sehr häufig den verwendeten Londoner dpa-Text mit mehr oder minder umfangreichen anderen Texten. Sie verwenden, wie die Redakteure der kleineren Zeitungen auch, Elemente aus anderen Londoner dpa-Texten (393BDT mit 397BDT > 393FR; 397BDT mit 393BDT > 397WZ; 398BDT mit 3911BDT > 398WZ), darüber hinaus aber auch Elemente von anderen Agenturen.[200]

Einige transphrastische Additionen der Zeitungsredakteure bleiben ohne Sekundärrevisionen. So kann am Textende, aber sogar an verschiedenen Stellen im Text ergänzt werden, ohne dass Sekundärrevisionen notwendig werden (3185FP).

Zuweilen müssen die Zeitungsredakteure nach transphrastischen Additionen aber auch die Kohärenz wiederherstellen und die Verständlichkeit sichern, sowohl in den Texten, welche die Grundlage bilden, als auch in den ergänzten Textstücken. Wie die Agenturredakteure stellen die Zeitungsredakteure die Kohärenz im Grundlagentext wieder her, indem sie in den sich an den Einschub anschließenden Sätzen die Referenzausdrücke verändern (393FR) oder den inhaltlichen Zusammenhang zwischen den nun weiter auseinander liegenden Sätzen verdeutlichen (398FP). In einem Bericht zum Clinton-Besuch (4916BDT), dem ein Redakteur des *Fränkischen Tages* ein umfangreiches Textstück voranstellt, muss darüber hinaus der unbestimmte durch den bestimmten Artikel ersetzt werden, da der unbestimmte Artikel Unbekanntheit signalisiert, der Sachverhalt, der im Vorlagentext zum ersten Mal genannt wird, nach der Kompilation aber bereits bekannt ist. Außerdem wird eine Ortsangabe (*in Dublin*) eliminiert, die ebenfalls schon zu Beginn des ergänzten Textstückes genannt wurde:

US-Präsident-Bill Clinton hat Nordirland als Vorbild für die Lösung ethnisch-religiöser Konflikte weltweit herausgestellt. Bei einem Treffen > Beim Treffen mit dem irischen Ministerpräsidenten Bertie

---

[199] Vgl. Anm. 36.

[200] Der Spitzmarke zufolge kompiliert zum Beispiel *die tageszeitung* einen dpa-Text mit Elementen von afp und AP (492taz), die *Süddeutsche Zeitung* mit Elementen von sid und Reuters (696SZ), die *Frankfurter Rundschau* mit Elementen von Reuters (3184FR) und die *Freie Presse* mit Elementen von afp (3185FP).

Ahern setzte er sich am Freitag ~~in Dublin~~ dafür ein, das Nordirland-Abkommen unbedingt zu verwirklichen. (4916FT)

Obwohl der Redakteur des *Fränkischen Tages* Texte mit unterschiedlichen Themen miteinander kompiliert – das ergänzte Textstück behandelt Präsident Clintons Entschuldigung für seine Affäre mit Monica Lewinsky, der von dpa-London stammende Text berichtet über Äußerungen des amerikanischen Präsidenten zum Nordirland-Konflikt –, formuliert er keine explizite Überleitung an der Schnittstelle zwischen den Textstücken. Der Redakteur vertraut darauf, dass der Leser den thematischen Zusammenhang – beide Textstücke gehen auf Äußerungen Präsident Clintons anlässlich eines Treffens mit dem irischen Ministerpräsidenten Ahern zurück – selbstständig aus der Einheit von Ort und Zeit sowie mit Hilfe der Überschrift und des Fotos erschließt.

Auch ein Redakteur des *Tagesspiegels* fügt an einen laut Spitzmarke von dpa Paris stammenden Text zur Umgewichtung der Beteiligungen an der europäischen Raumfahrt ohne Überleitung die wichtigsten Informationen aus einem Basisdiensttext zur Verzögerung der Neuordnung der Airbus Industrie an (598TS). Das verbindende Glied zwischen den beiden Themenblöcken stellt lediglich der Chef der französischen Aerospatiale, Yves Michot, dar, der am Ende des ersten Themenblocks mit einer Äußerung zur Beteiligung von Aerospatiale an Arianespace und zu Beginn des zweiten Themenblocks im Zusammenhang mit der Airbus-Neuordnung zitiert wird. Auch hier muss der Zeitungsleser den Zusammenhang zwischen den beiden Themen selbst erschließen, was das Verständnis erheblich erschwert.

Nur ein Redakteur des *Holsteinischen Couriers* leitet bei seiner Kompilation mehrerer Nachrichten zum Todestag von Prinzessin Diana (3186BDT, 3185BDT und 3182BDT) explizit von einem Bericht über die allgemeine Wirkung des Todes der Prinzessin (3186BDT) auf die aktuellen Ereignisse am Todestag (3185BDT und 3182BDT) über und ebnet auf diese Weise die erste Schnittstelle:

Und weil es bei Diana nicht nur um Fakten, sondern mehr um ein Phänomen geht, erwarten viele Briten, daß ihre Verehrung noch lange lebendig bleibt. Das zeigte sich auch gestern am ersten Todestag: Am Kensington-Palast in London [...] häuften sich wie im Vorjahr wieder Blumensträuße und Abschiedsbriefe. (3186BDT, 3185BDT, 3182BDT > 3186HOC)

Um die Ereignisse in London als Bindeglied zwischen dem ersten und dem zweiten Textstück nutzen zu können, ordnet der Redakteur die Teilthemen des zweiten Textes neu an und beginnt nicht wie im Vorlagentext mit den Ereignissen in Paris, sondern mit denen in London (*Am Kensington-Palast in London [...]*). Der Einstieg mit den Ereignissen in Paris hätte zu Kohärenzproblemen geführt (*Am Ort des Unfalls in Paris [...]).* Das Textstück des dritten Textes kann dann ohne Überleitung angehängt werden, weil es wie die Teilthemen des zweiten Textstückes Einzelheiten zu den Ereignissen am Gedenktag bringt. Als Sekundärrevisionen sind lediglich Eliminationen derjenigen Informationen nötig, die bereits in den anderen Textstücken enthalten sind (siehe auch 6.4). Zur Stärkung der Kohärenz ergänzt der Redakteur die Partikel ‚auch‘:

Mit einem kurzen Gebetsgottesdienst hat die britische Königsfamilie am Montag morgen beim schottischen Königsschloß Balmoral <u>der vor einem Jahr tödlich verunglückten Prinzessin</u> Diana gedacht. >
Mit einem kurzen Gebetsgottesdienst hat gestern <u>auch</u> die britische Königsfamilie beim schottischen Königsschloß Balmoral Diana [sic] gedacht. (3186BDT, 3185BDT, 3182BDT > 3186HOC)

5.3.2.3 Substitutionen

Unter den interphrastischen Substitutionen bilden bei den Zeitungsrevisionen wie bei den Agenturrevisionen die Substitutionen von Substantivwörtern eine der größten Gruppen, wobei es sich auch hier häufiger um symmetrische als um asymmetrische Substitutionen handelt. Genau wie bei den Agenturrevisionen kommen bei den Zeitungsrevisionen viele Substitutionen von Verben oder Verbalgruppen vor, die oft Veränderungen der Mitspieler nach sich ziehen. Auch adjektivische Attribute werden im Verhältnis ähnlich häufig substituiert. Anders als in der Agentur haben bei den Zeitungen allerdings die Substitutionen von Adverbien und Präpositionalgruppen in Satzgliedposition einen sehr großen Anteil an den Ersetzungen. In den meisten Fällen wird eine Präpositionalgruppe durch ein Adverb ersetzt (493TS: *im nächsten Jahr > künftig*). Während Reduktionen dieser Art sehr häufig sind, kommen Expansionen an dieser Position gar nicht vor.

Auffällig ist, dass Substitutionsarten, die bei den Agenturrevisionen eine wichtige Rolle gespielt haben, bei den Zeitungsrevisionen keinen hohen Stellenwert haben. Während zum Beispiel Präpositionen in der Agentur etliche Male von Substitutionen betroffen sind, werden sie bei den Zeitungen nur sehr selten ersetzt. Wenn Präpositionen von Substitutionen betroffen sind, dann handelt es sich um asymmetrische Substitutionen mit Präpositionalgruppen *(698W: eines Gesetzes <u>aus dem Jahre</u> > <u>von</u> 1559).* Auch Substitutionen von Artikelwörtern – unter den Agenturrevisionen eine sehr große Gruppe – sowie Substitutionen von Bestandteilen von Nominalkomposita sind bei den Zeitungen nicht annähernd so häufig wie in der Agentur.

Die Substitutionen der Zeitungsredakteure sind oft sehr umfassend. Mehrmals substituieren die Redakteure ganze Wortgruppen und sogar Teilsätze:

*ein Werk des niederländischen Künstlers >
ein Werk von der Hand Rembrandts* (192FAZ)

bei einem Presseseminar am Rande der <u>britischen Stadt Farnborough</u>
> <u>Luftfahrtschau in Farnborough</u> (598SZ)

zeigten viele Menschen Tränen und Rührung in Erinnerung an Diana
> konnten viele Menschen ihre Tränen nicht zurückhalten (3185BDT
> 3186HOC)

Der Präsident wollte noch am Abend nach Washington zurückkehren,
wo [...]. >
Der Präsident ist seit gestern wieder in Washington, wo [...].
(597HOC)

Innerhalb von Satzgefügen ersetzen die Zeitungsredakteure nicht nur die Nebensätze, sondern zuweilen auch die Hauptsätze:

Am Kensington-Palast in London, wo die „Königin der Herzen" zu-
letzt gewohnt hatte, häuften sich wie im vergangenen Jahr wieder
Blumensträuße und Abschiedsgrüße. >
Der Kensington-Palast in London, wo die „Königin der Herzen" zu-
letzt gewohnt hatte, war von einem Blumenmeer umgeben.
(3185HOC)

Wenn nötig, nehmen die Zeitungsredakteure genau wie die Agenturredakteure nach interphrastischen Substitutionen Sekundärrevisionen vor.

Transphrastische Substitutionen sind unter den Zeitungsrevisionen sehr viel häufiger als unter den Agenturrevisionen. Meist handelt es sich um Reduktionen von mehreren Sätzen zu einem Satz, wobei unter Umständen auch interphrastische Eliminationen und andere Revisionen zur Umfangreduzierung beitragen:

Als positiv können FA und Uefa auch eine Zusage der Spitzenklubs
Arsenal London, Manchester United und FC Liverpool aufnehmen.
Das Top-Trio aus dem Fußball-Mutterland war gebeten worden, keine
weiteren Gespräche mehr mit Media Partners zu führen. Nach eini-
gem Zögern erklärten sich die drei Vereine zur Erfüllung dieser Bitte
bereit. >
Die Spitzenklubs Arsenal London, Manchester United und FC Liver-
pool werden keine weiteren Gespräche mit Media Partners führen.
(499bWZ)

Der jetzt sechs Jahre alte, mehr als vier Meter hohe Count Jumbo be-
komme zwei 7,5 Zentimenter [sic] hohe Sohlen unter die vorderen
Hufe, berichtete der „Daily Telegraph" am Mittwoch. Hufschmied

David Simons habe schon Maß genommen und baue jetzt die Geh-
hilfen aus Aluminium, Plastik und Glasfiber, die mit Silikon an den
Hufen befestigt werden. > *Für den bereits sechs Jahre alten, mehr als vier Meter hohen „Count*
Jumbo" werden zwei 7,5 Zentimeter hohe Gehhilfen aus Aluminium,
Plastik und Glasfiber gebaut. (296WZ)

Expansionen sind dagegen die Ausnahme:

Hamann reiste am Montag zu einer eingehenden Unterszchung [sic]
zu Bayern Münchens Team-Arzt Hans-Wilhelm Müller-Wohlfahrt in
seine alte Heimat – ihm droht wegen einer befürchteten Innenband-
verletzung im Knie eine mehrwöchige Pause. > *Hamann reiste am Montag zu einer Untersuchung nach München. Er*
wird dort von Bayern-Arzt Hans-Wilhelm Müller-Wohlfahrt behan-
delt. Befürchtet wird bei Hamann eine Innenbandverletzung.
(3183FAZ)[201]

5.3.2.4 Permutationen

Wie unter den Agenturrevisionen sind unter den Zeitungsrevisionen viele interphrastische Permutationen freier Elemente zu finden (493W, 493SZ, 493TS).
Syntaktisch ungebundene Elemente verschieben die Zeitungsredakteure allerdings
viel seltener über Satzgrenzen hinaus als ihre Kollegen in der Nachrichtenagentur
(699HOC). Regierte Elemente werden ebenfalls nur sehr selten innerhalb eines
Satzes oder über Satzgrenzen hinaus zu einem anderen Bezugswort verschoben
(192FAZ). Auch unter den Zeitungsrevisionen kommen Sonderfälle von Permutationen vor, bei denen der an einer Stelle eliminierte Ausdruck in syntaktisch
veränderter Form an anderer Stelle wieder eingesetzt wird (493SZ, 497WZ).

Häufiger als die Agenturredakteure nehmen die Zeitungsredakteure transphrastische Permutationen vollständiger Sätze vor. Einzelne Sätze werden nur hin
und wieder verschoben (3185BDT > 3186HOC, 4916FT). In den meisten Fällen
verschieben die Zeitungsredakteure gleich mehrere Sätze an eine andere Textstelle. Sehr häufig werden zwei (3185VB, 699FT) oder drei benachbarte (2910FP)
Sätze, zuweilen sogar zwei ganze Absätze von drei und mehr Sätzen verschoben
(3185FP). Auffällig ist, dass auch die meisten der von den Zeitungsredakteuren
vorgenommenen transphrastischen Permutationen vollständiger Sätze ohne Sekundärrevisionen bleiben (3185VB, 3185FP, 4916FT). Nur in Einzelfällen ändern

---

[201] Die Revision wird wegen der überwiegend lexikalischen Veränderungen als transphrastische
Substitution kategorisiert. Aus einem aus zwei Hauptsätzen bestehenden Satz werden unter
zahlreichen Veränderungen drei einzelne Sätze.

die Zeitungsredakteure die Referenzen in den verschobenen und den verdrängten Sätzen als notwendige Sekundärrevisionen (2910FP).

5.3.2.5 Transformationen

Unter den Zeitungsrevisionen findet sich eine große Anzahl von Transformationen. Interphrastische Transformationen zwischen synonymen Syntagmen kommen allerdings nur selten vor: Wortgruppentransformationen sind gar nicht zu beobachten, und für Kompositionstransformationen gibt es nur einen einzigen Beleg (398HOC). Attributstransformationen, insbesondere Wechsel zwischen Genitiv- und Präpositionalattributen, kommen unter den Zeitungsrevisionen dagegen recht häufig vor (3184FAZ, 493W). Anders als die Agenturredakteure formen die Zeitungsredakteure nicht nur vorangestellte Genitivattribute in Adjektivattribute um (3183FAZ: *in Englands Fußball > im englischen Fußball*), sondern auch umgekehrt Adjektivattribute in Genitivattribute (696ND: *Der australische Medienzar > Australiens Medienzar*).

Mehrfach wechseln die Zeitungsredakteure zwischen der lockeren und der engen Apposition oder einer anderen Attribuierungsform hin und her (294HOC: *Auf Anordnung von Nordirland-Ministerin Mo Mowlam [...] > Auf Anordnung von MO MOWLAM, der britischen Nordirland-Ministerin, [...]*; 493W, 493taz: *Sarah Thomas, 18jähriges britisches Supermodel, [...] > Das 18jährige britische Supermodel Sarah Thomas [...]*). In diesem Punkt unterscheiden sie sich von den Agenturredakteuren, die diesen Revisionstyp nicht nutzen.

Oftmals entscheiden sich die Zeitungsredakteure auch für eine konkurrierende Teilsatzvariante und verändern dadurch die Syntax, ohne allerdings die Satzgrenzen zu verändern – eine weitere Transformationsart, die unter den Agenturrevisionen nicht vorkommt. Beispielsweise wird zwischen verschiedenen möglichen Nebensatzformen (4911WZ) oder verschiedenen Arten von Satzgefügen gewechselt (497WZ):

Die Römer sollen dem englischen Premier League Klub FC Liverpool [...] 1,5 Millionen Pfund [...] allein dafür geboten haben, daß sie als erste und einzige mit Owen Verhandlungen führen dürfen [...]. > Lazio Rom soll dem FC Liverpool rund 4,35 Millionen Mark geboten haben, um als einziger Klub mit dem englischen „Wunderstürmer" Michael Owen verhandeln zu dürfen. (4911WZ)

Wie die britische Boulevardzeitung „Sun" am Freitag berichtete, habe der 35 Jahre alte Sänger persönliche Probleme als Gründe genannt. > Die britische Zeitung „Sun" berichtete, der Sänger habe persönliche Probleme als Gründe genannt. (497WZ)

Verbalisierungen kommen wie bei den Agenturrevisionen auch bei den Zeitungsrevisionen vor (3184FAZ, 494FR). Für Nominalisierungen finden sich dagegen keine Belege.

Zahlreiche Beispiele gibt es bei den Zeitungsrevisionen für Tempuswechsel. Am häufigsten wird von einer Form der Gegenwart oder der Zukunft in die Vergangenheit gewechselt (3181GL, 2910HVZ, 2910FP). Der umgekehrte Fall, der Wechsel von einer Form der Vergangenheit in die Gegenwart, ist dagegen nur in einem einzigen Fall zu beobachten (398HOC). Mehrmals wird zwischen dem Präteritum und dem Perfekt alterniert (294HOC, 4910ND) und statt des Plusquamperfekts das Präteritum oder das Präsens gewählt (397GL, 4916WZ). Der Wechsel zwischen dem Futur I und dem Präsens, den beiden zur Beschreibung eines zukünftigen Ereignisses konkurrierenden Tempora, ist dagegen die Ausnahme (494WZ).

Häufig sind auch Moduswechsel, wobei die Zeitungsredakteure – und diese interessante Beobachtung wird im zweiten Analyseteil weiterverfolgt werden müssen – ausschließlich den Indikativ an die Stelle des Konjunktivs, nie aber statt des Indikativs den Konjunktiv setzen. Für den Wechsel zwischen Aktiv- und Passivkonstruktionen finden sich unter den Zeitungsrevisionen nur wenige Beispiele. Dennoch ist erkennbar, dass die Zeitungsredakteure genau wie die Agenturredakteure häufiger Aktivierungen als Passivierungen vornehmen.

Auch die Zeitungsredakteure überschreiten mit ihren syntaktischen Veränderungen zuweilen die Satzgrenzen und transformieren transphrastisch. Während Auflösungstransformationen bei den Zeitungsrevisionen nur selten vorkommen (4910ND), sind Vereinigungstransformationen verschiedener Art sehr zahlreich. Auffälligerweise gibt es allerdings keine Vereinigungstransformationen, bei denen ein Satz als attributiver Nebensatz in einen anderen Satz eingebettet wird. Und auch nur einmal werden zwei Sätze vereinigt, indem der umgeformte zweite Satz als zusätzliches Glied dem ersten Satz zugefügt wird.

Viele Vereinigungstransformationen, aber auch andere Arten transphrastischer Transformationen, sind nur unter Beteiligung anderer Veränderungen, vor allem Substitutionen und Eliminationen, möglich. Im folgenden Beispiel gelingt die Vereinigung der beiden Sätze nur dadurch, dass im zweiten Satz unter der Substitution und Aktivierung des Verbs (*ihnen wird empfohlen > sie sollen*) das Satzgefüge in einen einfachen Satz aufgelöst wird.[202] Nur so kann eine Satzverbindung gebildet werden, bei der das finite Verb nur einmal genannt wird:

So sollten Königskinder zum Beispiel auf staatliche Schulen gehen. Den Mitgliedern der Königsfamilie wird empfohlen, den staatlichen Gesundheitsdienst in Anspruch zu nehmen und sich mehr für soziale Belange einzusetzen. >

---

[202] Die Elimination der zweiten Verbalgruppe ist allerdings von der Transformation unabhängig.

So sollten Königskinder nicht mehr auf Elite-Schulen gehen, Mit-
glieder der Königsfamilie den staatlichen Gesundheitsdienst in An-
spruch nehmen. (698WZ)

In einem anderen Fall ermöglicht die Elimination eines obligatorischen Teilsatzes die Vereinigung des übrig gebliebenen Hauptsatzes mit dem zum abhängigen Hauptsatz transformierten nachfolgenden Satz. In Fällen wie diesen fällt es schwer zu unterscheiden, ob die einzelnen Veränderungen sich gegenseitig bedingen oder unabhängig voneinander sind, was wieder einmal deutlich macht, dass das Zählen von Revisionen und das Belegen der Vorkommenshäufigkeit bestimmter Phänomene mit absoluten Zahlen ein zweifelhaftes Unternehmen ist. Gerade bei den Zeitungsrevisionen sind die Grenzen zwischen Transformationen, die von Eliminationen begleitet werden, und Eliminationen mit Transformationen als Folge fließend:

Der japanische Elektronikkonzern teilte am Freitag mit, die Fertigung
in Durham werde sofort eingestellt. Anfang Dezember werde das
Werk mit 600 Arbeitsplätzen endgültig geschlossen werden. >
Der japanische Elektronikkonzern teilte mit, das Werk in Durham mit
600 Arbeitsplätzen werde im Dezember geschlossen. (494VB)

5.4 Zusammenfassung der Ergebnisse

Die von Redakteuren im Zuge von Nachrichtenbearbeitungen vorgenommenen Revisionen lassen sich mit der speziell für diesen Untersuchungsgegenstand entwickelten Methode angemessen beschreiben. Mit Hilfe der Unterscheidung von drei linguistischen Ebenen und fünf linguistischen Operationen konnten die agentur- und zeitungsspezifischen Revisionsarten genau charakterisiert werden. Die Analyse hat gezeigt, daß sich Agentur- und Zeitungsrevisionen grundsätzlich auf dieselben Revisionsarten zurückführen lassen. Doch fallen beim Vergleich der Agentur- und Zeitungsrevisionen auch signifikante Unterschiede auf, vor allem was die Häufigkeit der verschiedenen Revisionsarten und ihrer vielfältigen Erscheinungsformen angeht.

5.4.1 Agentur- und Zeitungsrevisionen im Vergleich

Schon beim Vergleich der Gesamtbearbeitungen der Agentur- und Zeitungsredakteure werden wesentliche Unterschiede im Revisionsverhalten deutlich. Was die Bearbeitung der Überschriften angeht, fällt auf, dass die Agenturredakteure die von den Auslandskorrespondenten vorgeschlagenen Überschriften in den meisten Fällen unverändert übernehmen, während die Zeitungsredakteure die Überschriften der Agenturtexte grundsätzlich verändern. Dieser Unterschied ist darauf zurückzuführen, dass die Übernahme der im Auslandsbüro produzierten Überschriften durch die Agenturredakteure in der dpa-Zentrale durchaus vorgesehen ist, während sich die Zeitungsredakteure von den Agenturüberschriften lösen müssen, um ein individuelles Profil zu gewinnen.[203] Außerdem ist er damit zu erklären, dass die dpa-Journalisten im Londoner Büro und in der Hamburger Zentrale die gleichen Vorstellungen davon haben dürften, wie die Überschrift zu einer Agenturnachricht auszusehen hat, während die Zeitungsredakteure möglicherweise nach den Konventionen ihres Blattes eine typische Zeitungsüberschrift produzieren. Außerdem zeigt der Vergleich, dass die Agenturredakteure hauptsächlich Revisionen an einzelnen Ausdrücken vornehmen, wenn sie Überschriften verändern, die Zeitungsredakteure dagegen sehr häufig Überschriften formulieren, die nur noch wenig oder sogar gar keine Ähnlichkeit mehr mit der Vorlage haben. Auch daran zeigt sich, dass die Agenturredakteure die angebotene Überschrift so weit wie möglich zu erhalten suchen, die Zeitungsredakteure sich dagegen so weit wie möglich von der Vorlage entfernen wollen. Das Spektrum der Zeitungsrevisionen ist viel breiter als das der Agenturrevisionen. Eine Unterscheidung von lediglich drei Graden der Überschriftenbearbeitung (1. identische Übernahme der angebotenen Überschrift, 2. Umgestaltung der angebotenen Überschrift zu einer der Vorlage ähnlichen Überschrift, 3. Formulierung einer eigenen Überschrift),

---

[203] Kniffka (1980) bezeichnet die Überschrift als „Individualitätsmarke" einer Zeitung (S. 41). In journalistischen Handbüchern (z.B. Projektteam Lokaljournalisten (1990), S. 128) wird Redakteuren ausdrücklich davon abgeraten, Agenturüberschriften zu übernehmen.

wie Struk sie vorschlägt,[204] greift zumindest im Falle der Zeitungsrevisionen zu kurz. Viele Revisionen fallen nämlich in keine dieser Kategorien, so zum Beispiel die Eliminationen der ganzen Überschrift oder die Übernahme der Überschrift unter Neuformulierung eines zusätzlichen Überschriftenteils. Dass die Zeitungs-revisionen in ihrer Art weitaus vielfältiger sind als die Agenturrevisionen, ist si-cherlich unter anderem darauf zurückzuführen, dass für die Gestaltung von Zeitungsüberschriften andere Bedingungen gelten als für die von Agenturüber-schriften. Während eine Agenturüberschrift nur bis zu einer Agenturzeile lang ist, können sich Zeitungsüberschriften über mehrere Zeitungsspalten und -zeilen er-strecken. Wieviel Platz für die Überschrift zur Verfügung steht, wird auch von der Darstellungsform der Nachricht bzw. von der Länge des Haupttextes bestimmt. Deshalb werden die Überschriften für einspaltige Kurzmeldungen oft teilweise oder sogar ganz eliminiert und für mehrspaltige Berichte durch Teilüberschriften ergänzt.[205]

Bei den Bearbeitungen der Haupttexte zeigt der Vergleich, dass Vorlagen-texte in der Agentur etwas häufiger unverändert weitergereicht werden als bei den Zeitungen. Während Agenturredakteure in fünf Prozent aller Fälle keine einzige Veränderung an ihrem Vorlagentext vornehmen, kommen wortgetreue Übernah-men von Agenturtexten in den Zeitungsredaktionen nur in einem Prozent der Fälle vor. Was die Anzahl der Übernahmen von Agenturtexten durch die Zeitungen an-geht, bestätigt die Analyse die von Struk ermittelten Zahlen.[206] So gut wie keine im Londoner dpa-Auslandsbüro produzierte Nachricht erscheint also nach ihrem Weg durch die Agenturzentrale und die Zeitungsredaktionen in den deutschen Zeitungen in ihrer ursprünglichen Form. Außerdem fällt auf, dass Agenturredak-teure wesentlich häufiger als ihre Kollegen bei den Zeitungen ihre Vorlagentexte bearbeiten, ohne dabei Satzgrenzen zu überschreiten. Während in der Agentur in nur 44 Prozent der Fälle auf der Übersatzebene revidiert wird, werden bei den Zeitungen in 94 Prozent aller Fälle transphrastische Revisionen vorgenommen. Während die Agenturredakteure also in über der Hälfte aller Fälle einen Vor-lagentext gar nicht oder lediglich auf der Oberflächen- oder Innersatzebene verän-dern, setzen sich die Zeitungsredakteure fast immer auf der Übersatzebene mit ih-rem Vorlagentext auseinander. Nach dem Grad der involvierten linguistischen Ebene zu urteilen, revidieren die Agenturredakteure im Detail und die Zeitungs-redakteure im Großen, wobei sich im zweiten Analyseteil herausstellen wird, ob dies auch für die Auswirkungen auf den Bedeutungsgehalt und die Textstruktur gilt. Ein weiterer signifikanter Unterschied im Revisionsverhalten von Agentur-

---

[204] Struk (2000), S. 203ff.

[205] Zu diesem Ergebnis kommt auch Struk (2000), S. 204ff.

[206] Auch Struk (2000) errechnet, dass Agenturtexte in nur einem Prozent der Fälle wortgetreu übernommen werden. Die von Lang (1980) errechneten 10,44 Prozent erweisen sich dagegen als zu hoch angesetzt. Siehe dazu 2.1 der vorliegenden Arbeit.

und Zeitungsredakteuren besteht darin, dass bei nur einem Drittel der Agentur-
bearbeitungen mit Revisionen bis zur Übersatzebene die transphrastischen Revisionen ausschließlich Eliminationen sind, wohingegen dies bei mehr als der Hälfte
der entsprechenden Zeitungsbearbeitungen der Fall ist. Die hohe Anzahl der auf
die Bearbeitungsgruppe 4 entfallenden Zeitungsbearbeitungen ist also vor allem
damit zu erklären, dass die Zeitungsredakteure häufig ganze Sätze aus den Agenturnachrichten streichen. Dennoch sind Eliminationen nicht die einzige Revisionsart. Die allgemein in der kommunikationswissenschaftlichen Forschung vertretene Auffassung, dass die Zeitungen die Agenturtexte zwar zusammenstrei-
chen, ansonsten aber relativ unverändert weitergeben, bestätigt sich nicht. Vielmehr ist Struk zuzustimmen, der nach seiner Inhaltsanalyse zu dem Ergebnis
kommt, dass sich die Redigierpraxis der Zeitungsredakteure nicht als bloßer Re-
duktionsprozess beschreiben lässt.[207]

Auch beim genaueren Blick auf die einzelnen Revisionen werden Unterschiede im Revisionsverhalten von Agentur- und Zeitungsredakteuren deutlich.
Auf der Oberflächenebene zeigt sich, dass Veränderungen der Interpunktion und
der Graphie einen signifikanten Anteil sowohl an den Agentur- als auch an den
Zeitungsrevisionen haben, während Veränderungen der Morphologie nur bei den
Agenturrevisionen eine Rolle spielen. Beim Vergleich der Revisionen auf gra-
phemischer Ebene fällt auf, dass Zeitungsredakteure seltener einzelne Grapheme
eliminieren, addieren, substituieren und permutieren als Agenturredakteure. Häufiger als ihre Kollegen in der Nachrichtenagentur wechseln sie allerdings zwischen verschiedenen Schreibweisen eines Wortes, der Ausschreibung, der Abkürzung und der symbolischen Darstellung, hin und her. Die Bedeutung dieser Unterschiede wird erst durch die Analyse der Ziele dieser Oberflächenrevisionen deutlich werden.

Was die Relevanz der verschiedenen Revisionsarten auf der Inner- und
Übersatzebene angeht, sind große Übereinstimmungen zwischen den beiden Teilkorpora festzustellen. In beiden Teilkorpora ist die Elimination die am häufigsten
vorkommende Revisionsart, gefolgt von der Substitution, der Transformation und
der Addition. Die Permutation ist in beiden Teilkorpora die am seltensten zu beobachtende Revisionsart. In der Agentur und bei den Zeitungen haben die fünf
verschiedenen Revisionsarten im Verhältnis zueinander also grundsätzlich dieselbe Relevanz. Allerdings verwenden die Agentur- und Zeitungsredakteure die
verschiedenen Revisionsarten unterschiedlich häufig. So haben die Eliminationen
an den Zeitungsrevisionen einen verhältnismäßig größeren Anteil als an den
Agenturrevisionen. Umgekehrt spielen die Substitutionen unter den Zeitungsrevisionen eine geringere Rolle als unter den Agenturrevisionen.

Betrachtet man nur die Eliminationen, stellt man fest, dass die Agentur- und
Zeitungsredakteure in unterschiedlichem Umfang und mit unterschiedlichen

---

[207] Vgl. 2.1., S. 19f.

Konsequenzen eliminieren. Der größte Unterschied besteht darin, dass die Agenturredakteure häufiger interphrastisch als transphrastisch eliminieren, während die Zeitungsredakteure sowohl auf der Inner- als auch auf der Übersatzebene extensiv eliminieren. Während die Agenturredakteure meist einzelne Ausdrücke aus einem Satz streichen, eliminieren die Zeitungsredakteure vielfach umfangreiche Wortgruppen und Teilsätze an mehreren Stellen im Satz gleichzeitig. Dass die Zeitungsredakteure viel häufiger als die Agenturredakteure Elemente aus Wort-, Wortgruppen- oder Teilsatzreihen streichen, zeigt, dass sie stärker darum bemüht sind, mit möglichst wenig Aufwand möglichst viele Wörter auf einmal einzusparen.[208] Die Agenturredakteure eliminieren zum größten Teil an Stellen, an denen sich problemlos streichen lässt, so dass keine Sekundärrevisionen notwendig werden. Zwar streichen auch die Zeitungsredakteure vor allem an problemlosen Stellen, doch eliminieren sie viel häufiger syntaktisch notwendige Ausdrücke und nehmen daraufhin entsprechende Reparaturen vor. Beim Vergleich der transphrastischen Eliminationen fällt auf, dass die Agenturredakteure in den seltenen Fällen, in denen sie vollständige Sätze aus dem Vorlagentext eliminieren, insgesamt nur wenige Sätze entfernen. Die Zeitungsredakteure eliminieren dagegen fast in jedem Text mindestens einen, meist aber gleich mehrere Sätze auf einmal. Wie auf der interphrastischen Ebene zeigt sich auch auf der transphrastischen Ebene, dass die Eliminationen der Agenturredakteure meist ohne Sekundärrevisionen bleiben, während die Zeitungsredakteure auch auf eine solche Art und Weise streichen, dass im übrigen Text Veränderungen zur Wiederherstellung der Textualität vorgenommen werden müssen. Während die Agenturredakteure also vor allem textuell unabhängige Sätze streichen, eliminieren die Zeitungsredakteure auch solche, die mit anderen Sätzen im Text eng verknüpft sind.

Additionen spielen im Vergleich zu den anderen Revisionsarten sowohl in der Agentur als auch bei den Zeitungen eine untergeordnete Rolle. Insbesondere interphrastische Additionen sind selten. In der Art, wie sie innerhalb eines Satzes sprachliche Elemente einfügen, unterscheiden sich die Agentur- und die Zeitungsredakteure nicht wesentlich. Große Unterschiede sind allerdings in der Häufigkeit transphrastischer Additionen festzustellen. Im Verhältnis kommen unter den Zeitungsrevisionen viel mehr transphrastische Additionen vor als unter den Agenturrevisionen: Während die Agenturredakteure ihre Vorlagentexte nur ganz selten, und zwar bei nur sechs Prozent aller Bearbeitungen, um vollständige Sätze ergänzen, fügen die Zeitungsredakteure bei 22 Prozent aller Bearbeitungen den Agenturtexten einen Satz oder mehrere Sätze hinzu. Und während die Agenturredakteure höchstens drei neue Sätze hinzufügen, ergänzen die Zeitungsredakteure sogar Textstücke, die über den Umfang des verwendeten dpa-Textes hinausgehen. Der dpa-Basisdiensttext ist oft nur einer von mehreren Agenturtexten, die miteinander zu einer Zeitungsnachricht kompiliert werden.

---

[208] Vgl. Bell (1991), S. 71.

Beim Vergleich der Substitutionen ist zu erkennen, dass Agenturredakteure vor allem mittels zahlreicher Substitutionen einzelner, oft relativ bedeutungsarmer Wörter minimale Veränderungen vornehmen, während Zeitungsredakteure vielfach ganze Wortgruppen und sogar Teilsätze substituieren und sich dadurch weiter von ihrer Textvorlage entfernen. Auch hier zeigt sich wieder, dass sich die Agenturredakteure im Detail mit den Texten ihrer Kollegen auseinander setzen, während die Zeitungsredakteure in größerem Umfang revidieren. Sehr viel häufiger als bei den Agenturrevisionen führen die von den Zeitungsredakteuren vorgenommenen inter- und transphrastischen Substitutionen zu Reduktionen. Zusammen mit den zahlreichen Eliminationen sind sie dafür verantwortlich, dass die meisten Zeitungsartikel wesentlich kürzer sind als die entsprechenden Agenturvorlagen.

Was die äußerst selten zu beobachtenden Permutationen angeht, unterscheiden sich Agentur- und Zeitungsrevisionen nicht wesentlich. Wie bei den Agenturrevisionen gibt es auch bei den Zeitungsrevisionen sowohl interphrastische als auch transphrastische Permutationen, sowohl Permutationen von freien als auch von regierten Elementen. Ein Unterschied besteht allerdings darin, dass Zeitungsredakteure etwas häufiger als ihre Kollegen in der Nachrichtenagentur vollständige Sätze an andere Textstellen verschieben. Und während die Agenturredakteure meist Einzelsätze verschieben, permutieren die Zeitungsredakteure umfangreichere Textsegmente und verändern die Anordnung ganzer Absätze. Außerdem kommen im Teilkorpus Zeitungsrevisionen häufiger Sonderfälle von Permutationen vor als im Teilkorpus Agenturrevisionen. Während Agenturredakteure die eliminierten Ausdrücke meist in derselben Form an einer anderen Textstelle wieder einfügen, verändern die Zeitungsredakteure oft die an andere Stelle verschobenen Ausdrücke. Abermals zeigt sich bei den Permutationen die Differenz zwischen dem Bemühen der Agenturredakteure um weitgehende Erhaltung der Vorlage und einer gewissen Ungezwungenheit, mit der die Zeitungsredakteure das Agenturmaterial behandeln.

Auch im Bereich der Transformationen sind einige signifikante Unterschiede zwischen den Agentur- und den Zeitungsrevisionen festzustellen. Zwar sind in beiden Fällen eine große Anzahl von sowohl interphrastischen als auch transphrastischen Transformationen zu beobachten. Doch unterscheiden sich die Agentur- und die Zeitungsredakteure in der Art und Weise, wie sie Konstruktionen ihrer Vorlagentexte syntaktisch umformen. Ein Unterschied besteht darin, dass es sich bei einem großen Teil der von den Agenturredakteuren vorgenommenen Transformationen um Transformationen im traditionellen Sinne des Wortes handelt, also um Umformungen zwischen syntaktisch synonymen Konstruktionen. Zwar gibt es auch unter den Zeitungsrevisionen diese echten Transformationen, doch sehr viel seltener. Die Zeitungsredakteure nehmen meist gleichzeitig mit den syntaktischen auch lexikalische Veränderungen oder andere linguistische Operationen vor, so dass die Konstruktion der Vorlage und die des bearbeiteten Textes nicht synonym sind. Als Hypothese für den zweiten Analyseteil lässt sich hieraus ableiten, dass die Zeitungsrevisionen häufiger Bedeutungsveränderungen herbeiführen als die Agenturrevisionen. Auffällig ist des Weiteren, dass bestimmte Transformationsarten, wie zum Beispiel Wortgruppentransformationen, nur unter den Agenturrevisionen, aber nicht unter den Zeitungsrevisionen vorkommen, andere dagegen, wie etwa Umformungen von Adjektivattributen in vorangestellte Genitivattribute, nur unter den Zeitungsrevisionen zu beobachten sind. Außerdem fällt auf, dass bestimmte Transformationsarten unter den Zeitungsrevisionen nur in einer Form vorkommen, unter den Agenturrevisionen aber auch in ihrer Umkehrung zu beobachten sind und umgekehrt. Auf diese Transformationen wird im zweiten Analyseteil besonders zu achten sein, weil die Unterschiede in der Nutzung der verschiedenen Revisionsarten Indizien für unterschiedliche Revisionsziele sein könnten.

Überhaupt sollen die Ergebnisse des ersten Analyseteils im zweiten Analyseteil in Erinnerung behalten werden. Erst im Lichte der Analyse der Revisionsziele wird sich ihre volle Bedeutung offenbaren.

5.4.2 Revisionen der verschiedenen Zeitungen im Vergleich

Im Großen und Ganzen bestätigt die Analyse der Revisionsarten die in der kommunikationswissenschaftlichen Forschung vertretene Meinung, die verschiedenen Zeitungstypen bearbeiteten die Agenturnachrichten auf unterschiedliche Art und Weise. Der Vergleich des Revisionsverhaltens der verschiedenen Zeitungen lässt tatsächlich die Tendenz erkennen, dass die auflagenschwachen Lokal- und Regionalzeitungen die Agenturtexte im Allgemeinen weniger stark verändern als die auflagenstarken Regionalzeitungen und die überregionalen Zeitungen. So stammen die einzige wörtliche Übernahme eines Agenturtextes und die meisten der auf der Innersatzebene verbleibenden Bearbeitungen von Zeitungen mit einer verkauften Auflage von unter 100.000 Exemplaren. Die *Honnefer Volkszeitung*, das *Volksblatt*, der *Holsteinische Courier*, *Die Glocke* und der *Fränkische Tag* entsprechen weitgehend dem Befund der Forschung, dass die kleinen Lokal- und Regionalzeitungen die Agenturtexte weitgehend wörtlich übernehmen. Möglicherweise sind die hohe Auslastung der Redakteure und die vorrangige Beschäftigung mit lokalen und regionalen Themen Gründe für diese gewisse Passivität im Umgang mit den dpa-Auslandsnachrichten. Größeres Selbstbewusstsein gegenüber dem Agenturmaterial zeigen die großen regionalen und überregionalen Zeitungen. Der größere Teil der Bearbeitungen, die bis zur Übersatzebene reichen, stammt von ihnen. Auch der Vergleich der Bearbeitungen eines Agenturtextes durch vier Zeitungen verschiedener Auflagenklassen bestätigt dieses Bild (2910HVZ, 2910HOC, 2910WZ, 2910FP). Außerdem ergänzen die auflagenstarken Zeitungen die Agenturtexte im Verhältnis viel häufiger um einen oder mehrere Sätze als die auflagenschwachen. Dies ist, wie im Forschungsüberblick erläutert, darauf zurückzuführen, dass die größeren im Unterschied zu den kleineren Zeitungen die Dienste mehrerer Agenturen beziehen und deshalb die Texte verschiedener Agenturen kombinieren können. Die Deutsche Presse-Agentur ist für die größeren Zeitungen nur eine von mehreren Quellen.

Auch wenn sich beim Vergleich des Revisionsverhaltens der verschiedenen Zeitungstypen Tendenzen erkennen lassen, sind Generalisierungen nicht unproblematisch, weil viele Zeitungen kein homogenes Revisionsverhalten offenbaren, sondern verschiedene Vorlagentexte auf unterschiedliche Art und Weise bearbeiten. Dies kann an den eingangs genannten Faktoren liegen, vor allem an der unterschiedlichen Qualität der Vorlagentexte, dem unterschiedlichen Stil der Bearbeiter und den unterschiedlichen Arbeitsbedingungen in den verschiedenen Zeitungsredaktionen. Einige Zeitungsredakteure stehen mit ihren Bearbeitungen sogar im Widerspruch zu den eben beschriebenen Tendenzen. So nimmt die überregionale *Frankfurter Allgemeine Zeitung* verhältnismäßig häufig nur einzelne, bis zur Innersatzebene reichende Revisionen an den Agenturvorlagen vor (499aFAZ, 693FAZ). Umgekehrt ist im Untersuchungszeitraum zu beobachten, dass kleine Lokal- und Regionalzeitungen Agenturtexte sehr gründlich und tief greifend bearbeiten: Die *Honnefer Volkszeitung* nimmt transphrastische Permutationen vor (698HVZ), das *Volksblatt* fügt einem Basisdiensttext Informationen aus einem späteren Londoner dpa-Text hinzu (398VB), und der *Holsteinische Courier* und der *Fränkische Tag* kompilieren dpa-Texte mit anderen Texten (3186HOC, 699HOC, 4916FT).

In der Art ihrer Bearbeitung der Agenturüberschriften unterscheiden sich die 14 untersuchten Zeitungen nicht wesentlich. Zeitungen aller Auflagenklassen und Verbreitungsgebiete nutzen die Möglichkeit, sich wenigstens in der Formulierung der Überschrift von der Agentur und von anderen Zeitungen abzuheben, wenn sie ihnen schon im Haupttext stark ähneln. Vielmehr sind erstaunlich große Übereinstimmungen zwischen den verschiedenen Zeitungen zu beobachten: Dieselbe Agenturüberschrift wird häufig von Redakteuren verschiedener Zeitungen auf ganz ähnliche Art und Weise bearbeitet. So entschließen sich Zeitungen verschiedenen Typs unabhängig voneinander dazu, die Agenturüberschrift komplett zu streichen (4911FAZ, 4911WZ, 4911ND), um eine zusätzliche Zeile zu erweitern (4916GL, 4916VB) oder umzuformulieren (698FT, 698WZ, 698HVZ). Offensichtlich hängt die Art der Überschriftenbearbeitung nicht so sehr vom Zeitungstyp als vielmehr von den Eigenschaften der Vorlage ab, vor allem vom Umfang und von der Rubrikzugehörigkeit der Nachricht.

Wie in der Bearbeitung des Haupttextes zeigen die meisten Zeitungen auch in der Bearbeitung der Überschriften kein homogenes Revisionsverhalten, was die Ermittlung von Unterschieden und Gemeinsamkeiten zwischen den verschiedenen Zeitungen erschwert: Die Redakteure derselben Zeitung halten sich einmal relativ eng an den Agenturvorschlag, ein andermal formulieren sie eine völlig neue Überschrift; in einigen Fällen eliminieren sie Teile der Agenturüberschrift, in anderen hingegen ergänzen sie zusätzliche Überschriftenteile.

Nach der Analyse der Revisionsarten ergibt sich also noch kein deutliches Bild von den Unterschieden und Gemeinsamkeiten zwischen den verschiedenen Zeitungstypen und von den individuellen Revisionsstilen der 14 Zeitungen. Nach der Analyse der Revisionsziele werden genauere Aussagen möglich sein.

6 Zweiter Analyseteil: Die Analyse der Revisionsziele

6.1 Die Analysekategorien

Die Kategorien zur Analyse der Revisionsziele sind, wie oben (4.1) bereits angedeutet, aus den für die Formulierung von Texten im Allgemeinen und von Nachrichtentexten im Besonderen geltenden Qualitätsmerkmalen abgeleitet. Vor Beginn der Analyse soll an dieser Stelle genauer erläutert werden, inwiefern die Kategorien ‚sprachliche Richtigkeit', ‚sachliche Richtigkeit', ‚sachliche Genauigkeit', ‚Verständlichkeit', ‚stilistische Angemessenheit', ‚Kürze' und ‚Nachrichtenwert' Qualitätsmerkmale und damit potentielle Revisionsziele sind, welche Phänomene im folgenden Analyseteil den sieben Kategorien zugeordnet werden sollen und wie bei der Beschreibung der entsprechenden Revisionsziele vorgegangen werden wird.

Die Zuordnung der Revisionen zu einer der sieben Kategorien ist nicht immer unproblematisch, weshalb zunächst einige Bemerkungen zur Lösung dieser Kategorisierungsschwierigkeiten angebracht sind. Zuordnungsschwierigkeiten ergeben sich daraus, dass die zu analytischen Zwecken getrennt voneinander betrachteten Kategorien eng miteinander verbunden sind. Überschneidungen gibt es zum Beispiel zwischen den Kategorien ‚Verständlichkeit', ‚stilistische Angemessenheit' und ‚Kürze'. So kann der kürzere Ausdruck verständlicher sein als der längere Ausdruck[209] und der verständlichere Ausdruck wiederum stilistisch angemessener als der schwerer verständliche Ausdruck.[210] Auch zwischen den Kategorien ‚sachliche Genauigkeit' und ‚Verständlichkeit' kann es Überschneidungen geben, weil ein Text im Allgemeinen umso verständlicher ist, je genauer die gegebenen Informationen sind. Selbst zwischen der Kategorie ‚sprachliche Richtigkeit', der wohl eindeutigsten der sieben Kategorien, und der Kategorie ‚Kürze' kann es Überschneidungen geben. Da nämlich nach der Beobachtung von Hayes und Flower bestimmte Bearbeiter, so genannte ‚deleter', dazu neigen, Fehler nicht zu korrigieren, sondern kurzerhand mittels Elimination zu beseitigen,[211] ist die Zuordnung von Eliminationen fehlerhafter Ausdrücke durchaus problematisch. Schließlich gibt es auch Berührungspunkte zwischen der Kategorie ‚Nachrichtenwert' einerseits und den Kategorien ‚sachliche Genauigkeit' und ‚Kürze'

---

[209] Unnötige Wiederholungen, Füllwörter oder weitschweifige Formulierungen zum Beispiel verlängern einen Text unnötig und gefährden zugleich die Verständlichkeit (siehe Langer u.a. (1974) und (1999)). Andererseits sind Nominalgruppen und Komposita, die den Ausdruck komprimieren, oft schwer verständlich.

[210] Nominal- und Passivkonstruktionen beispielsweise gefährden nicht nur die Verständlichkeit, sondern gelten auch stilistisch als unschön. Zum Zusammenhang von gutem und verständlichem Deutsch siehe Schneider (1986), S. 167.

[211] Hayes u.a. (1987), S. 229.

anderserseits. Der Nachrichtenwert ist nämlich umso höher, je mehr relevante Informationen bzw. je weniger irrelevante Informationen ein Text enthält.[212]

Damit das Kategorisierungsunternehmen sinnvoll bleibt, sind Mehrfachzuordnungen unbedingt zu vermeiden. In Zweifelsfällen muss deshalb sorgfältig zwischen dem dominanten Revisionsziel, das über die Kategorisierung entscheidet, und weiteren Auswirkungen differenziert werden. Als dominant gilt genau das von mehreren in Frage kommenden Revisionszielen, was nicht auch auf eine andere als auf die realisierte Art und Weise hätte erreicht werden können. So ist das dominante Ziel von Eliminationen eingeschobener Relativsätze nicht die Verständlichkeit, sondern die Kürze, weil zur Optimierung der Verständlichkeit auch informationserhaltende Auflösungstransformationen möglich wären. Eliminationen, die den Vorlagentext verkürzen und dabei gleichzeitig Fehler beseitigen, sind der Kürze und nicht der sprachlichen Richtigkeit zuzuordnen, weil sich Fehler auch durch Reparatur beheben lassen, ohne dass es zu einem Informationsverlust kommen muss. Außerdem gilt das speziellere von mehreren in Frage kommenden Revisionszielen als dominant. So sind Ergänzungen zusätzlicher Informationen zwar in der Regel der Kategorie der sachlichen Genauigkeit, die auch Vollständigkeit umfasst, zuzuordnen. Doch werden sie als Revisionen zur Steigerung der Verständlichkeit oder des Nachrichtenwertes kategorisiert, wenn sie eindeutig verständlichkeitserleichternde Begründungen bzw. zusätzliche Nachrichtenfaktoren darstellen. Entsprechend dienen Streichungen von Informationen meist dem Revisionsziel ‚Kürze‘, in speziellen Fällen aber auch der stilistischen Angemessenheit, etwa wenn sie Wertungen beseitigen und dadurch den Stil neutralisieren. Von den Kategorien ‚sachliche Genauigkeit‘, ‚Verständlichkeit‘ und ‚stilistische Angemessenheit‘ gilt in Zweifelsfällen letztere als dominant, weil schließlich alle Veränderungen, die eine normgerechte sprachliche Form in eine mit ihr in Konkurrenz stehende, ebenfalls normgerechte sprachliche Form überführen, stilistische Revisionen sind. Permutationen von thematischen Einheiten, die zwar die kognitive Ordnung verbessern und deshalb der Verständlichkeit förderlich sein können, werden deshalb der stilistischen Angemessenheit zugeordnet. Das höchste Prinzip bei der Zuordnung ist stets die Einheitlichkeit, damit gewährleistet ist, dass die verschiedenen Agentur- und Zeitungsrevisionen auf dieselbe Art und Weise kategorisiert werden und die Auswertungsergebnisse in sich stimmig sind.

Neben den die Zuordnung bestimmenden dominanten Revisionszielen sind oftmals auch alle weiteren Auswirkungen einer genaueren Betrachtung wert. Hierzu gehören die Folgen, die gemessen an den aufgestellten Qualitätskriterien Verschlechterungen der Qualität bedeuten und deshalb als Kollisionen mit den Qualitätskriterien beschrieben werden. Ausgehend von der Überlegung, dass die Qualitätssteigerung das höchste Revisionsziel ist, werden Informationsverluste

---

[212] Vgl. Bell (1991), S. 79.

und -verfälschungen entsprechend als Kollisionen mit den Revisionszielen ‚sachliche Genauigkeit' bzw. ‚sachliche Richtigkeit' charakterisiert.

6.1.1 Sprachliche Richtigkeit

Sprachliche Richtigkeit, die Übereinstimmung mit den in der Sprachgemeinschaft geltenden Normen, ist ein wichtiges Qualitätsmerkmal von Texten im Allgemeinen. Sie ist eine Voraussetzung für erfolgreiche Kommunikation,[213] denn Abweichungen von den festgelegten Regeln können zu Kommunikationsschwierigkeiten führen.[214] Darüber hinaus ist sprachliche Richtigkeit aus mehreren Gründen ein wichtiges Qualitätsmerkmal von Nachrichtentexten im Besonderen: Sprachliche Richtigkeit ist zum einen deshalb notwendig, weil Nachrichtentexte ein großes Publikum erreichen und die Entwicklung der Gegenwartssprache stark beeinflussen.[215] Zum anderen ist sie wichtig, weil sie ein Indikator für die allgemeine Sorgfalt des Mediums ist. Aus Verantwortung für die deutsche Sprache und im Interesse des Ansehens ihres Mediums müssten Nachrichtenredakteure, und zwar sowohl Agentur- als auch Zeitungsredakteure, beim Redigieren ihrer Vorlagentexte besonders um sprachliche Richtigkeit bemüht sein.[216]

Dem Revisionsziel der sprachlichen Richtigkeit werden im Folgenden all die Revisionen zugeordnet, die nach dem Regelsystem der deutschen Sprache zur Herstellung der Norm obligatorisch sind.[217] Korrekturen von Verstößen gegen die

---

[213] Zum Begriff der Kommunikation und zu den Bedingungen für erfolgreiche Kommunikation siehe Hennig/Huth (1975).

[214] Vgl. Oksaar (1982), S. 297.

[215] Vgl. von Polenz (1966), S. 5.

[216] Einer von Hagen/Evers (1994) durchgeführten Befragung zufolge halten Nachrichtenredakteure Richtigkeit – und hiermit ist sowohl die sachliche als auch die sprachliche Richtigkeit gemeint – für ein wichtiges Merkmal zur Beurteilung der Qualität von Agenturnachrichten. Laut Zschunke (1994) sind die Kontrolle der sprachlichen Richtigkeit und die Kontrolle der sachlichen Richtigkeit die beiden Hauptaufgaben des Agenturredakteurs beim Redigieren (S. 207ff.).

[217] In Fragen der Orthographie werden die vor der Rechtschreibreform geltenden Regeln als Maßstab zugrunde gelegt, weil die dpa und die deutschen Tageszeitungen im Untersuchungszeitraum im September 1998 noch nicht auf die neuen Rechtschreibregeln umgestellt hatten. Erst am 1. August 1999 stellten dpa und die deutschen Tageszeitungen auf die neue Schreibung um, wobei allerdings die *Frankfurter Allgemeine Zeitung* im August 2000 zur alten Rechtschreibung zurückkehrte (siehe Reumann (2000), S. 8). Obwohl die Regeln der sprachlichen Richtigkeit normiert und in einschlägigen Regelwerken nachzulesen sind, kann die Entscheidung, ob eine Revision obligatorisch ist oder nicht, in einzelnen Fällen schwer zu treffen sein. Da sich Sprache in ständiger Entwicklung befindet, kann die Entscheidung zu verschiedenen Zeitpunkten und bei verschiedenen Beurteilern unterschiedlich ausfallen. Deshalb unterliegt die Beurteilung der sprachlichen Richtigkeit in gewissem Maße auch der subjektiven Entscheidung der Verfasserin, die sich möglicherweise von der anderer Interpreten unterscheidet.

Angemessenheit fallen nicht in diese Kategorie.[218] Ebenso wenig werden Revisionen von Formen, die nicht gegen allgemeine Sprachnormen, sondern gegen die innerhalb einer bestimmten Sprechergruppe geltenden Normen verstoßen, der sprachlichen Richtigkeit zugeordnet.[219] Es ist nicht sinnvoll, die in Nachrichtenredaktionen intern geltenden Normen – Vereinbarungen über die Schreibweise, die Verwendung und das Vermeiden bestimmter Wörter etc. – den allgemein gültigen Sprachnormen gleichzusetzen, weil sie stark von den allgemeinen und den in anderen Redaktionen geltenden Regeln abweichen können und meist nicht veröffentlicht oder nicht einmal genau definiert sind.[220]

Schließlich muss noch darauf hingewiesen werden, dass im Kapitel ,sprachliche Richtigkeit' nur die während der Nachrichtenbearbeitung korrigierten Fehler behandelt werden. Auf die von Redakteuren übersehenen Fehler kann nicht näher eingegangen werden. Von der Anzahl der im Folgenden besprochenen Fehlerkorrekturen kann also nicht auf die Anzahl der in den Vorlagentexten vorkommenden Fehler geschlossen werden.

6.1.2 Sachliche Richtigkeit

Sachliche Richtigkeit, paraphrasierbar als Faktentreue oder Sachgerechtheit, gilt unter Nachrichtenredakteuren als wichtiges Qualitätskriterium und dürfte deshalb als Revisionsziel von Bedeutung sein.[221] Mehr noch als andere Textsorten sind Nachrichtentexte dem Wahrheitsgebot verpflichtet, weil sie als öffentliche Texte ein großes Publikum erreichen. Sachliche Fehler können fatale Folgen haben, weil sie sich innerhalb kürzester Zeit verbreiten und rückwirkend nur schwer wieder gutzumachen sind. Darüber hinaus wirken sachliche Fehler in der Berichterstattung rufschädigend: Die Agenturen riskieren das Vertrauen ihrer Kunden, die Zeitungen das ihrer Leser.[222] Die Produzenten von Nachrichtentexten sollten also aus Rücksicht auf ihre Verantwortung für die Öffentlichkeit und ihre Glaubwürdigkeit um sachliche Richtigkeit bemüht sein. Insbesondere die Agenturredakteure tragen eine große Verantwortung, weil sich ihre Kunden, die den

---

[218] Korrekturen von Verstößen gegen die Angemessenheit werden dem Revisionsziel ,stilistische Angemessenheit' zugeordnet (vgl. 6.1.5, Anm. 240).

[219] In diesem Punkt unterscheide ich mich von Zschunke (1994), der Korrekturen zur Einhaltung vereinbarter Schreibweisen zur Kontrolle der sprachlichen Richtigkeit zählt (S. 208f.).

[220] Das im Buchhandel erhältliche dpa-Handbuch (Deutsche Presse-Agentur (1998)), das für dpa-Mitarbeiter verbindliche Sprachhinweise enthält, ist eines der wenigen der Öffentlichkeit zugänglichen redaktionsinternen Regelwerke.

[221] Vgl. 6.1.1, Anm. 216.

[222] Baskette u.a. (1982), S. 39: „Of all the copyeditor's duties, editing for accuracy is probably the most important. A newspaper that is inaccurate soon loses its credibility, and, ultimately, its readers."

Wahrheitsgehalt der Agenturnachricht nur unter großem Aufwand überprüfen können, auf ihre Aussagen verlassen können müssen.[223]

In der ‚accuracy'-Forschung, einem Zweig der Kommunikationswissenschaft, überprüft man die sachliche Richtigkeit eines journalistischen Textes, indem man ihn mit den Quellentexten vergleicht oder Fachleuten zur Beurteilung vorlegt.[224] Diese Methode eignet sich zwar generell auch zur Entscheidung darüber, ob eine während der Nachrichtenbearbeitung vorgenommene sachliche Veränderung eine Korrektur oder eine Verfälschung bewirkt. Doch ist sie im Verhältnis zum Erkenntnisgewinn in dieser Arbeit zu aufwendig. Wenn die Überprüfung der sachlichen Richtigkeit nur über eine aufwendige Recherche möglich ist, gelten deshalb rein sachliche Veränderungen hier generell als Verbesserungen, als Korrekturen von Verstößen gegen die sachliche Richtigkeit. Ansonsten gilt allerdings der Vorlagentext als kanonischer Text, so dass Revisionen mit einer sachlichen Veränderung als Nebeneffekt, etwa als Folge einer starken Kürzung, als Informationsverfälschungen und damit als Verstöße gegen die sachliche Richtigkeit betrachtet werden.[225] In diesem Zusammenhang ist besonders darauf zu achten, ob Redebeiträge nach Revisionen noch korrekt wiedergegeben und identifiziert sind, denn „der Umgang mit den Worten anderer ist einer der zentralen Prüfsteine für journalistische Qualität"[226].

6.1.3 Sachliche Genauigkeit

Über sachliche Richtigkeit hinaus ist sachliche Genauigkeit eines der Hauptqualitätskriterien von Nachrichtentexten. Präzise Sachangaben sind „Ausdruck der Sachkenntnis eines Redakteurs und der Professionalität, mit der er vor und während eines Ereignisses mit den ihm zur Verfügung stehenden Informationen [...] umgeht"[227]. Im Unterschied zu den Korrekturen der sachlichen Richtigkeit sind Revisionen zur Steigerung der sachlichen Genauigkeit nicht obligatorisch, sondern fakultativ, weshalb sorgfältig zwischen den beiden benachbarten Kategorien zu unterscheiden ist.[228]

Die Steigerung der sachlichen Genauigkeit erfordert wie die Korrektur sachlicher Fehler eine gewisse Sachkenntnis. Die Genauigkeit der Berichterstattung kann durch das Präzisieren bereits vorhandener Informationen und durch das Nachliefern bisher fehlender Informationen gesteigert werden. Ergänzt ein

---

[223] Vgl. Zschunke (1994), S. 207.

[224] Vgl. Bader (1993), S. 22.

[225] Auch Bell (1991) betrachtet bei seinen Analysen den Vorlagentext stets als kanonischen Text (S. 224f.).

[226] Fischer (1990), S. 97.

[227] Deutsche Presse-Agentur (1998), S. 95.

[228] Eine Unterordnung der sachlichen Genauigkeit unter die sachliche Richtigkeit wie etwa bei Hagen (1995) ist nicht sinnvoll, weil Revisionen, die mit der sachlichen Richtigkeit kollidieren, viel schwerer wiegen als solche, welche die sachliche Genauigkeit mindern.

Bearbeiter seinen Vorlagentext um zusätzliche Informationen, dann ist dies ein Zeichen dafür, dass er ihn zuvor für unvollständig gehalten hat. Vollständigkeit, das Vorhandensein aller relevanten Informationen, kann deshalb der sachlichen Genauigkeit untergeordnet werden.[229] Inwiefern die hinzugefügten Informationen für die Nachricht von Relevanz sind und zur Vollständigkeit der Berichterstattung beitragen, soll mit Hilfe des journalistischen W-Schemas bestimmt werden. Die von den Redakteuren hinzugefügten Informationen werden daraufhin überprüft werden, ob sie eine Antwort auf eine der sieben ‚W'-Fragen geben, die in jeder Nachricht beantwortet werden sollten: Was? Wer? Wann? Wo? Warum? Wie? Woher? bzw. Welche Quelle?[230]

6.1.4 Verständlichkeit

Verständlichkeit ist eines der wichtigsten Qualitätsmerkmale von Texten aller Art, denn die Verständlichkeit des Kommunikats ist eine Voraussetzung für erfolgreiche Kommunikation. Die Kommunikation zwischen dem Textproduzenten und dem Rezipienten kann nur dann gelingen, wenn der Rezipient das Kommunikat versteht, und zwar in der vom Textproduzenten intendierten Art und Weise.[231]

Ob der Rezipient den Text versteht, hängt in erster Linie von seinem Vorwissen ab.[232] Ein Text ist nämlich nicht so sehr in sich selbst als vielmehr für einen bestimmten Rezipienten verständlich oder unverständlich.[233] Deshalb ist es eine Voraussetzung für erfolgreiche Kommunikation, dass der Textproduzent die Wissensbestände des Rezipienten richtig einzuschätzen und seinen Text entsprechend zu formulieren vermag. Im Falle von Nachrichtentexten, die sich an ein disperses Publikum richten, besteht die Schwierigkeit für den Textproduzenten darin, den Text für eine große und äußerst heterogene Rezipientengruppe verständlich zu machen.[234] Im Unterschied beispielsweise zu Fachtexten, die sich an ein homogenes Expertenpublikum wenden, müssen Nachrichtentexte allgemein verständlich, also für Rezipienten mit ganz unterschiedlichen Wissensbeständen verstehbar sein. Nachrichtenredakteuren, die einer Befragung zufolge Verständ-

---

[229] Relevanz, die bei Hagen (1995) und Biere (1993b) ein eigenständiges Qualitätsmerkmal darstellt, ist also hier in der Kategorie der sachlichen Genauigkeit enthalten.

[230] Die Meinungen darüber, wie viele ‚W'-Fragen in einer Nachricht beantwortet werden müssen, gehen auseinander (vgl. Wilke (2001), S. 20). Im Allgemeinen spricht man aber von sieben ‚Ws' (vgl. Schneider/Raue (1998), S. 64f.).

[231] Kaempfert (1983), S. 35f.: „Als gestört sollen Kommunikationsabläufe gelten, in denen der Rezipient den Text nicht versteht oder nicht im gleichen Sinne auffaßt wie er vom Produzenten gemeint war (ihn also mißversteht), oder wenn er mit den Äußerungen des Produzenten – als sprachlichen Äußerungen, nicht als Kundgabe seiner Meinungen! – nicht einverstanden ist, wenn er sie mißbilligt."

[232] Vgl. Rickheit (1995), S. 18; Oksaar (1983), S. 124; Bucher (1986), S. 4.

[233] Vgl. Ballstaedt u.a. (1981), S. 219.

[234] Vgl. Dovifat (1976), S. 186.

lichkeit für ein wichtiges Qualitätsmerkmal halten,[235] kommt deshalb beim Redigieren die wichtige Aufgabe zu, etwaige Differenzen zwischen dem vom Textproduzenten vorausgesetzten und dem beim Textrezipienten vorhandenen Wissen zu antizipieren und eventuell auszugleichen. Die Agenturredakteure in der Hamburger dpa-Zentrale erfüllen eine wichtige Vermittlerfunktion zwischen dem räumlich vom Zielpublikum entfernten und möglicherweise bereits entfremdeten Auslandskorrespondenten in England und dem Rezipienten in Deutschland. Die Zeitungsredakteure überbrücken dann etwaige Unterschiede zwischen den für die verschiedenen deutschen Medien produzierten Agenturtexten und ‚ihren' Lesern.

Auch wenn Textverständlichkeit „nicht unabhängig vom Rezipienten bestimmt werden" kann,[236] lassen sich doch textinhärente Kriterien benennen, welche die Verständlichkeit eines Textes beeinflussen. Dem Hamburger Verständlichkeitsmodell zufolge sind Einfachheit, Gliederung/Ordnung, Kürze/Prägnanz und anregende Zusätze die vier wichtigsten Verständlichkeitskriterien.[237] Diese Kriterien spielen auf allen Ebenen des Sprachsystems eine Rolle.[238] Auf lexikalischer Ebene ist das Verstehen der verwendeten Wörter eine Voraussetzung für das vollständige Verstehen eines Textes. Im Allgemeinen sind kurze, gebräuchliche, konkrete Wörter leichter verständlich als lange, ungebräuchliche, abstrakte Wörter. Auf syntaktischer Ebene fördern, vereinfacht gesprochen, kurze, einfache und klar gegliederte Sätze die Verständlichkeit. Nominalkonstruktionen, durch zahlreiche Attribuierungen überladene Wortgruppen, Passivkonstruktionen, eingeschobene Nebensätze und andere Satzeinbettungen können dagegen das Verständnis erschweren.[239] Auf textueller Ebene gilt eine hohe Verflechtungsdichte, ein ausgewogenes Maß an Redundanz sowie ein logischer Aufbau als verständlichkeitsfördernd. Die Beschreibung der die Verständlichkeit erhöhenden Revisionen wird diesen linguistischen Ebenen entsprechend gegliedert.

6.1.5 Stilistische Angemessenheit

Stilistische Angemessenheit ist ein weiteres wichtiges Qualitätskriterium von Texten und dürfte deshalb auch als Revisionsziel bei der Bearbeitung von Nachrichtentexten eine Rolle spielen. Damit die Kommunikation erfolgreich ist, müssen sprachliche Ausdrücke nämlich nicht nur mit den in der Sprachgemeinschaft geltenden Normen übereinstimmen, sondern auch der jeweiligen Kommuni-

---

[235] Hagen/Evers (1994).

[236] Groeben/Christmann (1989), S. 168.

[237] Langer u.a. (1974) und (1999).

[238] Für eine genaue Darstellung der Verständlichkeitskriterien auf den verschiedenen Ebenen des Sprachsystems siehe Heijnk (1997).

[239] Vgl. Ballstaedt u.a. (1981), S. 223.

kationssituation angemessen sein.[240] Aus den sich innerhalb des Normgerechten eröffnenden diversen Möglichkeiten hat der Textproduzent die der Situation angemessene Form auszuwählen. Seine Wahl determiniert den Stil des Kommunikats.[241]

Stilistische Angemessenheit hängt von verschiedenen Faktoren ab. Zum einen wird stilistische Angemessenheit von den textsortenspezifischen Grundsätzen bestimmt, im Fall von Nachrichtentexten also von den Grundsätzen des Nachrichtenstils. Der Stil eines Nachrichtentextes unterscheidet sich zum Beispiel grundlegend von dem eines Werbetextes oder dem einer politischen Rede, weshalb bestimmte rhetorische Mittel in diesen Textsorten durchaus angemessen sein können, die in einem Nachrichtentext dagegen fehl am Platze sind. In Bezug auf Nachrichtentexte bedeutet stilistische Angemessenheit vor allem Normalsprachlichkeit und Neutralität[242]. Der Sprachstil muss deshalb eventuell auf die Ebene der Normalsprache gehoben oder gesenkt oder auf eine sachlichere Ebene gebracht werden. Ein neutraler Nachrichtenstil zeichnet sich durch eine ausgewogene, überparteiliche und wertungsfreie bzw. wertneutrale Berichterstattung aus. Auch wenn in gewisser Weise mit jeder sprachlichen Äußerung eine Stellungnahme des Sprechers bzw. Schreibers verbunden ist und Texte deshalb nie völlig frei von Wertungen sind,[243] ist die Trennung von Nachricht und Meinung oberstes Gebot bei der Nachrichtenproduktion. Insbesondere die Deutsche Presse-Agentur erachtet die Trennung von Nachricht und Meinung als das „Grundprinzip der Agenturarbeit"[244], weil ihre Dienste die Informationsgrundlage für eine Vielzahl von Medien unterschiedlichster Orientierungen liefern.[245] Deshalb setzt sich dpa auch zum Ziel, vollständig, ausgewogen und wertfrei zu berichten: „Das Werturteil bleibt dem Leser oder Hörer, dem Bürger und Kommentator überlassen."[246] Zwar gilt auch in den Redaktionen der meisten deutschen Tageszeitungen die Trennung von Nachricht und Meinung als Grundsatz, doch arbeiten die Zeitungen in eigener Verantwortung und können deshalb nach ihren eigenen Vorstellungen mit dem angebotenen Agenturmaterial umgehen.[247]

---

[240] Vgl. Corder (1972), S. 44f. Zur Unterscheidung zwischen Korrektheit und Angemessenheit bzw. zwischen Sprachkompetenz und Sprechhandlungskompetenz siehe Hennig/Huth (1975), S. 88.

[241] ‚Stil' ist definiert als „Wahl zwischen bzw. Auswahl aus sprachlichen Variationsmöglichkeiten" (Sanders (1986), S 19).

[242] Der kontrovers diskutierte Begriff der Objektivität wird in dieser Arbeit bewusst vermieden. Zum Problem der objektiven Berichterstattung siehe Schmidt/Weischenberg (1994), S. 225ff.

[243] Vgl. Hannappel/Melenk (1982), S. 45, S. 49.

[244] Deutsche Presse-Agentur (1998), S. 126.

[245] Vgl. Hagen (1995), S. 117.

[246] Deutsche Presse-Agentur (1998), S. 13. Siehe auch Benirschke (1990), S. 25.

[247] Vgl. Weischenberg (1990), S. 214.

Zum anderen hängt die Beurteilung der stilistischen Angemessenheit vom persönlichen Stilempfinden des Beurteilers ab. Derselbe Text, ja derselbe sprachliche Ausdruck kann von einer Person als angemessen und von einer anderen als unangemessen empfunden werden. Insofern können Revisionen Ausdruck des Personalstils des Bearbeiters sein. Wenn im folgenden Analyseteil Revisionen der Kategorie der stilistischen Angemessenheit zugeordnet werden, bedeutet dies deshalb nicht, dass sie unbedingt für jeden außenstehenden Bewerter eine stilistische Verbesserung darstellen, sondern lediglich, dass sie einen stilistischen Unterschied herbeiführen. Doch auch wenn stilistische Angemessenheit von subjektiven Bewertungen abhängt, gibt es allgemein akzeptierte ästhetische Grundsätze. Insbesondere in bestimmten Sprechergruppen, wie etwa den Redaktionen der Nachrichtenagenturen und Zeitungen, herrscht ein gewisser Konsens in Fragen stilistischer Angemessenheit. Die von Redakteuren vorgenommenen stilistischen Revisionen können mit diesen bekannten, in einschlägigen Ratgebern formulierten Stilregeln verglichen werden.[248] Dabei ist zu bedenken, dass Revisionen mit diesen Grundsätzen nicht nur übereinstimmen, sondern auch kollidieren können. Da die dpa-Auslandskorrespondenten und die Redakteure in der Hamburger Zentrale ähnlichen Stilgrundsätzen verpflichtet sind, die 14 verschiedenen Zeitungen aber möglicherweise jeweils unterschiedliche Redaktionsstile pflegen, ist anzunehmen, dass stilistische Angemessenheit als Revisionsziel unter den Zeitungsrevisionen eine größere Rolle spielt als unter den Agenturrevisionen.

Grundsätzlich bestehen auf allen Ebenen des Sprachsystems Möglichkeiten zur stilistischen Variation: auf der Interpunktionsebene, der graphemischen, der morphologischen, der lexikalischen, der syntaktischen und der textuellen Ebene. Um bei einer Vielfalt an stilistischen Revisionen die Übersichtlichkeit zu wahren und auch den Zusammenhang zwischen Revisionsarten und Revisionszielen deutlich zu machen, wird das Kapitel ‚stilistische Angemessenheit‘ wie das Kapitel ‚Verständlichkeit‘ nach diesen linguistischen Ebenen untergliedert. Da die Möglichkeiten der stilistischen Variation im Bereich des Wortschatzes am größten sind,[249] wird insbesondere unter Revisionen der lexikalischen Ebene auf Veränderungen mit dem Ziel der stilistischen Angemessenheit zu achten sein.

6.1.6 Kürze

Kürze im Sinne maximaler Relevanz bei minimalem sprachlichem Aufwand[250] ist ein Qualitätsmerkmal von Texten aller Art und insbesondere von Nachrichtentexten. Angesichts der täglich zu bewältigenden enormen Informationsmenge müssen sich die Produzenten und Bearbeiter von Nachrichtentexten ganz

---

[248] Z.B. Duden (1997), Bd. 9; Reiners (1999); Schneider (1986); Schneider (1994); Kurz u.a. (2000).

[249] Fleischer u.a. (1996), S. 72f.

[250] In diesem Sinne ist Kürze gleichbedeutend mit Sprachökonomie.

besonders darum bemühen, auf begrenztem Raum so viele relevante Informationen wie möglich zu liefern. Das Gebot der Kürze gilt sowohl für Agentur- als auch für Zeitungstexte, wenn auch nicht in gleichem Maße. Die Nachrichtenagentur dpa kann aufgrund ihrer technischen Möglichkeiten theoretisch täglich eine unbegrenzte Anzahl von Wörtern übertragen, was dazu führt, dass der dpa-Basisdienst zusehends wächst.[251] Dennoch gibt es innerhalb der Agentur Vorgaben für die Länge der verschiedenen Darstellungsformen, die an den Bedürfnissen der Kunden orientiert sind.[252] Es gehört zu den Aufgaben der Agenturredakteure, die aus den Auslandsbüros eintreffenden Vorlagentexte gegebenenfalls auf das vorgesehene Zeilenformat zu bringen und „gemäß dem vermuteten Kundeninteresse zu kürzen"[253]. Dabei müssen die Redakteure die gesamte Auslandsberichterstattung des Tages berücksichtigen und die Texte der Auslandskorrespondenten, die „die Ereignisse ‚ihres' Landes so umfangreich wie möglich schildern",[254] auf die wichtigsten und für das deutsche Publikum interessantesten Informationen reduzieren. Zwingender als für die Agenturredakteure ist das Gebot der Kürze für die Zeitungsredakteure. Ihnen steht immer nur eine ganz bestimmte, durch das Layout vorgegebene Anzahl und Länge von Zeilen zur Verfügung. Das Anpassen an die vorgegebene Länge dürfte deshalb das vorrangige Revisionsziel bei der Bearbeitung von Agenturmeldungen sein.

Die einfachste Methode, einen Nachrichtentext auf die erforderliche Länge zu reduzieren, ist das Kürzen vom Ende. Da Nachrichtentexte, zumindest die harten Nachrichten, nach dem Prinzip der umgekehrten Pyramide aufgebaut sind, können sie je nach Platzbeschränkungen um beliebig viele Sätze vom Ende her gekürzt werden, ohne unverständlich zu werden oder ihren Nachrichtenwert einzubüßen.[255]

Das Kürzen von Nachrichtentexten kann sich auf zweierlei Weise auf den Informationsgehalt auswirken. Zum einen kann ein Bearbeiter unnötige Redundanz vermeiden und so den Text straffen, ohne auf neue Informationen verzichten zu müssen. Zwar ist Redundanz, die „wiederholte bzw. mehrmalige explizite oder implizite Darbietung desselben Inhalts"[256], in gewissem Maße notwendig, um die

---

[251] Zur Zeit der Untersuchung, im Jahre 1998, umfasste der dpa-Basisdienst „täglich mehr als 500 Meldungen mit etwa 120 000 bis 130 000 Wörtern – das sind mehr als 300 engbeschriebene DIN-A4-Seiten" (Deutsche Presse-Agentur (1998), S. 11). 1971 waren es dagegen 356 Meldungen mit 44 500 Wörtern (Höhne (1984), S. 267).

[252] Deutsche Presse-Agentur (1998), S. 131f.

[253] Ebd., S. 180.

[254] Harseim/Wilke (2000), S. 27.

[255] Weiche Nachrichten dagegen haben oft eine Schlusspointe und können deshalb nicht problemlos vom Ende her gekürzt werden (zu den Unterschieden zwischen harten und weichen Nachrichten siehe Lüger (1995), S. 94ff.; Reumann (1997), S. 95ff.). Da selbst die dpa-Nachrichten zu vermischten Themen dem Aufbau nach harte Nachrichten sind, ist die Unterscheidung von harten und weichen Nachrichten für diese Arbeit irrelevant.

[256] Lewandowski (1990), S. 858.

Textualität zu stärken und das Verständnis zu sichern.[257] Doch führt überflüssige Redundanz nur zur unnötigen Längung eines Textes und zur Frustration des Rezipienten. Zum anderen kann ein Bearbeiter einen Nachrichtentext kürzen, indem er auf nicht-redundante Informationen verzichtet, die aus keiner anderen Textstelle hervorgehen. Bei den Revisionen mit dem Ziel der Kürze ist also zu unterscheiden zwischen solchen Revisionen, die lediglich die Redundanz reduzieren, aber keinen Informationsverlust bedeuten, und solchen Revisionen, die zu einem Informationsverlust und möglicherweise darüber hinaus sogar zu einer Informationsverfälschung führen.

Über diese Differenzierung hinaus werden die Revisionen ohne Informationsverlust danach unterschieden, ob sie die lexikalische, die syntaktische oder die textuelle Ebene betreffen. Bei den Revisionen mit Informationsverlust ist diese Untergliederung nicht sinnvoll, weil Kürzungen auf verschiedenen Ebenen die gleiche Art von Informationsverlust bedeuten können. Stattdessen wird bei den Revisionen mit Informationsverlust genau bestimmt werden, welcher Art die verlorenen Informationen sind, also inwiefern sie im Verhältnis zum ganzen Text relevant sind. Die Relevanz der verlorenen Informationen wird genau wie die der hinzugefügten Informationen mit Hilfe des W-Schemas beurteilt werden, wobei stets überprüft werden soll, auf welche ‚W'-Fragen die Antworten entfallen. Da Informationen nicht an sich, sondern nur aus der Perspektive des Beurteilers für einen bestimmten Rezipientenkreis relevant oder irrelevant sind, geben Kürzungen mit Informationsverlust Aufschluss darüber, welche Informationen der Textbearbeiter für seine Rezipienten für irrelevant hält.[258] Sie sind Indizien dafür, dass der Textbearbeiter andere Vorstellungen von Relevanz hat als der Textproduzent. Der Vergleich von Bearbeitungen verschiedener Zeitungsredakteure an denselben Agenturtexten wird Aufschluss darüber geben, ob dennoch tatsächlich unter Nachrichtenredakteuren „ein Konsens über die Wichtigkeit von Informationen herstellbar" ist[259]. Darüber hinaus ist bei den Revisionen mit Informationsverlust zu überprüfen, ob die Kürzungen vollständige thematische Einheiten betreffen, ob also Teilthemen oder Nebenthemen des Hauptthemas oder sogar das Hauptthema selbst verloren gehen. Dies ist deshalb so wichtig, weil Kürzungen um vollständige thematische Einheiten zu Veränderungen der thematischen Gewichtung führen.

6.1.7 Nachrichtenwert

Als speziell für Nachrichtentexte geltendes und deshalb ebenfalls als Revisionsziel in Frage kommendes Qualitätsmerkmal ist schließlich der Nachrichtenwert zu nennen. Je höher der Nachrichtenwert eines journalistischen Textes ist, umso

---

[257] Vgl. Moser (1970), S. 116.
[258] Vgl. Bell (1991), S. 78.
[259] Hagen/Evers (1994), S. 16.

größer ist die Wahrscheinlichkeit, dass die Nachricht selektiert und rezipiert wird.[260] Der Nachrichtenwert ist davon abhängig, ob das Ereignis, über das berichtet wird, bestimmte Eigenschaften, so genannte Nachrichtenfaktoren, aufweist. Schulz, der den grundlegenden, von Galtung und Ruge aufgestellten Faktorenkatalog weiterentwickelt hat, nennt sechs Faktorendimensionen: Zeit, Nähe, Status, Dynamik, Valenz und Identifikation.[261] Demnach haben zum Beispiel Ereignisse, die eindeutig, überraschend und negativ sind und mit Elite-Nationen oder Elite-Personen zu tun haben, besonders große Chancen, zur Nachricht zu werden.

Für die Bearbeitung von Nachrichtentexten bedeutet die Nachrichtenwerttheorie, dass die Steigerung des Nachrichtenwertes durch Ergänzung oder Verstärkung bestimmter Faktoren ein potentielles Revisionsziel ist. Im Folgenden sollen all solche Revisionen als Steigerungen des Nachrichtenwertes beschrieben werden, welche die Chancen der Nachricht erhöhen, selektiert und rezipiert zu werden. Zur Bestimmung der im Laufe des Redigierens eingeführten oder verstärkten Nachrichtenfaktoren gilt der Faktorenkatalog von Schulz als Grundlage, wobei allerdings zu bedenken ist, dass dieser Katalog keinen Anspruch auf Vollständigkeit erhebt.[262] Gegebenenfalls müssen zusätzliche Faktoren ergänzt werden. Von den bekannten Nachrichtenfaktoren dürfte bei der Bearbeitung von Auslandsnachrichten vor allem der Faktor ‚Ethnozentrismus', der Bezug zur Eigengruppe,[263] von Bedeutung sein. Demnach haben Nachrichten aus Großbritannien, die wegen der politischen und kulturellen Nähe von vornherein von den deutschen Medien mit Interesse verfolgt werden, einen besonders hohen Wert, wenn sie einen Bezug zu Deutschland aufweisen. Geht man davon aus, dass in verschiedenen Medien die gleichen Nachrichtenfaktoren gelten, dann dürften sich die Revisionen der Agentur- und Zeitungsredakteure im Hinblick auf die Steigerung des Nachrichtenwertes nicht sonderlich unterscheiden.

---

[260] Schulz (1990), S. 30: „*Nachrichtenwert* ist eine journalistische Hilfskonstruktion zur Erleichterung der notwendigen Selektionsentscheidungen. Je größer ihr Nachrichtenwert, desto größer die Chance, daß die Meldung – unter der Vielzahl von Alternativen und bei grundsätzlich begrenzter Aufmerksamkeit der Medien – berücksichtigt und veröffentlicht wird." Schulz (1997), S. 330: „Der *Nachrichtenwert* eines Ereignisses entscheidet darüber, ob es berichtenswert ist und auch, wie stark es von den Medien durch Plazierung, Umfang und Aufmachung herausgestellt wird." [Hervorhebungen im Original]

[261] Schulz (1990), S. 32ff.; Galtung/Ruge (1965).

[262] Schulz (1990), S. 34.

[263] Ebd.

6.2 Die Ziele der Agenturrevisionen

6.2.1 Sprachliche Richtigkeit

Ein wichtiges Ziel der Agenturrevisionen ist die sprachliche Richtigkeit. Ein großer Teil der von den Agenturredakteuren vorgenommenen Revisionen dient der Fehlerkorrektur. Es werden verschiedene Fehlerarten korrigiert: Interpunktionsfehler, orthographische, morphologische, syntaktische, lexikalische und textuelle Fehler.

Einen der größten Anteile an den Revisionen, die der sprachlichen Richtigkeit dienen, haben die Korrekturen von Interpunktionsfehlern. Besonders häufig werden Kommasetzungsfehler korrigiert, wobei fehlende Kommata etwa ebenso oft nachgetragen, wie falsch gesetzte Kommata gestrichen werden. Korrekturen von Kommasetzungsfehlern sind vor allem bei Aufzählungen und in der Umgebung von Konjunktionen zu beobachten:

in [...] Portugal Schweden und den USA >
in [...] Portugal, Schweden und den USA (292)

Texaco hat Tankstellennetze in Großbritannien, Irland, den Benelux-Ländern und Griechenland, sowie eine eigene Raffinerie in Wales [...]. >
Texaco hat Tankstellennetze in Großbritannien, Irland, den Benelux-Ländern und Griechenland sowie eine eigene Raffinerie in Wales [...].
(393)

Mehrmals werden auch fehlende Kommata zur Abtrennung erweiterter Infinitive mit ‚zu' nachgetragen (298: *Beide Parlamente hoffen bis Donnerstag abend die Änderungen durch alle Stationen [...] gebracht zu haben. > Beide Parlamente hoffen, [...]. 398: Washington sei bereit Ausbildung [...] zu fördern. > Washington sei bereit, [...].*). Vereinzelt werden Kommata getilgt, die fälschlicherweise komplexe Satzglieder vom Rest des Satzes abtrennen (2911: *Knapp drei Wochen nach dem verheerenden Bombenanschlag [...], will Clinton sich in der Stadt an die Familienangehörigen der Opfer wenden. > Knapp drei Wochen nach dem verheerenden Bombenanschlag [...] will Clinton [...].*). Gelegentlich werden fehlende Kommata zur Abtrennung von lockeren Appositionen ergänzt (196: *Gerry Adam [sic], Chef der irischen nationalistischen Partei Sinn Fein hat [...]. > Gerry Adam [sic], Chef der irischen nationalistischen Partei Sinn Fein, hat [...].*).

Neben Kommasetzungsfehlern werden häufig auch Fehler bei der Setzung von Anführungszeichen korrigiert. Mehrfach werden fehlende Anführungszeichen nachgetragen oder an die falsche Stelle gesetzte Anführungszeichen umgestellt. Oft werden Zeichensetzungsfehler bei Anführungen innerhalb von Anführungen (3186: *„Es ist so, als ob die Leute sagen würden 'wir können es nicht mehr hören'*

und doch hinzufügten 'aber wir wollen noch mehr davon <u>wissen</u>'. > <u>wissen</u>'.")
sowie beim Zusammentreffen von Anführungszeichen und Satzzeichen korrigiert
(195: *„[...], " betonte Chubais. > „[...]", betonte Tschubais.* 597: *„Die Dämonen
der Vergangenheit verlieren an <u>Kraft</u>". > <u>Kraft</u>."* 698: *Aus dem Königshaus ver-
lautete am Sonntag, man werde dort die Studie <u>„aufmerksam lesen</u>." > <u>„aufmerksam lesen</u>".).*

Sehr viele Agenturrevisionen dienen der Korrektur von orthographischen
Fehlern. Überflüssige Buchstaben werden eliminiert (297: *Typhooon > Typhoon*;
697: *Avitation > Aviation*; 699: *ablehenen > ablehnen*), fehlende Buchstaben
nachgetragen (297: *vefrührt > verfrüht*; 398: *förden > fördern*; 396: *Präsidet >
Präsident*), falsche Buchstaben durch die richtigen ersetzt (3185: *Mahmmal >
Mahnmal*; 296: *Flasfiber > Glasfiber*; 593: *Solittergruppe > Splittergruppe*) und
verdrehte Buchstaben in die richtige Reihenfolge gebracht (193, 197: *Ver-
schräfung > Verschärfung*; 3913: *schüttlend > schüttelnd*; 593: *republikansichen
> republikanischen*). Die meisten der korrigierten Rechtschreibfehler sind typi-
sche Flüchtigkeitsfehler, die bei der Arbeit am Computer leicht unterlaufen können. Der Schreiber hat wahrscheinlich eine Taste zu häufig betätigt oder nicht
stark genug gedrückt, hat aus Versehen die benachbarte Taste berührt oder zwei
Tasten in der falschen Reihenfolge betätigt. Korrekturen von Fehlern, bei denen
es sich um Kompetenzfehler[264] handeln könnte, sind dagegen selten (497: *Los
Angelese > Los Angeles*; 697: *seien > sein*; 697: *France > Franc*).

Häufig korrigieren die Agenturredakteure auch Verstöße gegen die Regeln
der Groß- und Kleinschreibung. Dass insbesondere fälschlicherweise klein ge-
schriebene Substantive korrigiert werden müssen (3181: *öffentlichkeit > Öffentlichkeit*; 192: *mitte > Mitte*; 696: *pence > Pence*), könnte auf den Einfluss des
Englischen zurückzuführen sein, das keine allgemeine Großschreibung von Substantiven kennt. Trotz entsprechender Hinweise im dpa-Handbuch[265] müssen auch
Verstöße gegen die Regel zur Großschreibung von Substantivierungen relativ
häufig korrigiert werden (394: *zum positiven > zum Positiven*; 492: *von <u>tausenden</u>
> <u>Tausenden</u> von Schiiten*; 692: *ganz in <u>schwarz</u> > <u>Schwarz</u>*). Mehrmals wird die
Groß- bzw. Kleinschreibung von adjektivischen Attributen geändert (192: *die Irische Nationalgalerie > die irische Nationalgalerie*; 499a, 499b: *Der europäische
Fußballverband UEFA > Die Europäische Fußball-Union (Uefa)*). Die Redakteure folgen der Regel, nach der Adjektive in Wortgruppen dann groß geschrieben
werden, wenn sie zu einem mehrteiligen Namen gehören.[266]

Korrekturen der Orthographie betreffen auch die Getrennt- und Zusammenschreibung von Wörtern (2910: *zuende > zu Ende*) sowie die Schreibweise von
Nominalkomposita (3182, 3185: *Kensington Palast > Kensington-Palast*; 497:

---

[264] Zur Unterscheidung zwischen Kompetenz- und Performanzfehlern siehe Corder (1967), S. 167.
[265] Deutsche Presse-Agentur (1998), S. 114, „Hunderte"; S. 197, „Tausende".
[266] Duden (1996), Bd. 1, R 56.

Pop-Star > *Popstar*; 692: *Open-Air Show* > *Open-Air-Show*)[267]. Mehrere Revisionen machen deutlich, dass die Deutsche Presse-Agentur im Untersuchungszeitraum noch die alten Rechtschreibregeln befolgt. Die Redakteure korrigieren noch Schreibweisen, die erst mit der Rechtschreibreform zulässig werden (692, 695: *am Sonnabend Abend* > *am Samstag abend*; 298: *am Mittwochnachmittag* > *am Mittwoch nachmittag*[268]).

Wenn nötig, korrigieren die Agenturredakteure auch fehlende oder falsch gesetzte Wortzwischenräume (4914: *Auseinandersetzu ng* > *Auseinandersetzung*; 697: *ein [...] 45,6prozentiger Anteil* > *ein [...] 45,6 prozentiger Anteil*).

Vergleichsweise selten korrigieren die Agenturredakteure morphologische Fehler. Wenn sie es tun, berichtigen sie Wortbildungsfehler bei Nominalkomposita, indem sie falsche Fugenelemente beseitigen oder fehlende einfügen (3185: *Bankenfeiertag* > *Bankfeiertag*; 191: *Gebietstreit* > *Gebietsstreit*; 698: *Sozialforschunginstitut* > *Sozialforschungsinstitut*); oder sie korrigieren Flexionsfehler, die darin bestehen, dass ein Wort im falschen Numerus oder Kasus steht (3183: *im mit rund 36 000* Zuschauer > Zuschauern *ausverkauften St. James's Park*; 191: *im Namen des [...]* König > Königs *Orelie-Antoine I. von Patagonien*; 299: *schärfere Bestimmung* > *schärfere Bestimmungen*; 697: *auf [...]* ein > einen *Auftragsbestand*). Mehrmals korrigieren sie auch Verstöße gegen die Kongruenz von Subjekt und Prädikat (3185: *wo die „Königin der Herzen" gewohnt* hatten > hatte; 491: *der Bombenanschlag, bei dem 28 Menschen getötet worden* war > waren).

Ein beträchtlicher Anteil der dem Ziel der sprachlichen Richtigkeit dienenden Revisionen entfällt auf Korrekturen syntaktischer Fehler. Oft handelt es sich um Verstöße gegen die quantitative Valenz:[269] Entweder sind Stellen im Satzbauplan mehrfach besetzt (298: *Beide Parlamente hoffen, bis Donnerstag abend die Änderungen durch alle Stationen [...]* ~~durch~~*gebracht zu haben*. 394: *Die* ~~die~~ *verbliebenen Terroristen*), oder es fehlen obligatorische Elemente (3185: *Am Kensington-Palast [...] häuften sich* wie im vergangenen *Jahr wieder Blumensträuße und Abschiedsgrüße*. 697: *auf dem Weg* zum *EADC-Konzern*; 6910: *vom italienischen* Referee *Pierluigi Collina*). Die meisten solcher Fehler dürften Performanzfehler sein, die unter Zeitdruck entstehen.[270] Einige Fehler können auch als

---

[267] Veränderungen der Schreibweise von Nominalkomposita gelten dann als Fehlerkorrekturen und nicht als stilistische Revisionen, wenn die Schreibweise im Wörterbuch (Wahrig (2000)) festgelegt ist. Im Allgemeinen werden Zusammensetzungen zusammengeschrieben, ganz gleich, ob sie aus einfachen oder bereits zusammengesetzten Wörtern bestehen (vgl. Duden (1996), Bd. 1, R 24 und Duden (1997), Bd. 9, S. 138). Zur Schreibung von Wörtern, die aus mehreren Komponenten zusammengesetzt sind, siehe Duden (1997), Bd. 9, S. 140.

[268] Vgl. Duden (1997), Bd. 9, S. 37, S. 195.

[269] Zum Valenz-Begriff und zur Unterscheidung zwischen quantitativer und qualitativer Valenz siehe Helbig/Schenkel (1991).

[270] Vgl. Müller (1991), S. 228.

Kontamination[271] zweier deutscher Ausdrücke interpretiert werden (3182: *Vom Buckingham-Palast und den öffentlichen Gebäuden in Großbritannien wehten die Flaggen auf halbmast.*[272]).

Neben Verstößen gegen die quantitative Valenz werden auch solche gegen die qualitative Valenz korrigiert.[273] So beheben Agenturrevisionen Unverträglichkeiten zwischen Substantiven und den von ihnen regierten Präpositionen, indem sie die falsche Präposition durch die vom Substantiv geforderte ersetzen (3185: *Einsatz zum weltweiten Verbot > Einsatz für ein weltweites Verbot*; 396: *der [...] Anteil in > an der US-Bevölkerung*; 499b: *Bemühungen gegen eine europäische Superliga > Bemühungen um die Verhinderung einer europäischen Superliga*).

Darüber hinaus korrigieren sie Verstöße gegen die Selektionsregeln, die darin bestehen, dass nominativische Nominalphrasen mit dem semantischen Merkmal [-menschlich] mit Verben kombiniert werden, die einen Mitspieler mit dem semantischen Merkmal [+menschlich] fordern (3185: *wo das Auto mit der Prinzessin und ihrem Freund [...] in den Tod gerast war > in einem Tunnel zerschellt war*; 398: *nachdem das Blutbad in Omagh 28 Menschen getötet und 220 verletzt hatte > nachdem bei dem Attentat in Omagh 28 Menschen getötet und 220 verletzt worden waren*).

Schließlich werden auch Beziehungsfehler und Satzbrüche korrigiert:

Nordirland habe sich und werde sich weiter zum positiven verändern [...]. >
Nordirland habe sich zum Positiven verändert und werde dies weiter tun [...]. (394)

Es zeichne sich „nur noch eine Trennlinie" ab in Nordirland: zwischen Friedensstiftern und jenen, die ihn > den Frieden zerstören wollten. (398)

Korrekturen von Fehlern im Tempus- und Modusgebrauch sind selten zu beobachten. Was die Tempora betrifft, werden lediglich beim Gebrauch des Plusquamperfekts, das einigen Journalisten Schwierigkeiten zu bereiten scheint, Verbesserungen vorgenommen:

Vor dem Besuch Clintons hatte die irische Untergrundorganisation IRA die für den Bombenanschlag von Omagh verantwortliche Splitter-

---

[271] Lewandowski (1990), „Kontamination".

[272] In diesem Fall könnte es sich um eine Kontamination der Ausdrücke ‚auf halbmast wehen' und ‚halbmast flaggen' handeln.

[273] Auch die semantische Umgebung wird vom Regens bestimmt, weshalb Verstöße gegen die semantische Valenz den syntaktischen Fehlern zugeordnet werden können (siehe Helbig/Schenkel (1991)).

gruppe aufgerufen, sich innerhalb von zwei Wochen aufzulösen. Die
„Wahre IRA", die sich zu dem Attentat bekannt <u>hat</u> > <u>hatte,</u> hatte sich
von der IRA abgespalten, die jetzt die politische Regelung des Nord-
irlandkonfliktes unterstützt. (3911)

Ihren Bandnamen [...] legten sich die Brüder erst in Australien zu,
wohin die Familie 1958 <u>auswanderte</u> > <u>ausgewandert war.</u> (695)

„So etwas wünscht man sich immer, aber keiner hatte es erwartet, daß
wir es so leicht <u>hatten</u> > <u>haben würden</u>", [...]. (3183)

Modusfehler werden verbessert, indem immer dann, wenn der Konjunktiv bei indirekter Rede obligatorisch ist, das Verb vom Indikativ in den Konjunktiv transformiert wird. Der Konjunktiv ist dann obligatorisch, wenn die indirekte Rede
nicht auf andere Art und Weise als durch den Modus eindeutig gekennzeichnet
ist.[274] Indem die Agenturredakteure bei uneingeleiteten Nebensätzen, bei denen
die Redekennzeichnung erst im nachgestellten Teilsatz folgt, und bei berichteter
Rede, wo die Redekennzeichnung ganz fehlt,[275] die Verben vom Indikativ in den
Konjunktiv transformieren, korrigieren sie nicht nur Verstöße gegen die allgemeinen Regeln zum Konjunktivgebrauch, sondern steigern auch die Distanz zu den
aus anderen Quellen wiedergegebenen Äußerungen.[276] Sie signalisieren, dass sie
nicht aus eigener Anschauung berichten und dass das Berichtete nicht unbedingt
der Wahrheit entsprechen muss:

Der jetzt sechs Jahre alte, mehr als vier Meter hohe Count Jumbo
<u>erhält</u> > <u>bekomme</u> zwei 7,5 Zentimeter [sic] hohe Sohlen unter die
vorderen Hufe, berichtete der „Daily Telegraph". Hufschmied David
Simons habe schon Maß genommen und baue jetzt die Gehhilfen aus
Aluminium, Plastik und Glasfiber, die mit Silikon an den Hufen be-
festigt werden. (296)

Die 23 Jahre alte Mel B selbst <u>will</u> > <u>wolle</u> jedoch auch im weißen
Hochzeitskleid auffallen und einen cremefarbenen Zylinderhut mit
Leopardenfell-Verzierung tragen. (591)

---

[274] Der Konjunktiv ist der Normalmodus der indirekten Rede. Doch kann er in einigen Fällen auch
durch den Indikativ ersetzt werden, weshalb einige Moduswechsel dem Revisionsziel ‚stilistische Angemessenheit' zuzuordnen sind (siehe 6.2.5). Zum Konjunktivgebrauch bei indirekter
Rede siehe Duden (1998), Bd. 4, S. 781f.

[275] Zum obligatorischen Konjunktiv bei berichteter Rede siehe Helbig/Buscha (1998), S. 197.

[276] Langer (1995), S. 93: Der Modus drückt „die Einstellung des Sprechers zur Wahrheit des mitgeteilten Inhalts" aus.

*Die Allianz der beiden Luft- und Raumfahrtunternehmen wird >
werde als Etappe auf dem Weg zum EADC-Konzern offen für andere
sein, sagten Michot und der Matra-HT-Präsident Philippe Camus
[...]*. (697)

Korrekturen von lexikalischen Fehlern sind unter den Agenturrevisionen relativ selten, was möglicherweise darauf zurückzuführen ist, dass Muttersprachler – und die meisten Mitarbeiter des Londoner dpa-Büros haben Deutsch als Muttersprache – in der Regel keine Schwierigkeiten haben, das ihnen zur Verfügung stehende Lexikon richtig zu nutzen. Die von den Agenturredakteuren korrigierten lexikalischen Fehler bestehen oft darin, dass „einem Wort eine Bedeutung unterstellt [wird], die es nach dem Lexikon nicht haben kann"[277]:

*Eine lächelnde Diana mit gestärkter > stark gestylter Frisur [...]
blickte am Montag von der „Sun".* (3186)[278]

*„Nehmt die Resultate, um über mich zu urteilen", hatte Hoddle vor
Monaten gesagt. Dieses Zitat > Dieser Ausspruch erweist sich nun als
Bumerang [...].* (6910)[279]

Nur einmal ist das falsch benutzte Wort ein Fremdwort (6910: *lapidare Verteidigungsfehler > schwere Abwehrfehler*)[280]. In anderen Fällen besteht der Fehler darin, dass eine feste Wendung falsch gebildet wurde (3185: *in der Erinnerung an Diana*; 296: *habe schon die Maße > Maß genommen*; 396: *eine Scheibe davon abschneiden*; 499b: *ein > das Ende [...] bedeuten*).[281] Eine relativ große Gruppe unter den lexikalischen Fehlern bilden die lexikalischen Interferenzen aus dem Englischen, die so genannten falschen Freunde. So ist zum Beispiel die Wortschöpfung ‚Tankstellenoperation‘ beeinflusst von dem englischen Wort ‚operation‘, das allerdings einen weiteren Bedeutungsumfang hat als das deutsche Wort ‚Operation‘ (393: *Tankstellenoperationen > Tankstellengeschäfte*). Das gleiche gilt für das an den englischen Ausdruck ‚airline‘ angelehnte Wort ‚Fluglinie‘, das von dem Auslandskorrespondenten in der Bedeutung von ‚Fluggesellschaft‘ verwendet wird (6912: *Fluglinie > Fluggesellschaft*).[282]

---

[277] Villiger (1977), S. 27.

[278] Wahrig (2000), „stärken": „etwas stärken: mit Pflanzenstärke steifen; Wäsche, Kragen und Manschetten stärken".

[279] Ebd., „Zitat": „wörtlich angeführte Stelle aus einem Buch; oft zitierter Ausspruch".

[280] Ebd., „lapidar": „wuchtig, kraftvoll; kurz und bündig; <umg.> beiläufig, nebenbei (gesagt)".

[281] Bei bestimmten Wendungen ist der Artikelgebrauch festgelegt (siehe Grimm (1992), S. 83).

[282] Deutsche Presse-Agentur (1998), S. 140: „Eine Fluglinie ist eine Strecke zwischen zwei Orten, beispielsweise Frankfurt – New York, und [...] keine Fluggesellschaft."

Für Korrekturen von textuellen Fehlern findet sich unter den Agenturrevisionen nur ein einziges Beispiel (597: *Schon 1995 geplant und dann aus Termingründen verschoben, war er von neuem zu einer Golfpartie mit irischen Politikern auf diesem > dem ~~weltbekannten~~ Golfplatz von Ballybunion verabredet.*)[283].

6.2.2 Sachliche Richtigkeit

Revisionen, die ganz offensichtlich der sachlichen Richtigkeit dienen, kommen unter den Agenturrevisionen nur relativ selten vor. Bei den korrigierten sachlichen Fehlern handelt es sich vor allem um inkorrekte Zahlenangaben, ein Ketteler zufolge für die Tagespresse charakteristischer Fehlertyp.[284] Die Korrekturen der Betragangaben können erhebliche sachliche Unterschiede ausmachen (293: *rund 70 Milliarden Pfund (210 Milliarden DM) > rund 70 Milliarden Dollar (125 Mrd DM)*; 4917: *im Wert von 13 Millionen Pfund (32,5 Mio Mark) > mit einem Schwarzmarktwert von 32 Millionen Mark*). Außerdem korrigieren die Redakteure fehlerhafte Zeitangaben (4914: *Clinton hatte im Januar erklärt, er habe keine Beziehung zu Lewinsky gehabt, diese dann aber am 17. August eingestanden.*)[285] sowie Benennungsfehler[286] (6910: *den Pressesaal in Stockholms Rotunda-Stadion > den Pressesaal des Stockholmer Rasunda-Stadions*).

Mehrmals korrigieren die Agenturredakteure auch logische Fehler, deren Erkennen im Unterschied zu den anderen Fehlerarten keine spezielle Sachkenntnis, sondern die Fähigkeit zum logischen Denken erfordert. Der Fehler besteht in einem Fall darin, dass von einem Toten so gesprochen wird, als sei er noch am Leben (294: *Die Soldaten hatten den ~~damals~~ 18jährigen [...] erschossen, als dieser vor ihnen davonlief.*). In einem anderen Fall wird ein Ereignis als unbegründet bezeichnet, obwohl es einen Grund haben muss (3911: *Das emotionsgeladene Treffen [...] wurde durch einen Feueralarm unterbrochen, der sich jedoch als unbegründete > technische Störung herausstellte.*).

6.2.3 Sachliche Genauigkeit

Sachliche Genauigkeit ist als Ziel der Agenturrevisionen von relativ großer Bedeutung. Besonders häufig steigern die Agenturredakteure die Genauigkeit im sprachlichen Ausdruck, indem sie statt des allgemeinen Wortes das besondere, „das treffende Wort" wählen, das dem Leser „etwas zu sehen, hören, riechen, beißen gibt"[287]. Sie ersetzen Oberbegriffe (Hyperonyme) durch einen ihrer Unter-

---

[283] Der Satzbruch wird allerdings von dem Bearbeiter übersehen.

[284] Ketteler (1997).

[285] Das Verhältnis zwischen dem amerikanischen Präsidenten und Monika Lewinsky liegt zum genannten Zeitpunkt im Januar 1998 bereits in der Vergangenheit. Es wird von Präsident Clinton auf Anfang Januar 1997 datiert.

[286] Im Unterschied zu lexikalischen Fehlern bestehen Benennungsfehler darin, dass ein falscher Name, der möglicherweise eine Ähnlichkeit mit dem richtigen hat, verwendet wird.

[287] Schneider (1986), S. 57.

begriffe (Hyponyme) und bezeichnen beispielsweise wissenschaftliche Kunstgut-
achter als ‚Kunsthistoriker' statt als ‚Gelehrte' (192), das Publikum eines Pop-
Konzertes als ‚Zuhörer' statt als ‚Besucher' (695) und parlamentarische Institutionen im Unter- und Oberhaus als ‚Gremien' statt als ‚Stationen' (299). Sie charakterisieren treffender, wenn sie nicht von ‚einigem', sondern von ‚beträcht-
lichem Optimismus' sprechen (396), wenn sie nicht den ‚Wert', sondern den
‚Schwarzmarktwert' von Drogen angeben (4917) oder wenn sie die stellungneh-
mende Tätigkeit einer Zeitung nicht als ‚Schreiben', sondern als ‚Kommentieren'
beschreiben (499b). Insbesondere bei den Bezeichnungen für die Vereinigten
Staaten von Amerika achten die Agenturredakteure auf sachliche Genauigkeit und
verwenden bei Erstreferenz statt der Oberbegriffe ‚Amerika' und ‚amerikanisch',
die sachlich nicht exakt sind, das spezifischere und zugleich kürzere Nomen
‚USA' bzw. die Vorsilbe ‚US-':[288]

Die britisch-niederländische Mineralölgesellschaft Royal Dutch/Shell
Group und der <u>amerikanische Ölriese</u> > US-Ölkonzern Texaco wollen
ihr europäisches Raffinerie- und Tankstellengeschäft zusammenlegen.
[...] In der Mineralölbranche hatten die Gerüchte nach dem geplanten
Aufkauf des <u>US-</u>amerikanischen Ölkonzerns Amoco durch British
Petroleum (BP) [...] zugenommen. (397)

Ebenfalls besonders häufig steigern die Agenturredakteure die sachliche
Genauigkeit dadurch, dass sie die in den Vorlagentexten vorhandenen Zahlen-,
Zeit- und Ortsangaben präzisieren (292: *in mehr als 20 Ländern > in 21 Ländern*;
499a, 499b: *Nach einem Treffen am Donnerstag <u>abend</u> in London*; 6910: *nach der*
1:2-Niederlage seiner Mannschaft in der EM-Qualifikation <u>auswärts</u> > in Stock-
holm gegen Schweden).[289] Zuweilen ergänzen sie sogar zusätzliche Orts- und
Zeitangaben, was einen noch größeren Informationszuwachs bedeutet. Zwar betreffen die meisten der hinzugefügten Zeit- und Ortsangaben nicht das Hauptereignis:

Der Name erinnert an ein früheres Kampfflugzeug der britischen
Luftwaffe, das im Zweiten Weltkrieg Einsätze gegen deutsche Panzer-

---

[288] Deutsche Presse-Agentur (1998), S. 212, „USA": „[...] ‚Amerika' und ‚amerikanisch' sind keine Synonyme für die USA; falls Mißverständnisse möglich sind – Amerika ist größer als die
USA."

[289] Im Handbuch weist die dpa ihre Mitarbeiter explizit auf die Wichtigkeit präziser Zeitangaben
hin: „Nicht nur für viele Kunden, auch für die Dokumentation sind genaue Zeitangaben wichtig. Begriffe wie ‚am Wochenende' oder ‚in der Nacht zum Montag' genügen nicht. Bei wichtigen Ereignissen wie Todesmeldungen oder internationalen Vertragsabschlüssen sind Tag und
Ortszeit anzugeben." (Deutsche Presse-Agentur (1998), S. 240)

verbände flog und wesentlich zum Erfolg der Landung der Allierten [sic] 1944 in der Normandie beigetragen haben soll. (297)

Der homosexuelle Star, der vor einigen Monaten wegen unzüchtigen Verhaltens vor einer Toilette in Los Angeles festgenommen worden war, leide noch immer unter dem Tod seiner Mutter und seines brasilianischen Freundes Anselmo Feleppa im Jahr 1994, schilderte das Blatt. (497)

Doch liefern die Agenturredakteure gelegentlich sogar die zeitliche und lokale Einordnung des Hauptereignisses und damit die Antwort auf die wichtigen Fragen ‚Wann?' und ‚Wo?' nach:

Nach einem Treffen am Donnerstag abend in London haben die Geschäftsführung der Premier League und die Vereine der obersten englischen Spielklasse die Pläne des italienischen Marketing-Unternehmens Media Partners zurückgewiesen. (499a; ähnlich auch 499b)

Diese Revisionen vervollständigen die Nachricht also um eine relevante Information.

Außerdem ergänzen die Agenturredakteure häufig nähere Bestimmungen zu Personen und Institutionen. Denjenigen Rezipienten, die nicht über ein besonderes Vorwissen verfügen, erleichtern sie dadurch das Verständnis. Beispielsweise verdeutlichen die zahlreichen an einer politischen Nachricht vorgenommenen Additionen die religiösen Zugehörigkeiten zweier Konfliktparteien und dadurch die Motivierung des Konflikts zwischen Sunniten und Schiiten:

Die internationale Menschenrechtsorganisation Amnesty International (AI) hat den radikalislamischen Taliban-Milizen in Afghanistan vorgeworfen, nach der Eroberung eines > des wichtigsten Stützpunkts oppositioneller Gruppen, Mazar-i-Sharif, Tausende von schiitischen Zivilisten ermordet zu haben. Nach einem am Donnerstag in London veröffentlichten Bericht sollen dabei auch zehn iranische Diplomaten und ein Journalist umgekommen sein. Sie seien umgebracht worden, als die zur sunnitischen Richtung des Islam gehörenden Taliban-Milizen am 8. August das iranische Konsulat in Mazar-i-Sharif in Nordafghanistan stürmten. (492)

Auffällig ist, dass die Agenturredakteure insbesondere bei der Referenz auf britische Personen und Institutionen nähere Erläuterungen einfügen. Offensichtlich haben Textproduzent und Textbearbeiter aufgrund ihrer unterschiedlichen Distanz zum deutschen Publikum unterschiedliche Vorstellungen davon, welche Wissensinhalte als bekannt vorausgesetzt werden können. Während die Referenz in der Textvorlage ein bestimmtes Hintergrundwissen erfordert, um vollständig verstanden zu werden, ist die ausführlichere Referenz des Basisdiensttextes für alle Rezipientengruppen nachvollziehbar:

dem FC Liverpool >
dem englischen Premier-League-Klub FC Liverpool (4911)

Mel B (Scary Spice) > Die Sängerin Mel B von der britischen Gruppe
„Sice [sic] Girls" (591)

ein [...] Anteil an der Dassault Avitation [sic] >
ein [...] Anteil am Flugzeugbauer Dassault Aviation (697)

Zuweilen steigern die Agenturredakteure auch die Genauigkeit der Quellenangaben und damit die Antwort auf die Frage ‚Woher?' bzw. ‚Welche Quelle?'. Indem sie die vermittelten Informationen leichter nachprüfbar machen, verbessern sie die Transparenz der Berichterstattung.[290] Auch wenn bereits die Vorlagentexte Hinweise darauf enthalten, dass nicht aus eigener Anschauung berichtet wird, sondern Informationen aus fremder Quelle wiedergegeben werden, wie zum Beispiel in 591LDN, sichern die Bearbeiter mit diesen Revisionen die wichtigsten Aussagen ab. Sie distanzieren sich von den wiedergegebenen Aussagen und schützen sich selbst und die Agentur weitgehend davor, im Falle einer Falschmeldung die Verantwortung übernehmen zu müssen:

Die Sängerin Mel B von der britischen Gruppe „Sice [sic] Girls" erwartet ein Baby und will nach Zeitungsangaben in acht Tagen in ihrer Heimatstadt Leeds ihren Verlobten Jimmy Gulzar heiraten. Wie das britische Massenblatt „The Sun" am Samstag berichtete, [...]. (591)

Nur sehr selten ergänzen die Agenturredakteure Informationen zum Hintergrund. Im Falle eines Berichts über Äußerungen des früheren stellvertretenden russischen Ministerpräsidenten Anatoli Tschubais zur Krise in Russland tragen

---

[290] Weischenberg (1990), S. 216: „Von Nachrichten die Mitteilung der Wahrheit zu erwarten, ist ein unrealistischer Anspruch. Verlangt werden kann aber größtmögliche Genauigkeit und Transparenz der Nachrichtengebung. Dies gilt besonders für die Angaben zur Quelle. Informationen in den Medien müssen nachprüfbar sein. [...] Die Quelle einer Information muß stets angegeben werden, wenn der Journalist nicht aus eigener Anschauung berichten kann. Die Ausnahme von dieser Regel sind allgemein bekannte Tatsachen (das gestrige Wetter; die Hauptstadt der Bundesrepublik)." Vgl. auch Hagen (1995), S. 113f.

diese Informationen dazu bei, Tschubais' Äußerungen in einen größeren Kontext zu stellen:

Präsident Boris Jelzin hatte den neben Boris Nemzow wichtigsten Reformer unter dem Druck der Finanzkrise am vergangenen Freitag aus der Regierung entlassen und damit Forderungen der linken Opposition nachgegeben. (195)

Nicht nur im Nachrichtentext selbst, sondern auch in der Überschrift steigern die Agenturredakteure die sachliche Genauigkeit. Mehrmals präzisieren sie die Aussage der Überschrift, indem sie wichtige Informationen ergänzen oder die gegebenen Informationen konkretisieren. Dadurch wird die Überschrift in der Regel länger. Verglichen mit den Überschriften der Londoner Texte haben die Überschriften der Basisdiensttexte einen größeren Informationsgehalt und sind weniger abhängig vom Haupttext:

Eurofighter nach Tropensturm benannt >
Eurofighter soll außerhalb Europas „Typhoon" heißen (293)

US-Ermittler stehen für Zusammenarbeit mit Kanadiern bereit >
US-Ermittler wollen Kanadiern bei Suche nach Absturzursache helfen (399)

Statt kryptischer Überschriften, die zwar zum Lesen anreizen, den Inhalt der Nachricht aber nur vage andeuten, formulieren die Agenturredakteure informationsreiche Überschriften, die die zentrale Aussage der Nachricht zusammenfassen. Selbst in der Sportberichterstattung werden sachlich genaue und stilistisch neutrale Aussagesätze gegenüber rhetorisch auffälligen Neben- und Fragesätzen bevorzugt:

Wenn deutsche Kniegelenke in England strapaziert werden >
Verletztzer [sic] Hamann zur Untersuchung nach München – Lange Pause droht (3183)

Murdoch United statt Manchester United? >
Rupert Murdoch plant angeblich Übernahme von Manchester United (696)

Ganz offensichtlich geht den Agenturredakteuren bei der Formulierung der Überschriften sachliche Genauigkeit vor Kürze und Neutralität vor Leseanreiz.

6.2.4 Verständlichkeit

Einer der größten Teile der Agenturrevisionen dient der Verständlichkeit. Auf den verschiedenen Ebenen des Sprachsystems tragen Revisionen dazu bei, dass die Nachricht verständlicher wird. Auf der Oberflächenebene wird die Lesbarkeit und dadurch auch die Verständlichkeit vor allem durch das Einfügen von Bindestrichen in solche Nominalkomposita erleichtert, die aus mehr als zwei lexikalischen Morphemen zusammengesetzt sind (3184: *Nordirlandkonflikt > Nordirland-Konflikt*; 499b: *Fußballwettbewerb > Fußball-Wettbewerb*; 591 *Leopardenfellverzierung > Leopardenfell-Verzierung*). Diese Revisionen befinden sich im Einklang mit einer dpa-internen Empfehlung, der zufolge der Bindestrich zwar „nicht inflationär" verwendet werden darf, doch dann zu setzen ist, „wenn die Lesbarkeit eines Wortes erhöht wird"[291].

Auf der lexikalischen Ebene sind es insbesondere Substitutionen von Einzelwörtern, die zur Steigerung der Verständlichkeit beitragen. Die Agenturredakteure erleichtern ihren Lesern das Verständnis, indem sie Fremdwörter, mutmaßlich ungeläufige Wörter, durch die entsprechenden deutschen Wörter ersetzen. Zu wesentlichen Bedeutungsverschiebungen kommt es nicht. Auch mit diesen Revisionen folgen die Agenturredakteure einer redaktionsinternen, aber zugleich allgemein journalistischen Regel, der zufolge Fremdwörter nur dann verwendet werden sollten, wenn sie „allgemein verständlich sind und es keinen gleichwertigen oder besseren Ersatz in der deutschen Sprache gibt"[292]. Aus Rücksicht auf die Verständlichkeit, aber auch aus stilistischen Gründen gilt die unnötige Verwendung von Fremdwörtern als unschön. Die von Agenturredakteuren substituierten Fremdwörter, die bezeichnenderweise gerade in Wirtschaftsnachrichten zahlreich vertreten sind, stammen aus dem Lateinischen (3185: *Reflektion [sic] > Besinnung*), häufiger aber aus dem Englischen (393: *ein Joint Venture > ein gemeinsames Unternehmen*; 393: *ein entsprechendes Memorandum of Understanding > eine entsprechende Absichtserklärung*).[293] Wie an den oben beschriebenen Interferenzen (6.2.1) zeigt sich auch an den Fremdwörtern, dass die Korrespondenten im Londoner dpa-Büro stark von der englischen Sprache beeinflusst sind. Dass ihre Quellen in englischer Sprache verfasst sind, dürfte die Hauptursache für die große Anzahl der Anglizismen sein. Ihr eigener selbstverständlicher Umgang mit der englischen Sprache hat dazu geführt, dass sie andere Vorstellungen als die in Deutschland tätigen Agenturredakteure davon haben, welche aus dem Englischen übernommenen Vokabeln bei den deutschen Rezipienten als bekannt vorausgesetzt werden können.

---

[291] Deutsche Presse-Agentur (1998), S. 59; vgl. auch Duden (1996), Bd. 1, R 24.

[292] Deutsche Presse-Agentur (1998), S. 100; vgl. auch Projektteam Lokaljournalisten (1990), S. 129.

[293] Zu Anglizismen in der Wirtschaftsberichterstattung siehe Böhmer (1991), S. 122.

Abgesehen von den Substitutionen von Fremdwörtern steigern die Agenturredakteure die Verständlichkeit auf lexikalischer Ebene dadurch, dass sie unanschauliche, mehrstellige Zahlen auf anschauliche Beträge runden und auf diese Weise schneller und leichter erfassbar machen (397: *12 954 Shell- und 2 984 Texaco-Tankstellen > fast 13 000 Shell- und 3 000 Texaco-Tankstellen*).[294] Gleichzeitig verringert sich dadurch allerdings die sachliche Genauigkeit. Überdies wandeln die Agenturredakteure in Pfennig ausgedrückte Beträge in die entsprechenden üblicheren Mark-Beträge um (696: *159 Pence (461 Pfennig) > (4,61 Mark)*).

Die meisten Revisionen, die primär der Verständlichkeit dienen, wirken auf der syntaktischen Ebene. Vor allem viele der im ersten Analyseteil als Transformationen beschriebenen Revisionen optimieren die Verständlichkeit. Von den interphrastischen Transformationen sind es überwiegend Verbalisierungen und Aktivierungen, welche die Sätze der Nachrichtentexte für die Rezipienten leichter verständlich machen. Dies erklärt die im ersten Analyseteil gemachte Beobachtung, dass die Agenturredakteure zwar häufig Nominal- in Verbalkonstruktionen und Passiv- in Aktivkonstruktionen, aber nur selten Verbal- in Nominalkonstruktionen und Aktiv- in Passivkonstruktionen umformen. Verbalisierungen steigern die Verständlichkeit, weil sie die Anzahl der verständlichkeitserschwerenden Nominalkonstruktionen verringern und die semantischen Beziehungen zwischen den einzelnen Komponenten im Satz verdeutlichen. Dass durch die Verringerung der Anzahl der Nomen im Satz eine stilistische Verbesserung eintritt, ist ein häufiger Nebeneffekt. Obwohl mit den Transformationen oft lexikalische Veränderungen einhergehen, bleibt bei diesen Agenturrevisionen die Bedeutung weitgehend erhalten:

Der Präsident würdigte die sich mehrenden Signale führender Politiker zum Dialog als hoffnungsvoll. >
Der Präsident nannte es hoffnungsvoll, daß immer mehr führende Politiker Bereitschaft zum Dialog signalisierten. (398)[295]

Die von den Agenturredakteuren vorgenommenen Transformationen von Passivsätzen in entsprechende Aktivsätze sind insofern der Verständlichkeit förderlich, als Passivsätze im Allgemeinen schwerer verständlich sind als Aktivsätze, jedenfalls dann, wenn das Agens weder unbekannt oder unwichtig ist noch bewusst

---

[294] Auch diese Revisionen befinden sich im Einklang mit einer dpa-internen Anweisung: „Häufig ist zu große Genauigkeit ein Lesehemmnis: Statt 998 Millionen empfiehlt sich eine Milliarde, statt 32,8 Prozent knapp ein Drittel – es sei denn, die genaue Zahl ist wirklich wichtig, beispielsweise in einer Wahlumfrage oder gar bei einem Wahlergebnis." (Deutsche Presse-Agentur (1998), S. 33)

[295] Das Beispiel macht deutlich, dass einfache Sätze nicht unbedingt verständlicher sind als komplexe Sätze.

ungenannt bleiben soll.[296] Nebenbei führen die Umformungen in Aktivkonstruktionen oder Passiv-Paraphrasen auch zu einer Veränderung der Blickrichtung, also zu einem stilistischen Unterschied:[297]

In Farnborough südwestlich von London wird am Montag die alle zwei Jahre stattfindenede [sic] Ausstellung der internationalen Luft- und Raumfahrtindustrie eröffnet. Auf der Messe werden 1 200 Unternehmen [...] vertreten sein. [...] Im Mittelpunkt der Show stehen [...] die beiden Konkurrenzunternehmen Boeing (USA) und die europäische Airbus Industrie. Von beiden werden neue Auftragsankündigungen erwartet. >
Die internationale Ausstellung der Luft- und Raumfahrtindustrie in Farnborough bei London öffnet heute (Montag) ihre Tore. Zu der [...] Messe haben sich 1 200 Unternehmen [...] eingefunden. [...] Im Mittelpunkt der Leistungsschau stehen [...] die Konkurrenten Boeing und Airbus Industrie. Beide dürften neue Aufträge ankündigen. (6912)[298]

Die Agenturredakteure steigern die Verständlichkeit auf syntaktischer Ebene häufig auch dadurch, dass sie die Länge der einzelnen Sätze verkürzen bzw. die Anzahl der Propositionen pro Satz verringern. Bei Satzverbindungen brauchen sie lediglich die Satzzeichen zu verändern:

Die englische Verteidigung hatte auch danach ständig Probleme mit den schnellen schwedischen Angriffen, und > . Und die Konzeptlosigkeit im englischen Mittelfeld verschlimmerte sich noch, nachdem Paul Ince nach der zweiten Verwarnung wegen Fouls mit Recht vom italienischen Referee Pierluigi Collina vom Platz gestellt worden war. (6910)

Bei Satzgefügen mit eingeschobenen Relativsätzen verhindern die Agenturredakteure mit Hilfe von Nominalisierungen und Auflösungstransformationen, dass die Hauptaussage unterbrochen, der Lesefluss und Gedankengang gestört und das Kurzzeitgedächtnis überfordert wird:[299]

---

[296] Vgl. Heijnk (1997), S. 267.
[297] Vgl. Engel (1994), S. 114. Zur Diskussion der Frage, ob Aktiv und Passiv synonym sind, siehe Ziff (1966) und Katz/Martin (1967).
[298] Andere Revisionen, wie die Änderung der Satzgliedstellung im ersten und die Verbalisierung im fünften Satz, tragen ebenfalls dazu bei, dass der Text syntaktisch übersichtlicher und damit verständlicher wird.
[299] Vgl. Ballstaedt (1980), S. 232.

Endgültig geschlossen wird die Anlage, die 600 Arbeitsplätze bot,
Anfang Dezember. [...] Für die Siemens-Fabrik, die im Mai 1997 von
Königin Elizabeth II. eröffnet und Ende Juli zum Kauf angeboten
worden war, ist nach britischen Angaben noch kein Käufer gefunden.
>
Anfang Dezember werde das Werk mit 600 Arbeitsplätzen endgültig
geschlossen werden. [...] Das Siemens-Werk war erst im Mai 1997
von Königin Elizabeth II eröffnet und Ende Juli zum Kauf angeboten
worden. Bisher hat sich nach britischen Angaben kein Käufer gefun-
den. (494)[300]

Vor allem dann, wenn der „wichtigste Satz der Meldung"[301], der Leadsatz,
überfrachtet ist, verteilen die Agenturredakteure die verschiedenen Propositionen
auf mehrere Sätze. Schließlich müssen nicht unbedingt alle ‚W'-Fragen gleich im
ersten Satz beantwortet werden.[302] Ob der Lead trotz seiner hohen Informations-
dichte noch lesbar und verständlich ist, entscheidet über den Erfolg der ganzen
Nachricht: Ist der Lead kompliziert formuliert, überlang und schwer verständlich,
entscheiden sich die Zeitungsredakteure mit großer Wahrscheinlichkeit für die
verständlicher formulierte Nachricht einer Konkurrenzagentur.[303] Besonders häufig ist es die Antwort auf die Frage ‚Woher?' bzw. ‚Welche Quelle?', die aus dem
ersten Satz in einen der folgenden Sätze verschoben wird, wobei sie oft gleichzeitig durch zusätzliche Informationen spezifiziert wird. Sofern der erste Satz keine
Wertungen enthält und als Aussage der Agentur verstanden werden kann, ist eine
solche Revision durchaus legitim.[304] Aus einem summarischen Vorspann, bei dem
möglichst viele ‚W'-Fragen gleich im ersten Satz beantwortet werden, wird ein
modifizierter Vorspann, bei dem der erste Satz zwar die Antwort auf das ‚Was?',
aber noch keine Quellenangabe enthält:[305]

Nach Meldungen in der englischen Presse hat der italienische Serie-
A-Verein Lazio Rom ein neues, ungewöhnliches Element in das Inter-
esse um Englands Wunderstürmer Michael Owen gebracht. >

---

[300] Die Verwendung eines reflexiven Verbs im Aktiv statt einer Passivkonstruktion (*ist kein*
Käufer gefunden > hat sich kein Käufer gefunden) ist eine von diesen Revisionen unabhängige
stilistische Revision. Sie führt zu einer Veränderung der Sichtweise und einer Betonung der
Aktivität eines potentiellen Käufers.
[301] Deutsche Presse-Agentur (1998), S. 133.
[302] Vgl. ebd.
[303] Vgl. Zschunke (1994), S. 177f.
[304] Ebd., S. 127f., S. 180.
[305] Zu den verschiedenen Fomen des Leads, dem summarischen, dem modifizierten und dem
anonymen Vorspann, siehe Weischenberg (1990), S. 64ff.

Der italienische Fußball-Erstligist Lazio Rom hat auf außergewöhn-
liche Weise sein Interesse an einer Verpflichtung des englischen
„Wunderstürmers" Michael Owen zum Ausdruck gebracht. [...] Das
berichteten mehrere englische Zeitungen am Freitag. (4911)

Gemäß Meldungen der englischen Sonntagszeitungen „The Observer"
und „Sunday Telegraph" will der australische Medienzar Rupert
Murdoch über seinen britischen Satellitensender BskyB angeblich für
575 Millionen Pfund (1,67 Milliarden Mark) den englischen Fußball-
verein Manchester United übernehmen. >
Der australische Medienzar Rupert Murdoch will über seinen briti-
schen Satellitensender BskyB angeblich für 575 Millionen Pfund (1,67
Milliarden Mark) den englischen Fußballverein Manchester United
übernehmen. Dies melden die als seriös geltenden englischen Sonn-
tagszeitungen „The Observer" und „Sunday Telegraph". (696)

Werden in einer Textpassage mehrere Transformationen gleichzeitig vorgenommen oder miteinander kombiniert, kann dies die Verständlichkeit des gesamten Textstücks erheblich fördern. Bei der Bearbeitung einer Wirtschaftsnachricht wirken sich neben Verbalisierungen auch die Auflösung einer Klemm-
konstruktion durch die Umformung eines Partizipialattributs in einen Attributsatz
sowie die Auflösungstransformation eines Satzes in zwei Sätze positiv auf die
Verständlichkeit aus:

Bei einem Presseseminar nahe der britischen Stadt Farnborough be-
tonte er am Wochenende, eine Bewertung der von den Airbus-Partner
[sic] einzubringenden Anlagen sei bisher ebenso wenig erfolgt wie ein
Gliederung der Machtverhältnisse. [...] Bigay geht davon aus, daß die
Schaffung der neuen Airbus AG mit der Fertigstellung des parallel er-
arbeiteten Konzeptes für den künftigen gesamteuropäischen Super-
konzern EADC zusammenfällt. >
Bisher sind die Produktionsanlagen, die von den Airbus-Partnern in
die Airbus-Gesellschaft eingebracht werden sollen, noch nicht be-
wertet worden. Auch die Neugliederung der Machtverhältnisse ist
Michot zufolge noch nicht erfolgt. Bigay erwartet, daß die Airbus AG
geschaffen wird, wenn das Konzept für eine Europäische Luftfahrt-
und Rüstungsgesellschaft (European Aerospace and Defence Com-
pany, EADC) steht. (697)

Eine ebenfalls große Anzahl von Agenturrevisionen fördert die Verständlichkeit auf der textuellen Ebene. Die Agenturredakteure erhöhen die Verständlichkeit vor allem dadurch, dass sie die Sätze auf der Textoberfläche stärker mit-

einander verknüpfen. Am Beispiel der sehr intensiven Bearbeitung eines Fußballberichts wird deutlich, dass ganz verschiedene Revisionsarten zur Stärkung der
Satzverknüpfung beitragen können, weshalb die gesamte Bearbeitung ausführlich
besprochen werden soll. Auffällig ist, dass minimale interphrastische Revisionen
einen großen Effekt auf die Textualität und damit auch auf die Verständlichkeit
haben können:

> *London (dpa) – Englands Fußball-Nationaltrainer Glenn Hoddle ist*
> *nach der 1:2-Niederlage seiner Mannschaft in der EM-Qualifikation*
> *in Stockholm gegen Schweden massiv unter Druck geraten. Was Fans*
> *und auch die englischen Medien, die ihre Opposition gegen den unge-*
> *liebten Hoddle immer offener zeigen, besonders enttäuschte, war die*
> *Art und Weise, wie die Niederlage zustande kam. Alan Shearer hatte*
> *zwar nach 72 Sekunden per Freistoß das 1:0 für England erzielt, doch*
> *nach einer halben Stunde führten schwere Abwehrfehler zu <u>zwei > den</u>*
> *<u>beiden</u> Toren für die Schweden durch Andreas Andersson und Johann*
> *Mjallby.*
> *Die englische Verteidigung hatte <u>auch</u> danach ständig Probleme mit*
> *den schnellen schwedischen Angriffen. Und die Konzeptlosigkeit im*
> *englischen Mittelfeld verschlimmerte sich <u>noch</u>, nachdem Paul Ince*
> *nach der zweiten Verwarnung wegen Fouls mit Recht vom italieni-*
> *schen Referee Pierluigi Collina vom Platz gestellt worden war.*
> *„Nehmt die Resultate, um über mich zu urteilen", hatte Hoddle vor*
> *Monaten gesagt. Dieser Ausspruch <u>erwies sich > erweist sich</u> <u>nun</u> als*
> *Bumerang, und Englands Nationaltrainer, der sich bei der ~~anschlie-~~*
> *~~ßenden~~ Pressekonferenz <u>in Schweden</u> sichtlich unwohl fühlte, mußte*
> *sich einige unbequeme Fragen anhören, die er jedoch nicht alle be-*
> *antwortete. <u>Als > Denn als</u> die englischen Journalisten <u>wegen der Ge-</u>*
> *<u>rüchte nachhakten > Gerüchte aufgriffen und nachfragten</u>, ob Hoddle*
> *die Nachfolge von Christian Gross als Trainer bei Tottenham Hotspur*
> *antreten werde, stand der englische Nationaltrainer auf und verließ*
> *wortlos den Pressesaal des Stockholmer Rasunda-Stadions. (6910)*

Zunächst stärkt die Substitution des unbestimmten durch den bestimmten Artikel
im dritten Satz den Zusammenhang zwischen den Sätzen (*zu zwei > den beiden*
Toren)[306]. Der bestimmte Artikel erinnert den Rezipienten nämlich daran, dass an
Bekanntes angeknüpft wird (*nach der 1:2-Niederlage*). Die in den folgenden
Sätzen eingefügten Partikeln ‚auch' und ‚noch' signalisieren Vergleichbarkeit und
verdeutlichen so, dass zwei Sätze bzw. die in ihnen geschilderten vergangenen
und aktuellen Ereignisse miteinander in Beziehung stehen. Die Addition des

---

[306] Die Substitution des Artikels zieht eine Substitution des Zahladjektivs nach sich.

Adverbs ‚nun' verstärkt in Verbindung mit dem Tempuswechsel (*erwies sich* > *erweist sich*) den temporalen Zusammenhang zwischen dem vergangenen und dem aktuellen Ereignis. Die Elimination des adjektivischen Attributs (*anschlie-ßenden*) und die Addition des Präpositionalattributs (*in Schweden*) fördern eben-falls die Verständlichkeit, weil die explizite Anknüpfung durch die Ortsangabe im Unterschied zur temporalen Verknüpfung unmissverständlich ist. Die Addition der Konjunktion ‚denn' im nächsten Satz bewirkt, dass die kausale Beziehung zwischen den beiden Sätzen nicht vom Rezipienten erschlossen werden muss, sondern explizit auf der Textoberfläche angegeben ist.[307] Schließlich fördert auch die Substitution des bestimmten durch den Nullartikel im achten Satz die Ver-ständlichkeit (*wegen der Gerüchte* > *Gerüchte*), weil der Nullartikel dem Leser signalisiert, dass er nicht auf Vorwissen zurückgreifen muss.

Bei anderen Bearbeitungen ist zu beobachten, dass die Agenturredakteure durch eine Veränderung der Art der Wiederaufnahme die Verknüpfung zwischen Bezugs- und Verweisausdrücken stärken. Mehrmals ersetzen sie sprachöko-nomische, aber inhaltslose Personalpronomen als Verweisausdrücke von Eigen-namen und verwenden an ihrer Stelle Wiederaufnahmen durch kontextuelle Ver-weisausdrücke[308] oder partielle Wiederaufnahmen durch einen von zwei Namens-teilen:

> *Die Demokratie wird nach Ansicht des Reformers <u>und früheren Stell-vertretenden Ministerpräsidenten Rußlands</u>, Anatoli Chubais, die der-zeitige Krise [...] überstehen. „[...]", sagte <u>er</u> [...]. >*
> *Die Demokratie wird nach Ansicht des Reformers Anatoli Tschubais die derzeitige Krise [...] überstehen. „[...]", sagte <u>der frühere Stell-vertretende Ministerpräsident Rußlands</u> [...]. (195)[309]*

> *„[...]", erklärte [...] der Chef des französischen Airbus-Partners Aerospatiale SA, Yves Michot. Als Begründung gab <u>er</u> > <u>Michot</u> [...] noch offene Grundsatzfragen an. (598)*

Im Unterschied zu Pronomen, welche den Leser lediglich dazu auffordern, nach einem passenden Bezugsausdruck zu suchen, sind die anderen Arten der Wieder-aufnahme explizit und verlangen keine besondere Erinnerungsleistung vom Leser, was insbesondere bei großem Verflechtungsabstand von Vorteil sein kann.[310] In

---

[307] Zur Satzverknüpfung durch Konjunktionen siehe Buscha (1988).

[308] Zu kontextuellen Verweisausdrücken siehe Langer (1995), S. 111ff.

[309] Die Permutation optimiert auch insofern die Verständlichkeit, als sie die Überfrachtung einer Nominalgruppe im Lead verhindert und die zur Referenz auf die Hauptperson zur Verfügung stehenden Ausdrücke gleichmäßig auf mehrere Sätze verteilt.

[310] Zur Wiederaufnahme durch Pronomen siehe Langer (1995), S. 107ff. Zur Signifikanz des Ver-flechtungsabstands siehe Langer (1995), S. 103f.

anderen Fällen stärken die Zeitungsredakteure die Verknüpfung von Bezugs- und Verweisausdrücken dadurch, dass sie als ersten Verweisausdruck statt eines Synonyms in Gestalt einer Metonymie vom Typ ‚Ort für Institution'[311] die identische Repetition wählen. Im Vergleich zur identischen Repetition stellt selbst die in der Pressesprache bereits stark konventionalisierte Ortsmetonymie zu Beginn der Referenzkette ein Risiko für die Verständlichkeit dar:

> *Die britische Regierung hat für die kommende Woche ein Treffen führender Finanzexperten der G7-Staaten zur Erörterung der Krise in Rußland nach London einberufen. Wie die <u>Downing Street > britische Regierung</u> am Samstag mitteilte, [...].* (595)

Auch Ergänzungen zusätzlicher Redekennzeichnungen in Passagen der Redeerwähnung[312] tragen, indem sie die Redundanz erhöhen, zur Optimierung der Verständlichkeit auf textueller Ebene bei. Die Agenturredakteure fügen bei berichteter Rede Redekennzeichnungen ein und erinnern den Leser auf diese Weise daran, wessen Rede wiedergegeben wird. Sie beugen auch etwaigen Missverständnissen bei der Zuordnung der Redebeiträge vor:

> *„Sie haben ihren [sic] führenden Politikern gesagt, daß ihre [sic] Sehnsucht nach Frieden größer ist denn je", rief Clinton der Menge zu. Künftige „falsche Schritte und Enttäuschungen" müßten sie ernstnehmen, sich davon aber nicht beirren lassen.*
> *Die Nordiren hätten den Weg zum Frieden gewählt, deshalb werde Amerika sein Versprechen erfüllen, dem Land dabei zu helfen, <u>sagte Clinton</u>. Das in Nordirland Erreichte sei so real, daß Israelis und Palästinenser, Inder und Pakistaner ihm jetzt nicht mehr sagen könnten, ein Friede sei nicht machbar. Er werde ihnen antworten: „Seht nach Nordirland".* (3914)

> *Clinton sagte dies am Freitag in der irischen Hauptstadt Dublin zu der harten Kritik vor allem des einflußreichen demokratischen Senators Joseph Lieberman aus Connecticut, der Clintons Verhalten*

---

[311] Zu Metonymien und verschiedenen metonymischen Konzepten siehe Lakoff/Johnson (1980), S. 35ff.

[312] Da die Ausdrücke ‚Redeeinleitung' und ‚redeeinleitende Verben' im Zusammenhang mit Nachrichtentexten, in denen die Redekennzeichnung nicht vor, sondern meist hinter der direkt oder indirekt wiedergegebenen Äußerung steht, unpassend sind, spreche ich allgemein von ‚Redekennzeichnungen' (siehe Schmitt-Ackermann (1996)). Als ‚Redeerwähnung' oder auch als ‚Redewiedergabe' bezeichne ich mit Wunderlich (1972) „jede spätere Wiederanführung einer Äußerung oder des Inhalts einer Äußerung" (S. 161). Zum Terminus ‚Redewiedergabe' siehe auch Weinrich (1993), S. 895.

*„unmoralisch" nannte. Die Demokraten befürchten, daß die an-
haltende Auseinandersetzung um die Affäre ihres Präsidenten ihre
Chancen bei den in knapp zwei Monaten anstehenden Kongreßwahlen
in den USA beeinträchtigen könnte.*

*Er könne im Grunde nicht anderer Meinung sein als der Senator und
andere, die sich kritisch zu dem geäußert haben, „was ich bereits als
einen Fehler eingeräumt habe", sagte Clinton.* (4914)

Noch stärkere textuelle Veränderungen, die mehrere benachbarte Sätze involvieren, finden sich im Bereich des Leads. Häufig verbessern die Agenturredakteure die Verständlichkeit des gesamten Leadabsatzes, indem sie inhaltlich
zusammengehörende Informationen, die in den Vorlagentexten über mehrere Sätze verteilt sind, zusammenführen und ihrer Relevanz gemäß anordnen. Die Bearbeiter zweier politischer Nachrichten (691LDN, 292LDN) beispielsweise konzentrieren die auf mehrere Sätze verstreuten Antworten auf die Fragen ‚Wer?‘ und
‚Was?‘ im ersten Satz, so dass die Kernaussage des Textes verdeutlicht wird. Die
Antworten auf die weniger wichtigen ‚W‘-Fragen, die zwar im Leadabsatz enthalten sein sollten, aber nicht unbedingt schon im ersten Satz genannt werden
müssen, wie zum Beispiel Zeit- und Quellenangaben, verschieben sie aus dem
ersten Satz in die folgenden Sätze. Gleichzeitig verbessern sie mit Hilfe von
Transformationen die Verständlichkeit auf syntaktischer Ebene: Statt weniger
langer und komplexer Sätze bilden die Agenturredakteure mehrere kürzere und
einfachere Sätze, ohne dabei den Umfang des Leads zu vergrößern; sie vermeiden
Einschübe, die die Lesbarkeit stören, und verwenden das Aktiv statt des Passivs.
Indem der Bearbeiter der Nachricht zur Zukunft der britischen Monarchie
(691LDN) außerdem im ersten Satz die Stellung des Akkusativobjekts verändert
und die normale Satzgliedstellung wiederherstellt, beugt er nicht nur einem Miss-
verständnis vor,[313] sondern beseitigt auch eine stilistische Eigenart, die als typische Agenturmarotte kritisiert wird.[314]

*Eine radikale Erneuerung der britischen Monarchie fordert eine neue
Studie, die in Auszügen in führenden britischen Sonntagszeitungen
veröffentlicht wird. Wie am späten Samstag abend bekannt wurde,
wird in der Untersuchung eines renommierten Sozialforschungsinstituts vorgeschlagen, daß künftig britische Monarchen nur noch die
Rolle des Staatsoberhauptes erfüllen und von allen politischen und*

---

[313] Das Objekt (*eine radikale Erneuerung der britischen Monarchie*), das in 691LDN vor dem fi-
niten Verb und dem Subjekt an erster Stelle im Satz steht, könnte wegen der fehlenden Kasus-
merkmale fälschlicherweise für das Subjekt gehalten werden (vgl. Sommerfeldt/Starke (1998),
S. 253; Hentschel/Weydt (1994), S. 394).

[314] Schneider (1986), S. 138f.

religiösen Funktionen entbunden werden sollen. Das der Labour-Regierung nahestehende Forschungsinstitut Demos veröffentlicht in der Studie mit dem Titel „Die Monarchie modernisieren" neue Erhebungen, wonach sich die große Mehrheit der Briten eine moderne Monarchie wünschen. >

Ein der britischen Labour-Regierung nahestehendes Sozialforschungsinstitut hat sich in einer Studie für eine radikale Erneuerung der britischen Monarchie ausgesprochen. In der neuen Untersuchung des renommierten Instituts Demos wird vorgeschlagen, daß künftig britische Monarchen nur noch die Rolle des Staatsoberhauptes erfüllen. Sie sollen von allen politischen und religiösen Funktionen entbunden werden. Große britische Sonntagszeitungen veröffentlichten am Samstag abend Auszüge aus der Studie mit dem Titel „Die Monarchie modernisieren". Darin werden neue Erhebungen publiziert, wonach sich die große Mehrheit der Briten eine moderne Monarchie wünscht. (691)

Polizisten in mehr als 20 Ländern haben im Kampf gegen Kinderpornografie am Mittwochmorgen [sic] Razzien in mehr als 20 Ländern unternommen, teilte die britische Polizei in London mit. Bei den Aktionen, die von der britischen Polizei koordiniert wurden, seien Dutzende von Verdächtigen festgenommen worden. >

Polizeibeamte in 21 Ländern haben im Kampf gegen Kinderpornographie am Mittwoch zahlreiche Wohnungen durchsucht und Dutzende von Verdächtigen festgenommen. Dies teilte die britische Polizei in London mit, die die Aktion koordinierte. (292)

Die von den Agenturredakteuren vorgenommenen Umordnungen von Informationen können auch dadurch die Verständlichkeit auf textueller Ebene erheblich erhöhen, dass sie den „versteckten Kern einer Meldung"[315] deutlicher herausstellen. So bedeuten die am Lead einer Wirtschaftsnachricht vorgenommenen Revisionen eine deutliche Verbesserung, weil nicht die Ankündigung der Fabrik-Schließung, sondern die Schließung selbst das berichtenswerte Hauptereignis ist. Die Verschiebung der zur Hauptaussage gehörenden Detailinformationen über die genaueren Umstände der Fabrik-Schließung weiter nach vorn in den zweiten Satz verdeutlicht den inhaltlichen Zusammenhang:

Der japanische Elektronikkonzern Fujitsu hat am Freitag die Schließung seiner Microchips-Fabrik in der nordenglischen Stadt Durham angekündigt. Sechs Wochen nach der Schließung einer Halbleiter-

---

[315] Deutsche Presse-Agentur (1998), S. 180.

Fabrik des deutschen Siemens-Konzerns mit dem Verlust von 1 100
Arbeitsplätzen bei Newcastle (Nordengland) nannte Fujitsu ebenfalls
den Preisverfall auf dem Halbleiter-Markt und die Folgen der Asien-
krise als Begründung. Die Produktion in Durham wird sofort eingestellt. Endgültig geschlossen wird die Anlage, die 600 Arbeitsplätze
bot, Anfang Dezember. >
Nach Siemens gibt auch Fujitsu die Produktion von Mikrochips in
Nordengland auf. Der japanische Elektronikkonzern teilte am Freitag
mit, die Fertigung in Durham werde sofort eingestellt. Anfang
Dezember werde das Werk mit 600 Arbeitsplätzen endgültig geschlossen werden.
Vor sechs Wochen hatte die Siemens AG die Schließung oder den Ver-
kauf ihres Halbleiterwerks bei Newcastle angekündigt. Dort stehen
1 100 Arbeitsplätze auf dem Spiel. Wie Siemens nannte Fujitsu den
Preisverfall auf dem Halbleitermarkt und die Folgen der Asienkrise
als Begründung für die Desinvestition. (494)

Schließlich steigern die Agenturredakteure die Verständlichkeit des Nachrichtentextes auf textueller Ebene dadurch, dass sie ihn durch zusätzliche Absätze
stärker untergliedern, das heißt einen langen Absatz in zwei kürzere Absätze auf-
teilen.[316] Absätze, die thematische Einheiten markieren, erleichtern den Rezipienten das Lesen und die Orientierung im Text.[317] Dass insbesondere Absätze
von mehr als zehn Zeilen Länge zusätzlich unterteilt werden, spricht dafür, dass es
innerhalb der Redaktion Übereinkünfte darüber gibt, wie lang ein Absatz im Allgemeinen zu sein hat.

6.2.5 Stilistische Angemessenheit

Ein weiterer sehr großer Teil der Agenturrevisionen bewirkt in erster Linie einen
feinen stilistischen Unterschied und ist deshalb dem Revisionsziel ‚stilistische
Angemessenheit' zuzuordnen. Die Agenturredakteure passen den Stil des Vorlagentextes auf den verschiedenen Ebenen des Sprachsystems ihren eigenen Vorstellungen an.

Schon im Bereich der Interpunktion nutzen die Agenturredakteure den sich
ihnen bietenden stilistischen Freiraum. Häufig nehmen sie durch Revisionen der
satzbegrenzenden Zeichen, vor allem durch den Wechsel zwischen dem Punkt
und dem Doppelpunkt, zwei zur Abgrenzung von Sätzen konkurrierenden

---

[316] Einfügungen von zusätzlichen Absätzen sind zwar operational als typographische Revisionen
der Oberflächenebene zuzuordnen, im Hinblick auf ihre Ziele aber auf der textuellen Ebene an-
zusiedeln, weil sie die Gliederung des Textes betreffen.

[317] Vgl. Langer (1995), S. 149. Auch im dpa-Handbuch wird zum häufigen Gebrauch von Absätzen geraten: „Absätze machen Meldungen leserlicher und sollten reichlich verwendet werden"
(Deutsche Presse-Agentur (1998), S. 21).

Zeichen, stilistische Nuancierungen vor. Wer sich statt des Punktes für den Doppelpunkt entscheidet, betont, dass eine enge Beziehung zwischen den beiden Sätzen besteht, und weckt „die Erwartung auf nähere Spezifikation"[318]. Wer dagegen einen Doppelpunkt durch einen Punkt ersetzt, signalisiert eine stärkere Unabhängigkeit der Sätze bzw. der in ihnen enthaltenen Propositionen:

> *Dem Präsidenten wurden in Limerick zwei Ehrungen zuteil. Während die westirische Stadt ihn mit der Ehrenbürgerwürde auszeichnete, verlieh ihm die Konferenz aller irischen Universitätsrektoren für sein Engagement um Frieden in Nordirland den erstmals vergebenen Friedenspreis. >*
> *Dem Präsidenten wurden in Limerick zwei Ehrungen zuteil: Während [...].* (594)

> *Die zumeist älteren und aus ganz Europa angereisten Fans hielt es nicht auf ihren Sitzen: Auch wenn nicht in 70er Jahre Glamour-Look gekleidet, tanzten sie zu den Disco-Songs [...]. >*
> *Die zumeist älteren und aus ganz Europa angereisten Fans hielt es nicht auf ihren Sitzen. Auch wenn nicht im Look der 70er Jahre gekleidet, [...].* (695)

Selbst unter den zahlreichen Veränderungen der Kommasetzung, die ja im Deutschen stark normiert ist, sind viele stilistische Revisionen. Der Redakteur, der in einer Aufzählung ein Komma zwischen zwei adjektivischen Attributen eliminiert, interpretiert die Beziehungen der Adjektive zum Bezugswort um: Nach der Revision ist das erste Adjektiv dem zweiten nicht mehr neben-, sondern untergeordnet (692: *einen eleganten, klassischen Anzug > einen eleganten klassischen Anzug*). Was die Abgrenzung von Appositionen angeht, folgen mehrere Agenturrevisionen demselben Grundsatz: Aus Vor- und Nachnamen einer Person bestehende Appositionen folgen ohne Komma-Abtrennung als enge Apposition auf ihre Bezugswörter (2910: *die Pressesekretärin ihres Vaters, Prinz Charles > die Pressesekretärin ihres Vaters Prinz Charles*). Umfangreichere Appositionen, die beispielsweise aus einem Eigennamen und einem Attribut bestehen, werden als lockere Apposition mit einem Komma von ihrem seinerseits umfangreichen Bezugswort abgetrennt, was gleichzeitig die Lesbarkeit und dadurch auch die Verständlichkeit erheblich erleichtert:

> *der frühere irische Ministerpräsident und derzeitige Oppositionsführer im irischen Parlament John Bruton von der Partei Fine Gael [...] >*

---

[318] Langer (1995), S. 100.

der frühere irische Ministerpräsident und derzeitige Oppositions-
führer im irischen Parlament, John Bruton von der Partei Fine Gael,
[...]. (3184)

Neben den Veränderungen der Satzzeichen sind als stilistische Revisionen auf der Interpunktionsebene noch einige Ergänzungen von Anführungszeichen zu nennen, mit denen die Agenturredakteure redaktionsinternen Vorgaben gemäß Eigennamen und andere Ausdrücke besonders hervorheben (3183, 4911: *Wunder-stürmer > „ Wunderstürmer"*; 695: *die Bee Gees > die „ Bee Gees"*).[319]
Auch stilistische Revisionen auf der graphemischen Ebene, die vergleichs-weise selten sind, entsprechen vielfach den im dpa-Handbuch festgehaltenen Grundsätzen. So vermeiden die Agenturredakteure Abkürzungen (4911: *WM > Weltmeisterschaft*),[320] schreiben Zahlen von eins bis zwölf aus (397: *12 Prozent > zwölf Prozent*)[321] und schreiben „sprechbare Abkürzungen mit mehr als drei Buchstaben" klein und nur „nicht sprechbare Abkürzungen versal"[322] (297: *DASA > Dasa*; *CASA > Casa*; 499a, 499b: *UEFA > Uefa*). In anderen Fällen wird zwi-schen gleichberechtigten orthographischen Varianten gewechselt, was Ausdruck des Personalstils des Bearbeiters sein kann (3183: *schwindlig > schwindelig*). Bei im Deutschen sehr oft gebrauchten Fremdwörtern entscheiden sich die Agentur-redakteure für die bereits übliche eingedeutschte Schreibung (499b: *Club > Klub*), bei Entlehnungen aus dem Griechischen für die traditionelle ‚ph'-Schreibvariante und gegen die sich mit der Rechtschreibreform verbreitende eindeutschende ‚f'-Schreibung (191: *Fantasiereich > Phantasiereich*; 292: *Kinderpornografie > Kinderpornographie*).[323]
Stilistische Veränderungen auf der morphologischen Ebene kommen ver-gleichsweise häufig vor. Die morphostilistischen Revisionen sind vor allem auf den Personalstil der Bearbeiter zurückzuführen. Ihrem persönlichen Sprachgefühl folgend, wechseln die Redakteure zwischen morphologischen Synonymen, die „nur verschiedene Formbildungssuffixe, aber keine Bedeutungsunterschiede"[324] aufweisen. So setzen sie als Genitiv- und Dativendungen von starken Maskulina und Neutra, die im Deutschen mit und ohne ‚-e' gebildet werden können, etliche Male die volle Form mit der Endung ‚-e' an die Stelle der Form ohne ‚-e' (3185: *des Tods > des Todes*; <u>*zum Tod > beim Tode*</u> *Dianas*; *am* <u>*Grab > Grabe*</u> *der Prin-zessin*; *des Todestags > des Todestages*; 3186: *des Vorjahrs > Vorjahres*; 394, 3911: *des Bombenanschlags > Bombenanschlages*; *des Nordirlandkonflikts >*

---

[319] Deutsche Presse-Agentur (1998), S. 28f., „Anführungszeichen".
[320] Ebd., S. 155, „Namen".
[321] Ebd., S. 240, „Zahlen".
[322] Ebd., S. 155.
[323] Vgl. Duden (1997), Bd. 9, S. 278, „Fremdwort, 4. Rechtschreibung", S. 171, „Club/Klub", S. 252, „f/ph".
[324] Szoboszlai (1991), S. 118.

Nordirlandkonfliktes; 593: *auf dem Wege > Weg der Besserung*). Die Agenturredakteure entscheiden sich offensichtlich für diejenige Konkurrenzform, die sich ihres Erachtens rhythmisch am besten in den Kontext einfügt.[325] Möglicherweise stellen sie sich mit diesen Revisionen auf die Bedürfnisse der Zielmedien Hörfunk und Fernsehen ein, für die es einen gleichermaßen sprechbaren wie ansprechenden Text zu produzieren gilt.

Wie erwartet finden sich insbesondere auf lexikalischer Ebene viele Revisionen, die der stilistischen Angemessenheit dienen. Es sind Revisionen, die keinen wesentlichen Bedeutungsunterschied, wohl aber einen wesentlichen stilistischen Unterschied herbeiführen. Gemessen an allgemeinen, journalistischen und speziell redaktionsintern geltenden ästhetischen Grundsätzen stellt der bearbeitete Ausdruck gegenüber dem Ausdruck der Vorlage oft eine Verbesserung dar. Beispielsweise verwenden die Agenturredakteure in Übereinstimmung mit allgemein gültigen Stilregeln zum Gebrauch von Pronomen und Konjunktionen statt des als schwerfällig geltenden Relativpronomens ‚welcher‘, ‚welche‘, ‚welches‘ das synonyme Pronomen ‚der‘, ‚die‘, ‚das‘ (499b)[326] oder, zur Einleitung von Vordersätzen, statt der Konjunktion ‚weil‘ das Synonym ‚da‘ (499b)[327]. Sie folgen speziellen journalistischen oder redaktionsinternen Ratschlägen, die oft noch über die allgemeinen Stilregeln und die Regeln des Lexikons hinausgehen, und ersetzen Ausdrücke, die zwar allgemeinsprachlich üblich und stilistisch unmarkiert sind, unter Journalisten oder speziell in der dpa-Redaktion allerdings als markiert gelten. Beispielsweise ersetzen sie den wegen seiner Konnotationen unerwünschten Ausdruck ‚ins Krankenhaus einliefern‘ durch das Synonym ‚ins Krankenhaus bringen‘ (291).[328] Sie substituieren das als „Bürokratendeutsch und Nazi-Wort"[329] gebrandmarkte Verb ‚durchführen‘ durch das Verb ‚vornehmen‘ (694),[330] wobei allerdings der Vorteil des Substituts nicht recht einsehbar ist, zumal das Verb ‚durchführen‘ auch dafür kritisiert wird, dass es eines der „bequeme[n] Montagestücke" ist, „die jederzeit zur Verfügung stehen, aber in der Regel wenig Information übermitteln"[331]. Den im dpa-Handbuch manifestierten Regeln folgend, vermeiden sie mit Hilfe einfacher Eliminationen oder Substitutionen die aus dem

---

[325] Vgl. Fleischer u.a. (1996), S. 185.

[326] Duden (1997), Bd. 9, S. 617f., „Relativpronomen, 1. der, die das/welcher, welche, welches", S. 815, „welcher, welche, welches/der, die, das".

[327] Duden (1997), Bd. 9, S. 173, „da/weil".

[328] Deutsche Presse-Agentur (1998), S. 86, „eingeliefert": „Verletzte werden ins Krankenhaus gebracht. Sie werden nirgendwo eingeliefert."

[329] Schneider (1986), S. 210.

[330] Deutsche Presse-Agentur (1998), S. 84, „durchführen": „Ein Blinder wird möglicherweise durch die Stadt geführt. Ansonsten gelangt dieses Wort niemals zur Durchführung."

[331] Moser (1970), S. 108.

Englischen übernommene Wendung ‚stehende Ovationen' (692)[332] sowie das Adjektiv ‚letzter', ‚letzte', , letztes' in der Bedeutung von ‚vergangen' (397, 4911)[333].

Schließt man vom mehrmaligen Vorkommen der gleichen Revisionsart auf redaktionsintern geltende Stilprinzipien, ist anzunehmen, dass auf lexikalischer Ebene Vollständigkeit ein stilistischer Grundsatz innerhalb der Agenturredaktion ist. Dass die Agenturredakteure Eigennamen und Titel vervollständigen, und zwar nicht nur bei Erstreferenz (499b: *eine Zusage der Spitzenklubs Arsenal London, Manchester United und FC Liverpool*), sondern auch bei Wiederaufnahmen (394: *Der Premier > Premierminister*), lässt darauf schließen, dass das Prinzip der Vollständigkeit, das zugleich der Verständlichkeit förderlich ist, höher bewertet wird als das der Kürze.

Der wichtigste Stilgrundsatz innerhalb der Agenturredaktion ist aber die Neutralität. Dies lassen eine Vielzahl lexikalischer Revisionen erkennen, welche die Stilebene der Vorlagentexte auf die Ebene der Normalsprache verlagern. Die Agenturredakteure ersetzen entweder Ausdrücke, die einer zu niedrigen Stilebene angehören und deshalb einem Nachrichtentext unangemessen sind, durch Synonyme einer höheren Stilebene:

Wenn es eines Beweises dafür bedurfte, wurde der > dieser zum ersten Jahrestag ihres Todes in aller Öffentlichkeit geliefert. (3186)[334]

von der Trauer wegbewegten > von ihrer Trauer lösten (2910)

derart vollgestopft > mehr als voll (499b)

nicht machbar > möglich (4912)

Oder sie ersetzen stilistisch zu hoch gegriffene Ausdrücke durch Synonyme einer niedrigeren Stilebene:

Tragische Ereignisse wie Omagh haben nach Steinberg > nach Steinbergs Meinung einen neuen Friedensantrieb erzeugt. (396)

---

[332] Deutsche Presse-Agentur (1998), S. 167, „Ovationen": „stehen nicht. Eine stehende Ovation ist so unsinnig wie liegender Applaus. Statt dessen: ‚Stehend brachten die Zuschauer ihre Ovationen dar', ‚stehend dankten sie mit lang anhaltendem Applaus' etc."

[333] Ebd., S. 139, „letzte": „Die vergangene Woche, im vergangenen Jahr – aber der Letzte der Mohikaner und die letzte Läuferin des Rennens. Häufig wird ‚letzte' statt ‚vergangen' falsch gebraucht."

[334] Der Gebrauch des Demonstrativpronomens zur Rückverweisung gilt als umgangssprachlich (vgl. Duden (1998), Bd. 4, S. 339; Hentschel/Weydt (1994), S. 222f.).

*Wie die britische Boulevardzeitung „Sun" [...] berichtete, habe der
[...] Sänger persönliche Probleme <u>geltend gemacht</u> > <u>als Gründe genannt.</u>* (497)

*Konstitutionelle Veränderungen würden allerdings dem Parlament
<u>obliegen.</u> > Für konstitutionelle Veränderungen <u>sei</u> en [sic] allerdings
das Parlament <u>zuständig.</u>* (698)[335]

Die Agenturredakteure steigern die Neutralität der Berichterstattung vor
allem aber auch dadurch, dass sie Wertungen und Konnotationen aus den Vorlagentexten entfernen. Wertende und stark konnotierte Wörter[336] werden entweder
durch neutrale substituiert oder vollständig eliminiert. Besonders häufig betroffen
sind wertende bzw. emotional konnotierte Adjektive (393: *angesichts [...] des
<u>brutalen</u> > <u>harten</u> Wettbewerbs*; 397: *angesichts [...] des ~~brutalen~~ Wettbewerbs*;
397: *der ~~riesigen~~ DuPont-Tochter*; 694: *von <u>anonymen</u> > <u>ungenannten</u> Bietern*;
698: *~~Große~~ britische Sonntagszeitungen*[337]) und Substantive (191: *die britische
<u>Besetzung der</u> > <u>Oberhoheit über</u> die Falkland-Inseln*; 397: *der amerikanische
<u>Ölriese</u> > der US-Ölkonzern*; 3911: *Verwundete > Verletzte*). Vereinzelt werden
auch Modalwörter eliminiert (695: *leider*), die als „Einstellungsoperatoren" „die
subjektiv-modale Einschätzung des Geschehens durch den Sprechenden"[338] ausdrücken, sowie Steigerungspartikeln (597: *~~ausgesprochen~~ hoch*), welche „die
durch die Adjektive bezeichneten Eigenschaften einer impliziten Wert- bzw.
Grad-Skala zu[ordnen], indem sie den Grad dieser Eigenschaften angeben oder
modifizieren"[339].

Besonders häufig steigern die Agenturredakteure die Neutralität in der
Wortwahl, indem sie die zur Redekennzeichnung dienenden Verba dicendi, die
Verben des Sagens, verändern. Regelmäßig ersetzen sie Verben mit einer spezi-
fischen, aber im konkreten Textzusammenhang semantisch unpassenden Bedeu-
tung durch das semantisch neutrale und stets zutreffende Verb ‚sagen'. Die
Agenturredakteure folgen mit dieser Art von Revision allgemein journalistischen

---

[335] Auf den Fehler, der sich bei dieser Revision einschleicht, wird in 6.4 genauer eingegangen.

[336] Hannappel/Melenk (1982) zufolge muss man unterscheiden zwischen Wörtern mit wertenden
Merkmalen und Wörtern mit wertenden Konnotationen: „Wertende Merkmale sind Bedeu-
tungsanteile, auf die der Sprecher verpflichtet ist. [...] Wörter mit wertenden Merkmalen nennen wir Wertbegriffe. [...] Neben den Wertbegriffen sind die Ausdrücke mit wertenden Konnotationen zu nennen. Konnotationen gehören nicht zum festen Bedeutungsbestand; sie verpflichten den Sprecher nicht. Aber sie sind gleichwohl nicht privater Natur, sondern allgemein
verbreitet; man muß als Sprecher mit den Konnotationen der Hörer rechnen (und kann sie ge-
zielt einsetzen)." (S. 46)

[337] Wie Bergmann (1979) zeigt, gehört das Adjektiv ‚groß' zu den „Wertungen im weiteren Sinne" (S. 293f.).

[338] Helbig/Buscha (1998), S. 504.

[339] Helbig (1994), S. 46f.

wie auch speziell agenturinternen Empfehlungen, denen zufolge das neutrale Verb ‚sagen' auch dann vermeintlichen Synonymen vorzuziehen ist, wenn Anlass zur lexikalischen Variation besteht.[340] Sie ersetzen vor allem die Verben ‚betonen' und ‚erklären', die eine „offizielle, gewichtige und gelegentlich auch feierliche Mitteilung"[341] kennzeichnen, in den gegebenen Kontexten aber unzutreffend sind:

Bei diesem Treffen sollen die vorliegenden Optionen sowie möglichst schnelle Antworten erörtert werden", <u>erklärte > sagte</u> ein Regierungssprecher. (595)

Um seine Existenz auch im nächsten Jahrhundert zu garantieren, müsse das Königshaus sich zu „echten Veränderungen verpflichten", <u>erklärte > sagte</u> der Mitautor Mark Leonard nach Angaben der Sonntagspresse. „Es muß auf die Ängste und Hoffnungen der Menschen reagieren", sagte Leonard. (691)

„Beim Zeitplan ist heute klar, daß wir keine Chance haben, die private Airbus-Gesellschaft bis zum 1. Januar 1999 zu gründen", <u>erklärte > sagte</u> der Chef des französischen Airbus-Partners Aerospatiale SA, Yves Michot, auf einem Seminar bei der britischen Stadt Farnborough. [...]
Bei einem Presseseminar nahe der britischen Stadt Farnborough <u>betonte</u> er am Wochenende, [...]. > Auch die Neugliederung der Machtverhältnisse ist <u>Michot zufolge</u> noch nicht erfolgt.
Michot <u>betonte</u> auf dem Seminar den Willen allere Beteiligten, möglichst schnell zur Einigung zu kommen. > Alle Beteiligten seien willens, möglichst schnell zur Einigung zu kommen, <u>sagte</u> Michot. [...]
Die Allianz der beiden Luft- und Raumfahrtunternehmen werde als Etappe auf dem Weg zum EADC-Konzern offen für andere sein, <u>betonte [sic] > sagten</u> Michot und der Matra-HT-Präsident Philippe Camus [...]. (697)

Unter den von den Agenturredakteuren vorgenommenen lexikalischen Veränderungen sind aber auch solche, die nur einen unwesentlichen stilistischen Unterschied bewirken und sich weder mit allgemeinen noch mit speziell journalistischen oder redaktionsinternen Grundsätzen erklären lassen. Als Motiv für diese Revisionen – will man denn Vermutungen über die Motivation anstellen – kommt

---

[340] Deutsche Presse-Agentur (1998), S. 184, „sagen": „Keine Angst: Meist besser als vermeintliche Synonyme, die in Wirklichkeit etwas anderes bedeuten, z.B. betonen, erklären, unterstreichen. Eine Wortwiederholung ‚sagen' ist weniger schlimm als ein falsches ‚erklären'."
[341] Ebd., S. 89; vgl. auch ebd., S. 58, „betonen"; Jäger (1968), S. 242.

nur der Personalstil des Bearbeiters in Frage. Beispielsweise ist es eine rein subjektive Stilentscheidung, welchem von mehreren semantisch wie stilistisch synonymen Adverbien (3183: *allerdings > jedoch*; 3914: *jedoch > aber*) oder Präpositionen (697: *bei > auf einem Seminar nahe > bei der britischen Stadt Farnborough*; 6910: *mit einem Freistoß > per Freistoß*; 6910: *zu Recht > mit Recht*) der Vorrang gewährt wird. Ebenso sind viele der zahlreichen Substitutionen von Vollwörtern als Anpassungen an den Personalstil zu interpretieren (3186: *Farbstriche > Farbtupfer*; 192: *ausstellen > zeigen*; 296: *erhalten > bekommen*; 298: *Mittelsmann > Verbindungsmann*; 3912: *besprechen > erörtern*; 494: *Fabrik > Werk*; 6910: *Verteidigungsfehler > Abwehrfehler*). Die lexikalischen Revisionen bewirken allenfalls geringe Bedeutungsunterschiede, wie zum Beispiel Intensivierungen (299: *keine Unterstützung > keinerlei Unterstützung*; 3913: *An den Leibwächtern vorbei griff > ergriff Clinton immer wieder Hände, die sich ihm entgegenstreckten [...].*[342]).

Auch auf der syntaktischen Ebene dienen viele Agenturrevisionen der stilistischen Angemessenheit. Genau wie auf der lexikalischen Ebene führen die meisten dieser Revisionen ohne wesentliche Bedeutungsveränderungen stilistische Unterschiede herbei, die gemessen an allgemeinen und speziell journalistischen bzw. redaktionsinternen Grundsätzen Verbesserungen bedeuten: Aus syntaktisch asymmetrischen Konstruktionen werden mit Hilfe von interphrastischen Transformationen syntaktische Parallelismen (3185: *Obwohl der Jahrestag auf den traditionellen Bankfeiertag [...] fiel und trotz sonnigen Wetters > die Sonne schien, [...]. 597: Die westirische Stadt gilt als ein Modell für Stadterneuerung und des irischen Wirtschaftsbooms > für den irischen Wirtschaftsboom.*). Lexikalische Substitutionen und Transformationen, ja sogar Tempus- und Moduswechsel sorgen dafür, dass unschöner Gleichklang benachbarter Wörter vermieden und die Satzmelodie verbessert wird:[343]

Im übrigen seien bei dem Gespräch in Belfast alle [...] einig gewesen, daß die Bombenleger von Omagh das Gegenteil dessen erreicht hätten > erreichten, was sie beabsichtigt hätten: Statt Menschen auseinanderzubringen, hätten sie sie nur einander nähergebracht. (3911)

zum Abschluß seines eintägigen Besuchs Nordirlands > Nordirland-Besuches (3914)

---

[342] Die Verben ‚greifen' und ‚ergreifen' unterscheiden sich in ihrer Aktionsart, die etwas aussagt „über die jeweilige Phase oder den Rhythmus (einschließlich der Intensität) eines zeitlichen Verlaufs" (Agricola (1957), S. 48).

[343] Villiger (1977), S. 124: „In rein informatorischen Prosatexten sollten *aufdringliche Gleichklänge* vermieden werden, sofern sie funktionslos sind, also nicht im Rahmen einer bestimmten Textsorte und im Hinblick auf bestimmte Hörer eine rhetorische Aufgabe erfüllen". [Hervorhebung im Original]

Wie die englischen Medien weiter <u>berichteten,</u> <u>richteten</u> die Vertreter der Football Association (FA) [...] zudem eine taktisch geschickte Frage an Media Partners. >
Wie die englischen Medien weiter <u>berichteten,</u> haben die Vertreter [...] zudem eine taktisch geschickte Frage an Media Partners <u>gerichtet</u>. (499b)

am Sonnabend Abend > am Samstag abend (692)[344]

Fehlt bei Wortgruppen mit Eigennamen als enger Apposition der bestimmte Artikel, ein Charakteristikum der Schlagzeilensyntax, wird er der redaktionsinternen Anweisung entsprechend nachgetragen (594: *<u>Der</u> US-Präsident Bill Clinton*; 691: *<u>der</u> Mitautor Mark Leonard*; 697: *sagten Michot und <u>der</u> Matra-HT-Präsident Philippe Camus*).[345] Vollständigkeit ist also offensichtlich nicht nur auf der lexikalischen, sondern auch auf der syntaktischen Ebene ein wichtiger Stilgrundsatz bei Agenturredakteuren.

Ein anderes wichtiges Stilprinzip innerhalb der Agenturredaktion ist eindeutig die Unmarkiertheit: Häufig wählen die Agenturredakteure statt einer markierten die entsprechende unmarkierte Form[346], etwa wenn sie lockere Appositionen, die den Satzfluss unterbrechen, als Bezugswörter in die Nominalgruppe integrieren (499b: *die Vertreter der Football Association (FA), <u>des englischen Verbandes,</u> > die Vertreter <u>der [sic] englischen Verbandes</u> Football Association (FA)*) oder wenn sie die in Form von substantivischen Genitivattributen vorangestellten Ländernamen in die entsprechenden adjektivischen Attribute transformieren (3183: *zwischen <u>Englands</u> Nationalspieler > mit dem <u>englischen</u> Nationalspieler*; 4911: *<u>Englands</u> Wunderstürmer Michael Owen > des <u>englischen</u> „Wunderstürmers" Michael Owen*; 6910: *den Pressesaal in <u>Stockholms</u> Rotunda-Stadion > den Pressesaal des <u>Stockholmer</u> Rasunda-Stadions*). Im Unterschied zur bearbeiteten Form ist die am Englischen orientierte Voranstellung des Genitivattributs „im heutigen Deutsch, außer bei Personennamen, stilistisch auffällig"[347] und wird in der Pressesprache als „manieriert"[348] empfunden. Mög-

---

[344] Die Revision entspricht folgender Anweisung im dpa-Handbuch: „Samstag und Sonnabend sind gleichberechtigt und werden im Basisdienst meist so verwendet wie von den Büros angeboten. Sonnabend abend soll vermieden werden." (Deutsche Presse-Agentur (1998), S. 184)

[345] Deutsche Presse-Agentur (1998), S. 193, „Stil": „Den Artikel nicht vergessen. Also nicht ‚Die Meinung von Betriebsrat Otto Meier setzte sich durch', sondern ‚Die Meinung des Betriebsrates Otto Meier setzte sich durch'."

[346] Unter einer ‚unmarkierten Form' versteht man eine gegenüber anderen Formen häufigere, einfachere und deshalb unauffälligere Form (vgl. Hentschel/Weydt (1994), S. 106, Anm. 14).

[347] Duden (1998), Bd. 4, S. 670.

[348] Schneider (1986), S. 74.

licherweise ist auch das Vorkommen der markierten Form in den Texten der Auslandskorrespondenten auf den Einfluss des Englischen zurückzuführen. Auch im Bereich der Satzgliedstellung werden unmarkierte den markierten Konstruktionen vorgezogen. Besonders deutlich wird dies am Beispiel der Bearbeitung einer Sportnachricht (499b), die an mehreren Stellen durch eine markierte Satzgliedstellung auffällt und durch die besondere Positionierung einzelner Satzglieder die Aufmerksamkeit des Lesers auf sich zieht.[349] Der Bearbeiter stellt mit mehreren Revisionen die normale Satzgliedstellung wieder her: Im ersten Satz stellt er das Akkusativobjekt hinter die Adverbialbestimmung, wo es normalerweise seinen Platz hat. Mit dieser Veränderung hält er sich an die im Deutschen geltenden Stellungsregeln, denen zufolge das Satzglied mit dem höchsten Mitteilungswert am Ende des Satzes steht.[350] In einem der folgenden Sätze, der durch eine ungewöhnliche Stellung des Rhemas (*Wann [...]*) vor das Thema (*lautete die Frage*) auffällt,[351] stellt er das Thema an den Satzanfang vor das Rhema (*Sie wollten wissen*), so dass die Syntax der thematisch-gedanklichen Ordnung entspricht, was dem Rezipienten gleichzeitig das Verständnis erleichtert:

Der europäische Fußballverband UEFA hat einen wichtigen Erfolg in seinen Bemühungen gegen eine europäische Superliga erzielt. [...] Wann habe das Marketing-Unternehmen, welches zum Imperium des italienischen Medienmoguls Silvio Berlusconi gehört, zuvor direkt mit der FA Kontakt aufgenommen, lautete die Frage. >
Die Europäische Fußball-Union (Uefa) hat in ihren Bemühungen um die Verhinderung einer europäischen Superliga einen wichtigen Erfolg erzielt. [...] Sie wollten wissen, wann denn das Marketing-Unternehmen, das zum Imperium des italienischen Medienmoguls Silvio Berlusconi gehört, zuvor direkt mit der FA Kontakt aufgenommen habe. (499b)

Neben den zahlreichen Anpassungen an ästhetische Grundsätze sind unter den syntaktischen Veränderungen einige Revisionen, die sich nur als Anpassungen an den Personalstil des Bearbeiters erklären lassen. Hier sind zum einen viele der zahlreichen Wortgruppen- und Kompositionstransformationen zu nennen. Die Beobachtung, dass mehrere Agenturredakteure unabhängig voneinander aus den Nominalkomposita attributive Wortgruppen machen und sich nicht nur im Text selbst, sondern häufig sogar in der Überschrift für den längeren, aber semantisch

---

[349] Zschunke (1994), S. 138: „Abweichungen von der erwarteten Folge erzeugen markierte Wortstellungen, die dem allgemeinen Sprachgefühl widersprechen und so ein Moment der Überraschung, ein Aha-Erlebnis schaffen." Vgl. auch Linden (1998), S. 44.

[350] Vgl. Sommerfeldt/Starke (1998), S. 252, S. 255.

[351] Zur Stellung von Thema und Rhema siehe Hentschel/Weydt (1994), S. 395.

eindeutigeren Ausdruck entscheiden, legt zwar den Schluss nahe, dass Explizitheit ein Stilprinzip der Agenturredakteure ist (3184: *als Folge des Omagh-Anschlags > Anschlages von Omagh*; 494: *Microchips-Fabrik > Werk für Microchips*; 595: *Rußland-Krise > Krise in Rußland*).[352] Doch sprechen die etwa ebenso häufig zu beobachtenden Bevorzugungen des Platz sparenden Nominalkompositums gegen einen homogenen Redaktionsstil (395: *die Gegner des Friedens > die Friedens-gegner*). Offensichtlich entscheiden sich die Agenturredakteure je nach Text-zusammenhang und persönlicher Präferenz entweder für die Wortgruppe oder für das Kompositum.

Zum anderen sind viele der interphrastischen Permutationen, die zu einer Veränderungen der Wort- bzw. Satzgliedstellung und dadurch zur Veränderung der Satzmelodie führen, als Ausdruck des Personalstils zu interpretieren. Ihrem persönlichen Sprachgefühl folgend, ändern die Agenturredakteure innerhalb der Grenzen des sprachlich Richtigen die Abfolge unbetonter und betonter Silben im Satz. Sie erzielen damit einen ähnlichen Effekt wie mit den oben beschriebenen morphostilistischen Revisionen:

Zugleich aber betonte er: „[...]." >
Zugleich betonte er aber: „[...]." (195)

„Sie haben ihren [sic] führenden Politikern gesagt, daß ihre [sic] Sehnsucht nach Frieden größer denn je ist > größer ist denn je", rief Clinton der Menge zu. (3914)

Schließlich verändern die Agenturredakteure den Stil ihrer Vorlagentexte auch auf der Textebene. Wiederum entsprechen viele Revisionen allgemeinen oder speziell journalistischen Stilgrundsätzen. Eine Vielzahl von Revisionen folgt dem seit der Antike bekannten rhetorischen Prinzip der lexikalischen Variation und vermeidet eine zu häufige Wiederholung desselben Ausdrucks innerhalb ei-nes Textes, in benachbarten Sätzen oder sogar innerhalb desselben Satzes.[353] Die Agenturredakteure bewahren mit diesen Revisionen die Nachricht vor Monotonie und den Leser vor Langeweile, ohne dabei die Verständlichkeit zu mindern.[354] Die Bearbeiter beseitigen wörtliche Wiederholungen in der Regel mittels lexika-

---

[352] Zu den Unterschieden zwischen Nominalkomposita und den entsprechenden Wortgruppen siehe Sommerfeldt/Starke (1998), S. 37; Schippan (1992), S. 112; Clyne (1968).

[353] Duden (1997), Bd. 9, S. 821f., „Wiederholung": „Die rasch aufeinander folgende Wieder-holung desselben Ausdrucks, wenn sie nicht aus rhythmischen Gründen oder als stilistisches Mittel zur Hervorhebung oder zu lebendiger Darstellung beabsichtigt ist, wirkt stilistisch un-schön und sollte in gutem Deutsch vermieden werden."

[354] Wiederholungen können die Textverknüpfung stärken und die Verständlichkeit fördern. Die identische Repetition sichert als einfachste Form der Wiederaufnahme wie keine andere Wie-deraufnahmestrategie die Verständlichkeit (vgl. dazu Langer (1995), S. 104).

lischer Substitutionen. Substituendum und Substitut sind meist synonym, und es kommt weder zu semantischen noch zu stilistischen Veränderungen (393: *sowie* > *und*; 397: *und* > *sowie*; 4916: *Terrortaten* > *Terrorakten*). Wenn Bedeutungsunterschiede entstehen, so sind diese gering: Mal wählen die Bearbeiter ein Substitut, das ein anderes Semem betont als das Substituendum (292: *Polizisten* > *Polizeibeamte*; *Polizisten* > *Fahnder*), mal verwenden sie das Hyperonym (594: *Iren* > *Menschen*). Der Wiederholung von Eigennamen gehen die Agenturredakteure durch die Verwendung von Pronomen (4916: *Clinton* > *er*) oder Umschreibungen als Verweisausdrücke aus dem Weg (695: *die „Bee Gees"* > *die Band*; *die „Bee Gees"* > *die Gruppe*). Zwar bleibt bei den meisten Substitutionen zur Verbesserung der lexikalischen Variation die Stilebene erhalten, doch führen einige Revisionen, insbesondere die in Sportnachrichten, zu feinen stilistischen Differenzierungen. In einigen Fällen werden Wiederholungen mit Hilfe englischer Wörter vermieden (3183: *Spiel* > *Match*; 4910: *Pressman* > *der Keeper*),[355] was den oben als Revisionen zur Steigerung der Verständlichkeit beschriebenen Ersetzungen von Fremdwörtern zuwiderläuft. In anderen Fällen dienen ungewöhnliche Umschreibungen, welche den Rezipienten größeres Hintergrundwissen abverlangen, als Substitute (499b: *den englischen Clubs* > *den Klubs von der Insel*; *Das Toptrio des englischen Fußballs* > *Das Top-Trio aus dem Fußball-Mutterland*). Dass in einer politischen Nachricht zugunsten der lexikalischen Variation auf ein Synonym einer niedrigeren Stilebene zurückgegriffen wird, ist nur in einem einzigen Fall zu beobachten (595: *umgehende Hilfe anzubieten* > *sofort unter die Arme zu greifen*). Trotz stilistischer Nuancierungen bleibt die Neutralität der Wortwahl allerdings stets gewährleistet.

Als Anpassungen an stilistische, vor allem speziell journalistische und redaktionsinterne Grundsätze sind auch viele der von den Agenturredakteuren vorgenommenen Tempus- und Moduswechsel zu interpretieren.[356] Zwar ist der Tempus- und Modusgebrauch weitgehend normiert, doch nutzen die Nachrichtenredakteure die wenigen, sich ihnen im Bereich des sprachlich Richtigen bietenden Wahlmöglichkeiten.[357] Im Modusgebrauch nehmen die Agenturredakteure stilistische Differenzierungen vor, indem sie bei indirekter Rede den Konjunktiv durch den Indikativ ersetzen, sofern jedenfalls die indirekte Rede schon durch die Nebensatzeinleitung ‚dass' eindeutig gekennzeichnet ist und der Modus nicht das einzige Indiz ist. Trotz Indikativgebrauchs geht aus den Basisdiensttexten deutlich hervor, dass Aussagen anderer wiedergegeben werden; die Distanz zum Berichteten wird nach wie vor eingehalten. Der Gebrauch des Indikativs in solchen

---

[355] Auch Plümer (2000) weist darauf hin, dass Anglizismen in journalistischen Texten zur Ausdrucksvariation eingesetzt werden (S. 266).

[356] Tempus- und Moduswechsel werden innerhalb der Kategorie der stilistischen Angemessenheit der Textebene zugeordnet, weil der Tempus- und Modusgebrauch nicht nur durch den Satz-, sondern auch durch den Textzusammenhang bestimmt wird.

[357] Vgl. Fleischer u.a. (1996), S. 186ff; vgl. Agricola (1957).

eingeleiteten Nebensätzen ist korrekt und durchaus üblich.[358] Im Vergleich zum Konjunktiv signalisiert der Indikativ in solchen Konstruktionen allerdings stärker, dass das Berichtete Tatsachenwert beanspruchen kann:

> *Blair erinnerte im Parlament daran, daß die Auflösung dieser Waffen-*
> *lager innerhalb der nächsten zwei Jahre Bestandteil des Nordirland-*
> *Abkommens sei > ist. [...] Einen Tag nach dem schon seit längerem*
> *geforderten Gewaltverzicht von Adams erklärten am Mittwoch protes-*
> *tantische Extremistengruppen, daß auch für sie der Kampf vorbei sei*
> *> ist, wenn sich die IRA an die Aussage des Politikers halte.* (299)

Die von den Agenturredakteuren vorgenommenen Veränderungen im Tempusgebrauch führen oft zu größerer formaler Einfachheit, einem wichtigen journalistischen Prinzip. So vermeiden die Ersetzungen des Plusquamperfekts durch das Präteritum stilistisch unschöne, den Leser ermüdende und die Ver-ständlichkeit erschwerende Häufungen der formal sehr komplexen Plusquam-perfektformen:[359]

> *Die Soldaten hatten den 18jährigen am 4. September 1992 bei einer*
> *Straßensperre in Belfast erschossen, als dieser vor ihnen davonlief.*
> *Die Todesschützen Mark Wright (damals 19) und James Fisher*
> *(damals 24) hatten vor Gericht erklärt, > erklärten vor Gericht, sie*
> *hätten McBride für bewaffnet gehalten. Ihre Berufungen gegen die*
> *Verurteilung zu lebenslanger Haft waren verworfen worden.* (294)

> *Mitte der ersten Halbzeit humpelte Riedle mit schmerzverzerrtem*
> *Gesicht über den Platz, konnte das Match aber nach einer kurzen*
> *Behandlung doch beenden. „Ich hatte mir das Knie verdreht", be-*
> *richtete der 32jährige Stürmer nach dem 4:1 (4:1)-Erfolg [sic] [...].*
> *„So etwas wünscht man sich immer, aber keiner hatte es erwartet, daß*
> *wir es so leicht haben würden", meinte der deutsche Ex-National-*
> *spieler. Eine Halbzeit hatten > spielten die Liverpooler im mit rund*
> *36 000 Zuschauern ausverkauften St. James's Park ihren Gegner*
> *schwindlig gespielt > geradezu schwindelig, und Englands 18jähriger*
> *„Wunderstürmer" Michael Owen war mit drei Toren, eines davon*
> *vorbereitet durch Riedle, der herausragende Spieler.* (3183)

---

[358] Duden (1997), Bd. 9, S. 388; Duden (1998), Bd. 4, S. 782; Helbig/Buscha (1998), S. 196.
[359] Den sparsamen Umgang mit dem Plusquamperfekt empfiehlt zum Beispiel Schneider (1986), S. 49.

In anderen Fällen werden aber auch einfachere durch komplexere Konkurrenz-formen ersetzt. Die Revisionen bewirken insbesondere rhythmische Unterschiede, so dass man sie als Auswirkungen des persönlichen Sprachgefühls der Bearbeiter interpretieren muss:

Nach den Debatten des irischen Senats und des britischen Unter-hauses traten die Bestimmungen in Kraft. Danach ist es unter anderem leichter geworden, Verdächtige der Mitgliedschaft in verbo-tenen Organisationen zu überführen, sie länger in Polizeigewahrsam zu halten oder Autos und Grundbesitz einzuziehen, die bei Terrortaten eine Rolle <u>spielten > gespielt haben.</u> (4912)

Denn als die englischen Journalisten Gerüchte aufgriffen und nach-fragten, ob Hoddle die Nachfolge von Christian Gross als Trainer bei Tottenham Hotspur <u>antrete > antreten werde</u>, stand der englische Nationaltrainer auf und verließ wortlos den Pressesaal des Stock-holmer Rasunda-Stadions. (6910)

Die in den ersten Sätzen einer Nachricht vorgenommenen Tempuswechsel folgen im Allgemeinen wiederum journalistischen Grundsätzen. So entsprechen die Wechsel vom Präsens zum Perfekt oder Imperfekt als Einstiegstempus der Regel, dass im ersten Satz für vergangene Ereignisse die Vergangenheit, und zwar in der Regel das Perfekt, gewählt werden sollte, während das Präsens für die An-kündigung von Ereignissen zu verwenden ist:[360]

Die irische Untergrundorganisation IRA, die ebenso wie andere Extremistengruppen im Nordirland-Konflikt einen Waffenstillstand einhält, <u>fordert > hat</u> die Dissidentengruppe „Wahre IRA" <u>auf > auf-gefordert</u>, sich aufzulösen. (3184)

Mit einem Konzert der „Bee Gees" <u>erreicht > erreichte</u> die derzeitige Londoner Disko-Nostalgie am Samstag abend ihren Höhepunkt. Rund 50 000 Fans ließen im fast ausverkauften Londoner Wembley Stadium die 70er Jahre wieder aufleben. (692, ähnlich auch 695)

Nur als Ausdruck des Personalstils des Bearbeiters sind die vielen im ersten Analyseteil beschriebenen Artikelsubstitutionen zu erklären. Die Agenturredak-teure verändern mit dem Artikel das an den Rezipienten gegebene Textualitäts-signal.[361] Wer den bestimmten Artikel durch den unbestimmten Artikel bzw. im

---

[360] Vgl. Weischenberg (1990), S. 106f.
[361] Vgl. Brinker (2001), S. 30.

Plural durch den Nullartikel ersetzt, signalisiert dem Rezipienten, dass es um ein nicht näher identifiziertes Objekt geht, von dem zuvor noch nicht die Rede war (593: *Die beiden Politiker waren dabei auch mit ~~den~~ Angehörigen der Opfer zusammengetroffen.*). Wer umgekehrt den unbestimmten durch den bestimmten Artikel ersetzt, signalisiert stärker die Identifizierung und Bekanntheit des betroffenen Inhalts (192: *Auch der Leiter eines > des Rembrandt-Forschungsprojekts in Amsterdam, Ernst van de Wetering, habe bei einem Besuch der Bewertung zugestimmt, daß es sich um ein Original handelt.*).[362]

Mit welcher Information die Nachricht begonnen wird, ist ebenfalls eine stilistische Entscheidung. Mehrmals ist zu beobachten, dass Agenturredakteure eine andere Art von Einstieg wählen, um den Lead attraktiver zu gestalten und damit die Selektionschancen der Nachricht zu erhöhen. Vor allem bei weichen Nachrichten, die sich im Unterschied zu harten Nachrichten eine lesewerbende Darstellungsweise leisten können, wird der Leseanreiz auf diese Weise gesteigert. So wählt der Bearbeiter einer Nachricht über ein englisches Fotomodell statt des ‚Warum?'-Einstiegs den ‚Wer?'-Einstieg und stellt damit das eigentlich Interessante an dieser vermischten Nachricht, nämlich die Person, an den Anfang. Der neue Einstiegssatz beantwortet noch nicht gleich die Frage nach dem ‚Warum?', sondern regt zum Weiterlesen an:

Grobheit und Unfreundlichkeit in der Modewelt und der Trend zur Magerkeit treibt das 18 Jahre alte internationale Model Sarah Thomas von den Laufstegen der internationalen Modezentren. Nach britischen Presseberichten vom Freitag hat die als Star der Kosmetikfirma Cover Girl bekannte Sarah beschlossen, im nächsten Jahr nur noch in Großbritannien für Anzeigenaufträge vor die Kamera zu gehen. >
Sarah Thomas, 18jähriges britisches Supermodel, will nicht mehr auf den Laufsteg. Sie ertrage nicht die Grobheit und Unfreundlichkeit in der Modewelt sowie den Trend zu mageren Models, berichteten britische Medien am Freitag. Die als Star der Kosmetikfirma Cover Girl bekannte Sarah habe beschlossen, im nächsten Jahr nur noch in Großbritannien für Anzeigenaufträge vor die Kamera zu gehen. (493)

Auch die Umformulierung des Leads einer anderen vermischten Nachricht steigert die Attraktivität. Der neue Lead zwingt den Leser zum Weiterlesen, denn erst im zweiten Satz entfaltet sich die volle Bedeutung des ersten Satzes. Indem der Agenturredakteur die Länge der Sätze verkürzt bzw. die Anzahl der Propositionen pro Satz verringert, verbessert er darüber hinaus die Verständlichkeit:

---

[362] Vgl. Helbig/Buscha (1998), S. 367.

Normalerweise ist es die Aufgabe von Kevin Pressman, als Torhüter des englischen Fußballvereins Sheffield Wednesday Bälle abzuwehren oder zu fangen, doch am Donnerstag schnappte er nach einer Verfolgungsjagd einen Dieb, der seinen Mercedes gestohlen hatte. > *Seine Fangkünste sind Kevin Pressman auf besondere Weise zugute gekommen. Der Torhüter des Fußball-Vereins Sheffield Wednesday aus der englischen Premier League schnappte sich am Donnerstag nach einer Verfolgungsjagd einen Dieb, der zuvor seinen Mercedes gestohlen hatte.* (4910)

Der tiefstgreifende stilistische Eingriff auf textueller Ebene, die Veränderung der thematischen Struktur, ist unter den Agenturrevisionen nur sehr selten zu beobachten. Zuweilen verändern die Agenturredakteure lediglich die äußere Kennzeichnung der inneren Gliederung, indem sie die Absatzaufteilung verändern (499b, 6910). Wenn sie einzelne Sätze einem anderen Absatz zuordnen, dann ist dies ein Zeichen dafür, dass sie eine andere Auffassung davon haben, welche Gedanken inhaltlich zusammengehören, als der Textproduzent. Zuweilen greifen die Agenturredakteure aber noch stärker in die thematische Struktur ein und verändern mittels transphrastischer Permutationen die Reihenfolge der die Hauptaussage spezifizierenden Informationen. Da Nachrichten nach dem Prinzip der abnehmenden Wichtigkeit aufgebaut sind, signalisieren die Revisionen, dass die Bearbeiter die Relevanz der gegebenen Informationen anders beurteilen als die Textproduzenten. In einer Nachricht über die Entlassung zweier britischer Soldaten aus lebenslanger Haft (294LDN) stellt der Bearbeiter die Informationen so um, dass auf die Kernaussage nicht wie im Vorlagentext erst die Vorgeschichte und dann die Reaktionen auf die Freilassung folgen, sondern umgekehrt erst die Reaktionen und erst danach die Vorgeschichte beschrieben werden. Indem er die Reaktionen an eine frühere und damit prominentere Textstelle verschiebt, verleiht er ihnen größere Bedeutung. Da er damit gleichzeitig die zeitliche Abfolge verbessert – erst berichtet er vollständig über die aktuellen Ereignisse, bevor er die Vorgeschichte darstellt –, optimiert er ebenfalls die Verständlichkeit des Textes.

Die an einer Nachricht zur Verzögerung der Airbus-Neuordnung (697LDN) vorgenommenen Revisionen haben zur Folge, dass in der bearbeiteten Version auf die Zusammenfassung der Kernaussage zunächst einige Einzelheiten zum Ausmaß der Verzögerung und erst dann die Gründe für die Verzögerung folgen, während im Vorlagentext nach der Kernaussage erst die Gründe und dann weitere Einzelheiten zur vermuteten Länge der Verspätung geliefert werden. Während der Vorlagentext nach Sprecheräußerungen gegliedert ist – ein Sprecher wird vollständig zu Ende zitiert, bevor ein anderer zu Wort kommt –, ist der bearbeitete Text nach den inhaltlich zusammenhängenden Aussagen der Sprecher geordnet:

Die Neuordnung des europäischen Flugzeugherstellers GIE Airbus Industrie wird wegen noch offener Grundsatzfragen länger dauern als erwartet. „Beim Zeitplan ist heute klar, daß wir keine Chance haben, die private Airbus-Gesellschaft bis zum 1. Januar 1999 zu gründen", erklärte der Chef des französischen Airbus-Partners Aerospatiale SA, Yves Michot. Bei einem Presseseminar nahe der britischen Stadt Farnborough betonte er am Wochenende, eine Bewertung der von den Airbus-Partner [sic] einzubringenden Anlagen sei bisher ebenso wenig erfolgt wie ein [sic] Gliederung der Machtverhältnisse. <u>Sein Stellvertreter, Francoise Bigay, schloß am Sonntag eine Verspätung von bis zu einem Jahr nicht aus.</u> >
Die Umwandlung der GIE Airbus Industrie in eine schlagkräftige vollintegrierte Kapitalgesellschaft wird wegen offener Grundsatzfragen länger dauern als erwartet. „Beim Zeitplan ist heute klar, daß wir keine Chance haben, die private Airbus-Gesellschaft bis zum 1. Januar 1999 zu gründen", sagte der Chef des französischen Airbus-Partners Aerospatiale SA, Yves Michot, auf einem Seminar bei der britischen Stadt Farnborough. <u>Sein Stellvertreter Francoise Bigay schloß am Sonntag eine Verspätung bis zu einem Jahr nicht aus.</u>
Bisher sind die Produktionsanlagen, die von den Airbus-Partnern in die Airbus-Gesellschaft eingebracht werden sollen, noch nicht bewertet worden. Auch die Neugliederung der Machtverhältnisse ist Michot zufolge noch nicht erfolgt. (697)

6.2.6 Kürze

Eine große Anzahl der Agenturrevisionen dient der Kürze, vor allem Eliminationen, aber auch reduzierende Substitutionen und gelegentlich auch Transformationen und Permutationen. Die Agenturrevisionen mit dem Ziel der Kürze (im Folgenden: ‚Kürzungen') bewirken eine Reduzierung des Gesamtumfangs, wenn auch keine radikale. Betrachtet man die Bearbeitungen näher, bei denen Eliminationen die einzigen transphrastischen Revisionen sind (Gruppe 4a), stellt man fest, dass sich bei den Revisionen der Agenturredakteure der Umfang des Textes niemals um mehr als die Hälfte reduziert.[363] In 82 Prozent der Fälle wird weniger als 30 Prozent des Textumfangs gekürzt, wobei sogar in 27 Prozent aller Fälle weniger als 10 Prozent gekürzt wird. In nur 18 Prozent der Fälle wird zwischen 31 und 45 Prozent des Textumfangs gekürzt. Ein Zusammenhang zwischen der ursprünglichen Textlänge und dem Umfang der Kürzung ist nicht zu erkennen. Die Texte, die um weniger als 20 Prozent gekürzt werden, waren ursprünglich 14, 47,

---

[363] Da Agentur- und Zeitungszeilen unterschiedlich lang sind, wird das Verhältnis zwischen Londoner Texten und Basisdiensttexten über die Zeilenanzahl und das zwischen Basisdiensttexten und Zeitungstexten über die Wortzahl errechnet.

54 und 64 Zeilen lang. Die Texte, die um mehr als 31 Prozent gekürzt wurden, umfassten vor der Bearbeitung elf bzw. 26 Zeilen. Die meisten der Agenturrevisionen, die der Kürze dienen, erzielen eine Verringerung der Wortzahl, ohne dass Informationen verloren gehen oder Aussagen verfälscht werden.

6.2.6.1 Kürzungen ohne Informationsverlust

Viele der von den Agenturredakteuren vorgenommenen Kürzungen ohne Informationsverlust finden sich auf der lexikalischen Ebene; es handelt sich um Verringerungen der lexikalischen Redundanz. Häufig werden unnötig umfangreiche Ausdrücke durch kürzere Synonyme substituiert, etwa wenn mehrgliedrige Verbalausdrücke wie zum Beispiel reflexive Verbkonstruktionen durch bedeutungsgleiche Verben mit einer geringeren Anzahl von Valenzstellen ersetzt werden:

Die britisch-niederländische Mineralölgesellschaft Royal Dutch/Shell Group und der amerikanische Ölriese Texaco haben sich darauf verständigt, > wollen ihre europäischen Raffinerie- und Tankstellengeschäfte zusammenzulegen > zusammenlegen. (393)

Die Vereinbarung bezieht sich auch auf > betrifft auch Shell-Raffinerien an 17 Orten in [...]. (397)

Nach Mitteilung der Polizei [...] handelt es sich dabei um > ist dies die größte bisher in Irland gefundene Rauschgiftmenge. (693)

Unnötig umfangreiche Wortgruppen werden gekürzt, indem so genannte Vorreiter[364] ohne Bedeutungsverlust beseitigt werden (396: *Hilfe auf den Feldern von > bei Bildung und Erziehung*; 497: *eine Reihe persönlicher Probleme > persönliche Probleme*; 6912: *auf dem Sektor > in der Zivilluftfahrt*). Füllwörter, die keine wesentliche Bedeutung tragen oder im Kontext selbstverständlich und deshalb in Nachrichtentexten fehl am Platze sind,[365] werden ebenfalls gestrichen, so zum Beispiel die Gradpartikel ‚auch‘ (298, 698, 4916)[366] und gewisse Bestimmungswörter innerhalb von Nominalkomposita (395: *Bauprojekt > Projekt*; 397: *Standorten > Orten*; 6912: *Handelsbesucher > Besucher*).

Darüber hinaus merzen die Agenturredakteure viele in den Vorlagentexten vorkommende Pleonasmen[367] aus und verhindern dadurch Häufungen bedeutungsgleicher bzw. bedeutungsähnlicher Wörter. Pleonasmen finden sich vor

---

[364] Kurz u.a. (2000).
[365] Weischenberg (1990), S. 141.
[366] Zur Eliminierbarkeit von Partikeln siehe Helbig (1994), S. 23f.
[367] Zum Pleonasmus siehe Ottmers (1996), S. 161; Kurz u.a. (2000), S. 43; Villiger (1977), S. 121.

allem in Reihungen von Adjektiven und Adverbien, aber auch von Substantiven (395: *mit Hilfen für ~~Training und~~ Ausbildung sowie ~~durch Unterstützung bei~~ dem > den Aufbau von Kleinunternehmen, im Handel und bei ~~den~~ Investitionen*; 3912: *Auf seinem Programm steht außerdem ~~unter anderem~~ eine Rede [...].* 595: *einer ~~künftigen~~ neuen russischen Regierung*). Oft können Wörter aber auch deshalb ohne Informationsverlust gestrichen werden, weil ihre Bedeutung schon im Begriffsinhalt eines anderen Wortes enthalten ist. Dies gilt für viele Bezugswörter in Substantivgruppen, deren Bedeutung sich aus den folgenden Appositionen ergibt (3182: *Königin Elizabeth II. wurde dabei unter anderen von ihren Enkelsöhnen > Enkeln Prinz William und Prinz Harry begleitet*; 693: *Zwei Männer, ein Brite und ein Ire, > Ein Brite und ein Ire*; 6912: *die ~~beiden~~ Konkurrenten Boeing und Airbus Industrie*). Das Vermeiden solcher Pleonasmen kann den Umfang eines Satzes erheblich reduzieren und korrigiert dabei gleichzeitig einen gängigen Stilfehler. Ferner wird die Wiederholung derselben Aussage in variierter Form dadurch vermieden, dass bei Geldbeträgen, die in Londoner Texten in der Regel sowohl in Pfund als auch in DM angegeben werden, der Pfund-Betrag eliminiert wird (694: *rund 1 000 Pfund (2 900 Mark) > rund 2 900 Mark*). Während Pfund-Beträge für die Produzenten anderer dpa-Dienste, vor allem für die des englischsprachigen Auslandsdienstes, relevant sein können und deshalb in den Londoner Texten eine wichtige Funktion erfüllen, sind sie in den Basisdiensttexten, die sich an die deutschen Medien richten, überflüssig.

Im Vergleich zu den Reduzierungen der Redundanz auf lexikalischer Ebene verringern nur wenige Agenturrevisionen die Redundanz auf der syntaktischen Ebene. In einigen Fällen jedoch erreichen Vereinigungstransformationen und lexikalische Veränderungen, dass der gleiche Inhalt in einer kürzeren und zugleich einfacheren syntaktischen Form ausgedrückt wird. Die Komprimierung des Inhalts von zwei Sätzen in einem bzw. von einem komplexen in einem einfachen Satz bedeutet eine erhebliche Verringerung der syntaktischen Redundanz:[368]

Außerdem umschließt die Vereinbarung 13 Schmiermittelfabriken von Shell und drei von Texaco. Auch 333 Vertriebsterminals von Shell und 34 von Texaco sind betroffen. >
Außerdem umschließt die Vereinbarung 13 Schmiermittelwerke von Shell und drei von Texaco sowie 333 Vertriebsterminals von Shell und 34 von Texaco. (397)

Wie die „Financial Times" [...] berichtete, sollen die Verluste bei 120 Millionen Mark (40 Mio Pfund) liegen. >
Die „Financial Times" bezifferte [...] die Verluste auf 40 Millionen Pfund (120 Mio DM). (496)

---

[368] Vgl. Moser (1970), S. 98f.

Die Todesschützen [...] hatten vor Gericht erklärt, daß sie dachten,
McBride sei bewaffnet gewesen. >
Die Todesschützen [...] erklärten vor Gericht, sie hätten McBride für
bewaffnet gehalten. (294)

Besonders häufig reduzieren die Agenturredakteure die Redundanz auf der
Textebene, ohne dabei aber jemals die Kohärenz oder die Verständlichkeit zu beeinträchtigen. Eine große Anzahl von Belegen findet sich dafür, dass die Agenturredakteure mittels Eliminationen fakultativer Attribute Wiederholungen bei der
Satzverknüpfung tilgen, indem sie den Explizitheitsgrad von Verweisausdrücken
reduzieren. Auch ohne explizite Wiederholungen sind die Sätze durch implizite
Wiederaufnahmen[369] ausreichend verknüpft:

In London hatten Dutzende von Menschen die Nacht über mit bren-
nenden Kerzen vor dem Kensington-Palast verbracht, wo die Prinzes-
sin zuletzt gewohnt hatte. Am Tor ~~vor dem Palast~~ *häuften sich wieder*
Blumensträuße und Abschiedsgrüße an die Prinzessin von Wales.
(3182)

Zwei britische Soldaten [...] sind am Mittwoch freigelassen worden.
[...] Die Freilassung ~~der beiden~~ *wenige Tage vor der angekündigten*
vorzeitigen Haftentlassung von 400 terroristischen Straftätern aus
nordirischen Gefängnissen folgte jahrelangem juristischem Tauziehen
und Bittgesuchen prominenter Politiker zugunsten der beiden Häft-
linge. (294)

Auf fakultative Genitiv- und Präpositionalattribute wird deshalb so häufig verzichtet – vor allem im fortgeschrittenen Textverlauf –, weil die Kohärenz meist
bereits ausreichend auf der Texttiefenebene oder durch Kohäsionsmittel auf der
Textoberfläche gesichert ist:

Die britisch-niederländische Mineralölgesellschaft Royal Dutch/Shell
Group und der US-Ölkonzern Texaco wollen ihr europäisches Raffi-
nerie- und Tankstellengeschäft zusammenlegen. [...] Betroffen sind
fast 13 000 Shell- und 3 000 Texaco-Tankstellen [...]. [...] Ein Teil der
~~von der Marketingsvereinbarung betroffenen~~ *Texaco-Tankstellen in*
Dänemark und Norwegen wird gemeinsam mit Norsk Hydro in einem
Gemeinschaftsunternehmen betrieben. Die Vereinbarung ~~der beiden~~
~~Ölriesen~~ *betrifft auch Shell-Raffinerien an 17 Orten in Großbritannien*
[...]. (397)

---

[369] Zu expliziten und impliziten Wiederaufnahmen siehe Brinker (2001), S. 27ff.

*Die britische Regierung hat für die kommende Woche ein Treffen
führender Finanzexperten der G7-Staaten zur Erörterung der Krise in
Rußland nach London einberufen. [...] Nach Angaben eines Regie-
rungssprechers wollen die Vertreter sich mit der Frage befassen, wie
die G7-Länder auf die Wirtschaftskrise in Rußland reagieren sollen.
Das Treffen gehe auf eine Anregung von Premierminister Tony Blair
und Schatzkanzler Gordon Brown zurück. Teilnehmerkreis und Datum
der Sitzung stehen noch nicht fest. Wahrscheinlich werden ~~an dem
Treffen~~ hochrangige Beamte der Finanzministerien der Mitglieds-
staaten USA, Deutschland, Japan, Frankreich, Italien, Kanada und
Großbritannien teilnehmen.* (595)

Selbst Redekennzeichnungen, die zur Sicherung der Transparenz in Nachrichtentexten eine wichtige Funktion haben, werden ohne Informationsverlust
eliminiert, wenn durch Konjunktivgebrauch und den Textzusammenhang deutlich
wird, dass es sich bei einem Redebeitrag um indirekte Rede handelt. Durch Eliminationen von Redekennzeichnungen kann also die Redundanz in Passagen der
Redeerwähnung reduziert werden:

*Auch der frühere irische Ministerpräsident und derzeitige Opposi-
tionsführer im irischen Parlament, John Bruton von der Partei Fine
Gael, kritisierte am Montag die mit der IRA verbundene Sinn Fein.
Ihre Vertreter dürften in Nordirland keine Regierungsfunktion über-
nehmen, solange die IRA nicht bereit sei, ihre geheimen Waffen- und
Sprengstofflager aufzulösen~~, sagte er~~.* (3184)

Mehrmals reduzieren die Agenturredakteure Redundanz, indem sie auf
Konnektoren als Kohäsionsmittel verzichten.[370] Die Konnektoren sind redundant,
weil sie die Beziehung zwischen den Konjunkten nicht herstellen, sondern lediglich explizit machen.[371] Im folgenden Beispiel kann die Konjunktion ‚denn‘ problemlos eliminiert werden, weil die Kausalverknüpfung unter anderem durch den
Gebrauch der indirekten Rede signalisiert wird. In einer anderen Nachricht ist die
koordinierende Konjunktion ‚und‘überflüssig, weil die Satzverknüpfung bereits
durch das Konjunktionaladverb ‚deshalb‘ geleistet wird:

*Während die westirische Stadt ihn mit der Ehrenbürgerwürde aus-
zeichnete, verlieh ihm die Konferenz aller irischen Universitäts-
rektoren für sein Engagement um Frieden in Nordirland den erstmals
vergebenen Friedenspreis. ~~Denn~~ der > Der amerikanische Präsident*

---

[370] Zu Konnektoren siehe Langer (1995), S. 135ff.
[371] Vgl. ebd., S. 139.

habe den Frieden in Nordirland zu einer außenpolitischen Priorität der USA gemacht. (594, 597)

Die Nordiren hätten den Weg zum Frieden gewählt, ~~und~~ deshalb werde Amerika sein Versprechen erfüllen, dem Land dabei zu helfen, sagte Clinton. (3914)

6.2.6.2 Kürzungen mit Informationsverlust

Neben den Kürzungen ohne Informationsverlust kommen unter den Agenturrevisionen eine Reihe von Revisionen vor, die eine Kürzung nur unter inhaltlichem Verlust erreichen. Die meisten Kürzungen mit Informationsverlust sind interphrastische oder transphrastische Eliminationen. Der Informationsverlust kann ganz unterschiedliche Folgen für die gesamte Nachricht haben. In jedem Fall gehen Spezifizierungen der Hauptaussage verloren, was die Genauigkeit der Berichterstattung mindert.

Viele Agenturrevisionen, und zwar interphrastische Eliminationen oder Substitutionen einzelner Ausdrücke, führen zu Kürzungen bei Zeit- und Ortsangaben (3183: *am Sonntag ~~Nachmittag~~*; 695: *im März ~~kommenden Jahres~~*; 391: *auf dem Rollfeld des Militärflughafens Aldergrove > auf dem Militärflughafen Aldergrove*; 6912: *In Farnborough ~~südwestlich von~~ > bei London*). Kürzungen wie diese, die nur eine geringe Platzersparnis bedeuten, mindern die sachliche Genauigkeit und stehen somit im Gegensatz zu den bei anderen Bearbeitungen beobachteten Ergänzungen von Zeit- und Ortsangaben, die der Steigerung der sachlichen Genauigkeit dienen (siehe 6.2.3). Offensichtlich haben die Agenturredakteure unterschiedliche Vorstellungen davon, wie genau Ort und Zeit des Ereignisses definiert werden sollten. Auch wenn die Agenturredakteure auf Spezifizierungen verzichten, tilgen sie Zeit- und Ortsangaben niemals vollständig, so dass die Fragen ‚Wann?‘ und ‚Wo?‘ in den Basisdiensttexten stets beantwortet bleiben.

Bei vielen anderen Revisionen, vor allem bei Eliminationen von umfangreichen Wortgruppen, Teilsätzen und Einzelsätzen, gehen Spezifizierungen von Antworten auf die Fragen ‚Wer?‘, ‚Was?‘ und ‚Wie?‘ verloren. Die Agenturredakteure verzichten oft auf Informationen zum Hintergrund, die zum Verständnis des Hauptereignisses nicht unbedingt nötig sind:

~~Die millionenschwere Scary ist seit Anfang des Jahres mit ihrem 31 Jahre alten Auserwählten zusammen.~~ (591)[372]

~~Das Schiff war über die Karibik auf dem Weg nach Großbritannien.~~ (693)[373]

---

[372] Das Hauptthema des Textes lautet: ‚Mel B von den ‚Spice Girls‘ plant ‚weiße Hochzeit‘‘.

Wie die Bearbeitungen zweier Konzertberichte zeigen, lassen sich auf diese Weise umfangreiche und mit Informationen überladene Texte kürzen, ohne dass die Themenstruktur angegriffen wird. Die Spezifizierungen sind ohne Schaden für den Textzusammenhang streichbar, weil sie ihrerseits nicht weiter spezifiziert werden:

Die zweistündige Open-Air-Show, ~~die ohne Regenschauer verlief,~~ wurde auf drei Großleinwänden übertragen und einige Hits mit Videofilmen begleitet. [...] Die Brüder Gibb [...] zeigten ~~auf ihrem nach Dublin zweiten und letzten Europa-Konzert ihrer nur fünf Termine umfassenden Welttournee~~ [sic], daß ihre Hits noch immer aktuell sind. (692)

John Travolta tanzte im 1977er Film „Saturday Night Fever" <u>– das Soundtrack-Album dieses definitiven Dokuments der Disco-Ära verkaufte sich weltweit 40 Millionen Mal –</u> zu den Party-Hits der „Bee Gees". >
John Travolta tanzte auf der Leinwand in dem Film „Saturday Night Fever" zu den Party-Hits der „Bee Gees". (695)

Der Erfolg stellte sich schnell ein: „New York Mining Disaster 1941", ihr erstes in Großbritannien produziertes Album, wurde dort und in den USA ein Hit, gefolgt von „Massachuetts" [sic], ~~dem ersten Nummer-Eins-Hit in Großbritannien.~~ (695)

Oft werden Hintergrundinformationen gestrichen, die sogar in gewisser Weise vom geschilderten Hauptereignis ablenken. Insofern erleichtern solche Kürzungen gleichzeitig die Verständlichkeit des Textes. Beispielsweise ist in einer Nachricht über die Schaffung neuer Arbeitsplätze in Irland durch eine amerikanische Computerfirma (592LDN) die Information, der irische Premierminister Bertie Ahern begleite den amerikanischen Präsidenten bei seinem Besuch in Limerick, irrelevant und irreführend, weil Ahern nicht in seiner Funktion als Begleiter von Präsident Clinton, sondern als Premierminister der Republik Irland Stellung zur Schaffung neuer Arbeitsplätze nimmt. Ebenso ist der Hinweis auf Limerick-Verse in einer Nachricht anlässlich des Besuchs von Präsident Clinton in Limerick (597LDN) fehl am Platze:

---

[373] Das Hauptthema des Textes lautet: ‚Irische Polizei beschlagnahmt 300 Kilogramm Kokain an Bord einer Jacht'.

Der irische Ministerpräsident Bertie Ahern,~~ der Clinton bei seinem~~
~~Besuch in Limerick begleiten wird,~~ sprach von einem „großartigen
Tag" für Irland. (592)

Dem Präsidenten wurden in Limerick zwei Ehrungen zuteil. [...] Die
westirische Stadt,~~ auch bekannt durch ihre Ulkverse~~, gilt als ein Mo-
dell für Stadterneuerung und für den irischen Wirtschaftsboom. (597)

Antworten auf die Frage ‚Woher?' bzw. ‚Welche Quelle?' werden niemals
gekürzt, Informationen zum ‚Warum?' nur in einem einzigen Fall. Der Agenturredakteur, der innerhalb einer Begründung einen von zwei in der Textvorlage genannten Gründen streicht, weist zwar dem übrig bleibenden Grund eine größere
Bedeutung zu, signalisiert aber, dass es noch andere Gründe gibt (*unter anderem*)
und bewahrt insofern die sachliche Richtigkeit:

Als Gründe für die vorläufige Absage an die europäische Superliga
waren zwei Faktoren ausschlaggebend. Der erste [...]. Der zweite
Grund sind die Befürchtungen, daß die geänderten Pläne von Media
Partners ein Ende für den englischen FA-Pokal, den ältesten Fuß-
ballwettbewerb der Welt, bedeuten könnten. >
Die englischen Klubs befürchten unter anderem ein Ende für den FA-
Cup durch die geänderten Pläne von Media Partners. (499a)

Besonders häufig streichen die Agenturredakteure mit einzelnen Sätzen
mitten im Textverlauf Spezifizierungen innerhalb von verbalen Reaktionen, einem
Bestandteil vieler Nachrichtentexte. Indem sie in Passagen der Redeerwähnung
kürzen, führen sie eine oft beträchtliche Umfangreduzierung herbei und sorgen
dafür, dass der Anteil von Redewiedergabe am Text nicht überhand nimmt.[374] Oft
werden wörtliche Zitate gestrichen, was dafür spricht, dass die Bearbeiter die
Aussage für nicht wichtig, aussagekräftig oder prägnant genug halten:[375]

Auch der frühere irische Ministerpräsident und derzeitige Opposi-
tionsführer im irischen Parlament, John Bruton von der Partei Fine
Gael, kritisierte am Montag die mit der IRA verbundene Sinn Fein.
Ihre Vertreter dürften in Nordirland keine Regierungsfunktion über-
nehmen, solange die IRA nicht bereit sei, ihre geheimen Waffen- und
Sprengstofflager aufzulösen,~~ sagte er~~. „~~Ein Mitglied des Kabinetts,~~
~~der [sie] sich auf eine Privatarmee stützen kann, läßt sich nicht~~

---

[374] Zur Dosierung von Redewiedergabe in Nachrichtentexten siehe die Ratschläge von Schneider/
Raue (1998), S. 199; Zschunke (1994), S. 190.
[375] Vgl. Weischenberg (1990), S. 43, S. 131.

~~vergleichen mit einem Kabinettsmitglied, das keine Privatarmee hat",~~
~~erklärte Bruton.~~ (3184)

Einen Tag nach dem schon seit längerem geforderten Gewaltverzicht
von Adams erklärten am Mittwoch protestantische Extremisten-
gruppen, daß auch für sie der Kampf vorbei ist, wenn sich die IRA an
die Aussage des Politikers halte. ~~„Ohne die Gewalt der IRA gäbe es~~
~~keine loyalistische Gewalt geben [sic]", erinnerte der mit paramili-~~
~~täischen [sic] Gruppen der Protestanten verbundende [sic] Politiker~~
~~David Ervine von den Progressive Unionists (PUP).~~ (299)

Premierminister Tony Blair rief alle Seiten auf, mit „Weitblick, Mut
und Engagement" auf den Frieden hinzuarbeiten. Auch er zog eine
positive Bilanz des Friedensprozesses, der ungeachtet des „barbari-
schen und bösen" Bombenanschlags vor knapp drei Wochen in seine
nächste Phase treten werde. Er erinnerte aber an die im Friedenspakt
verankerte Pflicht, terroristische Waffenarsenale aufzulösen. ~~Der~~
~~Premier zeichnete eine Zukunft, „in der niemand sich um Religion~~
~~oder Herkunft schere, Terrorwaffen keine Rolle mehr spielen, und~~
~~keine Soldaten mehr die Straßen patrouillieren".~~ *Nach erreichten*
positiven Veränderungen, [sic] „könnten wir den Opfern von Omagh
kein besseres Denkmal setzen, als den Frieden zum Erfolg zu
machen", sagte Blair. (398)

Schließlich streichen die Agenturredakteure die nur in Ausnahmefällen in
den Vorlagentexten vorkommenden Bewertungen. Da Kommentare in Agentur-
texten fehl am Platze sind, eliminiert der Bearbeiter einer Sportmeldung eine als
Postskriptum angehängte Meinungsäußerung des Textproduzenten, eines freien
Mitarbeiters des Londoner Büros, und neutralisiert auf diese Weise den Stil der
Nachricht:

~~PS: Für das etwas ungewöhnliche Angebot von Lazio hätte der etwas~~
~~rundliche, berühmte gallische Krieger Obelix nur seinen Standard-~~
~~kommentar übrig: Die spinnen, die Römer.~~ (4911)

Nur selten streichen die Agenturredakteure vollständige thematische Einheiten. Wenn sie es tun, dann streichen sie Teil- oder Nebenthemen, lassen das
Hauptthema aber unverändert. Meist verzichten sie auf Nebenthemen des Hauptthemas, welche Rückblicke auf bereits vergangene Ereignisse oder Ankündigungen zukünftiger Ereignisse enthalten. In einem Text mit dem Hauptthema
‚Clinton sichert Nordirland Unterstützung der USA zu' (395LDN) wird der letzte
Absatz mit dem vorausweisenden Nebenthema ‚Clinton wird die Stadt Omagh

besuchen' gestrichen. Der Bearbeiter einer Nachricht mit dem Hauptthema ‚Clinton berät mit Ahern über den Friedensprozess für Nordirland' (495LDN) behält zwar das im vierten und letzten Absatz enthaltene Nebenthema ‚Clinton wird sich mit den Wirtschaftsbeziehungen zwischen den USA und Irland befassen' bei, verzichtet aber auf das im dritten Absatz behandelte Nebenthema ‚Clinton besuchte Belfast, Omagh und Armagh'. Durch den Verzicht auf Nebenthemen zu zukünftigen oder zeitlich vor dem Hauptereignis liegenden Ereignissen heben die Redakteure das Hauptthema stärker hervor und vermeiden Überschneidungen der aktuellen Nachricht mit im Basisdienst folgenden oder bereits angebotenen Agenturmeldungen, in denen die Nebenthemen Hauptthema sein werden bzw. waren.

Nur bei einer einzigen Bearbeitung einer Sportnachricht (499aLDN) werden alle Teilthemen des Hauptthemas eliminiert, so dass die Nachricht auf ihre Hauptaussage reduziert wird. Zwar beantwortet auch der reduzierte Text noch alle ‚W'-Fragen, doch fehlen alle stärker ins Detail gehenden Informationen. Die radikale Kürzung um drei Viertel des Textumfangs führt zu einem Wechsel der journalistischen Darstellungsform: Aus einem umfassenden Bericht wird eine Kurzmeldung. Trotz dieser starken Kürzung entsteht für die gesamte Agenturberichterstattung kein realer Informationsverlust: Der aus London stammende Bericht wird noch ein zweites Mal bearbeitet und erscheint im Basisdienst einmal als Kurzmeldung (499aBDT) und einmal als ausführlicher Bericht (499bBDT).

6.2.7 Nachrichtenwert

Nur verhältnismäßig selten nehmen die Agenturredakteure Revisionen vor, deren dominantes Ziel die Steigerung des Nachrichtenwertes ist. Wenn sie es tun, dann ergänzen sie zusätzliche Informationen, welche die Nachricht um einen Nachrichtenfaktor bereichern. Die Agenturredakteure erhöhen den Nachrichtenwert vor allem dadurch, dass sie den Nachrichtenfaktor ‚Ethnozentrismus' einführen, also den Deutschlandbezug herstellen (3183, 292, 397). Die Ergänzungen enthalten Informationen darüber, inwiefern sich das im Ausland geschehene Ereignis auf Deutschland auswirkt, und machen die Nachricht dadurch für das deutsche Publikum interessanter. Auffällig ist, dass fast alle der wenigen von Agenturredakteuren vorgenommenen transphrastischen Additionen dieses Revisionsziel haben:

[...] Nach einem Zweikampf mit dem englischen Nationalspieler Steve McManaman vom FC Liverpool mußte Newcastle Uniteds Neuzugang Dietmar Hamann am Sonntag verletzt ausgewechselt werden. Der vom FC Bayern München für rund 13,5 Millionen Mark Ablöse erworbene deutsche England-Legionär mußte seine Teilnahme an der am (heutigen) Montag begonnenen Länderspielreise der deutschen Nationalmannschaft nach Malta wegen einer Knieverletzung absagen. Hamann reiste am Montag zu einer eingehenden Untersuchung [sic]

zu Bayern Münchens Team-Arzt Hans-Wilhelm Müller-Wohlfahrt in seine alte Heimat – ihm droht wegen einer befürchteten Innenbandverletzung im Knie eine mehrwöchige Pause. (3183)

In Deutschland fanden Durchsuchungen in Baden-Württemberg, Bayern [...] und Rheinland-Pfalz statt. [...]. (292)

Die Deutsche Shell AG (Hamburg) ist von der Vereinbarung nicht direkt berührt, [...]. Ob es indirekte Auswirkungen auf die Shell-Tankstellen und -Raffinerien in Deutschland geben werde, konnte ein Shell-Sprecher am Donnerstag in Hamburg nicht sagen. Dazu sei es viel zu früh. (397)

Zuweilen ergänzen die Agenturredakteure Informationen, welche den Elite-Status der zitierten Quellen betonen und damit die Richtigkeit der Berichterstattung herausstellen. Da der Nachrichtenwert umso höher ist, je glaubwürdiger die verwendeten Quellen sind[376] – man könnte vom Nachrichtenfaktor ‚Elitequellen' sprechen[377] –, bedeuten auch solche Revisionen eine Steigerung des Nachrichtenwertes:

Gemäß Meldungen der englischen Sonntagszeitungen „The Observer"
und „Sunday Telegraph" [...]. >
Dies melden die als seriös geltenden englischen Sonntagszeitungen
„The Observer" und „Sunday Telegraph". (696)

---

[376] Bell (1991), S. 192: „The quality of a story's sources affects its news value. The more elite the source, the more newsworthy the story." Van Dijk (1988a), S. 87: „There is a hierarchy of sources and associated degrees of their reliability. Elite sources are not only considered more newsworthy (as news actors) but also as more reliable and opinion formulators."

[377] Der Faktor ‚Elitequellen', der bei Schulz (1990) fehlt, wäre der Faktorendimension ‚Status' zuzuordnen (vgl. 6.1.7, Anm. 262 der vorliegenden Arbeit).

6.3 Die Ziele der Zeitungsrevisionen

6.3.1 Sprachliche Richtigkeit

Nur ein geringer Teil der Zeitungsrevisionen dient dem Revisionsziel ‚sprachliche Richtigkeit'. Wenn die Zeitungsredakteure Fehler korrigieren, dann handelt es sich vorwiegend um orthographische Fehler, vereinzelt auch um Interpunktionsfehler, syntaktische und textuelle Fehler. Korrekturen von morphologischen und lexikalischen Fehlern kommen nicht vor.

Die wenigen korrigierten Interpunktionsfehler sind Einzelfälle wie falsche Abkürzungen oder überflüssige Schrägstriche (397GL: *95,6 Mrd > Mrd. DM*; 592W: *270 Mio > Mio. DM*; 297FR: *Eurofighter/„Typhoon" > Eurofighter „Typhoon"*). Korrekturen von Fehlern bei der Setzung von Kommata und Anführungszeichen, die unter den Agenturrevisionen häufig waren, sind unter den Zeitungsrevisionen dagegen nicht zu beobachten.

Obwohl schon die Agenturredakteure viele Rechtschreibfehler korrigiert haben, finden die Zeitungsredakteure noch eine beträchtliche Anzahl von orthographischen Flüchtigkeitsfehlern, vor allem überflüssige, fehlende oder falsche Buchstaben (297FR: *erorbern > erobern*; 296WZ: *Zentimenter > Zentimeter*; 395ND: *förden > fördern*; 591VB, 591HOC, 591WZ: *„Sice Girls" > Spice Girls"*; 3183FAZ: *Unterszchung > Untersuchung*). Vereinzelt beheben sie auch Verstöße gegen die Regeln der Getrennt- und Zusammenschreibung von Wörtern (3914HVZ: *ernstnehmen > ernst nehmen*) und der Verwendung von Bindestrichen in Nominalkomposita (3183FAZ: *Saison-Duell > Saisonduell*; 397GL: *die französische Elf Aquitaine-Gruppe > Elf-Aquitaine-Gruppe*; 699HOC: *Sinn Fein-Chef Gerry Adams > Sinn-Fein-Chef Adams*).

Bei den nur sehr selten zu beobachtenden Korrekturen von syntaktischen Fehlern handelt es sich um Beseitigungen von Wortwiederholungen oder um Korrekturen grammatisch unzulässiger Unterbesetzungen (395SZ: *Der amerikanische Präsident würdigte, was > die Anstrengungen, die Nordirland auf diesem Weg politisch und gesellschaftlich schon geleistet habe.*). Der einzige textuelle Fehler, der von zwei Zeitungen korrigiert wird, besteht in einem falsch gewählten Konjunktionaladverb, das einen Kausalzusammenhang suggeriert, der gar nicht gegeben ist:

US-Präsident Bill Clinton hat an Nordirland appelliert, beim Bau eines dauerhaften Friedens nicht nachzulassen. Das Blutvergießen von Omagh werde nicht das letzte sein, warnte Clinton in einer Rede vor der neugewählten Nordirlandversammlung in Belfast. ~~Es sei der Startschuß einer bösartigen Attacke auf den Friedensprozeß gewesen.~~ Nach den ermutigenden Fortschritten dürfe deshalb > aber die

„Chance einer Generation" für bleibende Stabilität nicht verspielt werden, mahnte der Präsident. (398HOC, 398WZ)[378]

6.3.2 Sachliche Richtigkeit

Wie Revisionen mit dem Ziel der sprachlichen Richtigkeit sind auch Revisionen mit dem Ziel der sachlichen Richtigkeit unter den Zeitungsrevisionen selten. Korrekturen von Zahlenangaben, Namen oder anderen Fakten, die eine bestimmte Sachkenntnis voraussetzen, kommen gar nicht vor. Lediglich für Korrekturen von logischen Fehlern, die mit Hilfe logischen Denkens identifiziert werden können, gibt es Beispiele. So entdecken die Zeitungsredakteure, dass es sich nicht bei Fusionsüberlegungen, sondern bei den Meldungen dieser Fusionsüberlegungen um Spekulationen gehandelt haben muss oder dass die Ablehnung eines Vorhabens nichts an dem Vorhaben selbst ändert:

Weitergehende Fusionsüberlegungen der beiden Unternehmen waren vergangene Woche als reine Spekulation zurückgewiesen worden. > *Meldungen über eine Fusion der beiden Branchenriesen wurden sowohl von den Europäern als auch von den Amerikanern als pure Spekulation zurückgewiesen.* (393FR)

Nach einem Treffen [...] wiesen die Geschäftsführung der Premier League und die Vereine der obersten englischen Spielklasse offenbar geschlossen die Pläne des italienischen Marketing-Unternehmens Media Partners zur Schaffung einer lukrativen Europaliga zurück. [...] Als Gründe [...] waren zwei Faktoren ausschlaggebend. Zum einen [...]. Zum anderen die Befürchtungen, daß die ~~geänderten~~ Pläne von Media Partners das Ende für den englischen FA-Cup [...] bedeuten könnten. (499bFR, ähnlich auch 499bW und 499aFAZ)

Über solche, auch unter den Agenturrevisionen nachzuweisenden Fälle hinaus sind speziell unter den Zeitungsrevisionen Veränderungen zu beobachten, die insofern der sachlichen Richtigkeit dienen, als sie die in den Agenturtexten vorkommenden Zeitreferenzen an die veränderte Kommunikationssituation anpassen. Diese Revisionen sind notwendig, weil die Agenturtexte im Allgemeinen noch am Tag ihrer Verbreitung im Basisdienst von den Medienkunden rezipiert und weiterbearbeitet werden, die Zeitungstexte dagegen erst am Tag nach ihrer

---

[378] Zitiert wird hier ausnahmsweise aus der Basisdienstversion (vgl. 4.2, S. 56f.), weil der *Holsteinische Courier* und die *Westdeutsche Zeitung* jeweils unterschiedliche Revisionen vornehmen. Die sowohl vom *Holsteinischen Courier* als auch von der *Westdeutschen Zeitung* vorgenommene Elimination des vorherigen Satzes ist unabhängig von der Substitution des Konjunktionaladverbs.

Produktion veröffentlicht und rezipiert werden. Entsprechend sorgen die Zeitungsredakteure im Untersuchungszeitraum dafür, dass die aus der Perspektive der Agenturjournalisten stammenden deiktischen Zeitangaben aus der Perspektive des Zeitungslesers sachlich korrekt sind (2910HVZ: *am (morgigen) Donnerstag* > *heute*; 699FT, 699HOC: *in der kommenden Woche* > *in dieser Woche*[379]).[380] Zum anderen verändern sie Tempora und Temporaladverbien, wenn die in den Agenturtexten noch als zukünftig beschriebenen Ereignisse zum Zeitpunkt der Veröffentlichung des Zeitungsartikels bereits vergangen sind. Sofern sich die Zeitungsredakteure vergewissert haben, dass die in den Agenturtexten angekündigten Ereignisse tatsächlich eingetreten sind, stellen auch diese Revisionen die sachliche Richtigkeit wieder her:

Zusammen mit anderen Mitgliedern der Königsfamilie werden die Prinzen am Vormittag an einem Gedenkgottesdienst beim schottischen Schloß Balmoral teilnehmen. [...] Dianas Geschwister nehmen an einer Trauerfeier an ihrem Grab auf Gut Althorp bei London teil. >
Die Königsfamilie nahm am Vormittag an einem Gedenkgottesdienst beim schottischen Schloß Balmoral teil. Dianas Geschwister trauerten an ihrem Grab auf Gut Althorp. (3181GL)[381]

Für die beiden Prinzen gehen die Ferien am (morgigen) Donnerstag zu Ende. Dann beziehen sie ihre Internatsräume in der Schulstadt Eton. >
Für die Söhne der vor einem Jahr tödlich verunglückten Prinzessin Diana, William und Harry (Foto: dpa), gingen gestern die Ferien zu Ende. Sie beziehen ihre Internatsräume in der Schulstadt Eton. (2910FP)[382]

6.3.3 Sachliche Genauigkeit

Eine vergleichsweise große Anzahl von Zeitungsrevisionen dient der sachlichen Genauigkeit. Besonders häufig steigern die Zeitungsredakteure die sachliche Genauigkeit bei Zeitangaben. Im Unterschied zu den Agenturredakteuren präzisieren sie die Zeitreferenzen allerdings nicht dadurch, dass sie Angaben zur Tageszeit hinzufügen, sondern dadurch, dass sie je nach Situation absolute in deiktische

---

[379] Der Basisdiensttext stammt vom Sonntag, die Zeitungsartikel erscheinen am folgenden Montag.

[380] Zur Unterscheidung von absoluten und deiktischen Situativa siehe Hennig/Huth (1975), S. 165. Zu Zeitreferenzen in Pressetexten siehe Lüger (1995), S. 47f.

[381] Der Basisdiensttext stammt vom Montagmorgen, der Artikel in der *Glocke* erscheint am Dienstag.

[382] Der Basisdiensttext stammt vom Mittwochnachmittag, der entsprechende Artikel in der *Freien Presse* erscheint erst am folgenden Freitag.

oder deiktische in absolute Zeitangaben umwandeln. Bei Bezügen auf das Schreibdatum, das zwar mit dem Lesedatum der Agenturtexte, nicht aber mit dem Lesedatum der Zeitungstexte identisch ist, ersetzen die Zeitungsredakteure die in den Agenturtexten verwendeten absoluten durch die entsprechenden, an die Perspektive der Zeitungsleser angepassten deiktischen Zeitangaben (2910WZ, 2910HOC, 2910FP: *am Mittwoch > gestern*[383]).[384] Dem Zeitungsleser vermitteln die deiktischen Zeitangaben den Eindruck von Präzision und Aktualität. Bei Bezügen auf Daten, die vor dem Schreibdatum und dem Datum des Hauptereignisses liegen, setzen die Zeitungsredakteure dagegen absolute an die Stelle deiktischer Zeitangaben (3185FP: *Am Vorabend > Am Sonntag*). Indem sie nicht nur die Tageszeit, sondern auch den Wochentag genau identifizieren, steigern sie die Genauigkeit und beugen Missverständnissen vor, die sich durch die veränderte Kommunikationssituation ergeben könnten (4916ND: *in der Nacht zu Freitag*). Die Steigerung der Genauigkeit ist notwendig, um das richtige und volle Verständnis zu garantieren:

> *Gebete und schweigendes Gedenken kennzeichneten am Montag > gestern den ersten Jahrestag des Todes von Prinzessin Diana. [...]*
> *Mittags wurde eine Totenmesse in der katholischen Kathedrale von Westminster gehalten. [...]*
> *Am Vorabend > Am Sonntag hatten Dianas Söhne William und Harry zusammen mit ihrem Vater Prinz Charles sich im Namen der königlichen Familie für die Anteilnahme der Öffentlichkeit bedankt.*
> *(3185FP)*[385]

> *Bei einem Treffen mit dem irischen Ministerpräsidenten Bertie Ahern würdigte er am Freitag in Dublin den bereits zurückgelegten Weg zum Frieden in Nordirland und setzte sich dafür ein, das Nordirlandabkommen unbedingt zu verwirklichen. [...] In der Nacht waren > Unterdessen sind in der Nacht zu Freitag [...] (4916ND)*[386]

---

[383] Streng genommen sind auch die in den Agenturtexten vorkommenden Zeitangaben deiktisch, denn auch eine Zeitangabe wie ‚am Mittwoch' ist nur eine Woche lang eindeutig. Im Vergleich zu den Zeitangaben in den Zeitungsartikeln sind die in den Agenturnachrichten aber immer noch relativ zeitlos und unpersönlich.

[384] Einige Zeitungen, z.B. die *Süddeutsche Zeitung* und der *Fränkische Tag*, behalten allerdings die absoluten Zeitangaben der Agenturtexte bei (395SZ, 3185FT, 4916FT, 699FT). Der *Holsteinische Courier* verfährt bei den Zeitangaben nicht einheitlich: einmal substituiert er die absoluten durch die deiktischen Angaben (3185HOC), ein andermal behält er sie bei (597HOC).

[385] Der Basisdiensttext stammt vom Montag, der entsprechende Artikel in der *Freien Presse* vom folgenden Dienstag.

[386] Der Basisdiensttext stammt vom Freitag, der entsprechende Artikel im *Neuen Deutschland* aus der Wochenendausgabe.

Nur einige Zeitungsredakteure steigern die Genauigkeit der Berichterstattung wie die Agenturredakteure dadurch, dass sie nähere Bestimmungen zu den genannten Namen von Personen und Institutionen einfügen. Interessanterweise ergänzen mehrere Zeitungen in Nachrichten zum Nordirlandkonflikt Informationen, welche die nationalen und religiösen Gegensätze deutlicher hervortreten lassen und die Motivation des Konflikts verständlicher machen. Das notwendige Hintergrundwissen wird nicht vorausgesetzt, sondern in der Nachricht mitgeliefert. Die *Frankfurter Rundschau* und die *Frankfurter Allgemeine Zeitung* lösen die Abkürzung ‚IRA' auf und ergänzen adjektivische Attribute, welche die Untergrundorganisation geographisch und konfessionell situieren.[387] Der *Holsteinische Courier* betont durch seine lexikalischen Veränderungen die religiösen Differenzen zwischen den Konfliktparteien:

Die irische Untergrundorganisation IRA [...] hat die Dissidentengruppe „Wahre IRA" aufgefordert, sich aufzulösen. (3184BDT) >
Die nordirische Untergrundorganisation Irisch Republikanische Armee (IRA) hat am Montag die für den Bombenanschlag von Omagh verantwortliche Splittergruppe „Wahre IRA" aufgefordert, sich sofort aufzulösen. (3184FR)
Die nordirische katholische Untergrundorganisation „Irisch-Republikanische Armee" (IRA) [...] hat die katholische Splittergruppe „Wahre IRA" aufgefordert, sich aufzulösen. (3184FAZ)

Als bedeutender Fortschritt in Nordirland wird bewertet, daß der neue Erste Minister der Provinzversammlung, Unionistenführer > der Protestant David Trimble (UUP), offenbar erstmals persönlich den > seinen früheren Erzfeind, den Katholiken Gerry Adams von Sinn Fein, treffen will. (398HOC)

Im Unterschied zu den Agenturrevisionen finden sich unter den Zeitungsrevisionen kaum Veränderungen, die die Genauigkeit des sprachlichen Ausdrucks steigern. Substitutionen von Hyperonymen durch Hyponyme, die unter den Agenturrevisionen recht häufig zu beobachten waren, kommen unter den Zeitungsrevisionen so gut wie gar nicht vor. Lediglich die Bezeichnungen für die Vereinigten Staaten von Amerika revidieren einige Zeitungsredakteure nach demselben Prinzip wie ihre Kollegen in der Nachrichtenagentur: Redakteure des *Neuen Deutschlands* und der *Westdeutschen Zeitung* setzen die sachlich genaueren

---

[387] Die Spitzmarke der *Frankfurter Rundschau*, die Ähnlichkeiten zwischen den beiden Zeitungen und ein Vergleich mit einer auf einem Reuters-Text basierenden Nachricht aus dem *Tagesspiegel* vom 1.9.1998 sprechen dafür, dass sich die *Frankfurter Rundschau* und die *Frankfurter Allgemeine Zeitung* am Lead der Nachrichtenagentur Reuters orientiert haben.

Hyponyme ‚USA' und ‚US-' an die Stelle der in bestimmten Zusammenhängen ungenauen und noch dazu längeren Hyperonyme ‚Amerika' und ‚amerikanisch' und nehmen dabei gegebenenfalls sogar Wortwiederholungen in Kauf (393BDT > 397WZ: *der amerikanische Ölriese > der US-Ölriese*; 395ND: *USA-Präsident Bill Clinton hat Nordirland zugesichert, daß es auf dem Weg in eine friedliche Zukunft mit <u>Amerika > den USA</u> rechnen kann.*).

Schließlich ergänzen die Zeitungsredakteure ihre Vorlagentexte um Informationen aus anderen Quellen, und zwar viel häufiger als ihre Kollegen in der Nachrichtenagentur. Da sich dadurch die dem Rezipienten angebotene Informationsmenge vergrößert, steigern auch diese Ergänzungen die sachliche Genauigkeit bzw. Vollständigkeit der Berichterstattung. Ein Redakteur der *Süddeutschen Zeitung* beispielsweise ergänzt eine Nachricht über Rupert Murdochs Pläne, den englischen Fußballverein Manchester United zu übernehmen, um Informationen zur Vorgeschichte und zu den näheren Umständen sowie um ein zusätzliches Nebenthema zur Entwicklung auf dem Fußball-Fernsehmarkt (696SZ). Durch diese Ergänzungen, die laut Spitzmarke aus Texten des Sport-Informations-Dienstes (sid) und der Nachrichtenagentur Reuters stammen, vervollständigt er die Berichterstattung zum aktuellen Ereignis und stellt einen Zusammenhang her zu anderen Allianzen zwischen Medienkonzernen und Sportvereinen.

Eine Nachricht über Vorwürfe der internationalen Menschenrechtsorganisation Amnesty International gegen die Taliban-Milizen (492BDT) ergänzen Redakteure der *Süddeutschen Zeitung* und der *tageszeitung* um die Sicht der Gegenseite. Während die *Süddeutsche Zeitung* nur einen Satz hinzufügt, in welchem sie die Dementierung der Vorwürfe von Seiten der Taliban erwähnt (492SZ: *Die Taliban wiesen die Vorwürfe zurück.*), modifiziert *die tageszeitung* den Vorlagentext in größerem Stil. Neben weiteren Einzelheiten zum Amnesty-Bericht ergänzt *die taz*, die sich auf Material der Agenturen AFP und AP beruft, das Nebenthema ‚Taliban lassen fünf iranische Geiseln frei' und das Teilthema ‚Taliban dementieren den ai-Bericht'. Indem sie die Gegenseite in ein besseres Licht setzt – *die tageszeitung* beendet ihren Artikel mit den Worten eines Taliban-Sprechers „Die Taliban töten niemals Frauen, Kinder oder alte Menschen" –, relativiert sie die im Text wiedergegebenen Aussagen des Amnesty-Berichts und setzt eigene inhaltliche, ja politische Schwerpunkte.

Im Unterschied zu den Agenturredakteuren ergänzen die Zeitungsredakteure auch vollständige thematische Einheiten, was nicht selten zu einer Veränderung des thematischen Schwerpunkts führt. Vor allem dann, wenn die Zeitungsredakteure der Agenturnachricht ein zusätzliches Textstück voranstellen, etwa einen Text einer Konkurrenzagentur zum selben Ereignis, ändert sich das Hauptthema der Nachricht. So wird aus dem Basisdiensttext mit dem Hauptthema ‚Clinton feiert Nordirland als Vorbild für Konfliktlösungen' (4916BDT) nach der Kompilation mit einem Textstück aus unbekannter Quelle ein Artikel im *Fränkischen Tag* mit dem Hauptthema ‚Clinton entschuldigt sich für Sexaffäre'. Das ursprüngliche

Hauptthema ist durch diesen Themenwechsel zum Nebenthema degradiert. Als notwendige Sekundärrevision wird auch der Überschrift eine zusätzliche Überschriftenzeile[388] vorangestellt, die das neue Hauptthema zusammenfasst:

Clinton feiert Nordirland als Vorbild für Konfliktlösungen >
(HZ) *Clinton entschuldigt sich für Sexaffäre*
(UZ) *US-Präsident: Nordirland Vorbild für Konfliktlösungen –*
Anti-Terror-Gesetze in Kraft getreten (4916FT)

Ergänzungen der Agenturüberschrift um zusätzliche Zeilen sind aber nicht immer Sekundärrevisionen von thematischen Veränderungen im Haupttext, sondern können auch eigenmotiviert sein. Wie die Agenturredakteure steigern nämlich auch viele Zeitungsredakteure die sachliche Genauigkeit der Vorlagenüberschrift, wenn auch auf andere Art und Weise. Während die Agenturredakteure möglichst aussagekräftige und informationsreiche einzeilige Überschriften formulieren, steigern einige Zeitungsredakteure die sachliche Genauigkeit der Vorlagenüberschrift, indem sie sie erweitern. Oft stellen sie der Agenturüberschrift eine Zusatzzeile voran, welche die Aussage der Hauptzeile in einen geographischen oder thematischen Zusammenhang stellt:[389]

Clinton feiert Nordirland als Vorbild für Konfliktlösungen (4916BDT)
>
(OZ) *Besuch beendet*
(HZ) *Clinton feiert Nordirland als Vorbild für Konfliktlösung* (4916GL)

(OZ) *US-Präsident in Irland:*
(HZ) *Nordirland als Vorbild für Konfliktlösungen* (4916VB)

Bei Überschriften zu langen Berichten ergänzen sie häufig zusätzliche Unterzeilen, die Teilthemen des in der Hauptzeile angekündigten Hauptthemas ansprechen. Für die neuen Zeilen werden vielfach Formulierungen aus dem Haupttext übernommen:

---

[388] Bei mehrteiligen Überschriften unterscheide ich zwischen der Hauptzeile (HZ), der Oberzeile (OZ) und der Unterzeile (UZ). Jede dieser Zeilen kann sich über mehrere Druckzeilen erstrecken (siehe Schneider/Esslinger (1998)). Doch wird dieser Zeilenumbruch innerhalb eines Überschriftenteils im Folgenden nicht dargestellt.

[389] Zur Funktion von Zusatzzeilen siehe Brandt (1991), S. 222ff.

Ruhiges Gedenken an Prinzessin Dianas erstem Todestag (3185BDT)
>
(HZ) *Ruhiges Gedenken an Dianas erstem Todestag*
(UZ) *Ansturm von Trauernden in Großbritannien geringer als im vergangenen Jahr – Viele Blumengrüße am Unfallort in Paris* (3185FT)

(HZ) *Ruhiges Gedenken an Diana*
(UZ) *Königliche Familie bei Messe in Schottland – Trauernde aus aller Welt in Paris* (3185FP)

(OZ) *Stilles Gedenken an Diana zum Todestag*
(HZ) *Der Union Jack weht auf Halbmast* (3185VB)

Bei mehrteiligen Agenturüberschriften steigern die Zeitungsredakteure die Genauigkeit oft dadurch, dass sie die Stichwörter, die das Thema angeben, durch genauere ersetzen.

Clintons Nordirland-Optimismus: Dem Frieden eine Chance geben >
(OZ) *Nordirland-Konflikt*
(HZ) *Dem Frieden eine Chance geben* (396GL)

Clinton: Friedensuchendes Nordirland kann auf Amerika zählen >
US-Präsident Clinton in Belfast: Friedliches Nordirland kann auf Amerika zählen (398VB)

Englische Einheit: Dämpfer für europäische Superliga-Pläne >
(OZ) *Fußball*
(HZ) *Dämpfer für europäische Superliga-Pläne* (499bFR)

6.3.4 Verständlichkeit
Revisionen, die in erster Linie der Erhöhung der Verständlichkeit dienen, sind unter den Zeitungsrevisionen im Verhältnis nicht so häufig wie unter den Agenturrevisionen. Auf der Oberflächenebene finden sich wiederum einige Einfügungen von Bindestrichen in unübersichtliche Nominalkomposita, die die Lesbarkeit und damit die Verständlichkeit erleichtern (3185BDT > 3186HOC: *Gedenkarrangement > Gedenk-Arrangement*; 296WZ: *Plateausohlen > Plateau-Sohlen*). Auf der lexikalischen Ebene sind einige Ersetzungen von Fremd- und Fachwörtern durch deutsche bzw. alltagssprachliche Entsprechungen zu nennen: Die *Frankfurter Allgemeine Zeitung*, die sich wie die dpa hausintern ausdrücklich gegen den

Gebrauch von unnötigen Anglizismen ausspricht,[390] ersetzt in einem Fußball-bericht das aus dem Englischen übernommene Wort ‚Match' durch das deutsch-sprachige Synonym ‚Spiel' (3183FAZ); das *Volksblatt* substituiert in einem Text mit wirtschaftlichem Thema ein Fachwort lateinischen Ursprungs durch ein deut-sches Wort mit allgemeinerer Bedeutung (494VB: *die Desinvestition > Maß-nahme*).

Auf syntaktischer Ebene sind es wie bei den Agenturrevisionen insbeson-dere Transformationen, vor allem Verbalisierungen (3184FAZ, 494FR) und Akti-vierungen (3184FR), die die Verständlichkeit erleichtern. Darüber hinaus sind aber auch Auflösungen von Satzverbindungen durch einfache Veränderungen der Zeichensetzung zu beobachten (3183FAZ). Wie die Agenturredakteure optimieren die Zeitungsredakteure die Verständlichkeit auf syntaktischer Ebene, ohne die Bedeutung zu verändern.

Auf textueller Ebene steigern die Zeitungsredakteure wie ihre Kollegen in der Agenturzentrale die Verständlichkeit ihrer Vorlagentexte vor allem dadurch, dass sie die Satzverknüpfung stärken. Insbesondere Redakteure der *Frankfurter Allgemeinen* und der *Süddeutschen Zeitung* machen mit ihren Revisionen die Zu-sammenhänge zwischen den Sätzen deutlicher: So stärkt ein *FAZ*-Redakteur den Zusammenhang zwischen einem Bezugsausdruck und dessen Verweisausdruck, indem er mittels einer interphrastischen Substitution die Wiederaufnahme durch ein Synonym durch die identische Wiederaufnahme ersetzt:

> *Die irische Nationalgalerie hat vermutlich dreißig Jahre lang ein echtes Rembrandt-Gemälde im Keller gelagert. [...] Nun haben nach Angaben des Museums Reinigungstests ergeben, daß sich unter einer Schicht von Staub und Farbe doch ein Werk des niederländischen Künstlers > von der Hand Rembrandts verbirgt.* (192FAZ)

Ein Redakteur der *Süddeutschen Zeitung* ersetzt in einer Nachricht über eine Neu-ordnung in der Flugzeugindustrie eine Referenz auf den Ort einer Pressekonferenz durch die Referenz auf den Anlass und erleichtert auf diese Weise denjenigen Le-sern das Verständnis, die aufgrund fehlenden Vorwissens nicht metonymisch vom Ort des Geschehens auf das dort stattfindende Ereignis zu schließen vermögen:

> *Der Zeitplan bei der geplanten Neuordnung des europäischen Flug-zeugherstellers GIE Airbus Industrie ist in Verzug. [...] Als Begrün-dung gab Michot bei einem Presseseminar am Rande der britischen Stadt Farnborough > der Luftfahrtschau in Farnborough noch offene Grundsatzfragen an.* (598SZ)

---

[390] Schwarzmeier (1997b), S. 13ff.

Häufiger als die Agenturredakteure steigern die Zeitungsredakteure die Lesbarkeit und damit die Verständlichkeit dadurch, dass sie die Nachrichtentexte durch zusätzliche Absätze stärker untergliedern und aus langen Absätzen mehrere kurze Absätze machen. Einige Zeitungen heben die ersten Absätze, die die Hauptaussagen der Texte enthalten, außerdem durch Fettdruck optisch hervor. Die zusätzlichen Untergliederungen der Agenturtexte sind notwendig, weil ein Absatz im Zeitungsdruck etwa doppelt so viele Zeilen einnimmt wie in der Agenturvorlage. Die Revisionen, die Sinneinheiten markieren und den Rezipienten das Lesen und Verstehen erleichtern, sind also Anpassungen an das veränderte Textformat.

Im Unterschied zu den Agenturredakteuren fügen die Zeitungsredakteure ihren Vorlagentexten zuweilen explizite Erklärungen hinzu. Indem sie die in den Vorlagentexten nur implizit vorhandenen Kausalzusammenhänge explizit machen, ermöglichen sie ihren Lesern ein tieferes Verständnis des dargestellten Ereignisses.[391] Die *Freie Presse* erleichtert ihren Lesern das Verständnis für das besondere Engagement des amerikanischen Präsidenten für Nordirland dadurch, dass sie explizit auf den hohen Anteil irischstämmiger Bürger an der US-Bevölkerung hinweist:

> *Clinton sicherte Nordirland auf dem begonnenen Weg amerikanische Unterstützung zu. Washington sei bereit, Ausbildung, Kleinunternehmen, Handel und Investitionen zu fördern. Der Präsident nannte es hoffnungsvoll, daß immer mehr führende Politiker Bereitschaft zum Dialog signalisierten.* ~~Es zeichne sich „nur noch eine Trennlinie" ab in Nordirland: zwischen Friedensstiftern und jenen, die den Frieden zerstören wollten.~~ *Der Nordirland-Kurs der US-Regierung hat traditionell große politische Bedeutung, denn mehr als 40 Millionen US-Bürger sind irischer Abstammung.* (398FP)

Die Welt ergänzt einen Satz, der den Zusammenhang zwischen dem beschriebenen Ereignis und den Gründen für dieses Ereignis verdeutlicht:

> *Der Hauptgrund für die Ablehnung ist wohl, daß die Pläne von Media Partners das Ende für den englischen FA-Cup, den ältesten Fußball-Wettbewerb der Welt, bedeuten könnten. Eine nicht hinnehmbare Situation für die englischen Klubs.* (499bW)

---

[391] Hagen (1995) betont, dass die Explizitheit kausaler Relationen der Verständlichkeit besonders förderlich ist (S. 134).

6.3.5 Stilistische Angemessenheit

Eine große Anzahl der von den Zeitungsredakteuren an dpa-Texten vorgenommenen Revisionen dient der stilistischen Angemessenheit. Stilistische Revisionen finden sich zwar auf allen Ebenen des Sprachsystems, doch sind sie auf der lexikalischen, der syntaktischen und der textuellen Ebene besonders häufig.

Auf der Interpunktionsebene nehmen die Zeitungsredakteure genau wie die Agenturredakteure stilistische Nuancierungen vor, indem sie Eigennamen durch Anführungszeichen besonders hervorheben (296WZ: *Count Jumbo* > *„Count Jumbo"*; 493VB: *Cover Girl* > *„Cover Girl"*) oder zur Abgrenzung von Sätzen konkurrierende Zeichen wählen (297FR: *Davon werden in Deutschland 180 Maschinen gebaut. Die Produktionskosten dafür belaufen sich auf 23 Milliarden DM.* > *Davon werden in Deutschland 180 gebaut; die Produktionskosten dafür belaufen sich auf 23 Milliarden Mark.*). Im Unterschied zu den Agenturrevisionen finden sich unter den Zeitungsrevisionen allerdings auch solche Veränderungen, die eine stilistische Verbesserung auf Kosten der sachlichen Richtigkeit erreichen. So ermöglicht das Verschieben der schließenden Anführungszeichen durch einen Redakteur der *Süddeutschen Zeitung* zwar einerseits einen stilistisch eleganteren Übergang von wörtlicher Rede zur Redekennzeichnung. Es bedeutet aber andererseits die Ausdehnung des Zitats auf eine in der Textvorlage nicht als wörtliche Rede gekennzeichnete Aussage und damit eine inkorrekte Veränderung der Redewiedergabe. Der Zeitungstext weist somit eine Aussage als Zitat des amerikanischen Präsidenten aus, die möglicherweise gar nicht von diesem stammt. Die Anführungszeichen täuschen die Exaktheit bei der Redewiedergabe nur vor.[392] Auch wenn der Verstoß gegen die sachliche Richtigkeit im konkreten Fall nicht schwerwiegend ist, verletzt der Redakteur seine journalistische Sorgfaltspflicht:

„Die USA unterstützen Ihre Suche nach Frieden" über die amerikanischen Parteigrenzen hinaus, sagte Clinton [...]. >
„Die USA unterstützen Ihre Suche nach Frieden über die amerikanischen Parteigrenzen hinaus", sagte Clinton [...]. (395SZ)

Häufiger als auf der Interpunktionsebene nehmen Zeitungsredakteure stilistische Revisionen auf der graphemischen Ebene vor. In der Schreibweise folgen die Redakteure vieler Zeitungen anderen Konventionen als die Agenturredakteure, etwa wenn sie auch Zahlen über zwölf ausschreiben (192FAZ: *30 > dreißig Jahre lang*; *Mitte der 60er > sechziger Jahre*)[393] oder Eigennamen statt mit Anführungszeichen durch Kursivdruck oder Großbuchstaben optisch hervorheben (499bFR:

---

[392] Vgl. van Dijk (1988a), S. 87.
[393] Schwarzmeier (1997b) zufolge empfiehlt die *Frankfurter Allgemeine Zeitung* ihren Mitarbeitern, Zahlen bis zur Zwanzig auszuschreiben (S. 22). Die Revisionen des *FAZ*-Redakteurs an 192BDT gehen über diese Regelung allerdings noch hinaus.

„The Times" [nicht kursiv] > *The Times [kursiv]*; 294HOC: *Mo Mowlam* > *MO MOWLAM*). Bei Fremdwörtern und Transkriptionen ausländischer Eigennamen entscheiden sich die Zeitungsredakteure oft für orthographische Varianten (693FAZ: *Jacht* > *Yacht*)[394], wobei die Schreibweisen auch unter den Zeitungen noch variieren (492ND: *Taliban* > *Taleban*; 492ND, 492taz: *Mazar-i-Sharif* > *Mazar-e-Scharif*; 492SZ: *Mazar-i-Sharif* > *Mazar-i-Scharif*). Einige Revisionen im Bereich der Getrennt- und Zusammenschreibung sind auf die Rechtschreibreform zurückzuführen: Während sich die Agentur im Untersuchungszeitraum noch an die alten Rechtschreibregeln hält, folgen einige Zeitungsredakteure offenbar schon den neuen Regeln (695GL: *am Samstag abend* > *Samstagabend*), wobei die Zeitungen nicht immer konsequent vorgehen.[395] Einige Zeitungen setzen sich mit ihren Revisionen im Bereich der Graphie bewusst von der Agentur und von den anderen Zeitungen ab. So demonstriert *die tageszeitung* ihre Unkonventionalität, indem sie sich über die Regel der Großschreibung von Eigennamen hinwegsetzt und sich mit der Kleinschreibung des Namens ,amnesty international (ai)' statt ,Amnesty International (AI)' am Logo der Organisation orientiert (492taz).

Anders als bei den Agenturrevisionen spielen morphostilistische Revisionen bei den Zeitungsrevisionen so gut wie keine Rolle. Dies entspricht der im ersten Analyseteil gemachten Beobachtung, dass sich unter den Zeitungsrevisionen im Unterschied zu den Agenturrevisionen kaum Veränderungen auf morphologischer Ebene finden. Nur selten sind morphologische Revisionen zu beobachten, die lediglich einen rhythmischen Unterschied herbeiführen (3183FAZ: *im > in dem mit rund 36 000 Zuschauern ausverkauften St. James's Park*; 297TS: *International sollen von dem > vom Eurofighter/ [sic] „Typhoon" in den nächsten drei Jahrzehnten 800 Exemplare [...] verkauft werden.*).

Die meisten Zeitungsrevisionen mit dem Ziel der stilistischen Angemessenheit sind Veränderungen auf der lexikalischen Ebene. Viele dieser lexikalischen Veränderungen, von denen übrigens ein großer Anteil von *FAZ*-Redakteuren stammt, führen stilistische Unterschiede herbei, die gemessen an allgemeinen oder speziell journalistischen Stilregeln eine Verbesserung bedeuten. Beispielsweise ersetzen Zeitungsredakteure als stilistisch unschön geltende Funktionsverbgefüge durch synonyme Vollverben (4911WZ: *Verhandlungen führen dürfen* > *verhandeln zu dürfen*). Oft folgen die Zeitungsrevisionen den gleichen Grundsätzen wie die Agenturrevisionen (393FR: *innerhalb der letzten > vergangenen 18 Monate*), doch befolgen die Zeitungsredakteure auch spezielle redaktionsinterne Anweisungen, die über die allgemein gültigen Stilregeln und offenbar auch die in der Agenturredaktion geltenden Grundsätze hinausgehen. So setzt ein *FAZ-* Redakteur das Verb ,sich bezichtigen' an die Stelle von ,sich bekennen' (3184FAZ), das

---

[394] Diese Revision entspricht einer *FAZ*-internen Anweisung (Schwarzmeier (1997b), S. 18).

[395] In einem anderen Fall folgt *Die Glocke* den alten Rechtschreibregeln (4916GL: *da gewesen* > *dagewesen*).

nach Ansicht der Redaktion im Zusammenhang mit negativen Ereignissen nicht zutreffend ist.[396] Einige Zeitungsrevisionen stehen sogar in erkennbarem Widerspruch zu allgemeinen oder speziell journalistischen ästhetischen Grundsätzen und damit auch zu den Revisionen von Redakteuren der Nachrichtenagentur und vieler Zeitungen. So wählen einige Zeitungsredakteure ausgerechnet die Lexeme, vor deren Gebrauch in journalistischen Ratgebern gewarnt wird: Sie bevorzugen das Verbum putandi[397] ‚meinen‘ gegenüber dem neutralen Verbum dicendi ‚sagen‘ auch dann, wenn keine Notwendigkeit zur lexikalischen Variation besteht (2910FP); sie wählen das Verb ‚für etwas sorgen‘ auch in negativen Zusammenhängen (493W: *Alkohol, Drogen und Eßstörungen verstärkten die > sorgten für eine abstoßende Atmosphäre in der Mode-Welt.*);[398] und sie ersetzen stilistisch unschöne Wörter, auch wenn sie dadurch noch unschönere erzeugen (499bWZ: *Zum einen die Abwesenheit von Uefa-Generalsekretär Aigner, die in den Augen der englischen Klubs die Bedeutung, welche > die die Uefa der Premier League beimißt, unterstrich.*). Die Auffassungen darüber, was auf lexikalischer Ebene als guter Stil gilt, gehen also erkennbar auseinander.

Die von den Zeitungsredakteuren vorgenommenen lexikalischen Veränderungen führen oft zu keinem wesentlichen semantischen oder stilistischen Unterschied und lassen sich nicht mit allgemeinen Stilregeln erklären. Solche, für Außenstehende uneinsichtigen Revisionen, die vor allem von Redakteuren der Abonnementzeitungen stammen, passen den Stil offensichtlich an redaktionsinterne oder persönliche Vorstellungen an (3184FAZ: *Der frühere > ehemalige irische Ministerpräsident*; 494FR: *Arbeitsplätze > Arbeitsstellen*; 499bW: *die Vereine der obersten > höchsten englischen Spielklasse*; 693FAZ: *bisher > bislang*[399]; 697W: *auf einem Seminar bei > in der Nähe der britischen Stadt Farnborough*).

Einige Zeitungen, insbesondere das *Neue Deutschland*, die *Frankfurter Allgemeine Zeitung* und der *Holsteinische Courier*, zeichnen sich durch einen eigenen Revisionsstil aus, was daran zu erkennen ist, dass mehrere Agenturtexte auf ähnliche Art und Weise modifiziert werden. Das *Neue Deutschland* setzt sich mehrmals ganz bewusst vom Wortlaut der Agenturvorlage ab und betont auf diese Weise seine Individualität. Die lexikalischen Veränderungen bei politischen Themen deuten darauf hin, dass sich die Textbearbeiter von den in den Agentur-

---

[396] Schwarzmeier (1997b), S. 21, *Frankfurter Allgemeine Zeitung*: „sich zu einem Anschlag bekennen": „sich zu etwas bekennen ist positiv, ein Anschlag hingegen nicht, also: sich der Tat bezichtigen [...]".

[397] Zur Unterscheidung zwischen Verba dicendi, sentiendi und putandi siehe Weinrich (1993), S. 898.

[398] Dagegen Schneider (1986), S. 217: „‚sorgen für‘ kommt von ‚sich Sorgen machen zugunsten von‘ und hat immer noch den Beigeschmack von Pflege und Hilfe."

[399] Das Projektteam Lokaljournalisten (1990) führt das Phänomen, dass ‚bisher‘ durch ‚bislang‘ verdrängt wurde, auf den Einfluss der *Spiegel*-Redakteure zurück (S. 123).

texten ausgedrückten Werten und Konventionen distanzieren. Beispielsweise spricht das ehemalige SED-Organ nicht wie die Agentur und alle anderen Zeitungen vom ‚US-Präsidenten', sondern vom ‚USA-Präsidenten' (395ND). Es spricht nicht von den ‚radikalislamischen Taliban-Milizen', sondern schlicht von den ‚Taliban-Milizen' und nimmt gerade dadurch, dass es sich einer negativen Bewertung der Gruppe enthält, politisch Stellung.

Die *Frankfurter Allgemeine Zeitung* und der *Holsteinische Courier* heben sich insbesondere im Hinblick auf die Neutralität der Berichterstattung vom Agenturstil ab. Die *Frankfurter Allgemeine Zeitung* zeichnet sich auf lexikalischer Ebene durch einen ausgesprochen neutralen Stil aus und übertrifft in dieser Hinsicht noch die für ihren neutralen Stil bekannte Deutsche Presse-Agentur.[400] Wie am Beispiel der Bearbeitung eines Fußballberichts (3183FAZ) deutlich wird, legt die *Frankfurter Allgemeine Zeitung* sogar in der Sportberichterstattung, die traditionell nicht ganz so sachlich zu sein hat wie etwa die Politikberichterstattung, Wert auf eine neutrale Wortwahl: Sie vermeidet flapsige Phraseologismen (*ihren Gegner schwindelig spielen > groß aufspielen*) und Metaphern aus dem Spenderbereich Militär (*der deutsche England-Legionär > Profi*)[401], streicht wertende Ausdrücke selbst dann, wenn Anführungszeichen eine Distanz zum Ausdruck signalisieren (*„Wunderstürmer" > Stürmer*), vermeidet Abkürzungen und Kurzwörter (*FC > Klub; der Ex-Nationalspieler > der frühere Nationalspieler*) und zieht neutrale den semantisch engen oder Subjektivität ausdrückenden Verba dicendi vor (*berichten > sagen; meinen > hinzufügen*). Der folgende Textausschnitt zeigt alle den Stil neutralisierenden Revisionen auf einen Blick:

Der vom FC Bayern München für rund 13,5 Millionen Mark Ablöse erworbene <u>*deutsche England-Legionär > Profi*</u> *mußte seine Teilnahme an der Länderspielreise der deutschen Nationalmannschaft nach Malta wegen einer Knieverletzung absagen. [...]*
Nach Hamanns Mißgeschick blieb Karlheinz Riedle im Liverpooler Trikot der einzige Deutsche, der am dritten Spieltag der englischen Premier League beteiligt war. Doch auch der frühere Dortmunder ~~*Borusse*~~ *hatte einen bangen Moment zu überstehen. Mitte der ersten Halbzeit humpelte Riedle mit schmerzverzerrtem Gesicht über den Platz, konnte das Spiel aber nach einer kurzen Behandlung doch beenden. „Ich hatte mir das Knie verdreht",* <u>*berichtete > sagte*</u> *der*

---

[400] Dass die *Frankfurter Allgemeine Zeitung* die Agentur an Neutralität noch übertrifft, hat auch Struk (2000) festgestellt (vgl. 2.1, Anm. 31 der vorliegenden Arbeit).

[401] Schwarzmeier (1997a) beobachtet bei ihrer Untersuchung sprachkritischer Bemühungen deutscher Tageszeitungen, dass viele Zeitungen die Verwendung solcher Metaphern ablehnen, weil sie zu einer „Militarisierung der Sprache" führten (S. 116).

32jährige Stürmer nach dem 4:1-Erfolg, mit dem sein <u>FC</u> > <u>Klub</u> die Tabellenspitze in der Premier League übernahm.
„So etwas wünscht man sich immer, aber keiner hatte es erwartet, daß wir es so leicht haben würden", <u>meinte der deutsche Ex-National-spieler</u> > <u>fügte der frühere deutsche Nationalspieler hinzu</u>. Eine Halb-zeit <u>spielten</u> die Liverpooler in dem mit rund 36 000 Zuschauern aus-verkauften St. James's Park <u>ihren Gegner geradezu schwindelig</u> > <u>groß auf</u>. Der 18jährige „<u>Wunderstürmer"</u> > <u>Stürmer</u> Michael Owen war mit drei Toren, eines davon vorbereitet durch Riedle, der heraus-ragende Spieler. (3183FAZ)

Bei der Bearbeitung anderer Basisdiensttexte in anderen Rubriken revidieren die *FAZ*-Redakteure ganz ähnlich (3184FAZ, 4911FAZ), was beweist, dass Neutrali-tät in der Wortwahl nicht nur dem Stil eines einzelnen Redakteurs entspricht, son-dern ein wesentliches Charakteristikum des *FAZ*-internen Redaktionsstils ist.

Den Gegenpol zur *Frankfurter Allgemeinen Zeitung* bildet der *Holsteinische Courier* mit einem sehr emotionsbetonten Stil. Die Redakteure der kleinen Zeitung aus Neumünster ersetzen bei den Bearbeitungen mehrerer Texte anläss-lich des Todestages von Prinzessin Diana neutrale durch emotional gefärbte Aus-drücke. Die Trauerbezeugungen der Öffentlichkeit beschreiben sie nicht sachlich wie die Agentur, sondern mit emotional konnotierten Metaphern:

Am Kensington-Palast in London [...] häuften sich wie im vergange-nen Jahr wieder Blumensträuße und Abschiedsgrüße. >
Der Kensington-Palast in London [...] war von einem Blumenmeer umgeben. (3185HOC)

Stärker als die Agenturjournalisten betonen sie die Intensität der Trauer:

Hunderte von Schaulustigen und Anhängern Dianas >
Hunderte von Trauernden (3185BDT > 3186HOC)

An der zum Diana-Mahnmal umgewidmeten Goldenen Flamme am Alma-Tunnel <u>zeigten viele Menschen Tränen und Rührung in Erinne-rung an Diana</u> > <u>konnten viele Menschen ihre Tränen nicht zurück-halten</u>. (3185BDT > 3186HOC)

Zur Referenz auf die Mitglieder der Königsfamilie verwendet der *Holsteinische Courier* statt der offiziellen Bezeichnungen Vertrautheit suggerierende Anglizis-men oder Vornamen (3185HOC: *Das britische Königshaus mit Dianas Söhnen, den Prinzen William und Harry > Die Royals*; 3185BDT > 3186HOC: *die Prin-zessin > Diana*).

Viel seltener als auf der lexikalischen Ebene verändern die Redakteure der 14 Tageszeitungen den Stil ihrer Vorlagentexte auf syntaktischer Ebene. Viele der syntaktischen Revisionen der Zeitungsredakteure entsprechen allgemeinen ästhetischen Grundsätzen, etwa wenn Parallelkonstruktionen gebildet (398HOC), den Satzfluss unterbrechende Einschübe beseitigt (493W) oder ausgeklammerte Elemente in die Satzklammer integriert werden (493W, 499bWZ):

Es zeichnet sich, so Clinton, „nur noch eine Trennlinie" ab in Nordirland: die zwischen Friedensstiftern und jenen, die den Frieden zerstören wollten > Friedenszerstörern. (398HOC)

Sarah Thomas, 18jähriges britisches Supermodel, will nicht mehr auf den Laufsteg. Sie ertrage nicht die Grobheit und Unfreundlichkeit in der Modewelt sowie den Trend zu mageren Models, berichteten britische Medien am Freitag. >
Das 18jährige britische Supermodel Sarah Thomas will nicht mehr auf den Laufsteg. Sie ertrage die Grobheit und Unfreundlichkeit in der Modewelt sowie den Trend zu mageren Models nicht. (493W)

Zum einen die Anwesenheit von Uefa-Generalsekretär Gerhard Aigner, die in den Augen der englischen Klubs die Bedeutung unterstrich, welche die UEFA der Premier League beimißt. >
Zum einen die Anwesenheit von Uefa-Generalsekretär Aigner, die in den Augen der englischen Klubs die Bedeutung, die die UEFA der Premier League beimißt, unterstrich. (499bWZ)

Allerdings stehen einige der von den Zeitungsredakteuren vorgenommenen stilistischen Veränderungen auch im Widerspruch zu allgemeinen stilistischen Grundsätzen und zu den von Agenturredakteuren oder von Redakteuren anderer Zeitungen vorgenommenen Revisionen. Während zum Beispiel die Agenturredakteure, wie an anderer Stelle gesehen (6.2.5), auf die normale Satzgliedstellung achten, bevorzugen einige Zeitungsredakteure, vor allem in Leadsätzen, eine markierte Satzgliedstellung. Indem ein Redakteur des *Neuen Deutschlands* in seinem neuen Leadsatz zu einer vermischten Nachricht das Akkusativobjekt ‚einen Dieb' an den Anfang des Satzes stellt und durch Fettdruck markiert, hebt er es besonders hervor. Der Nachricht verleiht er dadurch eine besondere Dramatik:

[...] Der Torhüter des Fußball-Vereins Sheffield Wednesday [...] schnappte sich am Donnerstag nach einer Verfolgungsjagd einen Dieb, der zuvor seinen Mercedes gestohlen hatte. >

Einen Dieb hat der Torhüter des Fußball-Vereins Sheffield Wednes-
day, Pressman, am Donnerstag nach einer Verfolgungsjagd ge-
schnappt. [...] (4910ND)

Auch im Bereich der Wortstellung erzeugt ein Redakteur des *Neuen Deutschlands*
einen markierten Stil, der von anderen abgelehnt wird. Während in der Agentur
und bei der *Frankfurter Allgemeinen Zeitung* die Voranstellung von Ländernamen
als Genitivattribut vermieden wird, bildet er diese Konstruktion ganz bewusst
(3183FAZ: *in Englands Fußball > im englischen Fußball*; 696ND: *Der australi-*
sche Medienzar > Australiens Medienzar). Widersprüchlich ist außerdem, dass in
der Agentur mehrmals der bestimmte Artikel in Wortgruppen mit einem Eigennamen als enger Apposition nachgetragen wird, während ein Redakteur des
Holsteinischen Couriers den bestimmten Artikel eliminiert und sich auf diese
Weise auch im Text der Schlagzeilensyntax annähert (699HOC: *zwischen d̶e̶m̶*
Unionistenführer David Trimble und Sinn-Fein-Chef Adams). In der Tat zeigen
sich im Gebrauch des bestimmten Artikels also Unterschiede zwischen den verschiedenen Medien.[402] Auch ein Redakteur der *Süddeutschen Zeitung* befindet
sich mit seinen Veränderungen an Bezeichnungen für die Vereinigten Staaten von
Amerika im Widerspruch zu den Revisionen anderer Agentur- und Zeitungsredakteure. Während Redakteure im Allgemeinen, wie oben gesehen (6.2.3 und
6.3.3), zugunsten der sachlichen Genauigkeit das Adjektiv ‚amerikanisch' durch
das Initialwort ‚US' ersetzen, bevorzugt er im Haupttext das stilistisch anspre-
chendere deutsche Adjektiv:

US-Präsident Bill Clinton > Der amerikanische Präsident Bill Clinton
hat Nordirland zugesichert, daß es auf dem begonnenen Weg in eine
friedliche Zukunft mit Amerika rechnen kann. [...]
Er hatte sich dafür eingesetzt, daß der US-Kongreß > amerikanische
Kongreß fünf Millionen Dollar für das Projekt an der „Friedenslinie"
zwischen katholischen und protestantischen Vierteln bereitstellt.
(395SZ)

Schließlich betreffen die stilistischen Modifizierungen unter den Zeitungsrevisionen auch die Textebene. Ebenso wie viele Agenturrevisionen steigern
einige Zeitungsrevisionen die lexikalische Variation. Wie ihre Kollegen in der
Nachrichtenagentur vermeiden die Zeitungsredakteure wörtliche Wiederholungen,

---

[402] Bell (1991) stellt einen Zusammenhang zwischen der Häufigkeit der Artikelelimination und
dem Zeitungstyp fest: „The structure of determiner deletion reflects the social structure of the
papers' readership in some detail. [...] The determiner deletion variable is diagnostic of the social stratification of a news outlet's audience" (S. 109f.). Er kommt zu dem Ergebnis, dass die
englischen Qualitätszeitungen weitaus seltener den Artikel eliminieren als die Boulevardzeitungen.

indem sie einen der doppelten Ausdrücke durch ein stilistisch gleichrangiges Synonym substituieren (397GL: *Gemeinschaftsunternehmen > Gemeinschaftsfirma*; 494WZ: *Arbeitsplätze > Stellen*; 4916WZ: *sagte > so Ahern*). Häufiger als die Agenturredakteure greifen sie allerdings auf semantisch und stilistisch differierende Substitute zurück. Beispielsweise ersetzen sie stilistisch neutrale Ausdrücke durch emotional konnotierte Ausdrücke (3185FP: *Diana > die „Königin der Herzen"*) oder durch umgangssprachliche Phraseologismen (494FR: *geschlossen werden > dicht machen*). Der stilistische Grundsatz der lexikalischen Variation ist unter Zeitungsredakteuren offenbar wichtiger als der der Neutralität. Viele Revisionen zur Steigerung der lexikalischen Variation treten in Verbindung mit Eliminationen auf. So nehmen die Zeitungsredakteure lexikalische Substitutionen vor allem dann vor, wenn zwei identische Ausdrücke nach transphrastischen Eliminationen näher aneinander gerückt sind:

Die Royals gedachten der Toten in einem Gottesdienst beim schottischen Königsschloß Balmoral, ~~wo der Hof alljährlich Urlaub macht.~~ ~~Auch Premierminister Tony Blair mit seiner Familie war bei dem~~ ~~Gottesdienst zugegen, der 20 Minuten dauerte.~~ Die Geschwister der Toten > Dianas Geschwister und ihre Mutter trafen sich auf Gut Althorp. (3185HOC)

Zusammen mit anderen Mitgliedern der Königsfamilie werden die Prinzen am Vormittag an einem Gedenkgottesdienst beim schottischen Schloß Balmoral teilnehmen. Dort hält sich der Hof derzeit im Sommerurlaub auf. Dianas Geschwister nehmen an einer Trauerfeier an ihrem Grab auf Gut Althorp bei London teil. >
Die Königsfamilie nahm am Vormittag an einem Gedenkgottesdienst beim schottischen Schloß Balmoral teil. Dianas Geschwister trauerten an ihrem Grab auf Gut Althorp. (3181GL)

Neben Revisionen, die erkennbar bestimmten stilistischen Prinzipien folgen, kommen unter den Zeitungsrevisionen solche Revisionen vor, die sich nur als Anpassungen an den Personalstil des Bearbeiters erklären lassen. Wie bei den Agenturrevisionen kommt auch bei den Zeitungsrevisionen der Personalstil des Bearbeiters bei der Verwendung der Artikel zum Ausdruck. Mehrmals substituieren Zeitungsredakteure selbst bei Erstreferenz den unbestimmten durch den bestimmten Artikel und signalisieren damit dem Rezipienten, dass sie auf ein ganz bestimmtes Ereignis Bezug nehmen und ein gewisses Vorwissen voraussetzen (492taz: *Nach einem > dem gestern in London veröffentlichten Bericht*; 499bW: *um die Verhinderung einer > der europäischen Superliga*).

Auch im Tempusgebrauch treffen die Zeitungsredakteure persönliche Stilentscheidungen. Zwar kann der Wechsel zwischen zwei Konkurrenzformen wie bei den Agenturrevisionen dazu führen, dass die bearbeitete Form einfacher und verständlicher ist (494WZ: *Nach Siemens gibt auch Fujitsu die Produktion von Mikrochips in Nordengland auf. Anfang Dezember ~~werde~~ > wird das 1991 eröffnete Werk mit 600 Arbeitsplätzen endgültig geschlossen ~~werden~~.*). Doch sind in den meisten Fällen keine Tendenzen zu erkennen. Einige Zeitungsredakteure beheben unmotivierte Unterbrechungen der Zeitenfolge, indem sie etwa in durchgängig in der Vergangenheit gehaltenen Texten unvermittelt vorkommende Präsensformen durch die entsprechenden Vergangenheitsformen ersetzen (2910HVZ). Umgekehrt durchbrechen andere die Einheitlichkeit des Erzähltempus und wechseln inmitten von durchgängig in der Vergangenheit gehaltenen Berichten unvermittelt ins Präsens (398HOC). Über die Regeln der Tempusfolge herrscht unter den Zeitungen also keine Einigkeit:

> *Die Söhne der vor einem Jahr tödlich verunglückten Prinzessin Diana haben zur Beendigung der allgemeinen Trauer um ihre Mutter aufgerufen. [...] Die 16 und 13 Jahre alten Söhne aus der geschiedenen Ehe von Charles und Diana ~~danken~~ > dankten in der Erklärung erneut für die Zeichen der Anteilnahme und Unterstützung seit dem tödlichen Unfall Dianas vor einem Jahr in Paris. Die Sympathiebekundungen hätten ihnen viel Kraft gegeben. Aber auch ihre Mutter hätte wohl gewünscht, daß sich die Menschen jetzt von ihrer Trauer lösten, meinten sie. (2910HVZ)*

> *Als bedeutender Fortschritt in Nordirland ~~wurde ebenso~~ bewertet > wird bewertet, daß der neue Erste Minister der Provinzversammlung [...] offenbar erstmals persönlich seinen früheren Erzfeind [...] treffen will. (398HOC)*

Relativ häufig greifen die Zeitungsredakteure in die thematische Struktur des Vorlagentextes ein. Sie organisieren die Abfolge der thematischen Einheiten um und verändern dadurch die thematischen Schwerpunkte der Nachrichtentexte. Meist verändern die Zeitungsredakteure ähnlich wie die Agenturredakteure die Reihenfolge der Teilthemen und weisen so den verschobenen thematischen Einheiten eine höhere oder eine geringere Relevanz zu. Ein Redakteur der *Freien Presse* zum Beispiel verschiebt im Laufe seiner Bearbeitung eines Agenturberichts über die Ereignisse an Prinzessin Dianas Todestag (3185FP) das Teilthema zu den Ereignissen am Unfallort in Paris vom ersten ins letzte Viertel des Textes. Damit zeigt er, dass er die Ereignisse in Paris für weniger relevant hält als die Ereignisse in Großbritannien, die den Schwerpunkt der Berichterstattung ausmachen. Außerdem behebt er mit der Permutation einen unmotivierten und die kognitive Ordnung störenden Schauplatzwechsel am Textbeginn und verbessert dadurch die Gliederung und die Verständlichkeit. Die Agenturnachricht ist nämlich insofern ungünstig gegliedert, als der Lead dem Hauptthema entsprechend die Trauerbekundungen in Großbritannien thematisiert, im zweiten Absatz dann allerdings auf die Ereignisse in Paris abgeschweift wird, bevor dann im dritten Absatz wieder zum Hauptthema zurückgekehrt wird. Ordnet der Redakteur der *Freien Presse* seinen Vorlagentext also nach dem Kriterium des Schauplatzes, untergliedert ein Redakteur des *Fränkischen Tages* eine Agenturnachricht zum Besuch von Präsident Clinton in Dublin nach Redebeiträgen (4916FT). Der Basisdiensttext beginnt mit einer Äußerung von Präsident Clinton zum Nordirlandkonflikt, fügt eine Bemerkung des irischen Ministerpräsidenten Ahern ein und kommt dann auf die Ausführungen Clintons zurück. *Der Fränkische Tag* zitiert dagegen den amerikanischen Präsidenten ohne Unterbrechung, bevor er den irischen Ministerpräsidenten zu Wort kommen lässt:

> *US-Präsident Bill Clinton hat Nordirland als Vorbild für die Lösung anderer ethnisch-religiöser Konflikte weltweit herausgestellt. Bei einem Treffen mit dem irischen Ministerpräsidenten Bertie Ahern setzte er sich am Freitag in Dublin dafür ein, das Nordirland-Abkommen unbedingt zu verwirklichen. Ahern dankte Clinton dafür, daß „die helfende Hand der USA" in Stunden der Not für Irland immer da gewesen sei. [...]*
> *„Nach dem Kalten Krieg haben die USA eine besondere Verantwortung, die über meine persönliche Leidenschaft für Nordirland hinausgeht", sagte Clinton in Dublin. Die Verantwortung der USA liege darin, die Welt gegen neue Sicherheitsbedrohungen zu wappnen sowie die ethnischen, religiösen und Stammeskonflikte einzudämmen. >*
> *Clinton hat Nordirland als Vorbild für die Lösung anderer ethnisch-religiöser Konflikte weltweit herausgestellt. Bei einem Treffen mit dem irischen Ministerpräsidenten Ahern setzte er sich am Freitag dafür ein, das Nordirland-Abkommen unbedingt zu verwirklichen. Die Verantwortung der USA liege darin, die Welt gegen neue Sicherheitsbedrohungen zu wappnen sowie die ethnischen, religiösen und Stammeskonflikte einzudämmen. Ahern dankte Clinton dafür, daß „die helfende Hand der USA" in Stunden der Not für Irland immer da gewesen sei. (4916FT)*

Über die Zusammenführung bzw. Trennung inhaltlich zusammenhängender Informationen hinaus können die Revisionen der Zeitungsredakteure aber noch tiefer greifende Konsequenzen für die Textstruktur haben. Permutationen von einzelnen oder mehreren Sätzen über größere Distanzen hinweg, vom Textende an den Textanfang und umgekehrt, führen zu wesentlichen Veränderungen des thematischen Schwerpunkts. So misst der Redakteur der *Honnefer Volkszeitung* einem von mehreren im Vorlagentext genannten Vorschlägen zur Erneuerung der britischen Monarchie besondere Bedeutung bei, wenn er ihn vom Textende an den Anfang verschiebt (691HVZ). Indem er ausgerechnet den Vorschlag, die britische Thronfolge künftig durch eine Volksabstimmung bestätigen zu lassen, hervorhebt, also den Aspekt mit dem größten ‚human-interest'-Faktor, steigert er gleichzeitig den Nachrichtenwert des Berichts.

Eine von einem Redakteur der *Freien Presse* an einer vermischten Nachricht vorgenommene transphrastische Permutation führt sogar zu der größtmöglichen textuellen Veränderung, und zwar zum Wechsel des Hauptthemas (2910FP): Das Hauptthema des Agenturtextes (‚Die Prinzen William und Harry rufen zum Ende der Trauer auf') wird zum Nebenthema degradiert; das im letzten Absatz des Basisdiensttextes behandelte Nebenthema (‚Für die Prinzen William und Harry beginnt nach den Ferien wieder die Schule') wird dafür zum Hauptthema des Zeitungsartikels erhoben. Als notwendige Sekundärrevision wird auch die Überschrift entsprechend angepasst (*Dianas Söhne rufen zum Ende der Trauer um ihre Mutter auf* > *Prinz Harry lernt in Schulstadt Eton*). Der Redakteur der *Freien Presse* setzt mit seinen textuellen Revisionen einen anderen thematischen Schwerpunkt und signalisiert, dass er das ehemalige Nebenthema für relevanter hält als das ehemalige Hauptthema. Dies kann durchaus damit zusammenhängen, dass die *Freie Presse* den Agenturtext erst mit einem Tag Verspätung ins Blatt nimmt. Denn am Tag der Veröffentlichung ist das Ereignis, das das Hauptthema der Vorlage darstellt, nicht mehr so aktuell wie das Ereignis, welches das Nebenthema des Vorlagentextes bildet.

Neben den zahlreichen im Haupttext der Agenturnachrichten vorgenommenen Revisionen dienen viele Überschriftenrevisionen der stilistischen Angemessenheit. Sogar die meisten Veränderungen an Agenturüberschriften sind stilistischer Natur, sei es, weil sie den sprachlichen Ausdruck modifizieren, sei es, weil sie den Informationsgehalt verändern. Die meisten Revisionen an Überschriften verändern die Stilebene der Formulierung und steigern dadurch den Leseanreiz. Die neu formulierten Zeitungsüberschriften sind zwar sachlich weniger aussagekräftig, dafür aber stilistisch auffälliger als die entsprechenden Agenturüberschriften. Die Zeitungsredakteure bedienen sich einer Vielzahl von sprachlichen Mitteln, um mit der Überschrift die Aufmerksamkeit ihrer Leser zu wecken. Vielfach setzen sie Stilmittel wie etwa Alliterationen, Wortspiele oder Dreiergruppen ein, insbesondere in den Rubriken Sport und Vermischtes:

Rupert Murdoch plant angeblich Übernahme von Manchester United
>
(OZ) *Denkwürdige Allianzen*
(HZ) *Murdoch will Manchester* (696SZ)

Mel B von den „Spice Girls" plant „weiße Hochzeit" >
Mel B erwartet ein „Spice-Baby" (591WZ)

Ruhiges Gedenken an Prinzessin Dianas erstem Todestag >
Diana: Blumen, Tränen und Gebete (3185HOC)

Im Wirtschaftsteil setzen viele Zeitungsredakteure auf eine originelle Bilder-
sprache – besonders beliebt sind Metaphern und Metonymien –, um das Interesse
der Leser für nüchterne Themen zu wecken:[403]

Shell und Texaco legen Raffinierien [sic] und Tankstellen zusammen
(393BDT) >
Shell tankt bald mit Texaco (397WZ)
Sprit-Ehe geschlossen (393HOC)

Aerospatiale-Chef: Zeitplan bei Airbus-Neuordnung nicht zu halten >
Airbus hat Verspätung (598FR)

Eurofighter will weltweit 50 Prozent Marktanteil erobern >
(OZ) *Rüstung*
(HZ) *Eurofighter „Typhoon" soll Verkaufsschlager werden* (297FR)

Häufig formulieren die Zeitungsredakteure ihre Überschrift nicht wie die
Agenturredakteure in einem informativen Aussagesatz, sondern in einem Frage-
satz. Während die Agentur die Hauptaussage des Textes schon in der Überschrift
bekannt gibt, werfen die Zeitungen eine Frage auf, die sie im Text zu beantworten
versprechen. Die Frageform erlaubt es den Zeitungsredakteuren unter anderem,
als Leseanreiz einen Einzelaspekt provokant herauszustellen, der dann erst im
Haupttext relativiert wird:

Rembrandt-Werk im Keller der irischen Nationalgalerie doch echt >
(HZ) *Mann aus dem Keller*
(UZ) *Rembrandt-Werk in Dublin doch echt?* (192FAZ)

Britische Studie fordert radikale Erneuerung der Monarchie
(698BDT) >
Britische Krone radikal erneuern? (698FT)
Königskinder auf Staatsschulen? (698WZ)
Soll Prinz Charles als König abgewählt werden? (698HVZ)

---

[403] Bilderreiche Überschriften im Wirtschaftsteil sind umstritten. Schneider/Esslinger (1998) kriti-
sieren: „Das Resultat ist überraschend oft, zumal in der Firmenberichterstattung, eine komische
oder komisch sein sollende oder eine unfreiwillig komische Überschrift über einem bierernst-
bürokratischen Text – eine Kombination, auf die eigentlich niemand gewartet hat." (S. 56f.)

Amnesty wirft Taliban Ermordung von Tausenden von Schiiten vor >
(HZ) Massenmord in Afghanistan?
(UZ) Amnesty berichtet von der Verschleppung und Ermordung Tau-
sender Zivilisten. Taliban lassen fünf iranische Geiseln frei
(492taz)

Häufig verwenden die Zeitungsredakteure für ihre Überschrift ein aus dem Text übernommenes bzw. abgeleitetes Zitat,[404] wodurch sie den Eindruck der Unmittelbarkeit und Authentizität vermitteln[405] und den Leser für den Text interessieren:

Clinton: Friedensuchendes Nordirland kann auf Amerika zählen >
(HZ) „Chance einer Generation"
(UZ) US-Präsident Bill Clinton mahnt Nordirland zu dauerhaftem
Frieden (398WZ)

Beim Zitieren kommt es den Zeitungsredakteuren allerdings nicht auf sachliche Richtigkeit an. Sie kennzeichnen in der Überschrift als wörtliches Zitat, was im Agenturtext lediglich als indirekte Rede oder als Redebericht erscheint.[406] Die Anführungszeichen täuschen also eine Faktentreue vor, die nicht existiert:

Dianas Söhne rufen zum Ende der Trauer um ihre Mutter auf >
Lady Di's Söhne: „Laßt unsere Mutter in Frieden ruhen" (2910HVZ)

Clinton feiert Nordirland als Vorbild für Konfliktlösungen >
(HZ) „Nordirland ist das Vorbild für Israel"
(UZ) US-Präsident in Dublin: Weltweite Bedeutung (4916WZ)

6.3.6 Kürze
Das mit Abstand am häufigsten von Zeitungsrevisionen erreichte Ziel ist die Kürze. Wie bei den Agenturrevisionen sind auch hier wieder hauptsächlich inter- und transphrastische Eliminationen, vereinzelt aber auch Substitutionen, Transformationen und Permutationen für die Kürzungen verantwortlich. Die Revisionen der Zeitungsredakteure bewirken beträchtliche Umfangreduzierungen. Im Laufe der

---

[404] Zu dieser Art von Überschrift, so genannten Redetiteln, siehe Kurz (1996).

[405] Vgl. Brandt (1991), S. 234.

[406] In den Hauptteilen der Basisdiensttexte heißt es: 2910BDT: *„Sie [die Prinzen William und Harry] hoffen sehr stark, daß man jetzt ihre Mutter und die Erinnerung an sie in Frieden ruhen läßt"*, erläuterte die Pressesekretärin ihres Vaters Prinz Charles. 4916BDT: *Auch am Vorabend hatte Clinton [...] den Friedensprozeß für Nordirland als leuchtendes Beispiel bezeichnet. Israelis und Palästinenser, Serben und Kosovo-Albaner könnten ihm jetzt nicht mehr sagen, daß Frieden in ihrer Region nicht machbar sei.*

in der Gruppe 4a zusammengefassten Bearbeitungen werden die Agenturtexte um bis zu 92 Prozent ihres ursprünglichen Umfangs gekürzt.[407] In 55 Prozent der Fälle kürzen die Zeitungen den Agenturtext um über die Hälfte, in 30 Prozent der Fälle sogar um mehr als 70 Prozent. Bei 45 Prozent der Bearbeitungen wird weniger als die Hälfte und nur bei 23 Prozent weniger als 30 Prozent vom ursprünglichen Textumfang gekürzt. Eine Korrelation zwischen der Länge des Vorlagentextes und der Verringerung des Umfangs ist nicht festzustellen: Sowohl Meldungen als auch Berichte werden stark gekürzt, und unter den nur wenig gekürzten Texten sind sowohl Meldungen als auch Berichte.[408]

Zwar sind die meisten Kürzungen der Zeitungsredakteure von einem wesentlichen Informationsverlust begleitet, doch kommen auch einige Revisionen vor, die lediglich die Redundanz auf der lexikalischen, der syntaktischen oder der textuellen Ebene verringern.

6.3.6.1 Kürzungen ohne Informationsverlust

Kürzungen auf der lexikalischen Ebene erreichen die Zeitungsredakteure wie ihre Kollegen in der Nachrichtenagentur vor allem dadurch, dass sie Pleonasmen und Füllwörter vermeiden. Zwar haben bereits die Agenturredakteure die Anzahl stilistisch unschöner Doppelungen verringert, doch finden auch die Zeitungsredakteure in den Agenturtexten noch überflüssige Wörter, zum Beispiel Partikeln:

Nach nur zwölf Minuten war das erste deutsch-deutsche Saisonduell im englischen Fußball ~~schon~~ vorbei. (3183FAZ)

Sollte das Nordirlandabkommen [...] tatsächlich zum Erfolg werden, dann werden sich Clinton und ~~auch~~ der US-Kongreß gern eine Scheibe davon abschneiden [...]. (396GL)

Die Zeitungsredakteure streichen des Weiteren einige Adjektive, Adverbien und Modalwörter, deren Bedeutung in anderen Wörtern enthalten ist. So können das Modalwort ,angeblich' und das Adverb ,künftig' in den folgenden Beispielen ohne Auswirkungen auf den Bedeutungsgehalt eliminiert werden, weil Ungewissheit bzw. Zukünftigkeit bereits durch das Modalverb ,sollen' ausgedrückt wird. Das Adjektiv ,körperlich' ist überflüssig, weil der Bedeutungsumfang des Substantivs ,Gebrechen' das Sem ,körperlich' einschließt:[409]

---

[407] Das Verhältnis zwischen Basisdiensttext und Zeitungstext wird über die Wortzahl errechnet (siehe 6.2.6, Anm. 363).

[408] So kürzen der *Holsteinische Courier* einen 53 Zeilen langen Bericht und die *Westdeutsche Zeitung* eine 16 Zeilen lange Meldung um knapp über 80 Prozent (3185HOC, 4911WZ). *Der Tagesspiegel* kürzt einen 45 Zeilen langen Bericht um 17 Prozent und eine 16 Zeilen lange Meldung um 20 Prozent (297TS, 4911TS).

[409] Wahrig (2000): „Gebrechen": „körperlicher Fehler, Schaden".

Die Römer sollen dem Premier-League-Verein FC Liverpool ~~angeb-~~ ~~lich~~ 1,5 Millionen Pfund (umgerechnet 4,35 Millionen Mark) allein dafür geboten haben, daß sie als erste und einzige mit Owen Ver- handlungen führen dürfen, [...]. (4911FAZ)

Ein mit verkürzten Vorderbeinen geborener Giraffenbulle im briti- schen Safaripark Woburn Abbey soll ~~künftig~~ mit Plateau-Sohlen sein ~~körperliches~~ Gebrechen ausgleichen können. (296WZ)

Besonders häufig eliminieren Zeitungsredakteure bedeutungsarme, nicht differenzierende Adjektive und folgen damit einer immer wieder in journalisti- schen Stilratgebern formulierten Empfehlung.[410] Auffällig ist, dass die Redakteure verschiedener Zeitungen oft dieselben Adjektive aus einem Vorlagentext strei- chen. Sie stimmen in ihrer Bewertung dieser Adjektive also überein:

Andrew Morton, dessen Buch „Diana, ihr wahres Leben" dem ~~öffent-~~ ~~lichen~~ Bild der Prinzessin die wohl kräftigsten Farbtupfer verliehen hat, möchte abbremsen. (3186HOC)

Die Söhne der vor einem Jahr tödlich verunglückten Prinzessin Diana haben gestern zur Beendigung der ~~allgemeinen~~ Trauer um ihre Mutter aufgerufen. (2910HOC, ähnlich auch 2910WZ)

USA-Präsident Bill Clinton hat Nordirland zugesichert, daß es auf dem ~~begonnenen~~ Weg in eine friedliche Zukunft mit den USA rechnen kann. (395ND)

Clinton nannte die ~~jüngste~~ Bereitschaft führender nordirischer Politi- ker zum Dialog hoffnungsvoll. (395ND, ähnlich auch 395SZ)

Die Zeitungsredakteure bedienen sich aber noch anderer Strategien, um die Anzahl der Anschläge zu verringern. Beispielsweise kürzen sie die Zahlwörter ‚Million' und ‚Milliarde' ab (297TS, 592W)[411] und reduzieren Alters- und Orts- angaben auf in Klammern gesetzte Stichworte (497WZ, 591HOC), wodurch sie sich stilistisch dem Telegrammstil annähern:

Popstar George Michael soll seine Welttournee abgesagt haben [...]. *Wie die britische Boulevardzeitung „Sun" am Freitag berichtete,*

---

[410] Z.B. Schneider (1986), S. 37; Weischenberg (1990), S. 144.

[411] Diese Revisionen sind zwar operational Phänomene der Oberflächenebene, doch im Hinblick auf ihre Ziele sind sie als Kürzungen auf der lexikalischen Ebene zu kategorisieren.

habe der 35 Jahre alte Sänger persönliche Probleme als Gründe ge-
nannt. >
Popstar George Michael (35) soll seine Welttournee abgesagt haben,
[...]. Die britische Zeitung „Sun" berichtete, der Sänger habe persön-
liche Probleme als Gründe genannt. (497WZ)

Bei der Feier an einem ungenannten Ort > (Ort unbekannt) werden
die übrigen drei „Spice Girls" (Mel C, Victoria und Emma) als weib-
liche „Ehrengarde" Spalier stehen. Die 23 Jahre alte Mel B > Mel B
(23) will im weißen Hochzeitskleid auffallen [...] . (591HOC)

Auch auf der syntaktischen Ebene vermeiden die Zeitungsredakteure unnötige Redundanz, wenn auch nicht so häufig wie auf der lexikalischen Ebene.
Wie die Agenturredakteure greifen sie auf synonyme Formulierungen zurück, um
die Syntax zu vereinfachen und Sätze zu verkürzen:

Die Bereitschaft von Sinn Fein, dem politischen Arm der katholischen
IRA, ihren Chefunterhändler Martin McGuinness in die Entwaff-
nungskommission zu entsenden, „ist das erste Anzeichen dafür, daß
die Untergrundorganisation bereit sein könnte, ihr Waffenarsenal auf-
zulösen", schrieb die „Financial Times" am Donnerstag. >
Die Bereitschaft von Sinn Fein [...] wertet die britische Zeitung
„Financial Times" als „das erste Anzeichen [...]". (398FP)

Anders als bei den Agenturrevisionen wirken sich solche Verkürzungen bei den
Zeitungsrevisionen oft auf den Stil aus. So wird im Zuge einer Bearbeitung der
Westdeutschen Zeitung ein stilistisch neutraler (*staatliche Schulen*) durch einen
stärker konnotierten Ausdruck (*Elite-Schulen*) ersetzt, damit nach einer Vereinigungstransformation die Wiederholung desselben Wortes innerhalb eines Satzes
vermieden werden kann:

So sollten Königskinder auf staatliche Schulen gehen. Den Mit-
gliedern der Königsfamilie wird empfohlen, den staatlichen Gesund-
heitsdienst in Anspruch zu nehmen und sich mehr für soziale Belange
einzusetzen. >
So sollten Königskinder nicht mehr auf Elite-Schulen gehen, Mit-
glieder der Königsfamilie den staatlichen Gesundheitsdienst in An-
spruch nehmen. (698WZ)[412]

---

[412] Die Kürzung des Satzes wird darüber hinaus durch die Elimination einer Verbalgruppe erreicht, die einen Informationsverlust bedeutet.

Nur sehr selten verringern die Zeitungsredakteure Redundanz auf der Text-ebene, worin sie sich sehr von den Agenturredakteuren unterscheiden. Die Revi-sionen der *Frankfurter Rundschau* und der *Frankfurter Allgemeinen Zeitung*, die unnötige Redundanz bei der Satzverknüpfung beseitigen, sind Einzelfälle:

Die Luftwaffen [...] wollen [...] 620 Maschinen abnehmen. Davon werden in Deutschland 180 ~~Maschinen~~ gebaut. (297FR)

Nun haben nach Angaben des Museums Reinigungstests ergeben, daß sich unter einer Schicht von Staub und Farbe doch ein Werk von der Hand Rembrandts verbirgt. Nachforschungen von Chefkonservator Andrew O'Connors hätten ergeben, daß der Pinselstrich des von ihm auf das Jahr 1650 datierten Gemäldes mit dem des niederländischen Meisters übereinstimme. Auch der Leiter des Rembrandt-Forschungs-projekts in Amsterdam [...] habe bei einem Besuch der Bewertung > Zuschreibung zugestimmt, ~~daß es sich um ein Original handelt.~~ (192FAZ)

Zuweilen beseitigen die Zeitungsredakteure explizite Wiederholungen. Bei-spielsweise streicht ein Redakteur des *Neuen Deutschlands* die Wiederholung ei-ner Ortsangabe (4916ND) und ein Redakteur der *Frankfurter Rundschau* die eines geographischen Attributs. Wiederholungen können zwar das Behalten erleichtern, sind allerdings gerade in Zeitungstexten, die im Unterschied zu mündlichen Tex-ten mehrmals rezipiert werden können, unnötig und wirken unter Umständen stö-rend auf den Rezipienten:

Bei einem Treffen mit dem irischen Ministerpräsidenten Bertie Ahern würdigte er am Freitag in Dublin den bereits zurückgelegten Weg zum Frieden in Nordirland und setzte sich dafür ein, das Nordirland-abkommen unbedingt zu verwirklichen. „Nach dem Kalten Krieg haben die USA eine besondere Verantwortung, die über meine persön-liche Leidenschaft für Nordirland hinausgeht", sagte Clinton ~~in Dublin.~~ (4916ND)

Die Europäische Fußball-Union (Uefa) hat in ihren Bemühungen um die Verhinderung einer europäischen Superliga einen wichtigen Erfolg erzielt. Nach einem Treffen [...] wiesen die Geschäftsführung der Premier League und die Vereine [...] die Pläne [...] zur Schaffung einer lukrativen Europaliga zurück. [...] Als Gründe für die zumin-destb [sic] vorläufige Absage an die ~~europäische~~ Superliga waren zwei Faktoren ausschlaggebend. (499bFR)

6.3.6.2 Kürzungen mit Informationsverlust

Der Großteil der von den Zeitungsredakteuren vorgenommenen Kürzungen führt zu einem wesentlichen Informationsverlust, insbesondere die an allen möglichen Textstellen zu beobachtenden inter- und transphrastischen Eliminationen. Als Folge der Eliminationen entfallen zahlreiche unterschiedliche Informationsarten, und zwar nicht nur die bereits bei den Agenturrevisionen besprochenen. Wie ihre Kollegen in der Nachrichtenagentur, allerdings im Verhältnis viel häufiger als diese, kürzen Zeitungsredakteure bei Zeit- und Ortsangaben. Häufig streichen sie spezifizierende Informationen innerhalb der Zeit- oder Ortsangaben, so dass die sachliche Genauigkeit zwar stark gemindert ist, die Fragen ‚Wann?‘ und ‚Wo?‘ aber nach wie vor beantwortet werden (695VB: *am Samstag abend*; 3185FP: *am Grabe der Prinzessin auf Gut Althorp bei London*; 296WZ: *im britischen Safaripark Woburn Abbey (Grafschaft Bedfordshire)*). Anders als die Agenturredakteure streichen die Zeitungsredakteure die in den Vorlagentexten vorkommenden Zeit- und Ortsangaben oft aber auch komplett (492SZ, 492ND: *Nach einem am Donnerstag in London veröffentlichten Bericht*; 598SZ, 598taz, 598FR: *am Samstag*). Solche Kürzungen führen nicht nur zur Minderung der Genauigkeit, sondern zum Verlust der essentiellen Antworten auf die Fragen ‚Wann?‘ und ‚Wo?‘.

Bei den gestrichenen Zeitangaben handelt es sich in der Regel um solche, die das Hauptereignis temporal einordnen und auf den Vortag des Erscheinungstages verweisen. Die Zeitungsredakteure gehen offensichtlich davon aus, dass es der Leser, die Aktualität der Zeitungsnachricht voraussetzend, für selbstverständlich hält, dass es sich bei den gemeldeten Ereignissen um Geschehen des Vortages handelt. Einige Bearbeiter eliminieren allerdings neben den Verweisen auf den Vortag auch die Angaben, die weiter zurückliegende Ereignisse temporal bestimmen, was die sachliche Genauigkeit erheblich schwächt:

Die Söhne der vor einem Jahr tödlich verunglückten Prinzessin Diana haben am Mittwoch zur Beendigung der allgemeinen Trauer um ihre Mutter aufgerufen. [...] Die Erklärung soll am vergangenen Wochenende auf dem schottischen Königsschloß Balmoral vereinbart worden sein. (2910HVZ)[413]

Der Senat in Dublin und das Oberhaus in London billigten am Morgen neue gesetzliche Regelungen, die am Mittwoch von den Regierungen vorgelegt und zunächst von der Volksvertretung Irlands und dem britischen Unterhaus erörtert worden waren. (4916WZ)[414]

---

[413] Der 2.9.1998, von dem die Agenturnachricht 2910BDT stammt, war ein Mittwoch.
[414] Der zugrunde liegende Basisdiensttext stammt vom Freitag, der Artikel in der *Westdeutschen Zeitung* vom Samstag.

Werden in einem Text gleich mehrere, auf verschiedene Tage verweisende Zeitangaben eliminiert, wie bei einer Bearbeitung durch einen Redakteur der *Glocke*
(4916GL), ist für den Zeitungsleser nicht mehr zu erkennen, dass über Ereignisse
von verschiedenen Tagen berichtet wird. Zeitangaben wie ‚in der Nacht' sind
nicht mehr eindeutig:

> *Bei einem Treffen mit dem irischen Ministerpräsidenten Bertie Ahern
> setzte er sich ~~am Freitag~~ in Dublin dafür ein, das Nordirland-
> Abkommen unbedingt zu verwirklichen. [...] ~~Auch am Vorabend~~ hatte
> Clinton > Clinton hatte in der nordirischen Stadt Armagh den
> Friedensprozeß für Nordirland als leuchtendes Beispiel bezeichnet.
> [...] In der Nacht waren in Irland und in Großbritannien verschärfte
> Gesetze für den Kampf gegen den Terrorismus in Kraft getreten. [...]
> Mit einem Besuch der Stadt Limerick und einem Golf-Ausflug nach
> Ballybunion beendet Clinton ~~am Samstag~~ seinen Besuch. (4916GL)[415]*

Auf Ortsangaben wird keineswegs nur dann verzichtet, wenn die Spitzmarke bereits den Ort definiert.[416] Vielmehr tilgt zum Beispiel ein Redakteur der
Westdeutschen Zeitung die Ortsangabe aus dem Lead, obwohl sie nicht mit dem in
der Spitzmarke genannten Ort übereinstimmt. Die Elimination mindert also die
Vollständigkeit und Genauigkeit der Nachricht:

> *Belfast. [...] Der israelische Ministerpräsident Netanjahu und Palästi-
> nenserpräsident Arafat hätten Clinton und US-Außenministerin
> Albright gebeten, Ross zu entsenden, teilte der Sprecher des Weißen
> Hauses, McCurry, am Donnerstag ~~in Belfast~~ mit. (3910FT)*

> *London (dpa). Die Sängerin Mel B von den „Spice Girls" erwartet ein
> Baby und will in acht Tagen ~~in ihrer Heimatstadt Leeds~~ ihren Ver-
> lobten Jimmy Gulzar heiraten. (591WZ)*

Sehr häufig kürzen die Zeitungsredakteure nähere Bestimmungen bei der
Referenz auf Personen und Institutionen, und zwar nicht nur bei Wiederaufnahmen, sondern auch bei der Erstreferenz. In diesem Punkt unterscheiden sie
sich wesentlich von den Agenturredakteuren. Die Kürzungen haben zur Folge,
dass die Frage ‚Wer?' weniger genau beantwortet wird. Bei der Referenz auf

---

[415] Der zugrunde liegende Basisdiensttext stammt vom Freitag, der Artikel in der *Glocke* vom
Samstag.

[416] Weischenberg (1990), S. 71: „Die Ortsangabe in der Nachricht wird von einigen Medien sogar
weggelassen, wenn sie bereits (als ‚Spitzmarke') der Nachricht vorangestellt ist."

Personen verzichten die Zeitungsredakteure besonders häufig auf Titel, Altersangaben und Vornamen:

> *Zum ersten Jahrestag des Todes von Prinzessin Diana haben ihre Söhne, ~~die Prinzen~~ William und Harry, für die Anteilnahme der Öffentlichkeit gedankt. In einer veröffentlichten Erklärung verweisen die jetzt 16 und 13 Jahre alten Söhne >sie zusammen mit ihrem Vater, Prinz Charles, auf zahlreiche Trauergrüße und Bekundungen des Mitempfindens.* (3181GL)

Was das Eliminieren von Vornamen angeht, sind Unterschiede zwischen verschiedenen Zeitungen und sogar zwischen verschiedenen Redakteuren derselben Zeitung festzustellen. Während Namen bei der dpa „nur mit Vornamen vollständig" sind,[417] streicht die *Frankfurter Allgemeine Zeitung* in einer Nachricht alle Vornamen, und zwar sowohl die der bekannten als auch die der weniger bekannten Personen (3184FAZ: ~~Ian~~ *Paisley junior*; ~~Bill~~ *Clinton*; ~~John~~ *Bruton*). Die Redakteure der *Westdeutschen Zeitung* und des *Neuen Deutschlands* streichen die Vornamen der weniger bekannten Personen, und zwar sogar bei erster und einziger Nennung (499bWZ: *Uefa-Generalsekretär* ~~Gerhard~~ *Aigner*; 4910ND: *der Torhüter des Fußball-Vereins Sheffield Wednesday,* ~~Kevin~~ *Pressman*). Beim *Fränkischen Tag* wird unterschiedlich verfahren: Mal werden nur die Vornamen der Personen gestrichen, die nicht Hauptakteure sind, und zwar sogar bei erster und einziger Referenz (3910FT: *Bill Clinton; Dennis Ross;* ~~Benjamin~~ *Netanjahu;* ~~Jassir~~ *Arafat;* ~~Madeleine~~ *Albright;* ~~Michael~~ *McCurry*), mal werden zwar die Vornamen der bekannten Politiker gestrichen, auch bei erster Nennung, die Vornamen der weniger bekannten Personen aber beibehalten (398FT: ~~Bill~~ *Clinton;* ~~Tony~~ *Blair; Martin McGuinness; David Trimble; Gerry Adams; Samuel Berger*).

Bei der Referenz auf Institutionen streichen die Zeitungsredakteure besonders häufig Nationalitätsangaben. Sie scheinen sich darauf zu verlassen, dass die Leser mit Hilfe ihres Vorwissens oder aufgrund des Textzusammenhangs den Verlust der Nationalitätsangaben ausgleichen können:

> *Der australische Medienzar Rupert Murdoch will über seinen britischen Satellitensender BskyB angeblich [...] den* ~~englischen~~ *Fußballverein Manchester United übernehmen.* (696W)

> *Die Meldungen [...] riefen heftige Kritik der britischen Regierung hervor. In einem Interview mit dem* ~~britischen~~ *Fernsehsender BBC erklärte Sportminister Tony Banks, [...].* (696Z)

---

[417] Deutsche Presse-Agentur (1998), S. 155.

Ein der britischen Labour-Regierung nahestehendes Sozial-
forschungsinstitut hat sich in einer Studie für eine radikale Erneue-
rung der britischen Monarchie ausgesprochen. In der Untersuchung
wird vorgeschlagen, daß künftig britische Monarchen nur noch die
Rolle des Staatsoberhauptes erfüllen. [...] ~~Britische~~ Sonntagszeitungen
veröffentlichten Auszüge aus der Studie mit dem Titel „Die Monarchie
modernisieren". (698VB)

Die Eliminationen verhindern zwar die Häufung geographischer Adjektive im
Text, verkürzen die Nachricht dafür aber auf Kosten der sachlichen Genauigkeit
und der Verständlichkeit. Zu noch größeren Umfangreduzierungen, aber auch
Verständlichkeitserschwerungen kommt es dann, wenn nicht nur einzelne Attribute, sondern gleich alle näheren Bestimmungen bei der Einführung von Perso-
nen- oder Institutionsnamen eliminiert werden:

dem ~~englischen Premier-League-Klub~~ FC Liverpool (4911FR)

~~Die internationale Menschenrechtsorganisation~~ Amnesty Internatio-
nal ~~(AI)~~ (492SZ)

Neuordnung des europäischen Flugzeugherstellers GIE Airbus
Industrie >
Neuordnung der europäischen Airbus Industrie (598FR)

Die Sängerin Mel B von der britischen Gruppe „Sice [sic] Girls" >
Die Sängerin Mel B von den „Spice Girls" (591WZ)

Die Revisionen der Zeitungsredakteure führen nicht nur zu Kürzungen bei
den Antworten auf das ‚Wer?', ‚Wann?' und ‚Wo?', sondern auch bei denen auf
das ‚Was?', ‚Wie?' und ‚Warum?'. In einer Nachricht über die geplante Schließung einer Fabrik zum Beispiel verzichten die bearbeitenden Zeitungsredakteure
auf die genaue Beschreibung der Schritte, die zur Schließung führen, bzw. auf die
Nennung aller angeführten Gründe. Die Redakteure des *Volksblatts* und der *Westdeutschen Zeitung* sehen unabhängig voneinander davon ab, zwischen der Einstellung der Produktion und der endgültigen Schließung des Werks zu differenzieren, und nennen, da die endgültige Schließung die vorherige Einstellung der
Fertigung voraussetzt, nur das Endresultat. Der Redakteur des *Volksblatts* streicht
darüber hinaus einen von mehreren im Agenturtext genannten Gründen, ohne aber
daraufhin dem Leser zu signalisieren, dass der genannte Grund nicht der einzige
ist. Da auf diese Weise einem Grund eine besondere Bedeutung zugewiesen wird,

bedeutet diese Revision nicht nur einen Informationsverlust, sondern auch eine Informationsverschiebung:[418]

Nach Siemens gibt auch Fujitsu die Produktion von Mikrochips in Nordengland auf. Der japanische Elektronikkonzern teilte am Freitag mit, die Fertigung in Durham werde sofort eingestellt. Anfang Dezember werde das Werk mit 600 Arbeitsplätzen endgültig geschlossen werden. [...] Wie Siemens nannte Fujitsu den Preisverfall auf dem Halbleitermarkt und die Folgen der Asienkrise als Begründung für die Desinvestition. (494BDT) >
Nach dem deutschen Siemens-Konzern gibt auch Fujitsu die Produktion von Mikrochips in Nordengland auf. Der japanische Elektronikkonzern teilte mit, das Werk in Durham mit 600 Arbeitsplätzen werde im Dezember geschlossen. [...] Wie Siemens nannte Fujitsu den Preisverfall auf dem Halbleitermarkt als Begründung für die Maßnahme. (494VB)
Nach Siemens gibt auch Fujitsu die Produktion von Mikrochips in Nordengland auf. Anfang Dezember wird das 1991 eröffnete Werk mit 600 Arbeitsplätzen endgültig geschlossen. (494WZ)

Besonders häufig entfallen als Folge der Zeitungsrevisionen die in den Agenturtexten sehr zahlreich vertretenen Quellenangaben und mit ihnen die Antworten auf die Frage ‚Woher?' bzw. ‚Welche Quelle?'. Hierin besteht ein entscheidender Unterschied zu den Agenturrevisionen, die nie zum Verlust von Quellenangaben führen. Da dpa großen Wert auf Quellentransparenz legt, wird der Umfang der Nachrichten durch solche Eliminationen von Quellenangaben, die in umfangreichen Wortgruppen, Teilsätzen oder vollständigen Sätzen enthalten sind, erheblich reduziert. Einige Zeitungsredakteure streichen lediglich eine von mehreren Quellenangaben, und zwar die zweite, spezifizierende Quellenangabe. Diese ist zwar als Mittel zur Identifizierung des Redebeitrags redundant, enthält aber neue Informationen zur Art der Quelle, so dass Detailinformationen verloren gehen. Beispielsweise geht aus den Artikeln der *Honnefer Volkszeitung* und der *Freien Presse* im Unterschied zum entsprechenden Agenturtext (2910BDT) nicht hervor, dass es sich bei der ‚Sprecherin des Königshauses' um die ‚Pressesekretärin von Prinz Charles' handelt. Ebenso verweist das *Volksblatt* zwar auf ‚Zeitungsangaben', gibt aber nicht an, auf welche Zeitung sie sich bezieht. Die Zeitungstexte beantworten die Frage ‚Woher?' bzw. ‚Welche Quelle?' also weniger genau als der Agenturtext:

---

[418] Vgl. Müller (1991), S. 238.

Die Söhne der vor einem Jahr tödlich verunglückten Prinzessin Diana haben zur Beendigung der allgemeinen Trauer um ihre Mutter aufgerufen. „Die ständige Erinnerung an ihren Tod kann bei denen, die sie zurückgelassen hat, nichts als Schmerzen auslösen", sagte eine Sprecherin des Königshauses im Namen der Prinzen William und Harry. „Sie hoffen sehr stark, daß man jetzt ihre Mutter und die Erinnerung an sie in Frieden ruhen läßt", ~~erläuterte die Pressesekretärin ihres Vaters Prinz Charles.~~ (2910HVZ, ähnlich auch 2910FP)

Die Sängerin Mel B von der britischen Gruppe „Spice Girls" erwartet ein Baby und will nach Zeitungsangaben in acht Tagen in ihrer Heimatstadt Leeds ihren Verlobten Jimmy Gulzar heiraten. Wie das britische Massenblatt „The Sun" am Samstag berichtete, werden bei der Feier an einem ungenannten Ort > Bei der Feier an einem ungenannten Ort sollen die übrigen drei „Spice Girls" – Mel C, Victoria und Emma – als eine Art weibliche „Ehrengarde" Spalier stehen. (591VB)

Andere Zeitungsredakteure eliminieren sogar alle im Text vorkommenden Quellenangaben und beeinträchtigen, weil sie die Antwort auf die Frage ‚Woher?' unterschlagen, die Transparenz und die Vollständigkeit der Nachricht.[419] In einigen Zeitungstexten signalisieren zwar Distanzierungsindikatoren wie Redekennzeichnungen oder Konjunktivformen, dass die Zeitung nicht aus eigener Anschauung berichtet, sondern fremde Quellen wiedergibt. Doch kann der Zeitungsleser die Quellen nicht mehr nachverfolgen und deshalb den Wahrheitsgehalt des Mitgeteilten nicht mehr überprüfen:

Die britisch-niederländische Mineralölgesellschaft Royal Dutch/Shell und der amerikanische Ölriese Texaco wollen ihre europäischen Raffinerie- und Tankstellengeschäfte zusammenlegen. ~~Wie Shell am Donnerstag in London mitteilte, unterzeichneten die beiden Konzerne eine entsprechende Absichtserklärung.~~ *Ziel sei ein gemeinsames Unternehmen für Europa mit einem Anteil von 88 Prozent für Shell und zwölf Prozent für Texaco*~~, heißt es in der Presseerklärung~~. (393taz)

Die britisch-niederländische Mineralölgesellschaft Royal Dutch/Shell Group und der US-Ölriese Texaco wollen ihre europäischen

---

[419] Damit missachten sie die Ratschläge in journalistischen Handbüchern, z.B. dem von Schneider/Raue (1998), S. 64f.: „Die Quelle *muß* erwähnt werden, wann immer der Reporter nicht aus eigener Anschauung berichten kann." [Hervorhebung im Original]

Raffinerie- und Tankstellengeschäfte zusammenlegen. Wie Shell am
Donnerstag in London mitteilte, unterzeichneten die beiden Konzerne
> Die beiden Konzerne unterzeichneten eine entsprechende Absichts-
erklärung. Ziel sei ein gemeinsames Unternehmen für Europa mit ei-
nem Anteil von 88 Prozent für Shell und zwölf Prozent für Texaco,
hieß es ~~in der Presseerklärung~~. (397WZ)

Wenn neben sämtlichen Quellenangaben auch die Distanzierungssignale
getilgt werden, wie es vor allem bei Bearbeitungen der *Westdeutschen Zeitung*,
des *Neuen Deutschlands* und der *Frankfurter Rundschau* häufig der Fall ist, enthalten die Zeitungstexte keinerlei Hinweise mehr darauf, dass nicht aus eigener
Anschauung berichtet wird. Informationen, die nicht unbedingt der Wahrheit entsprechen müssen, erscheinen als Tatsachen, was die sachliche Genauigkeit beeinträchtigt und nicht selten den Nachrichtenwert erheblich erhöht (siehe 6.3.7).
Während sich die Agentur im Falle einer Falschmeldung von ihren Quellen distanzieren kann, müssen die Zeitungen die Verantwortung für die Falschmeldung
übernehmen.[420] Da sie die von anderen Medien, öffentlichen Institutionen oder
Firmen erhaltenen Informationen als Wahrheiten verkünden, machen sie sich
außerdem der Verlautbarung schuldig:

Der jetzt sechs Jahre alte, mehr als vier Meter hohe Count Jumbo be-
komme zwei 7,5 Zentimeter [sic] hohe Sohlen unter die vorderen
Hufe, berichtete der „Daily Telegraph" am Mittwoch. Hufschmied
David Simons habe schon Maß genommen und baue jetzt die Geh-
hilfen aus Aluminium, Plastik und Glasfiber, die mit Silikon an den
Hufen befestigt werden. >
Für den bereits sechs Jahre alten, mehr als vier Meter hohen „Count
Jumbo" werden zwei 7,5 Zentimeter hohe Gehhilfen aus Aluminium,
Plastik und Glasfiber gebaut. (296WZ)

Der japanische Elektronikkonzern teilte am Freitag mit, die Fertigung
in Durham werde sofort eingestellt. Anfang Dezember werde das
Werk mit 600 Arbeitsplätzen endgültig geschlossen werden. >
Der japanische Elektronikkonzern wird die Fertigung in Durham so-
fort einstellen und das Werk mit 600 Arbeitsstellen Anfang Dezember
endgültig dicht machen. (494FR)

Australiens Medienzar Rupert Murdoch will über seinen britischen
Satellitensender BSkyB angeblich für umgerechnet 1,67 Milliarden
Mark den englischen Fußballverein Manchester United übernehmen.

---

[420] Vgl. Bell (1991), S. 191.

~~Dies melden die als seriös geltenden englischen Sonntagszeitungen~~
~~„The Observer" und „Sunday Telegraph". [...] Die Meldungen, die~~
~~sowohl von Manchester United als auch von BskyB weder dementiert~~
~~noch bestätigt wurden, riefen bereits heftige Kritik der britischen~~
~~Regierung hervor.~~ (696ND)

Wie die Agenturredakteure kürzen auch die Zeitungsredakteure häufig in Passagen der Redewiedergabe und streichen wörtliche Zitate, die das zuvor in indirekter Rede Ausgedrückte nur geringfügig spezifizieren (297TS, 395ND, 4916FT). Im Unterschied zu den Agenturredakteuren kürzen einige Zeitungsredakteure, und zwar Redakteure der überregionalen Zeitungen *tageszeitung* und *Frankfurter Rundschau*, ihre Vorlagentexte im Bereich der Redeerwähnung sogar um die Identifizierung des Sprechers, was eine Entpersonalisierung[421] der Darstellung bedeutet. Entgegen der journalistischen Empfehlung, Vorgänge zu personalisieren und die handelnden Personen beim Namen zu nennen,[422] streichen die beiden Zeitungen bei ihren Bearbeitungen einer politischen und einer Wirtschaftsnachricht (3184FR, 598FR, 598taz) die Namen der Sprecher und weisen die Redebeiträge entweder allgemein einem Sprecher zu (598taz) oder referieren metonymisch mit dem Namen einer Institution auf die für diese Institution sprechende Person (3184FR, 598FR).[423] Die Umwandlung der direkten in indirekte bzw. berichtete Rede sowie die Verwendung des Passivs statt des Aktivs, was den Verzicht auf die Nennung des Agens ermöglicht, tragen ebenfalls zur Entpersonalisierung der Berichterstattung bei. Dadurch, dass die Redakteure zum Zweck des Kürzens auf die Nennung von Namen verzichten und dabei sogar die Aussagen mehrerer Personen als Aussage der Organisation zusammenfassen, mindern sie die sachliche Genauigkeit erheblich. *Die tageszeitung* verfälscht sogar den Inhalt, indem sie die Aussagen von zwei verschiedenen Personen kurzerhand ‚einem' Sprecher zuschreibt und damit den falschen Eindruck aufkommen lässt, die wiedergegebenen Aussagen stammten aus dem Munde einer Person. Bei Redeerwähnungen geht den Redakteuren der *Frankfurter Rundschau* und der *tageszeitung* Kürze also vor sachlicher Genauigkeit und Richtigkeit:

> *Der IRA-Aufruf wurde <u>vom Sprecher</u> der nordirischen Protestanten-Partei Democratic Unionist Party (DUP), <u>Ian Paisley junior,</u> als heuchlerisch verurteilt. >*
> *Den IRA-Aufruf verurteilte die Protestanten-Partei Democratic Unionist Party als heuchlerisch.* (3184FR)

---

[421] Man könnte in Anlehnung an von Polenz (1981) auch von ‚Deagentivierung' sprechen.
[422] Z.B. von La Roche (1995), S. 100.
[423] In 3184FR steht der Name einer Partei metonymisch für den Sprecher dieser Partei, in 598FR steht der Name einer Gesellschaft für den Chef bzw. für dessen Stellvertreter.

*Der Zeitplan bei der geplanten Neuordnung des europäischen Flug-
zeugherstellers GIE Airbus Industrie ist in Verzug. „Beim Airbus-
Zeitplan ist heute klar, daß wir keine Chance haben, die private Airbus-Gesellschaft bis zum 1. Januar 1999 zu gründen", erklärte am
Samstag der Chef des französischen Airbus-Partners Aerospatiale SA,
Yves Michot. Als Begründung gab Michot bei einem Presseseminar
am Rande der britischen Stadt Farnborough noch offene Grundsatzfragen an. So sei etwa die Bewertung der durch die Airbus-Partner
einzubringenden Anlagen noch offen, sagte Michots Stellvertreter
Francois Bigay. Mit Hinweis auf ähnliche Äußerungen von British
Aerospace-Chef John Weston schloß er eine Verzögerung beim Start
der Airbus AG von bis zu einem Jahr nicht aus. (598BDT) >
Die geplante Neuordnung der europäischen Airbus Industrie ist in
Verzug. Der französische Partner Aerospatiale sieht keine Chance
mehr, die private Airbus-Gesellschaft bis zum Beginn des kommenden
Jahres zu gründen. So sei etwa die Bewertung der durch die Partner
einzubringenden Anlagen noch offen. Eine Verzögerung von bis zu
einem Jahr wird nicht ausgeschlossen. (598FR)
Der Zeitplan bei der geplanten Neuordnung von GIE Airbus Industrie
ist in Verzug. Der anvisierte Start der privaten Airbus-Gesellschaft bis
zum Januar 1999 ist nicht mehr zu halten, erklärte der Sprecher des
französischen Airbus-Partners Aerospatiale SA. Unter anderem sei
die Bewertung der durch die Airbus-Partner einzubringenden Anlagen
noch offen. Der Sprecher schloß eine Verzögerung von einem Jahr
nicht aus. (598taz)*

Betrachtet man die bei den meisten Bearbeitungen durch Zeitungsredakteure
zu beobachtenden Eliminationen vollständiger Sätze am Textende genauer, stellt
man fest, dass diese Kürzungen einen Verzicht auf zunehmende Spezifizierungen
der Kernaussage und im Extremfall sogar eine Reduzierung auf die im Lead formulierte Kernaussage bedeuten. Wie am Vergleich der Bearbeitungen der Sportnachricht ‚Lazio Rom: 4,35 Millionen Mark für Gesprächspriorität mit Owen‘
durch fünf verschiedene Zeitungen (4911TS, 4911FR, 4911FAZ, 4911WZ,
4911ND) deutlich wird, gehen umso mehr Spezifizierungen der Kernaussage
verloren, je mehr Sätze vom Ende her eliminiert werden. Je nachdem, wie viel
Platz ihnen zur Verfügung steht und wie sie die Relevanz der Nachricht ein-
schätzen, verwenden die Zeitungen einen unterschiedlich großen Anteil des
Agenturtextes: Der Berliner *Tagesspiegel* verwendet von den fünf Zeitungen den
größten Anteil des Agenturtextes und eliminiert nur den letzten Satz zum Hintergrund des in der Nachricht beschriebenen Interesses an dem englischen Fußball-
spieler Michael Owen. Die *Frankfurter Allgemeine Zeitung* und die *Frankfurter
Rundschau* kürzen den Agenturtext um etwa die Hälfte. Beide streichen den

gesamten letzten Absatz und mit ihm alle Informationen zur Vorgeschichte. Die *Frankfurter Rundschau* eliminiert darüber hinaus den letzten Satz des ersten Absatzes, der die Nachrichtenquelle angibt, und unterschlägt damit auch die Antwort auf die Frage ‚Woher?'. Die *Westdeutsche Zeitung* und das *Neue Deutschland* kürzen den Agenturtext von den fünf Zeitungen am radikalsten und reduzieren ihn zu einer Ein-Satz-Meldung. Für das *Neue Deutschland* sind solche radikalen Kürzungen von Agenturmeldungen durchaus typisch (4910ND, 696ND). Die beiden Zeitungen streichen vom Ende des Textes her alle die Kernaussage spezifizierenden Informationen. Ferner eliminieren sie den ersten Satz, der eine summarische Einleitung gibt. Der Verzicht auf den behutsam in den Text einführenden und das Interesse weckenden Einleitungssatz, der übrigens mit dem Verzicht auf die Überschrift einhergeht, mindert zwar den Leseanreiz, ermöglicht aber eine Konzentration auf die im zweiten Satz enthaltene Kernaussage und die Reduzierung der Nachricht zur Kurzmeldung. Insbesondere bei weichen Nachrichten in den Rubriken Sport und Vermischtes sind solche Kürzungen um den ersten Satz häufiger zu beobachten.

Zusammenfassend lässt sich sagen, dass sich die fünf auf der Grundlage desselben Agenturtextes entstandenen Zeitungsartikel im Grad der Spezifizierung der Kernaussage unterscheiden. Während der Agenturtext und auch einige Zeitungen das Hauptereignis melden und dann spezifizierende Zusatzangaben zu den näheren Umständen, zur Vorgeschichte, zu den Konsequenzen etc. liefern, informieren Zeitungen, die den Agenturtext auf die Kernaussage reduzieren, lediglich darüber, „*daß* ein Ereignis stattgefunden hat"[424]:

Lazio Rom: 4,35 Millionen Mark für Gesprächspriorität mit Owen
London/Rom (dpa) – Der italienische Fußball-Erstligist Lazio Rom
hat auf außergewöhnliche Weise sein Interesse an einer Verpflichtung
des englischen „Wunderstürmers" Michael Owen zum Ausdruck ge-
bracht. Die Römer sollen dem englischen Premier-League-Klub FC
Liverpool, dem Verein des 18jährigen englischen Nationalspielers,
angeblich 1,5 Millionen Pfund (4,35 Millionen Mark) allein dafür
geboten haben, daß sie als erste und einzige mit Owen Verhandlungen
führen dürfen, falls dieser einen Wechsel ins Auge fassen sollte. Das
berichteten mehrere englische Zeitungen am Freitag.
Im Anschluß an die Weltmeisterschaft in Frankreich hatte der eng-
lische Rekordmeister die Ablösesumme für Owen, der erst vor drei
Wochen einen neuen, auf fünf Jahre befristeten Vertrag mit Liverpool
unterschrieben hatte, auf 30 Millionen Pfund (87 Millionen Mark) an-
gesetzt. Am vergangenen Sonntag hatte Owen, der als das derzeit

---

[424] Lüger (1995), S. 89 [Hervorhebung im Original].

größte Talent des englischen Fußballs gilt, in der Meisterschaft beim 4:1-Sieg bei Newcastle United drei Tore erzielt. (4911BDT)

Lazio Rom bietet an
Über 4 Millionen Mark für Verhandlungen
London/Rom (dpa). Der italienische Fußball-Erstligist Lazio Rom hat auf außergewöhnliche Weise sein Interesse an einer Verpflichtung des englischen „Wunderstürmers" Michael Owen zum Ausdruck gebracht. Die Römer sollen dem englischen Premier-League-Klub FC Liverpool, dem Verein des 18jährigen englischen Nationalspielers, angeblich 1,5 Millionen Pfund (4,35 Millionen Mark) allein dafür geboten haben, daß sie als erste und einzige mit Owen Verhandlungen führen dürfen, falls dieser einen Wechsel ins Auge fassen sollte. Das berichteten mehrere englische Zeitungen.
Im Anschluß an die Weltmeisterschaft in Frankreich hatte der englische Rekordmeister die Ablösesumme für Owen, der erst vor drei Wochen einen neuen, auf fünf Jahre befristeten Vertrag mit Liverpool unterschrieben hatte, auf 30 Millionen Pfund (87 Millionen Mark) angesetzt. (4911TS)

Der italienische Klub Lazio Rom hat auf außergewöhnliche Weise sein Interesse an einer Verpflichtung des 18 Jahre alten englischen Stürmers Michael Owen zum Ausdruck gebracht. Die Römer sollen dem Premier-League-Verein FC Liverpool 1,5 Millionen Pfund (umgerechnet 4,35 Millionen Mark) allein dafür geboten haben, daß sie als erste und einzige mit Owen Verhandlungen führen dürfen, falls dieser einen Wechsel ins Auge planen sollte. Das berichteten mehrere englische Zeitungen am Freitag. (4911FAZ)

Millionen für ein Gespräch
Der italienische Fußball-Erstligist Lazio Rom hat auf außergewöhnliche Weise sein Interesse an einer Verpflichtung des englischen Stürmers Michael Owen zum Ausdruck gebracht. Die Römer sollen dem FC Liverpool, dem Verein des 18jährigen englischen Nationalspielers, angeblich 1,5 Millionen Pfund (4,35 Millionen Mark) allein dafür geboten haben, daß sie als erste und einzige mit Owen Verhandlungen führen dürfen, falls dieser einen Wechsel ins Auge fassen sollte. (4911FR)

Lazio Rom soll dem FC Liverpool rund 4,35 Millionen Mark geboten haben, um als einziger Klub mit dem englischen „Wunderstürmer" Michael Owen verhandeln zu dürfen. (4911WZ)

Lazio Rom soll dem englischen Premier-League-Klub FC Liverpool, dem Verein des 18jährigen englischen Nationalspielers Owen, angeblich 1,5 Millionen Pfund (4,35 Millionen Mark) allein dafür geboten haben, daß sie als erste und einzige mit Owen Verhandlungen führen dürfen. (4911ND)

Bei Texten mit einem Haupt- und mehreren Teil- oder Nebenthemen, wie zum Beispiel den von der Agentur angebotenen Tages- und Wochenendzusammenfassungen, können die Kürzungen der Zeitungsredakteure zum Wegfall vollständiger thematischer Einheiten führen. In der Regel streichen die Zeitungsredakteure Teilthemen oder Nebenthemen des Hauptthemas und erreichen so eine Konzentration auf das Hauptthema. Da die verschiedenen Zeitungen aber je nach Platzbeschränkungen und Relevanzeinschätzungen auf jeweils andere Teil- oder Nebenthemen verzichten, können die auf der Grundlage desselben Basisdiensttextes entstandenen Zeitungsartikel durchaus unterschiedliche inhaltliche Schwerpunkte haben. Dies wird besonders beim Vergleich der Bearbeitungen einer Zusammenfassung zu den Ereignissen in Nordirland und Irland während des Besuchs von US-Präsident Clinton durch fünf Lokal- und Regionalzeitungen deutlich (398VB, 398HOC, 398FT, 398WZ, 398FP). Der Agenturtext mit der Überschrift ‚Clinton: Friedensuchendes Nordirland kann auf Amerika zählen‘ besteht aus einem Hauptthema (‚Clinton appelliert an Nordirland, beim Bau eines dauerhaften Frieden nicht nachzulassen‘, Absätze 1 und 2) und vier Nebenthemen: 1. ‚Premierminister Blair ruft zur Fortsetzung der Friedensbemühungen auf‘ (Absatz 3), 2. ‚Konfliktparteien signalisieren Dialogbereitschaft‘ (Absätze 4 und 5), 3. ‚Parlamente beschließen Anti-Terror-Gesetze‘ (Absätze 6 und 7) und 4. ‚Clinton plant Besuch in Omagh und Dublin‘ (Absatz 8). Alle fünf Zeitungen, die diesen Text bearbeiten, kürzen vom Ende her um vollständige thematische Einheiten, allerdings in unterschiedlichem Umfang: Die *Westdeutsche Zeitung* streicht die letzten zwei Absätze, der *Fränkische Tag*, der *Holsteinische Courier* und die *Freie Presse* streichen die letzten drei Absätze, und das *Volksblatt* streicht sogar die letzten sechs Absätze komplett. Alle fünf Zeitungen verzichten auf das im achten und letzten Absatz des Agenturtextes enthaltene Nebenthema mit der Ankündigung zukünftiger Ereignisse.[425] Sie kalkulieren offensichtlich ein, dass die im Agenturtext angekündigten Besuche Clintons in Omagh und Dublin beim Erscheinen der Zeitung schon vergangen sein werden. Dass beim Kürzen um vollständige thematische Einheiten vom Textende die Ankündigungen zukünftiger Ereignisse wegfallen und damit die Berichterstattung auf das aktuelle Ereignis beschränkt wird, ist übrigens auch bei vielen anderen Bearbeitungen von Agentur-

---

[425] Das *Volksblatt* unterscheidet sich insofern von den vier anderen Zeitungen, als es den Absatz durch ein aus einer späteren Agenturnachricht übernommenes Segment ersetzt (siehe 6.3.7).

texten durch Zeitungsredakteure zu beobachten (3914HVZ, 4916ND, 4916FT, 4916WZ, 4916VB).

Im Rahmen ihrer Bearbeitungen des Berichts zum Clinton-Besuch streichen ferner alle Zeitungen mit Ausnahme der *Westdeutschen Zeitung* das im sechsten und siebten Absatz enthaltene Nebenthema und verzichten damit auf die Meldung der zeitlich vor dem Hauptereignis liegenden Durchsetzung schärferer Anti-Terror-Gesetze in den Parlamenten in London und Dublin. Das den vierten und fünften Absatz umfassende Nebenthema ‚Konfliktparteien signalisieren Dialogbereitschaft', das ebenfalls auf zeitlich vor dem Clinton-Besuch liegende Ereignisse zurückblickt, streicht lediglich das *Volksblatt* als einzige der fünf Zeitungen komplett. Indem das *Volksblatt* zusätzlich auf das den dritten Absatz ausmachende Nebenthema verzichtet, konzentriert es sich ganz auf die Rede Präsident Clintons vor der Nordirlandversammlung in Belfast. Während der Basisdiensttext über die Friedensbemühungen im Nordirland-Konflikt berichtet und die sich über mehrere Tage erstreckenden Ereignisse in Belfast, Dublin und London zusammenfasst, beschränkt sich das *Volksblatt* auf den Besuch Präsident Clintons in Nordirland, ohne allerdings konsequenterweise auch die Ortszeile entsprechend zu verändern (*Belfast/London/Dublin*).

Vor allem die *Westdeutsche Zeitung* unterscheidet sich in ihrer Bearbeitungsweise stark von den anderen vier Zeitungen. Mittels einer Elimination des zweiten und dritten Absatzes kürzt sie das Hauptthema und verzichtet auf das erste, mit dem Hauptthema am engsten verbundene Nebenthema. Während die anderen Zeitungen also vor allem die Nebenthemen streichen und sich auf das Hauptthema konzentrieren, legt die *Westdeutsche Zeitung* den Schwerpunkt ihrer Berichterstattung gerade auf die Nebenthemen. Auch dadurch, dass sie in einem aus anderer Quelle hinzugefügten Satz noch auf die bereits einige Tage zurückliegende IRA-Forderung, die Wahre IRA solle sich auflösen, zu sprechen kommt, verlagert die *Westdeutsche Zeitung* den Schwerpunkt der Berichterstattung vom Clinton-Besuch auf die Verhandlungen im Nordirlandkonflikt. Von allen fünf Zeitungen entfernt sich die *Westdeutsche Zeitung* in der thematischen Gestaltung also am weitesten von der Agenturvorlage. Sie ist es auch, die den Textumfang der Nachricht am stärksten reduziert: Während sie den Basisdiensttext insgesamt um 74 Prozent kürzt, reduziert das *Volksblatt* die Vorlage um 68 Prozent, der *Holsteinische Courier* um 59 Prozent, die *Freie Presse* um 51 Prozent und der *Fränkische Tag* um 31 Prozent des ursprünglichen Umfangs.

Auch wenn die meisten Zeitungsrevisionen zu Kürzungen um Teil- und Nebenthemen des Hauptthemas führen, kommt es doch in einigen Fällen zum Verlust des Hauptthemas. Solche Kürzungen um das Hauptthema, die interessanterweise unter den Agenturrevisionen nicht zu beobachten waren, haben die größtmögliche thematische Veränderung zur Folge: einen Themenwechsel. Zu beobachten ist dies bei der Bearbeitung einer Wochenendzusammenfassung zum Clinton-Besuch durch einen Redakteur des *Holsteinischen Couriers* (699HOC).

Der Bearbeiter streicht das Hauptthema ‚Clinton ruft zur Fortsetzung der Friedensbemühungen auf' sowie alle anderen Nebenthemen und erhebt stattdessen die im Vorlagentext lediglich am Rande erwähnten Zusammenstöße zwischen Protestanten und Katholiken im nordirischen Portadown zum Hauptthema des mit zusätzlichen Informationen aus unbekannter Quelle angereicherten Zeitungsartikels. Bei den ergänzten Informationen handelt es sich um spezifizierende Details zu den Zusammenstößen, unter anderem um die Ursachen und die Folgen. Dadurch, dass der Redakteur ausgerechnet das Thema mit dem höchsten Negativitätswert zum Hauptthema seines Artikels macht und Informationen hinzufügt, welche die Dramatik des Ereignisses betonen, erhöht er auch den Nachrichtenwert des Textes erheblich (siehe 6.3.7).

Nicht nur im Bereich des Haupttextes, sondern auch in der Überschriftenzeile müssen viele Zeitungen Platz sparen. Entsprechend dienen viele Überschriftenrevisionen der Kürze. Dass Zeitungsredakteure die angebotenen Überschriften häufiger kürzen als ergänzen, lässt erkennen, dass ihnen für die Formulierung der Überschrift meist weniger Platz zur Verfügung steht als den Agenturredakteuren, die eine ganze Agenturzeile von 69 Anschlägen ausfüllen können.[426] Schon durch Substitutionen einzelner Wörter (592W: *US-Computerfirma > Dell schafft in Irland 1 700 neue Arbeitsplätze > Jobs*) und Transformationen einzelner Ausdrücke verringert sich die Länge der Überschrift auffallend häufig um einige Anschläge. Deshalb ist es sicherlich kein Zufall, dass die Zeitungsredakteure gerade in Überschriften häufiger Kompositionstransformationen als Wortgruppentransformationen vornehmen:

Auch Fujitsu schließt Werk für Microchips in Nordengland (494BDT)
>
Auch Fujitsu schließt Chip-Werk in England (494TS)
Fujitsu schließt Chipwerk (494FR)
Fujitsu schließt Halbleiterwerk (494WZ)

Auch Eliminationen fakultativer Elemente – bei vielen Überschriftenbearbeitungen die einzigen Revisionen – ermöglichen die Reduzierung des Zeilenumfangs um eine beträchtliche Anzahl von Anschlägen. Andererseits beeinträchtigen solche einfachen Eliminationen, die bezeichnenderweise unter den Überschriftenrevisionen der Agenturredakteure nicht zu beobachten waren, die sachliche Genauigkeit und die Verständlichkeit der Überschrift. Verglichen mit den ausführlichen Agenturüberschriften fehlen den Zeitungsüberschriften einige Informationen, so dass sich die volle Bedeutung der Zeitungsüberschrift oft erst bei der Lektüre des dazugehörigen Artikels ergibt:

---

[426] Vgl. Zschunke (1994), S. 174.

Prinzen danken für Anteilnahme ~~am Tod Dianas~~ (3181GL)

Eurofighter soll ~~außerhalb Europas~~ „Typhoon" heißen (293WZ)

Plateau-Sohlen für ~~behinderte~~ Giraffe ~~im Safaripark Woburn Abbey~~
(296WZ)

~~Englands Nationaltrainer~~ Hoddle massiv in der Kritik (6910FT)

Eine Verkürzung der Überschrift erreichen die Zeitungsredakteure weiterhin
dadurch, dass sie meist unter Elimination einzelner Ausdrücke die Syntax verändern und die Aussagesätze der Agenturüberschriften zu knappen Nominalphrasen oder sogar einzelnen Schlagwörtern reduzieren. An die Stelle des Verbs
tritt oft ein Doppelpunkt, was dazu führt, dass die Handlung nicht explizit benannt
wird und die sachliche Genauigkeit und die Verständlichkeit beeinträchtigt werden. Telegrammstilartige Überschriften, die sich stilistisch stark von den Agenturüberschriften unterscheiden, finden sich bei verschiedenen Zeitungen und in allen
Ressorts:

Dianas Söhne rufen zum Ende der Trauer um ihre Mutter auf >
Dianas Söhne: Ende der Trauer (2910WZ)

Clinton schickt Vermittler Dennis Ross wieder in den Nahen Osten >
US-Vermittler Ross wieder nach Nahost (3910FT)

Mel B von den „Spice Girls" plant „weiße Hochzeit" >
Mel B: Weiße Hochzeit (591HOC)

Irische Polizei macht bisher größten Kokain-Fund (693BDT) >
Größter Kokainfund in Irland (693WZ)
Kokain-Rekordfund (693ND)

Kürze ist auch dann das Hauptrevisionsziel, wenn aus mehrteiligen Überschriften ein Teil eliminiert wird. Welche von zwei Aussagen wegfällt, ist
normalerweise die persönliche Entscheidung des Bearbeiters. Wenn aber durch
Revisionen im Haupttext ein Thema entfallen ist, etwa bei der Kürzung eines
Textes zur Bildunterschrift (699GL, 699SZ), muss der Teil der Überschrift eliminiert werden, der dieses Thema ankündigt:[427]

---

[427] Vgl. Projektteam Lokaljournalisten (1990), S. 124.

Clinton ermutigt zum Frieden – neue Zusammenstöße in Nordirland
(699BDT) >
Clinton ermutigt Iren zum Frieden (699FT)
Neue schwere Zusammenstöße in Nordirland (699TS)
Clinton in Irland (699GL)
Appell für den Friedensprozeß (699SZ)

Die größte Platzersparnis wird dann erreicht, wenn die Agenturüberschrift komplett gestrichen wird, was in 15 Prozent aller Überschriftenbearbeitungen vorkommt. Überschriften werden ganz gestrichen, wenn die Nachricht, oft in den Rubriken Sport und Vermischtes, radikal auf die Länge einer einspaltigen Kurzmeldung gekürzt wurde und zusammen mit mehreren anderen Texten in einer eigenen Rubrik von Kurzmeldungen erscheint (FAZ: *Kleine Meldungen*; FAZ, ND: *Fußball-Notizen*; VB: *Kurz gemeldet*; SZ: *Leute von heute*). Um die einzelnen Kurztexte optisch voneinander abzugrenzen – Zeitungsüberschriften erfüllen auch eine Gliederungs- und Abgrenzungsfunktion –[428], heben die Zeitungsredakteure oft die ersten Wörter des ersten Satzes durch Fettdruck oder Großbuchstaben typographisch hervor. Das Streichen der ganzen Überschrift ist insbesondere für das *Neue Deutschland*, die *Frankfurter Allgemeine Zeitung* und das *Volksblatt* typisch.

6.3.7 Nachrichtenwert
Relativ häufig nehmen einige Zeitungsredakteure Revisionen vor, die den Nachrichtenwert des Textes steigern. Im Unterschied zu den oben besprochenen Revisionen, die in erster Linie der Kürze dienen und dabei gleichzeitig den Nachrichtenwert erhöhen, ist in diesen Fällen die Steigerung des Nachrichtenwertes das dominante Revisionsziel. Viele dieser Steigerungen des Nachrichtenwertes sind mit Beeinträchtigungen der sachlichen Genauigkeit oder sogar der sachlichen Richtigkeit verbunden.

Wie unter den Agenturrevisionen sind auch unter den Zeitungsrevisionen Veränderungen zu beobachten, die den Nachrichtenwert durch die Ergänzung des Nachrichtenfaktors ‚Ethnozentrismus' steigern. Ein Redakteur der *Welt* beispielsweise ergänzt eine Agenturnachricht zur Ablehnung der Pläne für eine europäische Superliga durch englische Fußballklubs um Informationen zur geplanten Vorstellung der Europaliga-Pläne vor der deutschen Bundesliga. Dadurch macht er die Auslandsnachricht relevanter und interessanter für den deutschen Leser. Sofern die ergänzten Informationen der Wahrheit entsprechen, bedeutet diese Revision einen Zuwachs an relevanter Information:

---

[428] Hellwig (1984), S. 6.

Trotz der Abfuhr gehen die Initiatoren der Europaliga weiter in die Offensive. Sie wollen nun ihre Pläne für die European Football League (EFL) auch vor allen Klubs der deutschen Bundesliga offenlegen. Ein Termin dafür steht allerdings noch nicht fest. (499bW)

Häufiger bedienen sich die Zeitungsredakteure aber anderer Mittel, um den Nachrichtenwert ihres Vorlagentextes zu erhöhen. Besonders häufig betonen sie die Gewissheit des Berichteten und räumen die eventuell im Agenturtext ausgedrückten Zweifel an der Richtigkeit der Aussagen aus. Sie ergänzen auf diese Weise einen Nachrichtenfaktor, den man als ‚Faktizität' bezeichnen könnte.[429] Indem sie die in den Agenturtexten vorkommenden Distanzierungs- und Hypothesenindikatoren, die einen Zweifel des Berichterstatters signalisieren, beseitigen und so aus Möglichkeiten Tatsachen machen, beeinträchtigen sie die sachliche Genauigkeit allerdings auch erheblich.

In diesem Zusammenhang sind die zahlreichen Transformationen vom Konjunktiv in den Indikativ zu nennen. Im Unterschied zu den oben bereits angesprochenen Modustransformationen sind sie nicht von Eliminationen von Quellenangaben begleitet und dienen deshalb nicht in erster Linie der Kürze, sondern allein dem Nachrichtenwert. Einige Zeitungsredakteure, vor allem die Redakteure des *Holsteinischen Couriers*, setzen bei vielen Bearbeitungen bei indirekter Rede durchgängig den Indikativ an die Stelle des Konjunktivs. Anders als die Agenturredakteure verzichten sie aber nicht nur dann auf den Konjunktiv, wenn die Nebensatzstellung und das Einleitewort ‚dass' die indirekte Rede ausreichend kennzeichnen, sondern auch dann, wenn er zur Kennzeichnung der Redeerwähnung obligatorisch ist. Das ist etwa der Fall, wenn der Satz mit der Redewiedergabe beginnt und erst am Ende des Satzes die Redekennzeichnung folgt oder wenn bei berichteter Rede das redekennzeichnende Verb ganz fehlt. Da sich die Zeitungsredakteure damit über die Regeln zum Konjunktivgebrauch bei indirekter Rede hinwegsetzen, lassen sich diese Revisionen auch nicht mehr als stilistische Revisionen klassifizieren. In einem Bericht über eine Rede Präsident Clintons zum Nordirlandkonflikt führt der durchgängige Gebrauch des Indikativs dazu, dass die Äußerungen des Präsidenten wie Tatsachen wirken (398HOC). Für den Zeitungsleser ist nicht mehr zu erkennen, ob es sich bei den Redebeiträgen um indirekte Rede oder um direkte Äußerungen des Textproduzenten, also um Kommentare der Zeitung handelt. Die Distanz des Berichterstatters zu seiner Quelle sowie zu der wiedergegebenen Rede ist vollständig aufgegeben.[430] Durch diese Steigerung der Faktizität erhöht sich der Nachrichtenwert, allerdings auf Kosten der sprachlichen Richtigkeit und sachlichen Genauigkeit:

---

[429] Dieser Nachrichtenfaktor fehlt im Faktorenkatalog von Schulz (1990) (vgl. 6.1.7, Anm. 262 der vorliegenden Arbeit).
[430] Vgl. Müller (1991), S. 234.

Das Blutvergießen von Omagh <u>werde > wird</u> nicht das letzte sein,
befürchtete Clinton in einer Rede vor der neugewählten Nordirland-
versammlung in Belfast. Nach den ermutigenden Fortschritten <u>dürfe ></u>
<u>*darf*</u> *aber die „Chance einer Generation" für bleibende Stabilität*
nicht verspielt werden, mahnte der Präsident. [...] Washington <u>sei ></u>
<u>*ist*</u> *etwa bereit, Ausbildung, Kleinunternehmen, Handel und Investi-*
tionen zu fördern. Der Präsident nannte es hoffnungsvoll, daß immer
mehr führende Politiker Bereitschaft zum Dialog <u>signalisierten ></u>
<u>*signalisieren*</u>. *Es <u>zeichne > zeichnet</u> sich, so Clinton, „nur noch eine*
Trennlinie" ab in Nordirland: [...]. (398HOC)

Der britische Premierminister Tony Blair hat alle Seiten in Nord-
irland zu „Weitblick, Mut und Engagement" aufgerufen. Aus Anlaß
des Besuches von US-Präsident Bill Clinton zog Blair in Belfast eine
positive Bilanz des Friedensprozesses, der ungeachtet des „barbari-
schen und bösen" Bombenanschlages von Omagh in seine nächste
Phase treten <u>werde > wird</u>. (394HOC)

Häufig steigern die Zeitungsredakteure die Faktizität des Mitgeteilten und
damit den Nachrichtenwert auch dadurch, dass sie Distanzierungs- und Hypothesenindikatoren in Form von Modalwörtern eliminieren. Alle im Agenturtext
ausgedrückten Zweifel an der Wahrheit der Informationen sowie die Distanz zum
Berichteten werden auf diese Weise beseitigt. Verschiedene Zeitungen streichen
die Hypothesenindikatoren ‚offenbar' und ‚offensichtlich', die signalisieren, dass
der Sprecher die Wahrscheinlichkeit des wiedergegebenen Sachverhalts als sehr
hoch einschätzt, sich aber dennoch der Richtigkeit der Aussage nicht ganz sicher
ist.[431] Ein Redakteur des *Neuen Deutschlands* beseitigt mit dem Modalwort ‚angeblich' alle im Agenturtext ausgedrückten Zweifel am Wahrheitsgehalt des Mitgeteilten:[432]

Den IRA-Aufruf verurteilte die Protestanten-Partei Democratic Unio-
nist Party als heuchlerisch. <u>Offensichtlich wolle sich die Gruppe ></u>
<u>*Die Gruppe wolle sich*</u> *kurz vor dem Besuch von US-Präsident Bill*
Clinton in gutem Licht darstellen. (3184FR)

Als Fortschritt wurde im Vorfeld des Clinton-Besuchs bewertet, daß
der neue Erste Minister der Provinzversammlung, Unionistenführer
David Trimble (UUP), ~~offenbar~~ erstmals persönlich den früheren
Erzfeind Gerry Adams von Sinn Fein [...] treffen will. (398WZ)

---

[431] Helbig/Helbig (1993), S. 176f., „offenbar" und S. 179f., „offensichtlich".
[432] Ebd., S. 77, „angeblich".

US-Präsident Bill Clinton schickt seinen Vermittler Dennis Ross wieder in den Nahen Osten, um eine Annäherung der ~~offenbar noch~~ weit auseinander liegenden Positionen von Israelis und Palästinensern zu versuchen. (3910FT)

Australiens Medienzar Rupert Murdoch will über seinen britischen Satellitensender BskyB ~~angeblich~~ für umgerechnet 1,67 Milliarden Mark den englischen Fußballverein Manchester United übernehmen. (696ND)

Einige Zeitungsredakteure steigern den Nachrichtenwert, indem sie das Negative eines Ereignisses stärker betonen und dadurch den Nachrichtenfaktor ‚Negativismus‘[433] intensivieren. Einen nur relativ geringen Unterschied bewirkt die Revision eines *Welt*-Redakteurs: Durch den Wegfall des Adverbs ‚oft‘ wird ein negativer Zustand nicht nur als temporär, sondern als permanent charakterisiert:

Alkohol, Drogen und Eßstörungen verstärkten die <u>oft</u> abstoßende Atmosphäre der Mode-Welt [...]. >
Alkohol, Drogen und Eßstörungen sorgten für eine abstoßende Atmosphäre in der Mode-Welt. (493W)

Eine stärkere Intensivierung des Negativen bewirkt ein Redakteur vom *Tagesspiegel*, der im Nachrichtentext selbst wie auch in der Überschrift gerade solche Informationen ergänzt, die den entstandenen Schaden betonen:

~~Clinton ermutigt zum Frieden~~ — <u>neue</u> > <u>Neue</u> <u>schwere</u> Zusammenstöße in Nordirland
[...] Unterdessen kam es in der Nacht zum Sonntag in der nordirischen Protestantenhochburg Portadown zu <u>schweren</u> Zusammenstößen zwischen protestantischen und katholischen Bevölkerungsgruppen. Zwei Polizisten wurden durch Brandbomben verletzt, <u>einer von ihnen lebensgefährlich</u>. (699TS)

Sind der Steigerung des Negativismus-Faktors im Haupttext gewisse Grenzen gesetzt, nutzen einige Zeitungen, vor allem das *Volksblatt* und der *Holsteinische Courier*, die nicht so sehr an die Neutralitätsnorm gebundenen Überschriften zur Betonung des Negativen. Veränderungen der Wortwahl tragen dazu bei, dass

---

[433] Um verschiedene Arten von negativen Ereignissen zusammenfassen zu können, wähle ich den von Galtung/Ruge (1965) verwendeten Begriff des Negativismus. Schulz (1990) spricht von der Dimension der Valenz, der er die negativen Faktoren ‚Konflikt‘, ‚Kriminalität‘ und ‚Schaden‘ sowie den positiven Faktor ‚Erfolg‘ unterordnet (S. 34).

die beschriebenen Ereignisse in den Zeitungsüberschriften viel negativer wirken als in den Agenturüberschriften. Während die Agenturredakteure auf eine neutrale Wortwahl achten, verwenden die Zeitungsredakteure ausdrucksstarke, emotional konnotierte und umgangssprachliche Wörter *(angeekelt, Freiheit, Mörder, Randale)* und scheuen nicht einmal davor zurück, im politischen Teil mit der Überschrift Wertungen zu übermitteln:[434]

Trend zur Magerkeit treibt Supermodel Sarah vom Laufsteg >
(OZ) *„Abstoßende Modewelt"*
(HZ) *Supermodel steigt angeekelt vom Laufsteg* (493VB)

Zwei britische Soldaten aus lebenslanger Haft entlassen >
Freiheit für Mörder (294HOC)

Clinton ermutigt zum Frieden – neue Zusammenstöße in Nordirland >
(OZ) *Brandbomben in Portadown: Verletzte*
(HZ) *Randale wegen Parade* (699HOC)

Schließlich erhöhen einige Zeitungsredakteure den Nachrichtenwert des Agenturtextes dadurch, dass sie die Nachricht aktualisieren. Aktualität kann nämlich nicht nur als konstitutives Merkmal einer Zeitung im Allgemeinen,[435] sondern auch als Nachrichtenfaktor im Besonderen gelten, weil die Erfolgschancen einer Nachricht umso höher sind, je näher Ereignis und Berichterstattung zeitlich beieinander liegen.[436] Beispielsweise ersetzen Redakteure des *Holsteinischen Couriers* und des *Volksblatts* Informationen, die bei Redaktionsschluss schon wieder überholt sind, durch aktuellere Informationen aus späteren Agenturtexten:

Der Präsident <u>wollte noch am Abend nach Washington zurückkehren,</u> wo [...]. >
Der Präsident <u>ist seit gestern bereits wieder in Washington,</u> wo [...].
(597HOC)[437]

A̶m̶ ̶e̶r̶s̶t̶e̶n̶ ̶T̶a̶g̶ ̶s̶e̶i̶n̶e̶s̶ ̶d̶r̶e̶i̶t̶ä̶g̶i̶g̶e̶n̶ ̶B̶e̶s̶u̶c̶h̶s̶ ̶i̶n̶ ̶N̶o̶r̶d̶i̶r̶l̶a̶n̶d̶ ̶u̶n̶d̶ ̶d̶e̶r̶ ̶i̶r̶i̶s̶c̶h̶e̶n̶ ̶R̶e̶p̶u̶b̶l̶i̶k̶ ̶w̶o̶l̶l̶t̶e̶ ̶C̶l̶i̶n̶t̶o̶n̶ ̶u̶n̶d̶ ̶d̶i̶e̶ ̶„̶F̶i̶r̶s̶t̶ ̶L̶a̶d̶y̶"̶ ̶i̶n̶ ̶d̶e̶m̶ ̶S̶t̶ä̶d̶t̶c̶h̶e̶n̶ ̶O̶m̶a̶g̶h̶ ̶n̶o̶c̶h̶ ̶A̶n̶g̶e̶h̶ö̶r̶i̶g̶e̶ ̶d̶e̶r̶ ̶B̶o̶m̶b̶e̶n̶o̶p̶f̶e̶r̶ ̶t̶r̶e̶f̶f̶e̶n̶.̶ ̶[̶.̶.̶.̶]̶ <u>Später</u>

---

[434] Damit verstoßen sie gegen journalistische Grundregeln (siehe z.B. Projektteam Lokaljournalisten (1990), S. 124; Schneider/Raue (1998), S. 175).

[435] Pürer/Raabe (1994), S. 24.

[436] Auch der Faktor ‚Aktualität' ist für die Zwecke dieser Arbeit dem Faktorenkatalog von Schulz (1990) hinzuzufügen (vgl. 6.1.7, Anm. 262 der vorliegenden Arbeit).

[437] Der Basisdiensttext stammt vom Samstagabend, der entsprechende Zeitungsartikel erscheint wegen des Wochenendes erst am folgenden Montag im *Holsteinischen Courier*.

sprach Clinton hat in der nordirischen Stadt Omagh mit Angehörigen
des Bombenanschlages gesprochen [sic], bei dem am 15. August 28
Menschen getötet und 220 verletzt worden waren. Das emotionsgela-
dene Treffen mit Verletzten und Trauernden fand in einer Turnhalle
statt. (398VB)[438]

Während die Redakteure des *Holsteinischen Couriers* und des *Volksblatts*
ihre Agenturvorlage auf durchaus legitime Art und Weise aktualisieren, die sachliche Richtigkeit also nicht gefährden, führen die von anderen Zeitungsredakteuren vorgenommenen Aktualisierungen zu erheblichen inhaltlichen Verfälschungen. Einige Zeitungsredakteure verstärken den Eindruck der Aktualität
nämlich dadurch, dass sie zurückliegende Ereignisse als aktuelle Ereignisse aus-
geben. So macht ein Redakteur der *Glocke* mittels eines Tempuswechsels vom
Plusquamperfekt ins Präteritum und einer Elimination einer Zeitangabe ein Ereignis der vergangenen Woche zum Ereignis des Vortages. Ein Redakteur der
Honnefer Volkszeitung gibt ein bereits am Sonntag in englischen Zeitungen ge-
meldetes Ereignis in der Zeitung vom Montag als Ereignis desselben Tages aus:[439]

Weitergehende Fusionsüberlegungen der beiden Unternehmen waren
~~vergangene Woche~~ > *wurden als Spekulation zurückgewiesen worden.*
[sic] (397GL)[440]

Die Regierung von Tony Blair wies <u>unterdessen</u> > <u>heute</u> *Spekula-*
tionen zurück, sie habe direkt oder indirekt an der Studie mitgewirkt.
(698HVZ)

Die *Frankfurter Allgemeine Zeitung* verzichtet bei einer Kulturnachricht ganz auf
die Antwort auf die ‚Wann?'-Frage und umgeht es auf diese Weise, ihren Lesern
vor Augen führen zu müssen, dass sie für ihre Freitagsausgabe noch einen Agen-

---

[438] Das ergänzte Textstück stammt erkennbar aus 3911BDT. Die Revision, durch die ein Fehler
entsteht, wird auch in 6.4 besprochen.

[439] Die zugrunde liegende Agenturnachricht 698BDT stammt vom Sonntagnachmittag, der Zeitungsartikel in der *Honnefer Volkszeitung* vom Montag. Bell (1991) hat ganz ähnliche Fälle
beobachtet und beschreibt sie als ‚falsification', eine von fünf Arten der Inhaltsverfälschung:
„Copy editors can be tempted to enhance the recency of slightly stale news by taking liberties
with the time specification. I have seen stories where time adverbials have been updated from
last night to *today* to *late today* as they were edited first by an agency and then by a recipient
radio station, with each version claiming greater recency as the events in fact receded into the
past." [Hervorhebungen im Original] (S. 226)

[440] Siehe zu dieser Revision auch 6.4.

turtext vom Dienstag verwendet.[441] Sie passt den Agenturtext mit Hilfe der Eliminationen aller Zeitreferenzen an die geänderte Kommunikationssituation an:

*Nun haben nach Angaben des Museums ~~vom Dienstag~~ Reinigungstests
ergeben, daß sich unter einer Schicht von Staub und Farbe doch ein
Werk von der Hand Rembrandts verbirgt. ~~Das [...] Gemälde soll von
Mittwoch an gezeigt werden.~~* (192FAZ)

---

[441] Auch Weischenberg (1990) beschreibt solche Vorgehensweisen: „In bestimmten Fällen wird
die ‚Wann?‘-Frage in Nachrichten aber bewußt ungenau oder gar nicht beantwortet. Dies erlaubt den Redakteuren [...], weniger spektakuläre Informationen über mehrere Tage als Füll-
stoff parat zu halten." (S. 72)

6.4 Sonderfälle: Misslungene Revisionen

Neben den zahlreichen bisher besprochenen Normalfällen kommen unter den Agentur- und Zeitungsrevisionen einige Sonderfälle von Revisionen vor. Im Unterschied zu den Revisionen, die bisher den Gegenstand der Betrachtungen dargestellt haben, führen diese Sonderfälle nicht zu einer Steigerung der Qualität des Vorlagentextes, weshalb sie als ‚misslungene Revisionen‘ bezeichnet werden sollen. Misslungene Revisionen haben zur Folge, dass entweder aus fehlerfreien Ausdrücken fehlerhafte werden oder dass fehlerhafte Ausdrücke fehlerhaft bleiben. Anders als bei den Revisionen, die ein Ziel erreichen und dabei gleichzeitig mit einem anderen kollidieren, ist bei den misslungenen Revisionen die Verfehlung so signifikant, dass sich eine Zuordnung zu einem der sieben Qualitätsmerkmale verbietet.

Objektiv als misslungen zu identifizieren sind solche Revisionen, die zu Verstößen gegen die sprachliche Richtigkeit führen. Deshalb wird sich die folgende Besprechung auf diese Fälle beschränken. Ein hoher Prozentsatz der in Nachrichtentexten vorkommenden Verstöße gegen die sprachliche Richtigkeit ist die Folge von misslungenen Revisionen. Dies macht der Vergleich von Texten verschiedener Bearbeitungsstufen deutlich. Um das Bewusstsein für die Risiken redaktioneller Bearbeitungen und die Ursachen fehlerhafter Texte zu schärfen, soll im Folgenden den verschiedenen Ursachen der misslungenen Revisionen genauer nachgegangen werden. Die Analyse ist für verschiedene Zielgruppen aufschlussreich: Redakteuren, deren tägliche Arbeit aus der Textbearbeitung besteht, führt sie vor Augen, auf welche Art und Weise Revisionen typischerweise misslingen und worauf zu achten ist, damit Fehler vermieden werden können. Schließlich ist es unverzeihlich, wenn ein Redakteur den Text eines Kollegen nicht verbessert, sondern verschlechtert.[442] Den Rezipienten der Nachrichten macht die Analyse bewusst, dass für die in den Texten vorkommenden Fehler nicht unbedingt der Textproduzent, sondern einer der Textbearbeiter verantwortlich ist.

Da die Gruppe der im Korpus vorkommenden Beispiele für misslungene Revisionen überschaubar ist und keine wesentlichen Unterschiede zwischen den misslungenen Revisionen der Agentur- und Zeitungsredakteure festzustellen sind, werden die Agentur- und die Zeitungsrevisionen gemeinsam besprochen.

Eine häufige Ursache für sprachliche Fehler in den bearbeiteten Texten sind Eliminationen. Häufig werden zusammen mit überflüssigen oder fakultativen Elementen auch obligatorische eliminiert. Beispielsweise tilgen Redakteure mit einem inkorrekten Kasusmorphem versehentlich auch das Leerzeichen zwischen den Wörtern (3186GL: *im Licht- und Schattenspiels [sic] der Blätter > im Licht- und Schattenspielder [sic] Blätter*) oder mit einem Element einer Wortreihe auch

---

442 Baskette u.a. (1982), S. 51: „Few sins are greater on the copydesk than to introduce an error during the editing process."

eine obligatorische Präposition (4916FT: *die Einziehung von Autos und Grundbesitz > die Einziehung Besitz [sic]*). Fehler dieser Art sind typische Auswirkungen der Textbearbeitung am Computer, denn die Entfernen-Taste wird sehr leicht einen Moment zu lange betätigt. Zeitungsredakteure, deren Hauptrevisionsart die Elimination ist, scheinen besonders anfällig für diesen Fehlertyp zu sein.

Aber nicht nur Eliminationen, sondern auch Additionen und andere Revisionen, die das Neuschreiben eines Wortes involvieren, misslingen häufig. Immer dann, wenn ein Wort neu geschrieben wird, besteht die Gefahr, dass an bisher fehlerfreien Textstellen Fehler entstehen:

zwei Sohlen von je 7,5 Zentimetern > zwei 7,5 <u>Zentimenter</u> [sic] hohe Sohlen (296)

Als Gründe für die <u>zumindestb</u> [sic] vorläufige Absage (499b)

Mel B (Scary Spice) > Die Sängerin Mel B von der britischen Gruppe „<u>Sice</u> [sic] Girls " (591)

*Konstitutionelle Veränderungen würden allerdings dem Parlament obliegen. >
Für konstitutionelle Veränderungen <u>sei</u> <u>en</u> [sic] allerdings das Parlament zuständig.* (698)

Auch Revisionen der morphologischen Ebene und Transformationen können misslingen und zur Folge haben, dass aus einer grammatisch korrekten Form eine grammatisch inkorrekte Form wird:

*Mit einem Besuch der Stadt Limerick und einem Golf-Ausflug nach Ballybunion beendet Clinton am Samstag seinen Besuch auf der irischen Insel. Er fliegt dann nach Washington zurück. >
Mit einem Besuch der Stadt Limerick[...] beendet Clinton [...] seinen Besuch auf der irischen Insel und fliegt nach Washington zurück. [sic]* (4916)

ein Ehrenmal für Diana und <u>ihren</u> > <u>ihrem</u> [sic] mit ihr gestorbenen Freund Dodi. (3185BDT > 3186HOC)

Mehrmals misslingen Revisionen, die ganz offensichtlich als Fehlerkorrekturen intendiert sind, weil sie keine Lösung des Problems darstellen. Auch nach der Revision ist die Textstelle noch fehlerhaft. Der Bearbeiter hat zwar offensichtlich ein Problem erkannt, den Fehler aber entweder falsch diagnostiziert oder nicht angemessen zu beheben vermocht (193: *„ Wir stehen tatsächlich vor einer ernsthaften*

Bedrohung durch extremistische Terrorgruppen vom Schlag der 'Wahren IRA. [sic]" > „*[...] vom Schlag der, Wahren IRA [sic]"*.). Das Erkennen eines Fehlers ist also keine Garantie für dessen erfolgreiche Korrektur.[443] Eventuell ist der Bearbeiter auch durch eine andere, gleichzeitig durchgeführte Revision abgelenkt worden (6912: *die alle zwei Jahre stattfindenede [sic] Ausstellung* > *Zu der alle zwei Jahre stattfinden [sic] Messe*).

Oftmals misslingen Revisionen, weil sie nicht vollständig durchgeführt werden: Die Spuren der alten Form, die im Laufe der Revision ersetzt wird, werden nicht vollständig beseitigt. Den Agenturredakteuren unterläuft diese Fehlerart insbesondere bei Permutationen und Transformationen. Bei Permutationen, die sich ja aus einer Elimination und einer Addition zusammensetzen, addieren die Bearbeiter zwar das verschobene Element an einer anderen Stelle, versäumen aber, es an seinem ursprünglichen Standort zu eliminieren:

Clinton würdigte, was Nordirland bereits auf dem Weg aus der Gewalt heraus politisch und gesellschaftlich geleistet habe. >
Clinton würdigte, was Nordirland bereits auf diesem Weg bereits politisch und gesellschaftlich geleistet habe. [sic] (395)

Bei einer Transformation eines Präpositionalattributs in ein Genitivattribut wird zwar der Kasus der Adjektive verändert, aber nicht die Präposition ‚von' getilgt (299: *die Entlassung von zwei britischen Soldaten* > *[...] von zweier britischer Soldaten [sic]*). Bei der Transformation einer lockeren Apposition zum Bezugswort der Nominalgruppe wird versäumt, das nun inkorrekte Artikelwort zu verändern (499b: *die Vertreter der Football Association (FA), des englischen Verbandes, [...]* > *die Vertreter der [sic] englischen Verbandes Football Association (FA)*). Den Zeitungsredakteuren unterläuft diese Fehlerart verhältnismäßig häufig beim Tempuswechsel. Nachdem sie die neue Verbform korrekt gebildet haben, versäumen sie, die Reste der ersetzten Form zu tilgen:

Weitergehende Fusionsüberlegungen der beiden Unternehmen waren vergangene Woche als Spekulation zurückgewiesen worden. >
Weitergehende Fusionsüberlegungen der beiden Unternehmen wurden als Spekulation zurückgewiesen worden. [sic] (397GL)

US-Präsident Bill Clinton hat am Donnerstag in der nordirischen Stadt Omagh mit Angehörigen des Bombenanschlages gesprochen, bei dem am 15. August 28 Menschen getötet und 220 verletzt worden waren. (3911BDT) >

---

[443] Vgl. Bartlett (1982), S. 355; Flower u.a. (1986), S. 36.

*Später ~~sprach~~ Clinton ~~hat~~ in der nordirischen Stadt Omagh mit Ange-
hörigen des Bombenanschlages ~~gesprochen~~, bei dem am 15. August
28 Menschen getötet und 220 verletzt worden waren. [sic]* (398BDT,
3911BDT > 398VB)

Eine weitere Ursache für eine hohe Anzahl misslungener Revisionen ist,
dass notwendige Sekundärrevisionen ausbleiben.[444] Insbesondere die Agenturredakteure versäumen relativ häufig, notwendige Kasusangleichungen vorzu-
nehmen. Viele Grammatikfehler in den Basisdiensttexten sind die Folge ver-
säumter Sekundärrevisionen:

*durch den schweren Bombenanschlag > nach den [sic] schweren
Bombenanschlag* (3913)

*Mit einem kurzen Gebetsgottesdienst hat [...] die britische Königs-
familie [...] ~~der vor einem Jahr tödlich verunglückten Prinzessin~~
Diana [sic] gedacht.* (3182BDT > 3186HOC)

*Das Treffen im Vorfeld des Luftfahrt-Salons in Farnborough war der
erste gemeinsame öffentliche Auftritt des zur Privatisierung anstehenden staatlichen Konzerns Aerospatiale und des privaten Fusionspartners Matra Hochtechnologie (HT). Die Allianz beider Luft- und
Raumfahrtunternehmen wird als Etappe auf dem Weg [sic] EADC-
Konzern offen für andere seien [sic], betonte [sic] Michot und Matra-
HT-Präsident Philippe Camus. >
Die Allianz der beiden Luft- und Raumfahrtunternehmen werde als
Etappe auf dem Weg zum EADC-Konzern offen für andere sein, sagten Michot und der Matra-HT-Präsident Philippe Camus beim ersten
gemeinsamen öffentliche [sic] Auftritt der zur Privatisierung anste-
henden Aerospatiale und ihres privaten Fusionspartners Matra HT
(Matra Hochtechnologie).* (697)

Die Analyse zeigt, dass grundsätzlich alle Revisionsarten misslingen und
dadurch verhindern können, dass sich die Qualität des Textes erhöht. Jede Revision birgt ein gewisses Risiko. Auch wenn die Anzahl der zur Qualitätssteigerung
führenden Revisionen eindeutig höher ist als die der misslungenen Revisionen,
muss dieses Risiko einkalkuliert werden. Im Unterschied zu den misslungenen
Revisionen von Fremdsprachenlernern sind die der Agentur- und Zeitungsredakteure, die in der Regel Muttersprachler sind, nicht auf Kompetenzfehler zurück-

---

[444] Sekundärrevisionen wurden ausführlich in 5.2. und 5.3 besprochen.

zuführen,[445] sondern zumeist mit situationellen Faktoren zu erklären, vor allem dem in Redaktionen herrschenden Zeitdruck. Um das Misslingen von Revisionen bei der Nachrichtenbearbeitung so weit wie möglich zu vermeiden, sollten sich die Bearbeiter deshalb stets die Zeit nehmen, auch den von ihnen redigierten Text nochmals zu überprüfen. Dabei sollten sie insbesondere darauf achten, dass beim Eliminieren nicht zu viel gestrichen wurde, dass das Neugeschriebene nicht fehlerhaft ist und dass die Reste früherer Formen vollständig beseitigt und alle notwendigen Sekundärrevisionen durchgeführt wurden. Diese Maßnahmen können wesentlich dazu beitragen, dass das Hauptziel der Nachrichtenbearbeitung, nämlich die Steigerung der Qualität des Vorlagentextes, nicht so häufig verfehlt wird.

---

[445] Edelmann (1995), S. 160ff.

6.5 Zusammenfassung der Ergebnisse

Die von Agentur- und Zeitungsredakteuren im Verlauf der Nachrichtenbearbeitung vorgenommenen Revisionen dienen der sprachlichen Richtigkeit, der sachlichen Richtigkeit, der sachlichen Genauigkeit, der Verständlichkeit, der stilistischen Angemessenheit, der Kürze und dem Nachrichtenwert. Dies hat der zweite Teil der Analyse ergeben. Der aus den allgemeinen und speziell journalistischen Qualitätskriterien abgeleitete Katalog von sieben Revisionszielen hat sich als adäquat und vollständig erwiesen. Doch auch wenn sich für jedes der sieben Revisionsziele auf beiden Bearbeitungsstufen Belege finden, sind die sieben Ziele zum einen für die Agentur- und die Zeitungsrevisionen und zum anderen für jede der 14 Zeitungen von jeweils unterschiedlicher Bedeutung.

6.5.1 Agentur- und Zeitungsrevisionen im Vergleich

Wie im Rahmen der methodischen Vorüberlegungen vermutet, führen die unterschiedlichen Ausgangsbedingungen für Agentur- und Zeitungsredakteure dazu, dass bestimmte Revisionsziele bei den Zeitungsrevisionen eine geringere Rolle spielen als bei den Agenturrevisionen. So sind insbesondere Korrekturen von sprachlichen und sachlichen Fehlern, Steigerungen der Verständlichkeit und Reduzierungen von unnötiger Redundanz unter den Zeitungsrevisionen seltener als unter den Agenturrevisionen, weil die Zeitungsredakteure Texte bearbeiten, die bereits mindestens einmal zuvor bearbeitet wurden. Davon abgesehen gewichten die Agentur- und die Zeitungsredakteure die verschiedenen Revisionsziele aber auch unterschiedlich: Sowohl für die Bearbeitung des Haupttextes als auch für die der Überschrift gilt, dass bei den Agenturredakteuren insbesondere die Revisionsziele der sachlichen Genauigkeit, der Verständlichkeit und der stilistischen Angemessenheit eine besondere Bedeutung haben, während bei den Zeitungsredakteuren die Kürze, der Nachrichtenwert und die stilistische Angemessenheit auf den oberen Plätzen in der Hierarchie der Revisionsziele rangieren. Während sich die Kürze bei den Agenturrevisionen hinter allen anderen Zielen am unteren Ende der Hierarchie befindet, steht sie bei den Zeitungsrevisionen an erster Stelle. Die sachliche Genauigkeit rangiert bei den Agenturrevisionen mit der Verständlichkeit an oberster Stelle, bei den Zeitungsrevisionen dagegen auf einem der unteren Plätze. Wie die sieben Revisionsziele im Einzelnen in der Agentur und bei den Zeitungen gewichtet werden, lässt sich zusammenfassend wie folgt beschreiben:

Das Revisionsziel der sprachlichen Richtigkeit ist sowohl für die Agentur- als auch für die Zeitungsredakteure von großer Bedeutung. Es befindet sich allerdings in gewisser Weise außerhalb der Hierarchie der Revisionsziele, als es mit keinem anderen Revisionsziel in Konkurrenz steht. Dass sich unter den Agenturrevisionen im Verhältnis viel mehr Korrekturen sprachlicher Fehler finden als unter den Zeitungsrevisionen, ist zwar vor allem darauf zurückzuführen, dass die Basisdiensttexte im Durchschnitt weniger sprachliche Fehler enthalten als die Texte der Auslandskorrespondenten, weil sie mindestens einmal häufiger bearbeitet worden sind. Auch die Beobachtung, dass die Agenturredakteure eine größere Anzahl verschiedener Fehlerarten korrigieren als die Zeitungsredakteure ist wohl damit zu erklären, dass die auffälligsten Fehler schon während der Bearbeitung innerhalb der Agentur beseitigt worden sind. Dennoch ist zu erkennen, dass insbesondere die Agenturredakteure ihre Verantwortung für die deutsche Sprache sehr ernst nehmen und die Kontrolle der sprachlichen Richtigkeit als einen Hauptzweck des Redigierens erachten. Obwohl die Agenturredakteure mit ihrer beträchtlichen Anzahl von Fehlerkorrekturen die Qualität der Agenturtexte erheblich erhöhen, finden sich auch in Basisdiensttexten noch Fehler, die nicht selten auf misslungene Revisionen zurückzuführen sind. Auch die Zeitungsredakteure haben also die Aufgabe, die sprachliche Richtigkeit ihrer Vorlagentexte zu überprüfen. Leider werden sie dieser Aufgabe nicht immer gerecht. Denn wie ein Blick in die Zeitungen offenbart, wird ein hoher Anteil der in den Agenturnachrichten enthaltenen Fehler von den Zeitungen übernommen.[446] Zeitungsredakteure sollten sich also nicht auf die Nachrichtenagentur verlassen, sondern die Agenturtexte selbst noch einmal gründlich auf sprachliche Richtigkeit hin überprüfen.

Obwohl Nachrichtenredakteure sachliche Richtigkeit für eines der wichtigsten Qualitätsmerkmale von Nachrichtentexten halten,[447] sind die wenigsten Agentur- und Zeitungsrevisionen Korrekturen der sachlichen Richtigkeit. Dies bedeutet nicht unbedingt, dass die Vorlagentexte alle sachlich richtig sind und nicht der Korrektur bedürfen, sondern ist eher damit zu erklären, dass sachliche Fehler nur schwer zu entdecken sind. Das Finden sachlicher Fehler erfordert eine große Sachkenntnis und den Zugang zu relevanten Informationen. Dass gerade für Zeitungsredakteure die Überprüfung der in den Basisdiensttexten enthaltenen Sachaussagen mit einem beträchtlichen Aufwand verbunden ist, erklärt die Beobachtung, dass unter den Zeitungsrevisionen noch weniger Korrekturen von sachlichen Fehlern sind als unter den Agenturrevisionen. Deshalb ist es sicherlich kein Zufall, dass die Zeitungsredakteure gerade logische Fehler und die aufgrund der veränderten Kommunikationssituation inkorrekt gewordenen Zeitreferenzen korrigieren, beides Revisionen, die weder eine spezielle Sachkenntnis noch zusätzliche Recherche erfordern. Während die sachliche Richtigkeit bei den Agenturredakteuren in der Hierarchie der Revisionsziele erkennbar einen der ersten Plätze einnimmt, gibt es einige Zeitungen, die nicht besonders auf Sachgerechtheit achten. Zugunsten der Kürze oder des Nachrichtenwertes nehmen sie zuweilen Revisionen vor, die mit der sachlichen Richtigkeit kollidieren: Redebeiträge werden nicht

---

[446] Einige Beispiele für von den Zeitungen übersehene Fehler sind: 3186HOC: *im Licht- und Schattenspiels der Blätter*; 297TS: *Landung der Alliierten*; 499bFR: *zumindestb*; 395SZ: *zu förden*.

[447] Vgl. Anm. 216.

korrekt markiert, Sprecher nicht korrekt identifiziert, Zeitangaben auf unzulässige Art und Weise aktualisiert.

Sachliche Genauigkeit ist sowohl bei den Agentur- als auch bei den Zeitungsrevisionen als Revisionsziel von Bedeutung, besitzt allerdings für die Agenturrevisionen eine ungleich höhere Relevanz als für die Zeitungsrevisionen. Dies ist zum einen daran zu erkennen, dass es unter den Agenturrevisionen mehr Revisionen gibt, die primär der sachlichen Genauigkeit dienen, als unter den Zeitungsrevisionen. Zum anderen ist es daran zu sehen, dass sehr viele Zeitungsrevisionen mit der sachlichen Genauigkeit kollidieren, was für die Agenturrevisionen nicht gilt. Insbesondere zahlreiche Kürzungen mindern die sachliche Genauigkeit erheblich, mit dem Ergebnis, dass die Zeitungsartikel zum Beispiel bei Orts- und Zeitangaben, bei der Referenz auf Personen und Institutionen und bei Quellenangaben sachlich ungenauer bzw. weniger vollständig sind als die Agenturtexte. Von den beiden miteinander konkurrierenden Revisionszielen ‚sachliche Genauigkeit' und ‚Kürze' bewerten viele Zeitungsredakteure, unter dem Zwang der Platzbeschränkungen, letzteres Ziel eindeutig höher.

Verständlichkeit ist eines der wichtigsten Revisionsziele, sowohl der Agentur- als auch der Zeitungsrevisionen. Die Agentur- und die Zeitungsredakteure optimieren die Verständlichkeit auf den verschiedenen Ebenen des Sprachsystems, vor allem aber auf der syntaktischen und der textuellen Ebene, ohne dabei jemals den Bedeutungsgehalt der Vorlagentexte wesentlich zu verändern. Dass beide Redakteurgruppen zahlreiche Revisionen zur Steigerung der Verständlichkeit vornehmen und sich dazu derselben Mittel bedienen, relativiert Schneiders Behauptung, viele Journalisten kennten die grundlegenden Verständlichkeitsregeln nicht.[448] Die Beobachtung, dass Revisionen mit dem Ziel der Verständlichkeit unter den Zeitungsrevisionen im Verhältnis nicht ganz so häufig sind wie unter den Agenturrevisionen, ist zwar ebenfalls damit zu erklären, dass die Agenturtexte bereits einmal zuvor revidiert wurden und deshalb die größten und offensichtlichsten Hindernisse für die Verständlichkeit bereits beseitigt sind. Doch ist deutlich zu sehen, dass die Agenturredakteure beim Bearbeiten ihrer Vorlagentexte noch mehr um die Verständlichkeit bemüht sind als die meisten Zeitungsredakteure. Für die Agenturredakteure ist Verständlichkeit eines der wichtigsten Revisionsziele, was nicht zuletzt auch daran zu erkennen ist, dass ihre Revisionen niemals mit der Verständlichkeit kollidieren: Revisionen zur Steigerung der sachlichen Genauigkeit, stilistischen Angemessenheit oder Kürze gefährden die Verständlichkeit niemals ernstlich. Wenn es sein muss, wird zugunsten der Verständlichkeit sogar die sachliche Genauigkeit gemindert.

Stilistische Angemessenheit spielt zwar als Revisionsziel sowohl in der Agentur als auch bei den Zeitungen eine große Rolle, doch unterscheiden sich die stilistisch motivierten Agentur- und Zeitungrevisionen in wesentlichen Punkten.

---

[448] Schneider (1986), S. 30.

Ein großer Unterschied besteht darin, dass die stilistischen Revisionen der Agenturredakteure zum größten Teil in sich homogen sind, also denselben Prinzipien folgen, während die Zeitungsrevisionen eher heterogen sind und keine allgemeinen Prinzipien erkennen lassen. Während unter den Agenturredakteuren also eine gewisse Einigkeit in stilistischen Fragen herrscht, haben die Redakteure der verschiedenen Zeitungen offenbar jeweils unterschiedliche Vorstellungen von stilistischer Angemessenheit. Die Agenturrevisionen befinden sich meist im Einklang mit allgemeinen, speziell journalistischen oder redaktionsinternen Stilregeln. Unter den Zeitungsrevisionen gibt es dagegen auch viele Veränderungen, die sich im Widerspruch mit den bekannten Stilregeln und damit oft zugleich mit den Prinzipien der Agenturredakteure befinden. Die den Agenturredakteuren wichtigen Grundsätze wie Neutralität, Unmarkiertheit und Vollständigkeit werden zwar von vielen, aber längst nicht von allen Zeitungsredakteuren geteilt. Während zum Beispiel die Agenturredakteure einmütig darauf bedacht sind, die Sachlichkeit der Berichterstattung zu steigern, werden in Zeitungsredaktionen auch Revisionen vorgenommen, die der Nachricht einen wertenden, emotionalen oder umgangssprachlichen Charakter verleihen.[449] Dies wird vor allem in solchen Situationen deutlich, in denen die stilistischen Grundsätze der Neutralität und der lexikalischen Variation miteinander konkurrieren: Während die Agenturredakteure lexikalische Wiederholungen in Kauf nehmen, um bestimmte, stilistisch unangemessene Verba dicendi zu vermeiden, senken die Zeitungsredakteure in einigen Fällen die Stilebene, um wörtliche Wiederholungen zu vermeiden. In der Hierarchie der Stilprinzipien rangiert bei den Agenturrevisionen Neutralität vor lexikalischer Variation, während bei den Zeitungsrevisionen lexikalische Variation vor Neutralität geht.

In Bezug auf die Prinzipien der Unmarkiertheit und Vollständigkeit ist zusammenfassend zu sagen, dass einige Zeitungsredakteure genau die markierten Formen bevorzugen, die von den Agenturredakteuren abgelehnt werden. Besonders interessant ist in diesem Zusammenhang, dass die „auf den Kopf gestellte Syntax"[450] nicht, wie von Kritikern behauptet, ein Charakteristikum der Agentursprache, sondern vielmehr der Zeitungssprache ist. Während die Agenturredakteure eine stilistisch einheitliche Agentursprache erzeugen, sind die Zeitungsredakteure darum bemüht, sich stilistisch von der Agentur und von anderen Zeitungen abzusetzen und die Agenturtexte mit ihrer persönlichen Note zu versehen.

Kürze ist sowohl für die Agentur- als auch für die Zeitungsrevisionen ein wichtiges Revisionsziel, doch nur bei den Zeitungsrevisionen rangiert es in der Hierarchie vor allen anderen Revisionszielen an erster Stelle. Die unterschiedlichen Prioritäten zeigen sich unter anderem daran, dass unter den Agentur-

---

[449] Dass Nachrichtenagenturen durchweg sachlicher berichten als Zeitungen, beobachtet auch Hagen (1995), S. 282.

[450] Zschunke (1994), S. 139.

228

revisionen viel häufiger als unter den Zeitungsrevisionen Veränderungen vorkommen, die etwa zugunsten der sachlichen Genauigkeit mit dem Ziel der Kürze kollidieren. Dass die Zeitungsredakteure ihre Vorlagen häufiger kürzen als die Agenturredakteure, und zwar sowohl den Haupttext als auch die Überschrift, ist vor allem auf die eingangs angesprochenen unterschiedlichen Ausgangsbedingungen zurückzuführen: Im Unterschied zu den Agenturredakteuren müssen sich die Zeitungsredakteure auf die vom Layout diktierten Platzbeschränkungen einrichten.

Das Revisionsziel ‚Nachrichtenwert' schließlich spielt bei den Zeitungen eine ungleich größere Rolle als innerhalb der Agentur. Wenn die Agenturredakteure den Nachrichtenwert steigern, dann fügen sie der Vorlage Informationen hinzu, die einen zusätzlichen Nachrichtenfaktor einführen, ohne dabei allerdings jemals die sachliche Richtigkeit zu beeinträchtigen. Die Zeitungsredakteure dagegen, die eine nicht unbeträchtliche Anzahl von Revisionen nur zur Steigerung des Nachrichtenwertes vornehmen, erkaufen die Erhöhung des Nachrichtenwertes in den meisten Fällen mit einer Beeinträchtigung der sachlichen Genauigkeit oder sogar Richtigkeit. In der Hierarchie der Revisionsziele rangiert also zumindest bei einigen Zeitungen der Nachrichtenwert vor der sachlichen Richtigkeit und Genauigkeit. Dieses Ergebnis befindet sich durchaus im Einklang mit van Dijks Beobachtung, der zufolge Ereignisse in Zeitungsartikeln im Durchschnitt negativer dargestellt werden als in den entsprechenden Agenturnachrichten.[451] Es bestätigt außerdem Bells Feststellung, dass Informationsverfälschungen häufiger zu einer Steigerung als zu einer Minderung des Nachrichtenwertes führen.[452] Bells These, dass die meisten Revisionen der Steigerung des Nachrichtenwertes dienen, lässt sich allerdings nicht aufrecht erhalten, es sei denn, man würde auch Steigerungen der sachlichen Genauigkeit, stilistische Revisionen und Kürzungen dem Revisionsziel ‚Nachrichtenwert' zuordnen, was Bell in gewisser Weise tut.[453]

Bei der gesonderten Betrachtung der Überschriftenbearbeitungen werden die unterschiedlichen Gewichtungen der sieben Revisionsziele besonders deutlich. Während die Agenturredakteure bei der Überschriftenbearbeitung vorwiegend um die Steigerung des Informationsgehalts, also um sachliche Genauigkeit bemüht sind, geht es den Zeitungsredakteuren darum, den Stil der sachlichen Agenturüberschriften zu verändern und den Leseanreiz zu erhöhen. Diese Differenz ist im Wesentlichen damit zu erklären, dass Agentur- und Zeitungsüberschriften unterschiedliche Aufgaben haben: Während Agenturüberschriften von großem Informationswert sein müssen, um den Mitarbeitern der Agentur und den Medienkunden eine „eindeutige Inhaltsangabe"[454] liefern zu können, welche die Selektion

---

[451] Vgl. 2.1, S. 23.
[452] Bell (1991), S. 228f.
[453] Ebd., S. 76.
[454] Zschunke (1994), S. 174.

aus der Fülle des Angebots erleichtert,[455] zielen Zeitungsüberschriften eher darauf ab, die Aufmerksamkeit des Lesers zu erregen und ihn zur Lektüre des Textes zu animieren. Entsprechend führen die Überschriftenrevisionen zu dem Resultat, dass die Agenturüberschriften sachlich und genau über die Hauptaussage des Textes Auskunft geben, viele Zeitungsüberschriften aber, vor allem in den Rubriken Sport, Wirtschaft, Vermischtes und Kultur, für den Artikel werben, ohne dabei präzise über den Inhalt zu informieren. Die stilistischen Revisionen haben gezeigt, dass den Agenturredakteuren Neutralität vor Leseanreiz, den Zeitungsredakteuren umgekehrt Leseanreiz vor Neutralität geht.

Neben den Unterschieden in der Gewichtung der einzelnen Revisionsziele hat der zweite Analyseteil auch Unterschiede in den Auswirkungen auf den Textumfang, den Bedeutungsgehalt und die thematische Struktur der Vorlagentexte ans Licht gebracht. Was die Auswirkungen auf den Textumfang angeht, bestätigt sich die Vermutung, dass die Zeitungsredakteure ihre Vorlagentexte viel stärker kürzen als die Agenturredakteure. Während die Agenturredakteure die Texte der Auslandskorrespondenten maximal um 45 Prozent kürzen, streichen die Zeitungsredakteure in den meisten Fällen mehr als die Hälfte der Vorlagentexte.[456] Weniger als um 30 Prozent kürzen die Agenturredakteure in 82 Prozent der Fälle, die Zeitungsredakteure aber nur in 23 Prozent der Fälle. Das Ausmaß der Kürzungen scheint in beiden Fällen nicht mit dem Umfang des Ausgangstextes im Zusammenhang zu stehen.

Umfangreduzierung durch Revisionen	
der Agenturredakteure:	der Zeitungsredakteure:
mehr als 50%: 0% der Fälle	mehr als 50%: 55% der Fälle
(bis zu 30%: allein 82% aller Fälle)	(bis zu 30%: allein 23% der Fälle)
bis zu 50%: 100% der Fälle	bis zu 50%: 45% der Fälle

Beim Vergleich des Bedeutungsgehalts der Vorlagen und der bearbeiteten Texte fällt auf, dass die Zeitungsrevisionen viel häufiger als die Agenturrevisionen einen beträchtlichen Informationsverlust bewirken, vor allem die zahlreichen Kürzungen. Die Agenturredakteure kürzen ihre Vorlagentexte insbesondere dadurch, dass sie unnötige Redundanz verringern, was oft gleichzeitig den

---

[455] Deutsche Presse-Agentur (1998), S. 208, „Überschriften": „Sie müssen sachlich und treffend den Inhalt der Meldung oder des Berichts angeben. Viele Kunden sehen in den Redaktionssystemen nur noch die Überschriften unserer Meldungen oder gar nur einen Teil davon – diesen höchst wichtigen Raum dürfen wir nicht vertändeln."

[456] Die Zahlen beziehen sich auf die Gruppe 4a.

Stil und die Textualität verbessert. Die Zeitungsredakteure sparen dagegen vor allem dadurch Platz, dass sie auf einen Teil der im Agenturtext gelieferten Informationen verzichten. Während nämlich die Reduzierung von Redundanz nur bis zu einem gewissen Grade die Wortzahl zu verringern vermag, können radikale Streichungen eine wesentliche Umfangreduzierung bewirken. Häufiger als die Agenturrevisionen führen die Zeitungsrevisionen nicht nur zur Kürzung, sondern auch zum Wegfall der Antworten auf wichtige ‚W'-Fragen. Der starke Informationsverlust bedeutet eine Minderung der sachlichen Genauigkeit und zuweilen sogar eine Beeinträchtigung der sachlichen Richtigkeit, was wiederum zeigt, dass vielen Zeitungsredakteuren Kürze vor sachlicher Genauigkeit und einigen sogar vor sachlicher Richtigkeit geht. Schließlich ist festzustellen, dass Zeitungsrevisionen im Unterschied zu den Agenturrevisionen nicht nur zu Informationsverlusten, sondern gelegentlich zu Informationsverschiebungen und sogar -verfälschungen führen. Auch hierfür sind insbesondere die zahlreichen zum Zweck der Kürze vorgenommenen Revisionen verantwortlich zu machen, aber auch solche Revisionen, die primär der stilistischen Angemessenheit oder dem Nachrichtenwert dienen.

Was schließlich die Auswirkungen der Revisionen auf die thematische Gestaltung der Nachrichten angeht, zeigt der Vergleich, dass die Zeitungsredakteure viel häufiger und tiefer in die thematische Struktur ihres Vorlagentextes eingreifen als die Agenturredakteure. Viel häufiger als ihre Kollegen in der Nachrichtenagentur eliminieren, addieren oder permutieren die Zeitungsredakteure vollständige thematische Einheiten. Und während die Agenturrevisionen höchstens Teiloder Nebenthemen des Hauptthemas betreffen, verändern die Zeitungsredakteure sogar das Hauptthema, indem sie entweder das Hauptthema streichen, ein ergänztes Textstück zum Hauptthema machen oder ein ehemaliges Nebenthema an die Position des Hauptthemas stellen. Im Unterschied zu den Agenturredakteuren verlagern die Zeitungsredakteure im Laufe ihrer Bearbeitungen also auch den Schwerpunkt der Berichterstattung.

6.5.2 Revisionen der verschiedenen Zeitungen im Vergleich

Die Analyse der Revisionsziele bringt nicht nur Unterschiede zwischen den Agentur- und den Zeitungsredakteuren, sondern auch zwischen den Redakteuren der verschiedenen Zeitungen zum Vorschein. Auch die 14 untersuchten Zeitungen unterscheiden sich darin, welche Bedeutung sie bestimmten Revisionszielen beimessen. Vor allem die Ziele der Verständlichkeit, der stilistischen Angemessenheit, der Kürze und des Nachrichtenwertes sind bei verschiedenen Zeitungen von unterschiedlicher Relevanz. Zum einen fällt auf, dass die großen überregionalen Zeitungen verhältnismäßig viele Revisionen zur Steigerung der Verständlichkeit und der stilistischen Angemessenheit vornehmen und ihre Aufgabe beim Redigieren nicht nur im Kürzen des Agenturtextes sehen. Insbesondere Redakteure der *Frankfurter Rundschau*, der *Süddeutschen Zeitung* und vor allem der *Frankfurter*

Allgemeinen Zeitung nehmen sich die Zeit, die Verständlichkeit und den Stil ihrer Vorlagentexte durch oft minimale Veränderungen zu verbessern. Wie keine andere Zeitung setzt sich die *Frankfurter Allgemeine Zeitung* auf stilistischer Ebene mit den Agenturtexten auseinander, was die im ersten Analyseteil gemachte Beobachtung erklärt, dass ein verhältnismäßig hoher Anteil der Bearbeitungen der *Frankfurter Allgemeinen* auf der Innersatzebene verbleibt. Die *FAZ* steigert mit ihren stilistischen Revisionen besonders häufig die Neutralität der Berichterstattung und übertrifft damit als einzige Zeitung die für ihren sachlichen Stil bekannte Deutsche Presse-Agentur noch an Neutralität.

Die Revisionen der anderen Zeitungen führen dagegen eher zu einer Minderung, wenn nicht sogar zu einer absoluten Aufgabe der Neutralität. Am unteren Ende der Neutralitätsskala befindet sich der *Holsteinische Courier*. Die Lokalzeitung aus Neumünster zeigt eine starke Tendenz zur Emotionalisierung, nicht nur in der Auswahl, sondern auch in der Bearbeitung der Agenturtexte. Mit ihren Revisionen bringt sie den Stil der Nachricht oft auf eine emotionale Ebene, was nicht selten auf Kosten der sachlichen Richtigkeit und Genauigkeit geschieht. Ihre Überschriftenbearbeitungen bringen emotionale, dramatische und wertende Titel hervor, welche die Aufmerksamkeit der Leser wecken und sie neugierig auf den folgenden Text machen sollen. Wieder andere Zeitungen nutzen stilistische Auswahlmöglichkeiten zur Distanzierung von der Agenturvorlage. So greifen Redakteure der *tageszeitung* und des *Neuen Deutschlands* auf orthographische, lexikalische und syntaktische Varianten zurück, um ihr alternatives Profil zu betonen.

Das Revisionsziel ‚Kürze' ist zwar für alle Zeitungen wichtig, doch rangiert es nicht bei allen an erster Stelle. Insbesondere die größten überregionalen Zeitungen, die *Frankfurter Allgemeine* und die *Süddeutschen Zeitung*, haben es nicht unbedingt nötig, die Agenturvorlage zu kürzen. Verglichen mit den kleineren Zeitungen übernehmen sie die ausgewählten Agenturtexte häufiger komplett oder ergänzen sogar zusätzliches Textmaterial. Die verschiedenen Zeitungen bedienen sich außerdem unterschiedlicher Strategien, um die Agenturnachrichten zu kürzen. Längst nicht alle Zeitungen kürzen die Vorlagentexte lediglich vom Ende. Besonders vielfältige Kürzungsstrategien wendet die *Westdeutsche Zeitung* an. Sie eliminiert nicht nur fakultative Elemente innerhalb eines Satzes oder vollständige Sätze, sondern komprimiert unter lexikalischen und syntaktischen Veränderungen häufig die Aussage mehrerer Sätze in einem einzigen Satz. Unterschiede zwischen verschiedenen Zeitungen bestehen auch insofern, als die Kürzungen bei einigen Zeitungen mehr, bei anderen weniger mit der sachlichen Genauigkeit und sogar der sachlichen Richtigkeit kollidieren. Während zum Beispiel die *Westdeutsche Zeitung* schon bei der ersten Referenz auf Personen um maximale Kürze bemüht ist, legen etwa die *Freie Presse* und das *Volksblatt* bei der Einführung einer Person oder Institution Wert auf Genauigkeit und erleichtern so ihren Lesern das Verständnis. Außerdem fallen die Regionalzeitung *Westdeutsche Zeitung* und die auflagenschwächeren der überregionalen Zeitungen, *die tageszeitung*, das *Neue*

Deutschland und die *Frankfurter Rundschau*, dadurch negativ auf, dass sie zugunsten der Kürze und des Nachrichtenwertes nachlässig mit Quellenangaben, Redeerwähnungen und Sprecheridentifizierungen umgehen und dadurch die sachliche Genauigkeit und Richtigkeit erheblich beeinträchtigen. Auch andere kleine Blätter, wie die *Honnefer Volkszeitung*, *Die Glocke* und vor allem der *Holsteinische Courier*, geben nicht immer Acht auf sachliche Genauigkeit und Richtigkeit. Um den Nachrichtenwert zu steigern, nehmen sie zuweilen sogar Verzerrungen des Inhalts in Kauf. In der Hierarchie der Revisionsziele rangiert der Nachrichtenwert bei vielen Zeitungen also vor der sachlichen Genauigkeit und Richtigkeit.

Ein weiterer Unterschied besteht darin, dass die großen regionalen und überregionalen Zeitungen häufiger als die kleinen lokalen und regionalen Zeitungen den thematischen Schwerpunkt des Agenturtextes verändern, sei es durch Neuanordnung der thematischen Einheiten, sei es durch Kürzungen oder Ergänzungen ganzer Textstücke. Dieses Ergebnis deckt sich mit der im ersten Analyseteil gemachten Beobachtung, dass diese Zeitungstypen häufiger als die kleineren Zeitungen die Vorlagentexte auf der Übersatzebene revidieren. Ursache dafür, dass die großen regionalen und überregionalen Zeitungen häufiger als die kleinen Zeitungen den Agenturtext mit zusätzlichen Informationen anreichern und dadurch die sachliche Genauigkeit, die Verständlichkeit oder den Nachrichtenwert erhöhen, ist, dass sie mehrere Agenturen zur Auswahl haben und nicht allein auf die dpa angewiesen sind. Das Revisionsverhalten einer Zeitung hängt also auch von der Anzahl der bezogenen Nachrichtenagenturen ab.

Die politischen und weltanschaulichen Unterschiede zwischen den untersuchten Zeitungen machen sich nur bedingt als Unterschiede im Revisionsverhalten bemerkbar. Sie wirken sich eher darauf aus, welche Nachrichten die Zeitungen selektieren als darauf, wie die selektierten Nachrichten bearbeitet werden. So dürfte es kein Zufall sein, dass gerade die Zeitungen des linken Spektrums eine Nachricht zu Vorwürfen gegen die Taliban aus dem Agenturangebot auswählen. Politische Tendenzen kommen nur insofern zum Ausdruck, als die Sicht der Gegenseite, in diesem Falle die der Taliban, ausführlicher dargestellt wird und Bewertungen beseitigt oder umgeändert werden. Explizite politische Stellungnahmen kommen in den von der Agentur übernommenen Auslandsnachrichten nicht vor; sie finden sich eher in den eigenproduzierten meinungsbetonten Darstellungsformen.

Noch weniger als die politischen wirken sich die regionalen Unterschiede zwischen den 14 Tageszeitungen auf das Revisionsverhalten aus. Unter allen Bearbeitungen der Zeitungsredakteure ist nur eine einzige Revision, die einen Ausdruck der Agenturnachricht an einen regional üblichen Sprachmodus anpasst. Der in Neumünster in Schleswig-Holstein verbreitete *Holsteinische Courier* ersetzt den Wochentag ‚Samstag' durch die im Norden Deutschlands üblichere regionale Variante ‚Sonnabend' (597HOC).[457]

6.5.3 Zusammenhang von Revisionsarten und Revisionszielen

Als Zusammenfassung der Analyse lassen sich nun auch Aussagen über den Zusammenhang von Revisionsarten und Revisionszielen machen. Die im Rahmen der methodischen Vorüberlegungen formulierte These, dass zwischen Revisionsarten und Revisionszielen keine Eins-zu-Eins-Beziehungen bestehen, hat sich als richtig erwiesen. Die Analyse bestätigt, dass einerseits Revisionen derselben Art zu verschiedenen Zielen führen können und andererseits ein Revisionsziel mit mehreren Revisionsarten erreicht werden kann. Sie zeigt aber auch, dass zwischen bestimmten Revisionsarten und Revisionszielen ein besonders enger Zusammenhang besteht.

Ein deutlicher Zusammenhang zwischen Revisionsart und Revisionsziel ist bei Oberflächenrevisionen auszumachen. Sie sind im Allgemeinen entweder dem Revisionsziel ‚sprachliche Richtigkeit' oder ‚stilistische Angemessenheit' zuzuordnen. Auf der Inner- und Übersatzebene können Eliminationen einer Reihe von Revisionszielen dienen, zum Beispiel der sprachlichen Richtigkeit, der stilistischen Angemessenheit oder dem Nachrichtenwert. Doch korrelieren Eliminationen am stärksten mit dem Revisionsziel ‚Kürze'. Zwischen keiner anderen Revisionsart und keinem anderen Revisionsziel besteht eine so enge Wechselbeziehung: Die meisten Eliminationen dienen der Kürze, und so gut wie alle Revisionen, die primär der Kürze dienen, sind Eliminationen. Transphrastische Eliminationen erreichen besonders starke Kürzungen, doch können auch zahlreiche interphrastische Eliminationen den Umfang eines Textes wesentlich reduzieren. Additionen korrelieren vor allem mit dem Ziel der sachlichen Genauigkeit, können aber auch die Verständlichkeit oder den Nachrichtenwert erhöhen. Substitutionen sind im Vergleich zu Eliminationen und Additionen besonders vielseitig. Sie können alle sieben Revisionsziele erreichen, dienen allerdings meist der sachlichen Richtigkeit und Genauigkeit, der stilistischen Angemessenheit und der Verständlichkeit. Die wenigen im Korpus vorkommenden Permutationen sind in der Regel stilistische Revisionen, mit denen die Stellung der Wörter im Satz bzw. die der Informationen im Text verändert wird. Transformationen dienen der Verständlichkeit oder der stilistischen Angemessenheit, können aber auch der sprachlichen Richtigkeit oder dem Nachrichtenwert dienen, wie am Beispiel von Tempus- und Moduswechseln zu sehen ist. Von den verschiedenen Transformationsarten korrelieren Verbalisierungen und Aktivierungen besonders stark mit dem Ziel der Verständlichkeit. In der Tabelle sind die wichtigsten Zusammenhänge zwischen Revisionsarten und Revisionszielen noch einmal aufgeführt:

---

[457] Vgl. Duden (1997), Bd. 9, S. 634, „Samstag/Sonnabend".

Zusammenhang von Revisionsarten und Revisionszielen:

Revisionsart	Revisionsziel
Revisionen der Oberflächenebene	sprachliche Richtigkeit, stilistische Angemessenheit
Revisionen der Inner- und Übersatzebene	
Eliminationen	Kürze, stilistische Angemessenheit, Nachrichtenwert
Additionen	sachliche Genauigkeit, Verständlichkeit, Nachrichtenwert
Substitutionen	stilistische Angemessenheit, Verständlichkeit, sachliche Richtigkeit, sachliche Genauigkeit
Permutationen	stilistische Angemessenheit
Transformationen	Verständlichkeit, stilistische Angemessenheit, sprachliche Richtigkeit

Mit dem Wissen um diese Zusammenhänge zwischen bestimmten Revisionsarten und Revisionszielen werden im Nachhinein viele im ersten Analyseteil gemachte Beobachtungen verständlich. Beispielsweise wird deutlich, warum bestimmte Revisionsarten besonders häufig und andere verhältnismäßig selten unter den Agentur- bzw. Zeitungsrevisionen vorkommen. Dass gerade Eliminationen, Substitutionen und Transformationen so häufig sind, liegt ohne Zweifel vor allem daran, dass diese Revisionsarten vielseitig sind und ganz unterschiedliche Revisionsziele erreichen können. Additionen und Permutationen dagegen sind sicherlich nicht zuletzt deshalb seltener, weil sie sich nur zum Zweck der sachlichen Genauigkeit und der stilistischen Angemessenheit einsetzen lassen. Dass Eliminationen viel häufiger sind als Additionen, die ihnen gegenläufige Revisionsart, hat aber auch damit zu tun, dass Agentur- und Zeitungsredakteure in der Regel darauf angewiesen sind, ihre Vorlagentexte zu kürzen, und es sich nicht leisten können, den Textumfang noch zu vergrößern.

Auch die im ersten Analyseteil festgestellten Unterschiede zwischen Agentur- und Zeitungsrevisionen werden nun erklärbar. So ist die Beobachtung, dass die Agenturredakteure im Vergleich zu den Presseredakteuren mehr Substitutionen vornehmen, im Zusammenhang mit dem besonderen Bemühen der Agenturredakteure um sachliche Genauigkeit, Verständlichkeit und stilistische Angemessenheit zu sehen. Dass die Zeitungsredakteure dagegen mehr Eliminationen vornehmen als die Agenturredakteure und häufiger transphrastisch eliminieren, ist darauf zurückzuführen, dass das Revisionsziel ‚Kürze' für die Zeitungsredakteure dringlicher ist als für die Agenturredakteure. Das besondere Bemühen der Zeitungsredakteure um Kürze, erklärt auch die Beobachtung, dass Zeitungsredakteure im Vergleich zu den Agenturredakteuren häufiger Transformationen vornehmen, die von starken Eliminationen begleitet sind, und häufiger reduzierende Substitutionen nutzen, dafür aber andererseits keine Wortgruppen- und Auflösungstransformationen anwenden, beides Transformationsarten, die den Satz verlängern. Schließlich ist die im Vergleich zu den Agenturrevisionen hohe Anzahl transphrastischer Additionen unter den Zeitungsrevisionen damit zu erklären, dass die Zeitungsredakteure die Vorlagentexte häufig mit anderen Texten kompilieren. Die Zeitungsredakteure ergänzen Informationen aus unterschiedlichen Quellen, um die Berichterstattung in einem bestimmten Aspekt auszuweiten oder sogar den Themenschwerpunkt ganz zu verändern. Die Agenturredakteure in der Hamburger Zentrale ergänzen den Text des Auslandskorrespondenten dagegen nur, um die Auswirkungen des Ereignisses auf Deutschland darzustellen.

7 Schlussbetrachtung

Eine Untersuchung mit dem Ziel, die von Redakteuren an Nachrichtentexten vorgenommenen Veränderungen linguistisch zu analysieren und zu beschreiben, begegnet unweigerlich der Schwierigkeit, eine unüberschaubare Zahl eng miteinander verknüpfter sprachlicher Phänomene voneinander isolieren und auf eine überschaubare Zahl reduzieren zu müssen. Trotz dieser Schwierigkeit konnte in dieser Arbeit ein Kategoriensystem entwickelt werden, anhand dessen sich die im Laufe von Nachrichtenbearbeitungen vorkommenden Veränderungen differenzieren und charakterisieren lassen. Die von Agentur- und Zeitungsredakteuren nachträglich an Nachrichtentexten vorgenommenen Veränderungen konnten als Revisionen im sequentiell organisierten kooperativen Textproduktionsprozess definiert und anschließend ihrer Art und ihren Zielen nach bestimmt werden. Die zahlreichen zu beobachtenden Revisionsarten ließen sich eindeutig und vollständig mit Hilfe von drei linguistischen Ebenen – der Oberflächenebene, der Innersatzebene und der Übersatzebene – und fünf linguistischen Operationen – Eliminationen, Additionen, Substitutionen, Permutationen und Transformationen – beschreiben. Für die eindeutige und vollständige Beschreibung der Revisionsziele haben sich die aus allgemeinen und speziell journalistischen Qualitätsmerkmalen abgeleiteten sieben Kategorien der sprachlichen Richtigkeit, der sachlichen Richtigkeit, der sachlichen Genauigkeit, der Verständlichkeit, der stilistischen Angemessenheit, der Kürze und des Nachrichtenwertes bewährt.

Obwohl die gewählte Methode und das entwickelte Kategoriensystem speziell auf die Analyse solcher Revisionen ausgerichtet sind, die Agentur- und Zeitungsredakteure an Auslandsnachrichten vornehmen, dürfte sich das dieser Arbeit zugrunde liegende Analysemodell grundsätzlich auch für die Untersuchung anderer journalistischer Bearbeitungsvorgänge eignen, etwa für die Bearbeitung von Pressemitteilungen, wissenschaftlichen Aufsätzen oder Interviews für so unterschiedliche Medien wie die Presse, den Hörfunk, das Fernsehen oder das Internet. Während sich die Kategorien zur Bestimmung der Revisionsart problemlos übertragen lassen dürften, weil sie auf den grundlegenden linguistischen Operationen und Ebenen basieren, müssen die Kategorien zur Beschreibung der Revisionsziele beim Transfer auf einen anderen Untersuchungsgegenstand möglicherweise ergänzt oder revidiert werden. Denn in anderen Bearbeitungssituationen spielen eventuell spezielle Ziele eine Rolle. So werden Vorlagentexte beim Bearbeiten für das Internet möglicherweise in ihrem Aufbau grundlegend verändert und an andere, netz-spezifische Darstellungsformen angepasst.[458] Zumindest werden die Häufigkeit der einzelnen Revisionsarten und die Gewichtung der Revisionsziele von Untersuchungsgegenstand zu Untersuchungsgegenstand variieren. So ist zum Beispiel anzunehmen, dass das Revisionsziel ,Verständlichkeit' bei Nachrichtenbearbeitungen für den Hörfunk und das Fernsehen eine größere

---

[458] Zu journalistischen Darstellungsformen im Internet siehe Weischenberg (2001), S. 40ff.

Bedeutung hat als bei Bearbeitungen für die Presse. Anders als Zeitungsleser, die eine nicht verstandene Textstelle mehrmals lesen können, müssen die Rezipienten von Hörfunk- und Fernsehnachrichten die mündlich präsentierten Texte schließlich gleich beim ersten Mal verstehen können.

Die gewählte Analysemethode hat zu aufschlussreichen Ergebnissen geführt, die für die Linguistik, die Kommunikationswissenschaft und die journalistische Praxis gleichermaßen von Interesse sein dürften. Vor allem konnte durch die vergleichende Analyse zweier unterschiedlicher Bearbeitungsstationen belegt werden, dass nicht jede Bearbeitungssituation wie die andere ist. Obwohl sogar auf beiden untersuchten Stationen Exemplare derselben Textsorte, nämlich Nachrichtentexte, redigiert werden, unterscheidet sich die Nachrichtenbearbeitung bei der Deutschen Presse-Agentur wesentlich von der bei den deutschen Zeitungen. Der Hauptgrund dafür ist, dass bei der Nachrichtenagentur internes Textmaterial, bei den Zeitungen dagegen das Material eines anderen Mediums redigiert wird. Im ersten Fall handelt es sich um eine Bearbeitung innerhalb derselben Institution, im zweiten Fall werden Texte am Übergang von einer Institution zu einer anderen redigiert. Während die Produzenten der Textvorlage und die Bearbeiter in der Agenturredaktion im Allgemeinen ähnliche Qualitätsmaßstäbe haben, die gleichen Ziele verfolgen und das gleiche Publikum adressieren, haben die Zeitungsredakteure ein spezielleres Publikum und unter Umständen andere Vorstellungen von der Qualität und Zielsetzung einer Nachricht als die Agenturredakteure. Unterschiedliche Ausgangsbedingungen führen also – so lässt sich verallgemeinern – zu unterschiedlichem Revisionsverhalten. Dass jede Bearbeitungssituation seine Besonderheiten hat, ist bei zukünftigen Analysen zu berücksichtigen. Um ein zutreffendes Bild von Bearbeitungsvorgängen zu gewinnen, muss sorgfältig zwischen verschiedenen Bearbeitungssituationen und den jeweils geltenden Ausgangsbedingungen unterschieden werden.

Die Unterschiede zwischen den in der Nachrichtenagentur und den bei den Tageszeitungen vorgenommenen Revisionen sind signifikant. Die Agentur- und die Zeitungsrevisionen sind zwar grundsätzlich von gleicher Art und erreichen auch die gleichen Ziele. Doch bestehen wesentliche Unterschiede darin, wie häufig die einzelnen Revisionsarten unter den Agentur- und den Zeitungsrevisionen vertreten sind und wie stark die einzelnen Revisionsziele jeweils gewichtet werden. Diese Unterschiede im Vorkommen und in der Gewichtung sind aneinander gekoppelt, denn zwischen Revisionsarten und Revisionszielen bestehen – auch dies ist ein wichtiges Ergebnis der Arbeit – erkennbare Zusammenhänge. Der Unterschied zwischen der Bearbeitung in der Agentur und der Bearbeitung bei den Zeitungen ist, vereinfacht gesprochen, der zwischen einer Bearbeitung ,en détail' und einer Bearbeitung ,en gros', zwischen dem Feilen und dem Hobeln am Textmaterial. Die Nachrichten der Auslandskorrespondenten zu redigieren, bedeutet für die Redakteure in der Zentrale der Deutschen Presse-Agentur in erster Linie, mittels minimaler, gezielter Eingriffe sprachliche und sachliche Fehler zu korrigieren, den sprachlichen Ausdruck und die Aussage zu präzisieren, die Verständlichkeit zu optimieren, Überflüssiges zu beseitigen und den Stil im Sinne allgemeiner, journalistischer und redaktionsinterner Regeln zu verbessern. Für die Redakteure bei den deutschen Tageszeitungen heißt das Redigieren von Agenturnachrichten dagegen vor allem, die Textvorlage in wenigen, groben Zügen auf die vom Layout vorgegebene Länge zu bringen, die Nachricht für ihre Leser so relevant und interessant wie möglich zu gestalten und den Stil an eigene ästhetische Vorstellungen anzupassen.

Das unterschiedliche Revisionsverhalten von Agentur- und Zeitungsredakteuren hat weitreichende Konsequenzen für den Informationsgehalt und die Themenstruktur der Nachrichtentexte. Im Vergleich zu den Agenturrevisionen führen die Zeitungsrevisionen sehr viel häufiger zu Informationsveränderungen und Themenverschiebungen. Während Textaussage und Aufbau in der Agentur weitgehend erhalten bleiben, unterscheiden sich Agentur- und Zeitungsnachrichten zuweilen in der Aussage und im thematischen Schwerpunkt. Dennoch kann von einer gezielten Manipulation der Agenturnachrichten durch die Zeitungsredakteure keine Rede sein. Die sachlichen und thematischen Verschiebungen sowie die häufig beobachteten Nachlässigkeiten im Umgang mit Quellenangaben und Redeerwähnungen sind im Großen und Ganzen eher als Begleiterscheinung des Kürzungszwangs, denn als mutwillige Manipulationen zu interpretieren. Sie zeugen außerdem von einer gewissen Unbefangenheit im Umgang mit der Textvorlage, welche die Agenturredakteure nicht in gleichem Maße besitzen. Die Zeitungsredakteure haben eine weniger starke Beziehung zum Produzenten ihrer Textvorlage als die Agenturredakteure. Während nämlich die Bearbeiter in der dpa-Agenturzentrale die Produzenten ihrer Vorlagentexte zumindest mit Namen, wenn nicht sogar persönlich kennen, bleiben die Produzenten der Agenturnachrichten, abgesehen von den Autoren der wenigen namentlich gekennzeichneten Korrespondentenberichte, für die Zeitungsredakteure anonym. Während also die Agenturredakteure ihre Vorlagentexten nicht von Grund auf ändern können, ohne die kollegiale Beziehung zu den Auslandskorrespondenten zu gefährden, dürfen die Zeitungsredakteure in ihre Vorlagentexte bedenkenlos eingreifen, ohne persönliche Konsequenzen befürchten zu müssen.

Als weiteres wichtiges Ergebnis dieser Arbeit kann festgehalten werden, dass sich auch die verschiedenen deutschen Tageszeitungen darin unterscheiden, wie sie Agenturnachrichten redigieren. Unterschiede bestehen zum einen zwischen den Zeitungen verschiedenen Typs. Insbesondere die unterschiedliche Abhängigkeit vom Agenturangebot, die unterschiedliche Professionalität der Redakteure und die unterschiedlich hohe Arbeitsbelastung in den Redaktionen sind für diese Differenzen verantwortlich. Zum anderen bestehen Unterschiede zwischen den jeweiligen Zeitungen, die auf individuelle Stile im Revisionsverhalten hindeuten. Im Unterschied zu den Agenturredakteuren, die ihre Vorlagentexte weitgehend nach den gleichen Prinzipien redigieren, haben Redakteure verschiedener Zeitungen und zuweilen sogar Redakteure derselben Zeitung unterschiedliche Vorstellungen davon, auf welche Art und Weise und mit welchen Zielen Agenturnachrichten redigiert werden sollten. Unterschiede ergeben sich nicht nur dadurch, dass verschiedene Zeitungsredakteure jeweils unterschiedliche Informationen eines Nachrichtentextes in den Vordergrund stellen. Auch die Vorstellungen von journalistischer Qualität gehen, wie sich an miteinander im Widerspruch stehenden stilistischen Revisionen zeigt, auseinander. Da also Redakteure beim Redigieren jeweils eigene Entscheidungen treffen und individuelle Revisionsstile pflegen, ist die Auslandsberichterstattung in den deutschen Zeitungen trotz des starken Einflusses der Nachrichtenagenturen recht vielfältig.

Was nun die Entwicklung der Auslandsnachricht von der im Auslandsbüro entstandenen ursprünglichen Version bis zu dem in den Zeitungen abgedruckten Artikel betrifft, hat die Untersuchung belegen können, dass sich die Nachricht im Laufe des journalistischen Textproduktionsprozesses allmählich verändert. Die auf beiden Bearbeitungsstationen vorgenommenen zahlreichen und vielfältigen Veränderungen haben zur Folge, dass die ursprüngliche und die veröffentlichte Textversion niemals identisch sind. Doch obwohl sich jede Nachricht mit jeder Bearbeitung verändert, überwiegen beim Vergleich der ursprünglichen Agenturnachricht mit dem letztlich veröffentlichten Zeitungsartikel die Gemeinsamkeiten gegenüber den Unterschieden. Selbst wenn die Quelle des Zeitungsartikels in der Spitzmarke nicht angegeben wird, lässt sich in der Regel durch einen Textvergleich die Herkunft aus der Agentur erkennen. Auch wenn sich mehrere auf derselben Agenturnachricht basierende Zeitungsartikel durchaus stark voneinander unterscheiden können, gibt es zwischen den Zeitungsartikeln und ihren Agenturgrundlagen immer noch erkennbare Übereinstimmungen.

Die Deutsche Presse-Agentur hat als führende deutsche Nachrichtenagentur einen großen Einfluss auf die deutschen Zeitungen. Wie diese Arbeit gezeigt hat, beschränkt sich ihr Einfluss allerdings nicht auf die Entscheidung, welche Ereignisse zur Nachricht werden. Vielmehr übt die dpa auch dadurch einen großen Einfluss aus, dass sie die Sprache der deutschen Presse entscheidend bestimmt. Im Bereich der Berichterstattung aus London, aber sicherlich nicht nur dort, ist die Pressesprache trotz Bearbeitungen in den Zeitungsredaktionen weitgehend geprägt von der Sprache der Deutschen Presse-Agentur. Obwohl ,die' Agentursprache immer wieder von Zeitungsredakteuren kritisiert wird, unterscheidet sie sich nicht wesentlich von der Zeitungssprache. Da die Zeitungsredakteure beim Redigieren hauptsächlich damit beschäftigt sind, die Agenturnachrichten auf die zur Verfügung stehende Zeilenzahl zu reduzieren, so interessant wie möglich für ihre Leser zu gestalten und stilistisch ihrem Geschmack anzupassen, trägt die Deutsche Presse-Agentur gerade im Bereich der sprachlichen und sachlichen Richtigkeit und der Verständlichkeit eine große Verantwortung. Wegen dieser großen Verantwortung ist die interne Kontrolle innerhalb der Nachrichtenagentur dringend erforderlich und das Redigieren von Korrespondententexten durch mindestens einen Redakteur unerlässlich. Dass sich die Journalisten in der Nachrichten-agentur Nachlässigkeiten erlauben könnten, weil ihre Texte bei den Endmedien noch redigiert werden,[459] ist ein riskanter Fehlschluss.

Innerhalb des Bereichs der Linguistik, der in der sprachwissenschaftlichen Analyse medialer Kommunikation sein Aufgabengebiet sieht, versteht sich die vorliegende Arbeit als Baustein zu einer Erforschung des journalistischen Text-produktionsprozesses. Um ein vollständiges Bild dieses Produktionsprozesses zu erhalten und zu einem besseren Verständnis massenmedialer Texte zu gelangen, muss dieser Baustein ergänzt und das Studium von Textbearbeitungen in den Massenmedien fortgesetzt werden. Anzustreben wären Analysen verschiedener Bearbeitungssituationen mit Hilfe derselben Methode, so dass sich die Ergebnisse verschiedener Arbeiten miteinander in Beziehung setzen lassen. Die für diese Ar-beit entwickelte Methode würde sich anbieten. Obwohl die journalistische Arbeit zum großen Teil aus dem Bearbeiten fremder Texte besteht, sind immer noch viele Bearbeitungsprozesse aus sprachwissenschaftlicher Perspektive unerforscht. Insbesondere Bearbeitungen interner Texte innerhalb eines Mediums sind viel-versprechende Untersuchungsgegenstände, weil sie mehr über den tatsächlichen redaktionsinternen Sprachgebrauch offenbaren als sämtliche präskriptiven Redak-tionshandbücher. Als Ergänzung der vorliegenden Arbeit wäre es zum Beispiel von Interesse, wie innerhalb anderer Nachrichtenagenturen mit internem Material umgegangen wird. Im Zusammenhang mit der Produktion von Auslandsnach-richten wäre es interessant zu erfahren, wie innerhalb verschiedener Zeitungs-redaktionen die Texte der eigenen Auslandskorrespondenten bearbeitet werden: Werden sie weniger stark verändert als die von der Nachrichtenagentur übernom-menen Texte? Auf welche Art und Weise werden sie um Material von den Nach-richtenagenturen ergänzt?

Zu wünschen wäre auch, dass weiterhin mehrere aufeinander folgende Be-arbeitungsstadien miteinander verglichen werden. Dabei könnte die Untersuchung ausgeweitet werden auf den Vergleich von mehr als zwei Bearbeitungsstufen. Bei der Produktion von Auslandsnachrichten bei der Deutschen Presse-Agentur könnte zum Beispiel noch die Bearbeitung innerhalb des Auslandsbüros in die Untersuchung einbezogen werden. Denn oft redigieren schon die Journalisten im Auslandsbüro die von freien Mitarbeitern eintreffenden Nachrichten, bevor sie sie an die Agenturzentrale weiterleiten. Die Bearbeitung des fremdsprachigen Quellenmaterials zu einer deutschsprachigen Nachricht durch die Auslandskorre-spondenten wäre ein weiterer interessanter Untersuchungsgegenstand. Aus sprachwissenschaftlicher Sicht wäre in diesem Zusammenhang vor allem zu fragen, ob die deutschsprachigen Auslandsnachrichten lediglich mehr oder minder

---

[459] Steffens (1969), S. 136: „Die Nachrichten-Agentur braucht weniger auf einen druckreifen Stil zu achten als Zeitungen, weil ihre Produkte nicht für Endverbraucher bestimmt sind, sondern immer noch in den Zeitungs- bzw. Rundfunkredaktionen gefiltert werden."

wortgetreue Übersetzungen ausländischer Medienbeiträge sind und inwiefern die linguistischen Spuren der fremdsprachigen Quellentexte noch in den deutschsprachigen Nachrichten zu finden sind.

Die sprachwissenschaftliche Erforschung der im Laufe von redaktionellen Bearbeitungen erfolgenden Veränderungen steht noch am Anfang, und die Liste der bisher unerforschten Bearbeitungsprozesse in den Massenmedien ließe sich noch weiter fortsetzen. Um ein möglichst vollständiges Bild vom journalistischen Textproduktionsprozess zu erhalten, muss die Untersuchung von Bearbeitungsprozessen fortgesetzt werden. Je mehr Erkenntnisse dabei über Textveränderungen bei verschiedenen Bearbeitungsstationen als Mosaiksteine hinzukommen, umso deutlicher wird das Gesamtbild von der allmählichen Veränderung der Nachricht beim Redigieren.

8 Quellen- und Literaturverzeichnis

8.1 Analysekorpus

8.1.1 Agenturtexte

dpa-Texte von Montag, dem 31.8.1998

3181LDN: 31.8.1998, 7:26 Uhr: *Prinzen danken für Anteilnahme am Tod Dianas*

3181BDT: 31.8.1997, 7:28 Uhr: *Prinzen danken für Anteilnahme am Tod Dianas*

3182LDN: 31.8.1998, 10:39 Uhr: *Britische Königsfamilie gedachte der toten Prinzessin Diana*

3182BDT: 31.8.1998, 10:45 Uhr: *Britische Königsfamilie gedachte der toten Prinzessin Diana*

3183LDN: 31.8.1998, 11:47 Uhr: *Wenn deutsche Kniegelenke in England strapaziert werden*

3183BDT: 31.8.1998, 12:17 Uhr: *Verletztzer [sic] Hamann zur Untersuchung nach München – Lange Pause droht*

3184LDN: 31.8.1998, 12:12 Uhr: *IRA fordert Auflösung der Bombenlegergruppe von Omagh*

3184BDT: 31.8.1998, 12:19 Uhr: *IRA fordert Auflösung der Bombenlegergruppe von Omagh*

3185LDN: 31.8.1998, 13:37 Uhr: *Ruhiges Gedenken am ersten Todestag von Prinzessin Diana*

3185BDT: 31.8.1998, 14:51 Uhr: *Ruhiges Gedenken an Prinzessin Dianas erstem Todestag*

3186LDN: 31.8.1998, 14:28 Uhr: *Dianas Faszination lebt auch über das Grab hinaus*

3186BDT: 31.8.1998, 14:39 Uhr: *Dianas Faszination lebt auch über das Grab hinaus*

dpa-Texte von Dienstag, dem 1.9.1998

191LDN: 1.9.1998, 13:23 Uhr: *Winziges Kanal-Eiland von Franzosen „besetzt"*

191BDT: 1.9.1998, 13:45 Uhr: *Französischer Schriftsteller besetzt winziges Kanal-Eiland*

192LDN: 1.9.1998, 14:57 Uhr: *Rembrandt-Kopie im Keller von Irischer Nationalgalerie doch echt*

192BDT: 1.9.1998, 15:34 Uhr: *Rembrandt-Werk im Keller der irischen Nationalgalerie doch echt*

193LDN: 1.9.1998, 16:26 Uhr: *London verteidigt geplante Verschärfung der Anti-Terror-Gesetze*

193BDT: 1.9.1998, 16:32 Uhr: *London verteidigt geplante Verschärfung der Anti-Terror-Gesetze*
194LDN: 1.9.1998, 16:43 Uhr: *Parlamente in Dublin und London erörtern schärfere Schutzgesetze*
194BDT: 1.9.1998, 23:00 Uhr: *Parlamente in Dublin und London erörtern schärfere Schutzgesetze*
195LDN: 1.9.1998, 18:26 Uhr: *Chubais [sic]: Demokratie wird derzeitige Krise in Rußland überleben*
195BDT: 1.9.1998, 18:39 Uhr: *Tschubais: Demokratie wird derzeitige Krise in Rußland überleben*
196LDN: 1.9.1998, 18:39 Uhr: *Sinn Fein-Chef [sic] Gerry Adams fordert Ende der Gewalt in Nordirland*
196BDT: 1.9.1998, 18:47 Uhr: *Sinn-Fein-Chef Gerry Adams fordert Ende der Gewalt in Nordirland*
197LDN: 1.9.1998, 19:17 Uhr: *Sinn Fein für Gewaltverzicht in Nordirland*
197BDT: 1.9.1998, 19:24 Uhr: *Sinn Fein für Gewaltverzicht in Nordirland*

dpa-Texte von Mittwoch, dem 2.9.1998

291LDN: 2.9.1998, 11:19 Uhr: *„Zeitungs-Baron" Lord Rothermere mit 73 Jahren gestorben*
291BDT: 2.9.1998, 11: 23 Uhr: *„Zeitungs-Baron" Lord Rothermere mit 73 Jahren gestorben*
292LDN: 2.9.1998, 11:36 Uhr: *Polizei: Razzien gegen Pädophile in 20 Ländern – Dutzende Festnahmen*
292BDT: 2.9.1998, 11:51 Uhr: *Polizei: Razzien gegen Kinderporno in 21 Ländern – Dutzende Festnahmen*
293LDN: 2.9.1998, 12:09 Uhr: *Eurofighter nach Tropensturm benannt*
293BDT: 2.9.1998, 12:54 Uhr: *Eurofighter soll außerhalb Europas „Typhoon" heißen*
294LDN: 2.9.1998, 12:15 Uhr: *Zwei britische Soldaten aus lebenslanger Haft entlassen*
294BDT: 2.9.1998, 12:23 Uhr: *Zwei britische Soldaten aus lebenslanger Haft entlassen*
295LDN: 2.9.1998, 12:54 Uhr: *Irisches Parlament begann Sondersitzung über Anti-Terror-Gesetze*
295BDT: 2.9.1998, 12:55 Uhr: *Irisches Parlament begann Sondersitzung über Anti-Terror-Gesetze*
296LDN: 2.9.1998, 14:18 Uhr: *Plateausohlen für behinderte Giraffe im Safaripark Woburn Abbey*
296BDT: 2.9.1998, 14:36 Uhr: *Plateausohlen für behinderte Giraffe im Safaripark Woburn Abbey*

297LDN: 2.9.1998, 15:02 Uhr:	*Eurofighter will weltweit 50 Prozent Markt-anteil erobern*
297BDT: 2.9.1998, 15:47 Uhr:	*Eurofighter will weltweit 50 Prozent Markt-anteil erobern*
298LDN: 2.9.1998, 16:06 Uhr:	*Sondersitzung des Unterhauses für schärfere Anti-Terror-Gesetze*
298BDT: 2.9.1998, 16:14 Uhr:	*Sondersitzung des Unterhauses für schärfere Anti-Terror-Gesetze*
299LDN: 2.9.1998, 17:18 Uhr:	*Parlamente debattieren über stärkeren Schutz für Nordirland*
299BDT: 2.9.1998, 17:28 Uhr:	*Parlamente erörtern stärkeren Schutz für Nordirland*
2910LDN: 2.9.1998, 17:34 Uhr:	*Dianas Söhne rufen zum Ende der Trauer um ihre Mutter auf*
2910BDT: 2.9.1998, 17:41 Uhr:	*Dianas Söhne rufen zum Ende der Trauer um ihre Mutter auf*
2911LDN: 2.9.1998, 18:40 Uhr:	*Clinton beginnt dreitägigen Besuch in Nordirland und Irland*
2911BDT: 2.9.1998, 23:00 Uhr:	*Clinton beginnt dreitägigen Besuch in Nordirland und Irland*

dpa-Texte von Donnerstag, dem 3.9.1998

391LDN: 3.9.1998, 10:10 Uhr:	*Bill Clinton in Nordirland eingetroffen*
391BDT: 3.9.1998, 10:12 Uhr:	*Bill Clinton in Nordirland eingetroffen*
392LDN: 3.9.1998, 11:35 Uhr:	*Clinton will Friedensprozeß in Nordirland Anstoß geben*
392BDT: 3.9.1998, 11:42 Uhr:	*Clinton will Friedensprozeß in Nordirland Anstoß geben*
393LDN: 3.9.1998, 11:47 Uhr:	*Shell und Texaco mit gemeinsamen Raffinierien [sic] und Tankstellen*
393BDT: 3.9.1998, 12:03 Uhr:	*Shell und Texaco legen Raffinierien [sic] und Tankstellen zusammen*
394LDN: 3.9.1998, 13:41 Uhr:	*Blair appelliert an Weitblick und Mut in Nordirland*
394BDT: 3.9.1998, 13:46 Uhr:	*Blair appelliert an Weitblick und Mut in Nordirland*
395LDN: 3.9.1998, 14:23 Uhr:	*Clinton: Friedensuchendes Nordirland kann mit Amerika rechnen*
395BDT: 3.9.1998, 14:27 Uhr:	*Clinton: Friedensuchendes Nordirland kann mit Amerika rechnen*

396LDN: 3.9.1998, 14:51 Uhr:	*Clintons Nordirland-Optimismus: Dem Frieden eine Chance geben*
396BDT: 3.9.1998, 15:00 Uhr:	*Clintons Nordirland-Optimismus: Dem Frieden eine Chance geben*
397LDN: 3.9.1998, 15:30 Uhr:	*Shell und Texaco wollen Raffinierien [sic] und Tankstellen zusammenlegen*
397BDT: 3.9.1998, 15:57 Uhr:	*Shell und Texaco wollen Raffinierien [sic] und Tankstellen zusammenlegen*
398LDN: 3.9.1998, 15:34 Uhr:	*Clinton: Friedensuchendes Nordirland kann auf Amerika zählen*
398BDT: 3.9.1998, 15:51 Uhr:	*Clinton: Friedensuchendes Nordirland kann auf Amerika zählen*
399LDN: 3.9.1998, 17:46 Uhr:	*US-Ermittler stehen für Zusammenarbeit mit Kanadiern bereit*
399BDT: 3.9.1998, 18:04 Uhr:	*US-Ermittler wollen Kanadiern bei Suche nach Absturzursache helfen*
3910LDN: 3.9.1998, 18:12 Uhr:	*Clinton schickt Vermittler Dennis Ross wieder in den Nahen Osten*
3910BDT: 3.9.1998, 18:18 Uhr:	*Clinton schickt Vermittler Dennis Ross wieder in den Nahen Osten*
3911LDN: 3.9.1998, 18:23 Uhr:	*Clinton sprach in Omagh mit Angehörigen der Bombenopfer*
3911BDT: 3.9.1998, 18:26 Uhr:	*Clinton sprach in Omagh mit Angehörigen der Bombenopfer*
3912LDN: 3.9.1998, 19:16 Uhr:	*Clinton spricht mit irischem Regierungschef über Nordirland*
3912BDT: 3.9.1998, 23:00 Uhr:	*Clinton spricht mit irischem Regierungschef über Nordirland*
3913LDN: 3.9.1998, 19:38 Uhr:	*Bewegter Clinton schüttelt Hände und gibt Autogramme in Omagh*
3913BDT: 3.9.1998, 20:08 Uhr:	*Bewegter Clinton schüttelt Hände und gibt Autogramme in Omagh*
3914LDN: 3.9.1998, 21:53 Uhr:	*Clinton als „Hoffnungsträger" Nordirlands in Armagh gefeiert*
3914BDT: 3.9.1998, 22:09 Uhr:	*Clinton als „Hoffnungsträger" Nordirlands in Armagh gefeiert*

dpa-Texte von Freitag, dem 4.9.1998

491LDN: 4.9.1998, 7:11 Uhr:	*Neue Anti-Terror-Gesetze in London und Dublin verabschiedet*

491BDT: 4.9.1998, 7:24 Uhr:	*Neue Anti-Terror-Gesetze in London und Dublin verabschiedet*
492LDN: 4.9.1998, 10:32 Uhr:	*Amnesty wirft Taliban Ermordung von tausenden [sic] von Schiiten vor*
492BDT: 4.9.1998, 10:38 Uhr:	*Amnesty wirft Taliban Ermordung von Tausenden von Schiiten vor*
493LDN: 4.9.1998, 11:34 Uhr:	*Trend zur Magerkeit treibt Supermodel Sarah vom Laufsteg*
493BDT: 4.9.1998, 12:24 Uhr:	*Trend zur Magerkeit treibt Supermodel Sarah vom Laufsteg*
494LDN: 4.9.1998, 12:00 Uhr:	*Auch Fujitsu schließt Mircrochips-Fabrik in Nordengland*
494BDT: 4.9.1998, 12:17 Uhr:	*Auch Fujitsu schließt Werk für Microchips in Nordengland*
495LDN: 4.9.1998, 12:09 Uhr:	*Clinton berät in Dublin den Friedensprozeß für Nordirland*
495BDT: 4.9.1998, 12:31 Uhr:	*Clinton berät in Dublin über den Friedensprozeß für Nordirland*
496LDN: 4.9.1998, 12:24 Uhr:	*Erster britischer Kabel-TV-Sender für Lokalbetrieb schließt*
496BDT: 4.9.1998, 12:29 Uhr:	*Erster britischer Kabel-TV-Sender für Lokalbetrieb schließt*
497LDN: 4.9.1998, 12:39 Uhr:	*Pop-Star George Michael soll Welttournee abgesagt haben*
497BDT: 4.9.1998, 13:50 Uhr:	*Popstar George Michael soll Welttournee abgesagt haben*
498LDN: 4.9.1998, 12:56 Uhr:	*Paul MC Cartney bringt Songs seiner verstorbenen Frau auf den Markt*
498BDT: 4.9.1998, 13:56 Uhr:	*Paul MC Cartney bringt Songs seiner verstorbenen Frau auf den Markt*
499LDN: 4.9.1998, 12:58 Uhr:	*Englischer Dämpfer für europäische Superliga*
499aBDT: 4.9.1998, 13:32 Uhr:	*Englische Einheit: Premier-League-Klubs gegen Superliga-Pläne*
499bBDT: 4.9.1998, 13:50 Uhr:	*Englische Einheit: Dämpfer für europäische Superliga-Pläne*
4910LDN: 4.9.1998, 13:00 Uhr:	*Englischer Torhüter fängt Dieb statt Ball*
4910BDT: 4.9.1998, 13:11 Uhr:	*Englischer Torhüter fing Dieb statt Ball*
4911LDN: 4.9.1998, 13:01 Uhr:	*Lazio Rom bietet 4,35 Millionen Mark für Gesprächspriorität mit Michael Owen*
4911BDT: 4.9.1998, 13:22 Uhr:	*Lazio Rom: 4,35 Millionen Mark für Gesprächspriorität mit Owen*

4912LDN: 4.9.1998, 13:23 Uhr: *Clinton stellt Nordirland als Vorblid [sic] für Konfliktlösungen heraus*

4912BDT: 4.9.1998, 13:36 Uhr: *Clinton stellt Nordirland als Vorblid [sic] für Konfliktlösungen heraus*

4913LDN: 4.9.1998, 13:37 Uhr: *Clinton sagte erstmals „Sorry" zur Affäre mit Monica Lewinsky*

4913BDT: 4.9.1998, 13:43 Uhr: *Clinton sagte erstmals „Sorry" zur Affäre mit Monica Lewinsky*

4914LDN: 4.9.1998, 13:43 Uhr: *Clinton sagte erstmals „Sorry" zur Affäre mit Monica Lewinsky*

4914BDT: 4.9.1998, 14:15 Uhr: *Clinton sagte erstmals „Sorry" zur Affäre mit Monica Lewinsky*

4915LDN: 4.9.1998, 15:06 Uhr: *Clinton gedenkt der Opfer des Swissair-Absturzes mit Schweigeminute*

4915BDT: 4.9.1998, 15:15 Uhr: *Clinton gedenkt der Opfer des Swissair-Absturzes mit Schweigeminute*

4916LDN: 4.9.1998, 15:18 Uhr: *Clinton feiert Nordirland als Vorbild für Konfliktlösungen*

4916BDT: 4.9.1998, 15:24 Uhr: *Clinton feiert Nordirland als Vorbild für Konfliktlösungen*

4917LDN: 4.9.1998, 18:47 Uhr: *Kokain im Wert von 32 Millionen Mark in Irland beschlagnahmt*

4917BDT: 4.9.1998, 18:52 Uhr: *160 Kilogramm Kokain in Irland beschlagnahmt*

dpa-Texte von Samstag, dem 5.9.1998

591LDN: 5.9.1998, 10:40 Uhr: *Scary Spice Mel B plant weiße Hochzeit*

591BDT: 5.9.1998, 11:32 Uhr: *Mel B von den „Spice Girls" plant „weiße Hochzeit"*

592LDN: 5.9.1998, 11:18 Uhr: *US-Computerfirma schafft in Irland 1 700 neue Arbeitsplätze*

592BDT: 5.9.1998, 11:27 Uhr: *US-Computerfirma schafft in Irland 1 700 neue Arbeitsplätze*

593LDN: 5.9.1998, 11:40 Uhr: *Weiteres Todesopfer des Anschlags von Omagh – jetzt 29 Tote*

593BDT: 5.9.1998, 11:47 Uhr: *Weiteres Opfer des Anschlags von Omagh gestorben – jetzt 29 Tote*

594LDN: 5.9.1998, 13:39 Uhr: *Clinton: Iren dürfen sich den Frieden nicht mehr nehmen lassen*

594BDT: 5.9.1998, 13:47 Uhr: *Clinton fordert Iren auf [sic] sich Frieden nicht mehr nehmen zu lassen*

595LDN: 5.9.1998, 14:41 Uhr:	*London beruft G7-Treffen zu Rußlandkrise ein*
595BDT: 5.9.1998, 14:47 Uhr:	*London beruft G7-Treffen zu Rußlandkrise ein*
596LDN: 5.9.1998, 17:12 Uhr:	*Trimble erhält Rückenstärkung für Treffen mit Gerry Adams*
596BDT: 5.9.1998, 17:36 Uhr:	*Trimble erhält Rückenstärkung für Treffen mit Gerry Adams*
597LDN: 5.9.1998, 18:34 Uhr:	*Clinton: Iren dürfen sich den Frieden nicht mehr nehmen lassen*
597BDT: 5.9.1998, 18:50 Uhr:	*Clinton: Iren dürfen sich den Frieden nicht mehr nehmen lassen*
598LDN: 5.9.1998, 21:32 Uhr:	*Aerospatiale-Chef: Kalender bei Airbus-Neuordnung nicht zu halten*
598BDT: 5.9.1998, 21:38 Uhr:	*Aerospatiale-Chef: Zeitplan bei Airbus-Neuordnung nicht zu halten*
599LDN: 5.9.1998, 23:19 Uhr:	*Clinton aus Irland nach Washington abgeflogen*
599BDT: 5.9.1998, 23:32 Uhr:	*Clinton aus Irland nach Washington abgeflogen*

dpa-Texte von Sonntag, dem 6.9.1998

691LDN: 6.9.1998, 0:10 Uhr:	*Studie fordert radikale Erneuerung der britischen Monarchie*
691BDT: 6.9.1998, 0:26 Uhr:	*Britische Studie fordert radikale Erneuerung der Monarchie*
692LDN: 6.9.1998, 2:21 Uhr:	*Rund 50 000 Bee Gees-Fans im „Saturday Night Fever"*
692BDT: 6.9.1998, 10:41 Uhr:	*Rund 50 000 Fans der „Bee Gees" im „Saturday Night Fever"*
693LDN: 6.9.1998, 10:18 Uhr:	*Irische Polizei macht bisher größten Kokain-Fund*
693BDT: 6.9.1998, 10:25 Uhr:	*Irische Polizei macht bisher größten Kokain-Fund*
694LDN: 6.9.1998, 11:06 Uhr:	*Unterhosen von „All Saints" zu Höchstpreisen versteigert*
694BDT: 6.9.1998, 12:17 Uhr:	*Unterhosen von britischer Mädchenband brachten hohen Preis*
695LDN: 6.9.1998, 11:46 Uhr:	*„Bee Gees" versetzen rund 50 000 Fans in „Saturday Night Fever"*
695BDT: 6.9.1998, 12:36 Uhr:	*„Bee Gees" versetzen rund 50 000 Fans in „Saturday Night Fever"*
696DN: 6.9.1998, 12:23 Uhr:	*Murdoch United statt Manchester United?*
696BDT: 6.9.1998, 12:33 Uhr:	*Rupert Murdoch plant angeblich Übernahme von Manchester United*

697LDN: 6.9.1998, 12:53 Uhr: *Aerospatiale-Chef: Kalender bei Airbus-Neu-ordnung nicht zu halten*

697BDT: 6.9.1998, 13:22 Uhr: *Aerospatiale-Chef: Kalender bei Airbus-Neu-ordnung nicht zu halten*

698LDN: 6.9.1998, 13:40 Uhr: *Britische Studie fordert radikale Erneuerung der Monarchie*

698BDT: 6.9.1998, 13:53 Uhr: *Britische Studie fordert radikale Erneuerung der Monarchie*

699LDN: 6.9.1998, 14:23 Uhr: *Clinton ermutigt zum Frieden – neue Zusammenstöße in Nordirland*

699BDT: 6.9.1998, 15:14 Uhr: *Clinton ermutigt zum Frieden – neue Zusammenstöße in Nordirland*

6910LDN: 6.9.1998, 14:26 Uhr: *Englands Nationaltrainer Glenn Hoddle im Schussfeuer der Kritik*

6910BDT: 6.9.1998, 14:43 Uhr: *Englands Nationaltrainer Hoddle massiv in der Kritik*

6911LDN: 6.9.1998, 14:50 Uhr: *Irische Polizei macht bisher größten Kokain-Fund*

6911BDT: 6.9.1998, 15:18 Uhr: *Irische Polizei macht bisher größten Kokain-Fund*

6912LDN: 6.9.1998, 15:02 Uhr: *Farnborough-Luftfahrtausstellung eröffnet ihre Tore [sic]*

6912BDT: 6.9.1998, 23:00 Uhr: *Luftfahrtausstellung in Farnborough eröffnet ihre Tore [sic]*

8.1.2 Zeitungstexte

Texte aus dem *Fränkischen Tag (FT)*

3185FT: 1.9.1998, S. W4: *Ruhiges Gedenken an Dianas erstem Todestag Ansturm von Trauernden in Großbritannien geringer als im vergangenen Jahr – Viele Blumengrüße am Unfallort in Paris*

398FT: 4.9.1998, S. 3: *Clinton ermutigt Iren zum Frieden US-Präsident sichert bei Besuch der Unruheprovinz Ulster tatkräftige Unterstützung zu*

3910FT: 4.9.1998, S. 3: *US-Vermittler Ross wieder nach Nahost*

499bFT: 5.9.1998, S. S3: *Dämpfer für die Superliga*

4916FT: 5.9.1998, S. 3:   *Clinton entschuldigt sich für Sexaffäre*
                                     US-Präsident: Nordirland Vorbild für Konflikt-
                                     lösungen – Anti-Terror-Gesetze in Kraft getreten

698FT: 7.9.1998, S. 3:   *Britische Krone radikal erneuern?*

699FT: 7.9.1998, S. 3:   *Clinton ermutigt Iren zum Frieden*

6910FT: 7.9.1998, S. S1:   *Hoddle massiv in der Kritik*

Texte aus der *Frankfurter Allgemeinen Zeitung (FAZ)*

3183FAZ: 1.9.1998, S. 39: *Hamann scheidet verletzt aus*
                                     Drei Tore von Stürmer Owen

3184FAZ: 1.9.1998, S. 1:   *IRA fordert Selbstauflösung der „Wahren IRA"*

192FAZ: 4.9.1998, S. 41:   *Mann aus dem Keller*
                                     Rembrandt-Werk in Dublin doch echt?

499aFAZ: 5.9.1998, S. 32: [ohne Titel; *Die Europäische Fußball-Union ...*]

4911FAZ: 5.9.1998, S. 32: [ohne Titel; *Der italienische Klub Lazio Rom ...*]

693FAZ: 7.9.1998, S. 13: [ohne Titel; *An Bord ...*]

Texte aus der *Frankfurter Rundschau (FR)*

3184FR: 1.9.1998, S. 2:   *Nordirland*
                                     IRA verlangt sofortiges Ende der „Wahren IRA"

297FR: 3.9.1998, S. 2:   *Rüstung*
                                     Eurofighter „Typhoon" soll Verkaufsschlager werden

393FR: 4.9.1998, S. 16:   *Mineralöl*
                                     Shell und Texaco kooperieren in Europa

494FR: 5.9.1998, S. 16:   *Fujitsu schließt Chipwerk*

499bFR: 5.9.1998, S. 19:   *Fußball*
                                     Dämpfer für europäische Superliga-Pläne

4911FR: 5.9.1998, S. 20:   *Millionen für ein Gespräch*

598FR: 7.9.1998, S. 9:   *Airbus hat Verspätung*

Texte aus der *Freien Presse (FP)*

3185FP: 1.9.1998, Vermischtes: *Ruhiges Gedenken an Diana*
                                     Königliche Familie bei Messe in Schottland –
                                     Trauernde aus aller Welt in Paris

2910FP: 4.9.1998, Vermischtes: *Prinz Harry lernt in Schulstadt Eton*

398FP: 4.9.1998, Politik: *Clinton sichert Nordirland Hilfe zu*
                                     US-Präsident begrüßt vor Provinzversamm-
                                     lung zunehmende Dialogbereitschaft

Texte aus der *Glocke (GL)*

3181GL: 1.9.1998, Weltchronik: *Prinzen danken für Anteilnahme*
3186GL: 1.9.1998, Weltchronik: *Gedenken zum Todestag*
Prinzessin Diana ist unvergessen
192GL: 2.9.1998, Kultur/Roman: *Nationalgalerie*
Rembrandt-Werk in Keller gelagert
396GL: 4.9.1998, Zeitgeschehen: *Nordirland-Konflikt*
Dem Frieden eine Chance geben
397GL: 4.9.1998, Wirtschaft: *Kooperation im Tankstellen- und Raffinerie-bereich*
Shell und Texaco legen Europa-Geschäft zusammen
4916GL: 5.9.1998, Zeitgeschehen: *Besuch beendet*
Clinton feiert Nordirland als Vorbild für Konfliktlösung
695GL: 7.9.1998, Westfalen/ [ohne Titel; *Mit dem ersten England-Konzert*
Weltchronik: *der „Bee Gees"* ...]
699GL: 7.9.1998, Politik: *Clinton in Irland*

Texte aus dem *Holsteinischen Courier (HOC)*

3185HOC: 1.9.1998, S. 1: *Diana: Blumen, Tränen und Gebete*
3186HOC: 1.9.1998, S. 24: *Faszination der Prinzessin lebt auch über das Grab hinaus – Ehrenmal für Di und Dodi*
Der Tag des Gedenkens
294HOC: 3.9.1998, S. 3: *Freiheit für Mörder*
2910HOC: 3.9.1998, S. 24: *Prinzen: Ruhe um Diana*
393HOC: 4.9.1998, S. 5: *Sprit-Ehe geschlossen*
394HOC: 4.9.1998, S. 1: *Blair einig mit Clinton*
398HOC: 4.9.1998, S. 3: *Bill Clinton will den Frieden sichern*
USA helfen Nordirland
591HOC: 7.9.1998, S. 24: *Mel B: Weiße Hochzeit*
597HOC: 7.9.1998, S. 2: *Tausende Iren jubelten dem US-Präsidenten zu*
Friedenspreis für Clinton
699HOC: 7.9.1998, S. 2: *Brandbomben in Portadown: Verletzte*
Randale wegen Parade

Texte aus der *Honnefer Volkszeitung (HVZ)*

2910HVZ: 3.9.98, S. 1:   *Lady Di's Söhne: „Laßt unsere Mutter in Frieden ruhen"*

3914HVZ: 4.9.1998, S. 1:   *Nordirland: Zehntausend jubelten Bill Clinton zu*

698HVZ: 7.9.1998, S. 1:   *Soll Prinz Charles als König abgewählt werden?*

Texte aus dem *Neuen Deutschland (ND)*

395ND: 4.9.1998, S. 6:   *Nordirland / Clinton verspricht Hilfe im Friedensprozeß*
    David Trimble zu Treffen mit Gerry Adams bereit

492ND: 5./6.9.1998, S. 6:   *Amnesty wirft Taleban Massenmord vor*

4910ND: 5./6.9.1998, S. 10:[ohne Titel; *Einen Dieb ...*]

4911ND: 5./6.9.1998, S. 10:[ohne Titel; *Lazio Rom ...*]

4916ND: 5./6.9.1998, S. 6:   *Nordirland / Clinton: Vorbild für Konfliktlösungen*
    Verschärfte Anti-Terror-Gesetze traten in Kraft

693ND: 7.9.1998, S. 7:   *Kokain-Rekordfund*

696ND: 7.9.1998, S. 16:   [ohne Titel; *Australiens Medienzar ...*]

Texte aus der *Süddeutschen Zeitung (SZ)*

395SZ: 4.9.1998, S. 1:   *US-Präsident in Belfast*
    Clinton: Nordirland kann mit USA rechnen

492SZ: 5./6.9.1998, S. 9:   *Amnesty wirft Taliban Mord an Tausenden Zivilisten vor*

493SZ: 5./6.9.1998, S. 15:   [ohne Titel; *Sarah Thomas ...*]

598SZ: 7.9.1998, S. 26:   *Airbus-Neuordnung gerät in Verzug*

696SZ: 7.9.1998, S. 39:   *Denkwürdige Allianzen*
    Murdoch will Manchester

699SZ: 7.9.1998, S. 1:   *Appell für den Friedensprozeß*

Texte aus dem *Tagesspiegel (TS)*

297TS: 3.9.1998, S. 25:   *Eurofighter will 50 Prozent Marktanteil*
    Bis 2025 / Neuer Name Typhoon

493TS: 5.9.1998, S. 32:   [ohne Titel; *Sarah Thomas ...*]

494TS: 5.9.1998, S. 19:   *Auch Fujitsu schließt Chip-Werk in England*

497TS: 5.9.1998, S. 32:   [ohne Titel; *Popstar George Michael ...*]

4911TS: 5.9.1998, S. 23:   *Lazio Rom bietet an*
    Über 4 Millionen Mark für Verhandlungen

598TS: 7.9.1998, S. 20:   *Mehr Gewicht für Raumfahrtfirmen*
                                    Start der Airbus AG verzögert sich
699TS: 7.9.1998, S. 2:   *Neue schwere Zusammenstöße in Nordirland*

Texte aus der *tageszeitung (taz)*

393taz: 4.9.1998, S. 8:   *Shell und Texaco arbeiten zusammen*
492taz: 5./6.9.1998, S. 10: *Massenmord in Afghanistan?*
                                    Amnesty berichtet von der Verschleppung und
                                    Ermordung Tausender Zivilisten. Taliban lassen fünf
                                    iranische Geiseln frei
493taz: 5./6.9.1998, S. 2:   *Schöner Körper*
598taz: 7.9.1998, S. 8:   *Airbus-Neuordnung verzögert sich*

Texte aus dem *Volksblatt (VB)*

3185VB: 1.9.1998, S. J6:   *Stilles Gedenken an Diana zum Todestag*
                                    Der Union Jack weht auf Halbmast
299VB: 3.9.1998, S. 1:   *Sondersitzungen für schärfere Anti-Terror-Gesetze*
398VB: 4.9.1998, S. 1   *US-Präsident Clinton in Belfast:*
                                    Friedliches Nordirland kann auf Amerika zählen
493VB: 5.9.1998, S. J8:   *„Abstoßende Modewelt"*
                                    Supermodel steigt angeekelt vom Laufsteg
494VB: 5.9.1998, S. 13:   *Schließung*
4916VB: 5.9.1998, Welt-   *US-Präsident in Irland:*
spiegel, S. 1:   *Nordirland als Vorbild für Konfliktlösungen*
591VB: 7.9.1998, S. J6:   *[ohne Titel; Die Sängerin Mel B ...]*
695VB: 7.9.1998, S. J6:   *[ohne Titel; Die „Bee Gees" ...]*
698VB: 7.9.1998, Welt-   *Britische Studie*
spiegel S. 4:   *„Die Monarchie modernisieren"*

Texte aus der *Welt (W)*

493W: 5.9.1998, S. 12:   *[ohne Titel; Das 18jährige britische Supermodel*
                                    Sarah Thomas ...]
499bW: 5.9.1998, S. 24:   *Englische Klubs lehnen Pläne für Europaliga ab*
592W: 7.9.1998, S. 15:   *Dell schafft in Irland 1700 neue Jobs*
696W: 7.9.1998, S. 23:   *[ohne Titel; Der australische Medienzar Rupert*
                                    Murdoch ...]
697W: 7.9.1998, S. 16:   *Zeitplan für Neuordnung von Airbus hinfällig*
                                    Aerospatiale-Chef: Umwandlung dauert länger
698W: 7.9.1998, S. 8:   *Britische Studie fordert Erneuerung der Monarchie*

Texte aus der *Westdeutschen Zeitung (WZ)*

293WZ: 3.9.1998, S. 5:	*Eurofighter soll „Typhoon" heißen*
296WZ: 3.9.1998, S. 7:	*Plateau-Sohlen für Giraffe*
2910WZ: 3.9.1998, S. 7:	*Dianas Söhne: Ende der Trauer*
397WZ: 4.9.1998, S. 6:	*Shell tankt bald mit Texaco*
398WZ: 4.9.1998, S. 1:	*„Chance einer Generation"*
	US-Präsident Bill Clinton mahnt Nordirland zu
	dauerhaftem Frieden
494WZ: 5.9.1998, S. 19:	*Fujitsu schließt Halbleiterwerk*
497WZ: 5.9.1998, S. 8:	*George Michael sagt Tournee ab*
499bWZ: 5.9.1998, S. 17:	*Englands Absage an „Superliga"*
4911WZ: 5.9.1998, S. 17:	[ohne Titel; *Lazio Rom* ...]
4916WZ: 5.9.1998, S. 6:	*„Nordirland ist das Vorbild für Israel"*
	US-Präsident in Dublin: Weltweite Bedeutung
591WZ: 7.9.1998, S. 6:	*Mel B erwartet ein „Spice-Baby"*
698WZ: 7.9.1998, S. 1:	*Königskinder auf Staatsschulen?*
6911WZ: 7.9.1998, S. 6:	*Größter Kokainfund in Irland*

8.2 Sekundärliteratur

Agricola, Erhard (1957): Fakultative sprachliche Formen. Gedanken zur grammatischen Fundierung der Stilkunde. In: Beiträge zur Geschichte der deutschen Sprache und Literatur 79 (Sonderband), S. 43-76.

Antos, Gerd (2000): Ansätze zur Erforschung der Textproduktion. In: Brinker, Klaus/Gerd Antos/Wolfgang Heinemann/Sven F. Sager (Hg.): Text- und Gesprächslinguistik: ein internationales Handbuch zeitgenössischer Forschung. 1. Halbband. Berlin, New York: de Gruyter (Handbücher zur Sprach- und Kommunikationswissenschaft; 16), S. 105-112.

Auer, Peter (1998): Zwischen Parataxe und Hypotaxe: „abhängige Hauptsätze" im gesprochenen und geschriebenen Deutsch. In: Zeitschrift für Germanistische Linguistik 26, S. 284-307.

Bachmann, Cornelia (1997): Public Relations: Ghostwriting für Medien? Eine linguistische Analyse der journalistischen Leistung bei der Adaption von Pressemitteilungen. Bern u.a.: Lang (Zürcher germanistische Studien; 49).

Bader, Renate (1993): Was ist publizistische Qualität? Ein Annäherungsversuch am Beispiel Wissenschaftsjournalismus. In: Arno Bammé/Ernst Kotzmann/ Hasso Reschenberg (Hg.): Publizistische Qualität. Probleme und Perspektiven ihrer Bewertung. München u.a.: Profil (Technik und Wissenschaftsforschung; 19), S. 17-39.

Baerns, Barbara (1982): Öffentlichkeitsarbeit und Journalismus – Normen, Berufsbilder, Tatsachen. In: Günther Haedrich/Günter Barthenheier/Horst Kleinert (Hg.): Öffentlichkeitsarbeit. Dialog zwischen Institutionen und Gesellschaft. Ein Handbuch. Berlin, New York: de Gruyter, S. 161-173.

Baerns, Barbara (1991): Öffentlichkeitsarbeit oder Journalismus? Zum Einfluß im Mediensystem. 2. Aufl. Köln: Verlag Wissenschaft und Politik (Bibliothek Wissenschaft und Politik; 32).

Ballstaedt, Steffen-Peter (1980): Nachrichtensprache und Verstehen. In: Helmut Kreuzer (Hg.): Fernsehforschung – Fernsehkritik. Göttingen: Vandenhoek und Ruprecht (Zeitschrift für Literaturwissenschaft und Linguistik; Beiheft 11), S. 226-241.

Ballstaedt, Steffen-Peter/Heinz Mandl/Wolfgang Schnotz/Sigmar-Olaf Tergan (1981): Texte verstehen, Texte gestalten. München u.a.: Urban & Schwarzenberg.

Bammé, Arno/Ernst Kotzmann/Hasso Reschenberg (Hg.) (1993): Publizistische Qualität. Probleme und Perspektiven ihrer Bewertung. München u.a.: Profil (Technik- und Wissenschaftsforschung; 19).

Bartlett, Elsa J. (1982): Learning to revise: Some component processes. In: Martin Nystrand (Hg.): What writers know. The language, process, and structure of written discourse. New York u.a.: Academic Press, S. 345-363.

Baskette, Floyd K./Jack Z. Sissors/Brian S. Brooks (1982): The art of editing. 3. Aufl. New York, Toronto: Macmillan.

Baurmann, Jürgen/Otto Ludwig (1985): Texte überarbeiten. Zur Theorie und Praxis von Revisionen. In: Dietrich Boueke/Norbert Hopster (Hg.): Schreiben – Schreiben lernen. Rolf Sanner zum 65. Geburtstag. Tübingen: Narr (Tübinger Beiträge zur Linguistik; 249), S. 254-276.

Baurmann, Jürgen/Rüdiger Weingarten (1995): Prozesse, Prozeduren und Produkte des Schreibens. In: Jürgen Baurmann/Rüdiger Weingarten (Hg.): Schreiben. Prozesse, Prozeduren und Produkte. Opladen: Westdeutscher Verlag, S. 7-25.

Bell, Allan (1984): Good copy – bad news: The syntax and semantics of news editing. In: Peter Trudgill (Hg.): Applied sociolinguistics. London u.a.: Academic Press, S. 73-116.

Bell, Allan (1991): The language of news media. Oxford: Blackwell (Language in society; 17).

Benirschke, Hans (1990): „Muß die Agentur alles machen?". In: Rudolph Bernhard/Dieter Golombek (Hg.): Die alltägliche Pressefreiheit. Von der Verantwortung der Zeitungsmacher. Bonn: Bundeszentrale für politische Bildung (Themen und Materialien für Journalisten; 1), S. 22-25.

Bergmann, Christian (1979): Zur Spezifik der sprachlichen Gestaltung von Wertungen durch Adjektive. In: Zeitschrift für Phonetik, Sprachwissenschaft und Kommunikationsforschung 32, S. 289-95.

Biere, Bernd Ulrich (1993a): Zur Konstitution von Pressetexten. In: Bernd Ulrich Biere/Helmut Henne (Hg.): Sprache in den Medien nach 1945. Tübingen: Niemeyer, S. 56-86.

Biere, Bernd Ulrich (1993b): Linguistische Kriterien für publizistische Qualität. In: Arno Bammé/Ernst Kotzmann/Hasso Reschenberg (Hg.): Publizistische Qualität. Probleme und Perspektiven ihrer Bewertung. München u.a.: Profil (Technik- und Wissenschaftsforschung; 19), S. 73-85.

Böhmer, Reinhold (1991): Schreiben und Redigieren. In: Stephan Ruß-Mohl/ Heinz D. Stuckmann (Hg.): Wirtschaftsjournalismus. Ein Handbuch für Ausbildung und Praxis. München: List, S. 111-125.

Brand, Peter/Volker Schulze (Hg.) (1982): Medienkundliches Handbuch. Die Zeitung. Medienpädagogischer Teil. Braunschweig: Agentur Pedersen.

Brandt, Wolfgang (1991): Zeitungssprache heute: Überschriften. Eine Stichprobe. In: Klaus Brinker (Hg.): Aspekte der Textlinguistik. Hildesheim u.a.: Olms (Germanistische Linguistik 106/107), S. 213-244.

Bridwell, Lillian S. (1980): Revising strategies in twelfth grade students' transactional writing. In: Research in the Teaching of English 14, S. 197-222.

Bridwell, Lillian/Geoffrey Sirc/Robert Brooke (1985): Revising and computing: Case studies of student writers. In: Sarah W. Freedman (Hg.): The acquisition of written language: Response and revision. Norwood, N.J.: Ablex, S. 172-194.

Brinker, Klaus/Gerd Antos/Wolfgang Heinemann/Sven F. Sager (Hg.) (2000): Text- und Gesprächslinguistik: ein internationales Handbuch zeitgenössischer Forschung. 1. Halbband. Berlin, New York: de Gruyter (Handbücher zur Sprach- und Kommunikationswissenschaft; 16).

Brinker, Klaus (2001): Linguistische Textanalyse: eine Einführung in Grundbegriffe und Methoden. 5., durchges. u. erg. Aufl. Berlin: Schmidt (Grundlagen der Germanistik; 29).

Broich, Ulrich/Manfred Pfister (Hg.) (1985): Intertextualität: Formen, Funktionen, anglistische Fallstudien. Tübingen: Niemeyer (Konzepte der Sprach- und Literaturwissenschaft; 35).

Bucher, Hans-Jürgen (1986): Pressekommunikation. Grundstrukturen einer öffentlichen Form der Kommunikation aus linguistischer Sicht. Tübingen: Niemeyer (Medien in Forschung + Unterricht: Serie A; 20).

Bührig, Kristin (1996): Reformulierende Handlungen: zur Analyse sprachlicher Adaptierungsprozesse in institutioneller Kommunikation. Tübingen: Narr (Kommunikation und Institution; 23).

Burger, Harald (2000): Textsorten in den Massenmedien. In: Klaus Brinker/Gerd Antos/Wolfgang Heinemann/Sven F. Sager (Hg.): Text- und Gesprächslinguistik: ein internationales Handbuch zeitgenössischer Forschung. 1. Halbband. Berlin, New York: de Gruyter (Handbücher zur Sprach- und Kommunikationswissenschaft; 16), S. 614-628.

Buscha, Joachim (1988): Satzverknüpfung durch Konjunktionen. In: Der Deutschunterricht 6, S. 53-64.

Bußmann, Hadumod (1990): Lexikon der Sprachwissenschaft. 2. Aufl. Stuttgart: Kröner (Kröners Taschenausgabe; 452).

Caroli, Folker (1977): Pragmatische Aspekte syntaktischer Variation in der gesprochenen Sprache. Göppingen: Kümmerle (Göppinger Arbeiten zur Germanistik; 219).

Chomsky, Noam (1965): Aspects of the theory of syntax. Cambridge, Mass.: M.I.T. Press (Special technical report;11).

Clyne, Michael (1968): Ökonomie, Mehrdeutigkeit und Vagheit bei Komposita in der deutschen Gegenwartssprache, insbesondere in der Zeitungssprache. In: Muttersprache 78, S. 122-126.

Collier, Richard M. (1983): The word processor and revision strategies. In: College Composition and Communication 34, S. 149-155.

Corder, Pit S. (1967): The significance of learner's errors. In: International review of applied linguistics in language teaching 5, S. 161-170.

Corder, Pit S. (1972): Die Rolle der Interpretation bei der Untersuchung von Schülerfehlern. In: Gerhard Nickel (Hg.): Fehlerkunde. Beiträge zur Fehleranalyse, Fehlerbewertung und Fehlertheraphie. Berlin: Cornelsen-Velhagen & Klasing, S. 38-50.

Couture, Barbara/Jone Rymer (1989): Interactive writing on the job: Definitions and implications of "collaboration". In: Myra Kogen (Hg.) (1989): Writing in the business professions. Urbana, Ill.: National Council of Teachers of English, S. 73-93.

Deutsche Presse-Agentur (Hg.) (1998): Alles über die Nachricht: das dpa-Handbuch. Starnberg: Schulz.

Dijk, Teun A. van (1980): Textwissenschaft: Eine interdisziplinäre Einführung. Tübingen: Niemeyer.

Dijk, Teun A. van (1988a): News as discourse. Hillsdale, N.J.: Erlbaum.

Dijk, Teun A. van (1988b): News analysis. Case studies of international and national news in the press. Hillsdale, N.J.: Erlbaum.

Dovifat, Emil (1976): Zeitungslehre. Bd. I. Theoretische und rechtliche Grundlagen. Nachricht und Meinung, Sprache und Form. 6., neubearb. Aufl. von Jürgen Wilke. Berlin, New York: de Gruyter (Sammlung Goeschen; 2090).

Dubois, Betty Lou (1986): From "New England Journal of Medicine" and "Journal of the American Medical Association" through the "Associated Press" to local newspaper: Scientific translation for the laity. In: Theo Bungarten (Hg.): Wissenschaftssprache und Gesellschaft: Aspekte der wissenschaftlichen Kommunikation und des Wissenstransfers in der heutigen Zeit. Hamburg: Edition Akademion, S. 243-253.

Duden (1996): Rechtschreibung der deutschen Sprache. 21., völlig neu bearb. u. erw. Aufl. Mannheim u.a.: Dudenverlag (Der Duden; 1).

Duden (1997): Richtiges und gutes Deutsch: Wörterbuch der sprachlichen Zweifelsfälle. 4., auf der Grundlage der amtlichen Neuregelung der dt. Rechtschreibung neu bearb. u. erw. Aufl. Mannheim u.a.: Dudenverlag (Der Duden; 9).

Duden (1998): Grammatik der deutschen Gegenwartssprache. 6., neu bearb. Aufl. Mannheim u.a.: Dudenverlag (Der Duden; 4).

Dulisch, Ralf (1998): Schreiben in Werbung, PR, und Journalismus: zum Berufsbild des Texters für Massenmedien. Opladen: Westdeutscher Verlag.

Ede, Lisa/Andrea Lunsford (1990): Singular texts/plural authors: Perspectives on collaborative writing. Carbondale, Ill.: Southern Illinois University Press.

Edelmann, Heike (1995): Textüberarbeitung. Revisionen in fremdsprachlichen Lerner-Texten (DaF). Prozesse der Überarbeitung narrativer, deskriptiver und argumentativer Texte in Lerner-Paaren. Frankfurt/Main u.a.: Lang (Werkstattreihe Deutsch als Fremdsprache; 51).

Engel, Ulrich (1994): Syntax der deutschen Gegenwartssprache. 3., völlig neu bearb. Aufl. Berlin: Schmidt (Grundlagen der Germanistik; 22).

Faigley, Lester/Stephen Witte (1981): Analyzing revision. In: College Composition and Communication 32, S. 400-414.

Farkas, David K. (1991): Collaborative writing, software development, and the universe of collaborative activity. In: Mary M. Lay/William M. Karis (Hg.) (1991): Collaborative writing in industry: Investigations in theory and practice. Amityville, N.Y.: Baywood, S. 13-30.

Fischer, Christoph (1990): Korrekt wiedergegeben? Zum Problem-Zusammenhang von Kommunikationsgeschichte und Redewiedergabe in der Sportberichterstattung der Tageszeitung. In: Brennpunkte der Sportwissenschaft 4, S. 97-114.

Fitzgerald, Jill (1987): Research on revision in writing. In: Review of Educational Research 57, S. 481-506.

Fleischer, Wolfgang/Georg Michel/Günter Starke (1996): Stilistik der deutschen Gegenwartssprache. 2. Aufl. Frankfurt/Main u.a.: Lang.

Flower, Linda/John R. Hayes/Linda Carey/Karen Schriver/James Stratman (1986): Detection, diagnosis, and the strategies of revision. In: College Composition and Communication 37, S. 16-55.

Freedman, Sarah W. (Hg.) (1985): The acquisition of written language: Response and revision. Norwood, N.J.: Ablex.

Fröhlich, Romy (1992): Qualitativer Einfluß von Pressearbeit auf die Berichterstattung: Die „geheime Verführung" der Presse? In: Publizistik 37, S. 37-49.

Galtung, Johan/Mari Holmboe Ruge (1965): The structure of foreign news. In: Journal of Peace Research 2, S. 64-91.

Gazlig, Thomas (1999): Erfolgreiche Pressemitteilungen. Über den Einfluss von Nachrichtenfaktoren auf die Publikationschancen. In: Publizistik 44, S. 185-199.

Glover, Angela/Graeme Hirst (1996): Detecting stylistic inconsistencies in collaborative writing. In: Mike Sharples/Thea van der Geest (Hg.): The new writing environment: writers at work in a world of technology. London u.a.: Springer, S. 147-168.

Grimm, Hans-Jürgen (1992): Lexikon zum Artikelgebrauch. 3., durchges. Aufl. Leipzig u.a.: Langenscheidt, Verlag Enzyklopädie.

Groeben, Norbert/Ursula Christmann (1989): Textoptimierung unter Verständlichkeitsperspektive. In: Gerd Antos/Hans P. Krings (Hg.) (1989): Textproduktion: ein interdisziplinärer Forschungsüberblick. Tübingen: Niemeyer (Konzepte der Sprach- und Literaturwissenschaft; 48), S. 165-196.

Hättenschwiler, Walter (1992): Die Fiktion der Pressevielfalt. Nur die großen Zeitungen bieten echte Vielfalt. In: Media Trend Journal 12, S. 12-16.

Hagen, Lutz M./Anke Evers (1994): Richtig, relevant, aktuell und verständlich. Qualität von Nachrichtenagenturen aus der Sicht von Nachrichtenredakteuren. In: M: Menschen machen Medien 11, S. 16-17.

Hagen, Lutz M. (1995): Informationsqualität von Nachrichten: Meßmethoden und ihre Anwendung auf die Dienste von Nachrichtenagenturen. Opladen: Westdeutscher Verlag (Studien zur Kommunikationswissenschaft; 6).

Hannappel, Hans/Hartmut Melenk (1982): Wertungen in Zeitungsberichten. In: Praxis Deutsch 53, S. 45-51.

Harris, Zellig S. (1952): Discourse analysis. In: Language 28, S. 1-30.

Harris, Zellig S. (1957): Co-occurence and transformation in linguistic structure. In: Language 33, S. 283-340.

Harseim, Christine/Jürgen Wilke (2000): Nachrichtenproduktion und Nachrichtenangebot der Deutschen Presse-Agentur. Mit einem Ausblick auf den Agentur-Vergleich. In: Jürgen Wilke (Hg.): Von der Agentur zur Redaktion: wie Nachrichten gemacht, bewertet und verwendet werden. Köln u.a.: Böhlau, S. 1-122.

Harweg, Roland (1979): Pronomina und Textkonstitution. 2. verb. u. erg. Aufl. München: Fink (Beihefte zur Poetica; 2).

Hayes, John R./Linda S. Flower (1980): Identifying the organization of writing processes. In: Lee W. Gregg/Erwin R. Steinberg (Hg.) (1980): Cognitive processes in writing. Hillsdale, N.J.: Erlbaum, S. 3-30.

Hayes, John R./Linda S. Flower/Karen A. Schriver/James F. Stratman/Linda Carey (1987): Cognitive processes in revision. In: Sheldon Rosenberg (Hg.): Advances in applied psycholinguistics. Bd 2: Reading, writing, and language learning. Cambridge u.a.: Cambridge University Press, S. 176-240.

Heijnk, Stefan (1997): Textoptimierung für Printmedien. Theorie und Praxis journalistischer Textproduktion. Opladen: Westdeutscher Verlag.

Helbig, Gerhard/Wolfgang Schenkel (1991): Wörterbuch zur Valenz und Distribution deutscher Verben. 8., durchges. Aufl. Tübingen: Niemeyer.

Helbig, Gerhard/Agnes Helbig (1993): Lexikon deutscher Modalwörter. 2., durchges. Aufl. Leipzig u.a.: Langenscheidt, Verlag Enzyklopädie.

Helbig, Gerhard (1994): Lexikon deutscher Partikeln. 3., durchges. Aufl. Leipzig u.a. Langenscheidt, Verlag Enzyklopädie.

Helbig, Gerhard/Joachim Buscha (1998): Deutsche Grammatik: Ein Handbuch für den Ausländerunterricht. 18. Aufl. Leipzig: Langenscheidt, Verlag Enzyklopädie.

Hellwig, Peter (1984): Titulus oder Über den Zusammenhang von Titeln und Texten. Titel sind ein Schlüssel zur Textkonstitution. In: Zeitschrift für Germanistische Linguistik 12, S. 1-20.

Henne, Helmut/Wolfgang Mentrup (Hg.) (1983): Wortschatz und Verständigungsprobleme: Was sind „schwere Wörter" im Deutschen? Düsseldorf: Schwann (Jahrbuch des Instituts für Deutsche Sprache; 1982) (Sprache der Gegenwart; 57).

Hennig, Jörg/Lutz Huth (1975): Kommunikation als Problem der Linguistik. Eine Einführung. Göttingen: Vandenhoeck & Ruprecht.

Hennig, Jörg (1996): Wer spricht und wer ist gemeint? Zu Textfunktion und Mehrfachadressierung in Presse-Interviews. In: Jörg Hennig/Jürgen Meier (Hg.): Varietäten der deutschen Sprache. Festschrift für Dieter Möhn. Frankfurt/Main: Lang (Sprache in der Gesellschaft; 23), S. 291-308.

Hentschel, Elke/Harald Weydt (1994): Handbuch der deutschen Grammatik. 2., durchges. Aufl. Berlin, New York: de Gruyter.

Herzog, Jacqueline (1993): Vom medialen Umgang mit den Texten anderer. Die Inszenierung von Information durch Reformulierungshandlungen in der französischen Presse. In: Adi Grewenig (Hg.): Inszenierte Information: Politik und strategische Kommunikation in den Medien. Opladen: Westdeutscher Verlag, S. 73-91.

Höhne, Hansjoachim (1984): Report über Nachrichtenagenturen: Neue Medien geben neue Impulse. 2., erw. Aufl. Baden-Baden: Nomos Verlagsgesellschaft.

Holthuis, Susanne (1993): Intertextualität. Aspekte einer rezeptionsorientierten Konzeption. Tübingen: Stauffenburg-Verlag (Stauffenburg Colloquium; 28).

Jäger, Siegfried (1968): Die Einleitung indirekter Reden in der Zeitungssprache und in anderen Texten der deutschen Gegenwartssprache. In: Muttersprache 78, S. 236-249.

Kaempfert, Manfred (1983): Typen lexikalisch bedingter Schwierigkeiten in der Kommunikation. In: Helmut Henne/Wolfgang Mentrup (Hg.): Wortschatz und Verständigungsprobleme: Was sind „schwere Wörter" im Deutschen? Düsseldorf: Schwann (Jahrbuch des Instituts für Deutsche Sprache; 1982) (Sprache der Gegenwart; 57), S. 34-51.

Katz, Jerold J./Edwin Martin, Jr. (1967): The synonymy of actives and passives. Philosophical Review 76, S. 476-491.

Ketteler, Guardian (1997): Zwei Nullen sind keine Acht. Falsche Zahlen in der Tagespresse. Basel: Birkhäuser.

Kintsch, Walter/Teun A. van Dijk (1978): Toward a model of text comprehension and production. In: Psychological Review 85, S. 363-394.

Klein, Josef/Ulla Fix (Hg.) (1997): Textbeziehungen: linguistische und literaturwissenschaftliche Beiträge zur Intertextualität. Tübingen: Stauffenburg-Verlag (Stauffenburg-Linguistik).

Kniffka, Hannes (1980): Soziolinguistik und empirische Textanalyse: Schlagzeilen- und Leadformulierung in amerikanischen Tageszeitungen. Tübingen: Niemeyer (Linguistische Arbeiten; 94).

Knoche, Manfred/Monika Lindgens (1988): Selektion, Konsonanz und Wirkungspotential der deutschen Tagespresse. Politikvermittlung am Beispiel der Agentur- und Presseberichterstattung über die GRÜNEN zur Bundestagswahl 1987. In: Media Perspektiven 8, S. 490-510.

König, Thomas (1989): Landespolitische Berichterstattung in NRW in Nachrichtenagenturen und Tageszeitungen: Eine aussagenanalytische Studie zum Spannungsfeld von Journalismus und Öffentlichkeitsarbeit. Diss. Universität Dortmund.

Kohrt, Manfred/Arne Wrobel (Hg.) (1992): Schreibprozesse – Schreibprodukte. Festschrift für Gisbert Keseling. Hildesheim u.a.: Olms.

Kurz, Josef (1996): Zu Funktion, Methoden und Gestalt der Rededarstellung in aktuellen Zeitungsüberschriften (-titeln). In: Ulla Fix/Gotthard Lerchner (Hg.): Stil und Stilwandel. Bernhard Sowinski zum 65. Geburtstag gewidmet. Frankfurt/Main u.a.: Lang (Leipziger Arbeiten zur Sprach- und Kommunikationsgeschichte; 3), S. 255-284.

Kurz, Josef/Daniel Müller/Joachim Pötschke/Horst Pöttker (2000): Stilistik für Journalisten. Wiesbaden: Westdeutscher Verlag.

Lakoff, George/Mark Johnson (1980): Metaphors we live by. Chicago, London: The University of Chicago Press.

Lang, Hans-Joachim (1980): Parteipressemitteilungen im Kommunikationsfluß politischer Nachrichten: Eine Fallstudie über den Einfluß politischer Werbung auf Nachrichtentexte. Frankfurt/Main: Lang (Europäische Hochschulschriften: Reihe 21, Linguistik; 9).

Langer, Gudrun (1995): Textkohärenz und Textspezifität: Textgrammatische Untersuchung zu den Gebrauchstextsorten Klappentext, Patienteninformation, Garantieerklärung und Kochrezept. Frankfurt/Main u.a.: Lang 1995 (Europäische Hochschulschriften; Reihe 21, Linguistik; 152).

Langer, Inghard/Friedemann Schulz von Thun/Reinhard Tausch (1974): Verständlichkeit in Schule, Verwaltung, Politik und Wissenschaft. München: Reinhardt.

Langer, Inghard/Friedemann Schulz von Thun/Reinhard Tausch (1999): Sich verständlich ausdrücken. 6. Aufl. München: Reinhardt.

La Roche, Walther von (1995): Einführung in den praktischen Journalismus: mit genauer Beschreibung aller Ausbildungswege; Deutschland, Österreich, Schweiz. 14., neubearb. Aufl. München: List.

Lauterbach, Jörn (1997): Unterhaltung als Kommunikationsfunktion am Beispiel der Boulevardpresse. Wissenschaftliche Hausarbeit zur Erlangung des akademischen Grades eines Magister Artium der Universität Hamburg.

Lay, Mary M./William M. Karis (Hg.) (1991): Collaborative writing in industry: Investigations in theory and practice. Amityville, N.Y.: Baywood.

Lewandowski, Theodor (1990): Linguistisches Wörterbuch. 5., überarb. Aufl. Heidelberg, Wiesbaden: Quelle u. Meyer (UTB für Wissenschaft: Uni-Taschenbücher; 1518).

Linden, Peter (1998): Wie Texte wirken. Anleitung zur Analyse journalistischer Sprache. Bonn: ZV Zeitungs-Verlag-Service.

Luczynski, Jan (1994): Writing process, written text, and individual development. In: Gunther Eigler/Thomas Jechle (Hg.): Writing. Current trends in European research. Freiburg/Breisgau: Hochschulverlag, S. 19-28.

Lüger, Heinz-Helmut (1995): Pressesprache. 2., neu bearb. Aufl. Tübingen: Niemeyer (Germanistische Arbeitshefte; 28).

Meier, Werner/Michael Schanne (1979): Nachrichtenagenturen und globales Schichtungssystem: Eine Forschungsperspektive. In: Publizistik 24, S. 213-222.

Möhn, Dieter/Dieter Roß/Marita Tjarks-Sobhani (Hg.) (2001): Mediensprache und Medienlinguistik. Festschrift für Jörg Hennig. Frankfurt/Main u.a.: Lang (Sprache in der Gesellschaft; 26).

Moser, Hugo (1970): Typen sprachlicher Ökonomie im heutigen Deutsch. In: Sprache und Gesellschaft. Beiträge zur soziolinguistischen Beschreibung der deutschen Gegenwartssprache. Jahrbuch 1970. Düsseldorf: Schwann (Sprache der Gegenwart; 13), S. 89-117.

Muckenhaupt, Manfred (1990): Wörtlich abgedruckt oder selbst geschrieben? Der Einfluß der Nachrichtenagenturen auf den Sportteil der Tageszeitungen. In: Brennpunkte der Sportwissenschaft 4, S. 115-127.

Müller, Gerhard (1991): Zeitungsdeutsch = schlechtes Deutsch? Bemerkungen zur Sprache der Presse. In: Muttersprache 101, S. 218-242.

Murray, Donald M. (1978): Internal revision: A process of discovery. In: Charles R. Cooper/Lee Odell (Hg.): Research on composing: Points of departure. Urbana, Ill.: National Council of Teachers of English, S. 85-103.

Neumann, Sieglinde (1997): Redaktionsmanagement in den USA: Fallbeispiel „Seattle Times". München: Saur (Dortmunder Beiträge zur Zeitungsforschung; 55).

Niederhauser, Jürg (1997): Das Schreiben populärwissenschaftlicher Texte als Transfer wissenschaftlicher Texte. In: Eva-Maria Jakobs/Dagmar Knorr (Hg.): Schreiben in den Wissenschaften. Frankfurt/Main: Lang (Textproduktion und Medium; 1), S. 107-122.

Nissen, Peter/Walter Menningen (1977): Der Einfluß der Gatekeeper auf die Themenstruktur der Öffentlichkeit. In: Publizistik 22, S. 159-180.

Noelle-Neumann, Elisabeth/Winfried Schulz/Jürgen Wilke (Hg.) (1997): Das Fischer Lexikon Publizistik Massenkommunikation. Aktual., vollst. überarb. Neuausg. Frankfurt/Main: Fischer Taschenbuch Verlag.

Nold, Ellen W. (1981): Revising. In: Carl H. Frederiksen/Joseph F. Dominic (Hg.): Writing: The nature, development, and teaching of written communication. Bd. 2: Writing: Process, development and communication. Hillsdale, N.J.: Erlbaum, S. 67-79.

Oksaar, Els (1982): Sprachnorm und moderne Linguistik. In: Hugo Steger (Hg.) (1982): Soziolinguistik. Ansätze zur soziolinguistischen Theoriebildung. Darmstadt: Wissenschaftliche Buchgesellschaft (Wege der Forschung; 344), S. 297-308.

Oksaar, Els (1983): Verständigungsprobleme im Sprachbereich „Politik": Schwere Wörter in den Nachrichten und Kommentaren. In: Helmut Henne/ Wolfgang Mentrup (Hg.): Wortschatz und Verständigungsprobleme: Was sind „schwere Wörter" im Deutschen? Düsseldorf: Schwann (Jahrbuch des Instituts für Deutsche Sprache; 1982) (Sprache der Gegenwart; 57), S. 119-133.

Ottmers, Clemens (1996): Rhetorik. Stuttgart, Weimar: Metzler (Sammlung Metzler; 283).

Plowman, Lydia (1993): Tracing the evolution of a co-authored text. In: Language & Communication 13, S. 149-161.

Plümer, Nicole (2000): Anglizismus – Purismus – Sprachliche Identität: eine Untersuchung zu den Anglizismen in der deutschen und französischen Mediensprache. Frankfurt/Main u.a.: Lang (Europäische Hochschulschriften: Reihe 13, Französische Sprache und Literatur; 251).

Polenz, Peter von (1966): Zur Quellenwahl für Dokumentation und Erforschung der deutschen Sprache der Gegenwart. In: Wirkendes Wort 16, S. 3-13.

Polenz, Peter von (1981): Über die Jargonisierung von Wissenschaftssprache und wider die Deagentivierung. In: Theo Bungarten (Hg.): Wissenschaftssprache. Beiträge zur Methodologie, theoretischen Fundierung und Deskription. München: Fink, S. 85-110.

Projektteam Lokaljournalisten (Hg.) (1990): ABC des Journalismus. 6. überarb. u. erw. Aufl. München: Ölschläger (Reihe Praktischer Journalismus; 1).

Pürer, Heinz/Johannes Raabe (1994): Medien in Deutschland. Bd. 1: Die Presse. München: Ölschläger.

Rau, Cornelia (1992): Revisionen beim Schreiben. In: Manfred Kohrt/Arne Wrobel (Hg.): Schreibprozesse – Schreibprodukte. Festschrift für Gisbert Keseling. Hildesheim u.a.: Olms, S. 301-323.

Rau, Cornelia (1994): Revisionen beim Schreiben. Zur Bedeutung von Veränderungen in Textproduktionsprozessen. Tübingen: Niemeyer (Reihe Germanistische Linguistik; 148).

Reiners, Ludwig (1999): Stilfibel. Der sichere Weg zum guten Deutsch. 30. Aufl. München: Deutscher Taschenbuch-Verlag.

Resing, Christian (1999): Nachrichtenagenturen – der Wettbewerb nimmt zu. In: Bundesverband deutscher Zeitungsverleger (Hg.): Zeitungen '99. Bonn: ZV Zeitungs-Verlag-Service, S. 256-275.

Reumann, Kurt (1997): Journalistische Darstellungsformen. In: Elisabeth Noelle-Neumann/Winfried Schulz/Jürgen Wilke (Hg.): Das Fischer Lexikon Publizistik Massenkommunikation. Aktual., vollst. überarb. Neuausg. Frankfurt/Main: Fischer Taschenbuch Verlag, S. 91-116.

Reumann, Kurt (2000): Die ungeliebte Rechtschreibreform. Chronik einer Überwältigung. In: Frankfurter Allgemeine Zeitung 231 (5. Oktober), S. 8.

Rickheit, Gert (1995): Verstehen und Verständlichkeit von Sprache. In: Bernd Spillner (Hg.): Sprache: Verstehen und Verständlichkeit. Frankfurt/Main u.a: Lang (Kongreßbeiträge zur 25. Jahrestagung der Gesellschaft für Angewandte Linguistik GAL e.V.) (Forum Angewandte Sprachwissenschaft; 28), S. 15-30.

Riewerts, Cornelius (1990): Fernsatz im System. In: Rudolph Bernhard/Dieter Golombek (Hg.): Die alltägliche Pressefreiheit. Von der Verantwortung der Zeitungsmacher. Bonn: Bundeszentrale für politische Bildung (Themen und Materialien für Journalisten; 1), S. 33-34.

Rohman, David Gordon (1965): Pre-writing: The stage of discovery in the writing process. In: College Composition and Communication 16, S. 106-112.

Rossmann, Torsten (1993): Öffentlichkeitsarbeit und ihr Einfluß auf die Medien. Das Beispiel Greenpeace. In: Media Perspektiven 2, S. 85-94.

Sanders, Willy (1986): Gutes Deutsch – besseres Deutsch: praktische Stillehre der deutschen Gegenwartssprache. Darmstadt: Wissenschaftliche Buchgesellschaft.

Schippan, Thea (1992): Lexikologie der deutschen Gegenwartssprache. Tübingen: Niemeyer.

Schmidt, Siegfried J./Siegfried Weischenberg (1994): Mediengattungen, Berichterstattungsmuster, Darstellungsformen. In: Klaus Merten/Siegfried J. Schmidt/Siegfried Weischenberg (Hg.): Die Wirklichkeit der Medien. Eine Einführung in die Kommunikationswissenschaft. Opladen: Westdeutscher Verlag, S. 212-236.

Schmitt-Ackermann, Sylvia (1996): Kohärenz in Redewiedergaben: Eine empirische Untersuchung zur Verständlichkeit von Redewiedergaben auf textueller Ebene. Heidelberg: Groos (Sammlung Groos; 62).

Schneider, Wolf (1986): Deutsch für Profis. Wege zu gutem Stil. München: Goldmann.

Schneider, Wolf (1994): Deutsch fürs Leben. Was die Schule zu lehren vergaß. Reinbek: Rowohlt.

Schneider, Wolf/Detlef Esslinger (1998): Die Überschrift. Sachzwänge, Fallstricke, Versuchungen, Rezepte. 2. Aufl. München: List.

Schneider, Wolf/Paul-Josef Raue (1998): Handbuch des Journalismus. Reinbek: Rowohlt.

Schütz, Walter J. (1991): Die „Publizistischen Einheiten" in den alten und neuen Bundesländern. In: Bundesverband Deutscher Zeitungsverleger (Hg.): Zeitungen '91. Bonn: ZV Zeitungs-Verlag-Service, S. 148-159.

Schütz, Walter J. (2000a): Deutsche Tagespresse 1999. In: Media Perspektiven 1, S. 8-29.

Schütz, Walter J. (2000b): Redaktionelle und verlegerische Struktur der deutschen Tagespresse. In: Media Perspektiven 1, S. 30-39.

Schulz, Winfried (1990): Die Konstruktion von Realität in den Nachrichtenmedien. Analyse der aktuellen Berichterstattung. 2., unveränd. Aufl. Freiburg (Breisgau), München: Alber (Alber-Broschur Kommunikation; 4).

Schulz, Winfried (1997): Nachricht. In: Elisabeth Noelle-Neumann/Winfried Schulz/Jürgen Wilke (Hg.): Das Fischer Lexikon Publizistik Massenkommunikation. Aktual., vollst. überarb. Neuausg. Frankfurt/Main: Fischer Taschenbuch Verlag, S. 307-337.

Schwarzmeier, Dagmar (1997a): Einmal mehr: Zeitungs-Deutsch. Linguistische Untersuchungen zu sprachkritischen Bemühungen deutscher Tageszeitungen. Wissenschaftliche Hausarbeit zur Erlangung des akademischen Grades eines Magister Artium der Universität Hamburg.

Schwarzmeier, Dagmar (1997b): Einmal mehr: Zeitungs-Deutsch. Linguistische Untersuchungen zu sprachkritischen Bemühungen deutscher Tageszeitungen. Bd. 2: Textkorpus. Wissenschaftliche Hausarbeit zur Erlangung des akademischen Grades eines Magister Artium der Universität Hamburg.

Schweda, Claudia/Rainer Opherden (1995): Journalismus und Public Relations. Grenzbeziehungen im System lokaler politischer Kommunikation. Wiesbaden: Deutscher Universitäts-Verlag.

Sellheim, Armin (2000): „Die verstehen ihr Geschäft ...". In: journalist 5, S. 6.

Sharples, Mike (Hg.) (1993): Computer supported collaborative writing. London u.a.: Springer.

Sharples, Mike/James S. Goodlet/Eevi E. Beck/Charles C. Wood/Steve M. Easterbrook/Lydia Plowman (1993): Research issues in the study of computer supported collaborative writing. In: Mike Sharples (Hg.): Computer supported collaborative writing. London u.a.: Springer, S. 9-28.

Sharples, Mike (1996): Designs for new writing environments. In: Mike Sharples/ Thea van der Geest (Hg.): The new writing environment: writers at work in a world of technology. London u.a.: Springer, S. 97-115.

Sharples, Mike/Thea van der Geest (Hg.) (1996): The new writing environment: writers at work in a world of technology. London u.a.: Springer.

Sharples, Mike (1999): How we write. Writing as creative design. London, New York: Routledge.

Shipley, Linda J./James K. Gentry (1981): How electronic editing equipment affects editing performance. In: Journalism Quarterly 58, S. 371-4, 387.

Shirk, Henrietta Nickels (1991): Collaborative editing: A combination of peer and hierarchical editing techniques. In: Mary M. Lay/William M. Karis (Hg.): Collaborative writing in industry: Investigations in theory and practice. Amityville, N.Y.: Baywood, S. 242-261.

Sommerfeldt, Karl-Ernst/Günter Starke (1998): Einführung in die Grammatik der deutschen Gegenwartssprache. 3., neu bearb. Aufl. unter Mitwirkung von Werner Hackel. Tübingen: Niemeyer.

Sommers, Nancy (1980): Revision strategies of student writers and experienced adult writers. In: College Composition and Communication 31, S. 378-387.

Starke, Günter (1969): Konkurrierende syntaktische Konstruktionen in der deutschen Sprache der Gegenwart. Untersuchungen im Funktionsbereich des Objekts. In: Zeitschrift für Phonetik, Sprachwissenschaft und Kommunikationsforschung 22, S. 25-65, 154-195.

Starke, Günter (1970): Konkurrierende syntaktische Konstruktionen in der deutschen Sprache der Gegenwart. Untersuchungen im Funktionsbereich des Objekts. In: Zeitschrift für Phonetik, Sprachwissenschaft und Kommunikationsforschung 23, S. 53-84, 232-260, 573-589.

Steffens, Manfred (1969): Das Geschäft mit der Nachricht. Agenturen, Redaktionen, Journalisten. Hamburg: Hoffmann und Campe.

Steyer, Kathrin (1997): Reformulierungen: sprachliche Relationen zwischen Äußerungen und Texten im öffentlichen Diskurs. Tübingen: Narr (Studien zur deutschen Sprache; 7).

Stillinger, Jack (1991): Multiple authorship and the myth of solitary genius. Oxford u.a.: Oxord University Press.

Straßner, Erich (1982): Fernsehnachrichten. Eine Produktions-, Produkt- und Rezeptionsanalyse. Tübingen: Niemeyer (Medien in Forschung + Unterricht: Ser. A; 8).

Straßner, Erich (1994): Vom Pressestellen- zum Pressetext. Wer wertet wie und wo im Informationsfluß. In: Markku Moilanen/Liisa Tiitula (Hg.): Überredung in der Presse: Texte, Strategien, Analysen. Berlin, New York: de Gruyter (Sprache, Politik, Öffentlichkeit; 3), S. 19-31.

Straßner, Erich (2000): Journalistische Texte. Tübingen: Niemeyer (Grundlagen der Medienkommunikation; 10).

Struk, Thomas (2000): Redigierpraxis von Tageszeitungen bei Agenturnachrichten. In: Jürgen Wilke (Hg.): Von der Agentur zur Redaktion: wie Nachrichten gemacht, bewertet und verwendet werden. Köln u.a.: Böhlau, S. 179-239.

272

Szoboszlai, Ildikó (1991): Zu den syntaktischen Synonymen der deutschen Gegenwartssprache. In: Deutsch-ungarische Beiträge zur Germanistik 10, S. 114-126.

Villiger, Hermann (1977): Ist das wirklich falsch? Versuch einer Fehlerklassifikation. Frauenfeld: Verlag Huber Frauenfeld (Schriften des Deutschschweizerischen Sprachvereins; 9).

Wahrig, Gerhard (2000): Deutsches Wörterbuch. Neu herausg. von Renate Wahrig-Burfeind. 7., vollst. neu bearb. u. aktual. Aufl. auf der Grundlage der neuen amtlichen Rechtschreibregeln. Gütersloh: Bertelsmann Lexikon Verlag.

Weber, Heinrich (1971): Das erweiterte Adjektiv- und Partizipialattribut im Deutschen. München: Hueber (Linguistische Reihe; 4).

Weinrich, Harald (1993): Textgrammatik der deutschen Sprache. Mannheim u.a.: Dudenverlag.

Weischenberg, Siegfried (1990): Nachrichtenschreiben. Journalistische Praxis zum Studium und Selbststudium. 2., durchges. Aufl. Opladen: Westdeutscher Verlag.

Weischenberg, Siegfried (2001): Das Handwerk des Nachrichten-Schreibens. Über das ‚Schwarzbrot der Journalistik‘ und seine Probleme im Internet-Zeitalter. In: Dieter Möhn/Dieter Roß/Marita Tjarks-Sobhani (Hg.): Mediensprache und Medienlinguistik. Festschrift für Jörg Hennig. Frankfurt/Main u.a.: Lang (Sprache in der Gesellschaft; 26), S. 31-43.

Weiss, A. von [N.N.] (1953): Zur Frage der Parallelkonstruktionen. In: Beiträge zur Geschichte der deutschen Sprache und Literatur 75, S. 451-477.

Wilke, Jürgen/Bernhard Rosenberger (1991): Die Nachrichten-Macher. Eine Untersuchung zu Strukturen und Arbeitsweisen von Nachrichtenagenturen am Beispiel von AP und dpa. Köln u.a.: Böhlau.

Wilke, Jürgen (1997): Agenturdienste im Vergleich. In: Sage und Schreibe 9, S. 44-45.

Wilke, Jürgen (Hg.) (2000): Von der Agentur zur Redaktion: wie Nachrichten gemacht, bewertet und verwendet werden. Köln u.a.: Böhlau.

Wilke, Jürgen (2001): Auf dem Weg zur journalistischen Nachricht? Wer, Was, Wann, Wo, Wie, Warum, Woher in historischer Tradition. In: Dieter Möhn/ Dieter Roß/Marita Tjarks-Sobhani (Hg.): Mediensprache und Medienlinguistik. Festschrift für Jörg Hennig. Frankfurt/Main u.a.: Lang (Sprache in der Gesellschaft; 26), S. 19-30.

Williams, Noel (1991): The computer, the writer and the learner. Berlin u.a.: Springer.

Witte, Stephen P. (1985): Revising, composing theory, and research design. In: Sarah W. Freedman (Hg.): The acquisition of written language: Response and revision. Norwood, N.J.: Ablex, S. 250-284.

Witte, Stephen P. (1987): Pre-text and composing. In: College Composition and Communication 38, S. 397-425.

Wrobel, Arne (1992): Revisionen und Formulierungsprozeß. In: Manfred Kohrt/Arne Wrobel (Hg.): Schreibprozesse – Schreibprodukte. Festschrift für Gisbert Keseling. Hildesheim u.a.: Olms, S. 361-385.

Wrobel, Arne (1995): Schreiben als Handlung: Überlegungen und Untersuchungen zur Theorie der Textproduktion. Tübingen: Niemeyer (Reihe Germanistische Linguistik; 158).

Wunderlich, Dieter (1972): Redeerwähnung. In: Utz Maas/Dieter Wunderlich: Pragmatik und sprachliches Handeln. 2., korrig. u. erg. Aufl. Frankfurt: Athenäum (Athenäum-Skripten Linguistik; 2), S. 161-188.

Ziff, Paul (1966). The nonsynonymy of active and passive sentences. In: Philosophical Review 75, S. 226-232.

Zschunke, Peter (1994): Agentur-Journalismus: Nachrichtenschreiben im Sekundentakt. München: Ölschläger (Reihe Praktischer Journalismus; 12).

SPRACHE IN DER GESELLSCHAFT
BEITRÄGE ZUR SPRACHWISSENSCHAFT

Herausgegeben von Jörg Hennig, Erich Straßner und Rainer Rath

Band 20 Kirsten Brodde: Wer hat Angst vor DNS? Die Karriere des Themas Gentechnik in der deutschen Tagespresse von 1973 – 1989. 1992.

Band 21 Josef Schu: Kinder als Erzähler – Erwachsene als Zuhörer. 1994.

Band 22 Stephan Stein: Formelhafte Sprache. Untersuchungen zu ihren pragmatischen und kognitiven Funktionen im gegenwärtigen Deutsch. 1995.

Band 23 Varietäten der deutschen Sprache. Festschrift für Dieter Möhn. Herausgegeben von Jörg Hennig und Jürgen Meier. 1996.

Band 24 Christa Baldauf: Metapher und Kognition. Grundlagen einer neuen Theorie der Alltagsmetapher. 1997.

Band 25 Wolfgang Krischke: Zur Sprache der fachexternen Massenkommunikation. Mikrochips als Pressethema. 1998.

Band 26 Dieter Möhn / Dieter Roß / Marita Tjarks-Sobhani (Hrsg.): Mediensprache und Medienlinguistik. Festschrift für Jörg Hennig. 2001.

Band 27 Clarissa Blomqvist: Über die allmähliche Veränderung der Nachricht beim Redigieren. Eine linguistische Analyse der Nachrichtenbearbeitung bei der Deutschen Presse-Agentur (dpa) und verschiedenen deutschen Tageszeitungen. 2002.